SENDEROS 5

Spanish for a Connected World

Boston, Massachusetts

On the cover: Torres del Paine, Patagonia, Chile

Publisher: José A. Blanco
Editorial Development: Armando Brito, Jhonny Alexander Calle, Deborah Coffey, Diego García, Megan Moran, Jaime Patiño, Catalina Pire-Schmidt, Raquel Rodríguez, Verónica Tejeda, Sharla Zwirek
Project Management: Brady Chin, Sally Giangrande, Faith Ryan
Rights Management: Ashley Dos Santos, Jorgensen Fernandez
Technology Production: Jamie Kostecki, Daniel Ospina, Paola Ríos Schaaf
Design: Radoslav Mateev, Gabriel Noreña, Andrés Vanegas
Production: Manuela Arango, Oscar Díez, Erik Restrepo

Student Text (Casebound-SIMRA) ISBN: 978-1-68005-198-8

Teacher's Edition ISBN: 978-1-68005-199-5

Library of Congress Control Number: 2016950180

1 2 3 4 5 6 7 8 9 TC 22 21 20 19 18 17

Printed in Canada.

SENDEROS 5

Spanish for a Connected World

Table of Contents

Consulta (*Reference*)

El mundo hispano	Estructura	En pantalla	Lecturas
Enfoque: Chile .... 138 **En detalle:** Las casas de Neruda .... 138 **Perfil:** Neruda en el cine .... 139 **Flash Cultura:** Arquitectura modernista 141	**4.1** The future perfect .... 142 **4.2** The conditional perfect .... 144 **4.3** The past perfect subjunctive .... 146 **Gramática adicional** **4.4** **Si** clauses with compound tenses A22	*Jóvenes valientes* 148	**Literatura:** *Continuidad de los parques* de Julio Cortázar .... 153 **Cultura:** *De Macondo a McOndo* 158
Enfoque: Bolivia .... 172 **En detalle:** El Carnaval de Oruro .... 172 **Perfil:** Evo Morales .... 173 **Flash Cultura:** Puerto Rico: ¿nación o estado? .. 175	**5.1** The passive voice .... 176 **5.2** Uses of **se** .... 178 **5.3** Prepositions: **de, desde, en, entre, hasta, sin** .... 182 **Gramática adicional** **5.4** Past participles used as adjectives A27	*Hiyab* 186	**Literatura:** *La noche de Tlatelolco* (fragmento) de Elena Poniatowska .... 191 **Cultura:** *Cómo Bolivia perdió su mar* 196
Enfoque: Perú y Ecuador .... 210 **En detalle:** La herencia de los incas .... 210 **Perfil:** Machu Picchu ..... 211 **Flash Cultura:** Machu Picchu: encanto y misterio 213	**6.1** Uses of the infinitive .... 214 **6.2** Summary of the indicative .... 218 **6.3** Summary of the subjunctive .... 222 **Gramática adicional** **6.4** **Pedir/preguntar** and **conocer/saber** A32	*Ramona* 228	**Literatura:** *El milagro secreto* de Jorge Luis Borges .... 233 **Cultura:** *El Inca Garcilaso: un puente entre dos imperios* 242

Icons

Familiarize yourself with these icons that appear throughout **Senderos**.

- Listening activity/section
- Pair activity
- Group activity

The Spanish-Speaking World

OCÉANO ÁRTICO
Mar de Kara
Mar de Laptev
Mar de Barents
1. DINAMARCA
2. PAÍSES BAJOS (HOLANDA)
3. BÉLGICA
4. LUXEMBURGO
5. SUIZA
6. REPÚBLICA CHECA
7. ESLOVAQUIA
8. HUNGRÍA
9. ESLOVENIA
10. CROACIA
11. BOSNIA-HERZEGOVINA
12. SERBIA
13. MONTENEGRO
14. ALBANIA
15. MACEDONIA
16. BULGARIA
17. MALTA
ISLANDIA
Mar de Noruega
SUECIA
FINLANDIA
NORUEGA
RUSIA
ESTONIA
LETONIA
LITUANIA
Mar del Norte
REINO UNIDO
IRLANDA
POLONIA
BIELORRUSIA
ALEMANIA
UCRANIA
MOLDAVIA
FRANCIA
AUSTRIA
RUMANIA
ITALIA
Mar Negro
KAZAJISTÁN
MONGOLIA
Mar de Aral
Mar Caspio
UZBEKISTÁN
KIRGUISTÁN
TURKMENISTÁN
TAYIKISTÁN
GEORGIA
ARMENIA
AZERBAIYÁN
PORTUGAL
ESPAÑA
GRECIA
TURQUÍA
GIBRALTAR (R.U.)
TÚNEZ
Mar Mediterráneo
CHIPRE
LIBANO
SIRIA
ISRAEL
IRAQ
IRÁN
AFGANISTÁN
JORDANIA
KUWAIT
PAKISTÁN
NEPAL
BUTÁN
CHINA
COREA DEL NORTE
COREA DEL SUR
Mar de Japón
JAPÓN
MARRUECOS
ARGELIA
LIBIA
EGIPTO
BAHRÉIN
QATAR
E.A.U.
ARABIA SAUDITA
OMÁN
INDIA
MYANMAR (BIRMANIA)
LAOS
TAIWÁN
SAHARA OCCIDENTAL
CABO VERDE
MAURITANIA
MALÍ
NÍGER
CHAD
SUDÁN
ERITREA
YEMEN
Mar Arábigo
Golfo de Bengala
BANGLADESH
TAILANDIA
Mar de China Meridional
OCÉANO PACÍFICO
SENEGAL
GAMBIA
GUINEA
GUINEA-BISSAU
BURKINA FASO
COSTA DE MARFIL
NIGERIA
SUDÁN DEL SUR
YIBUTI
ETIOPÍA
CAMBOYA
VIETNAM
FILIPINAS
GUAM
SIERRA LEONA
LIBERIA
GHANA
TOGO
BENÍN
REPÚBLICA CENTROAFRICANA
CAMERÚN
SRI LANKA
BRUNÉI
MALASIA
SOMALIA
ISLAS MALDIVAS
UGANDA
KENIA
RUANDA
GUINEA ECUATORIAL
GABÓN
BURUNDI
REPÚBLICA DEMOCRÁTICA DEL CONGO
TANZANIA
SEYCHELLES
SINGAPUR
INDONESIA
PAPÚA Y NUEVA GUINEA
REPÚBLICA DEL CONGO
CABINDA (ANGOLA)
ANGOLA
ZAMBIA
MALAWI
COMORES
TIMOR ORIENTAL
OCÉANO ATLÁNTICO
MOZAMBIQUE
NAMIBIA
ZIMBABUE
BOTSUANA
MADAGASCAR
ISLA MAURICIO
AUSTRALIA
SWAZILANDIA
SUDÁFRICA
LESOTO
OCÉANO ÍNDICO
N
O
E
S
0
1,000
2,000 millas
0
1,000
2,000 kilómetros
ANTÁRTIDA

Mexico

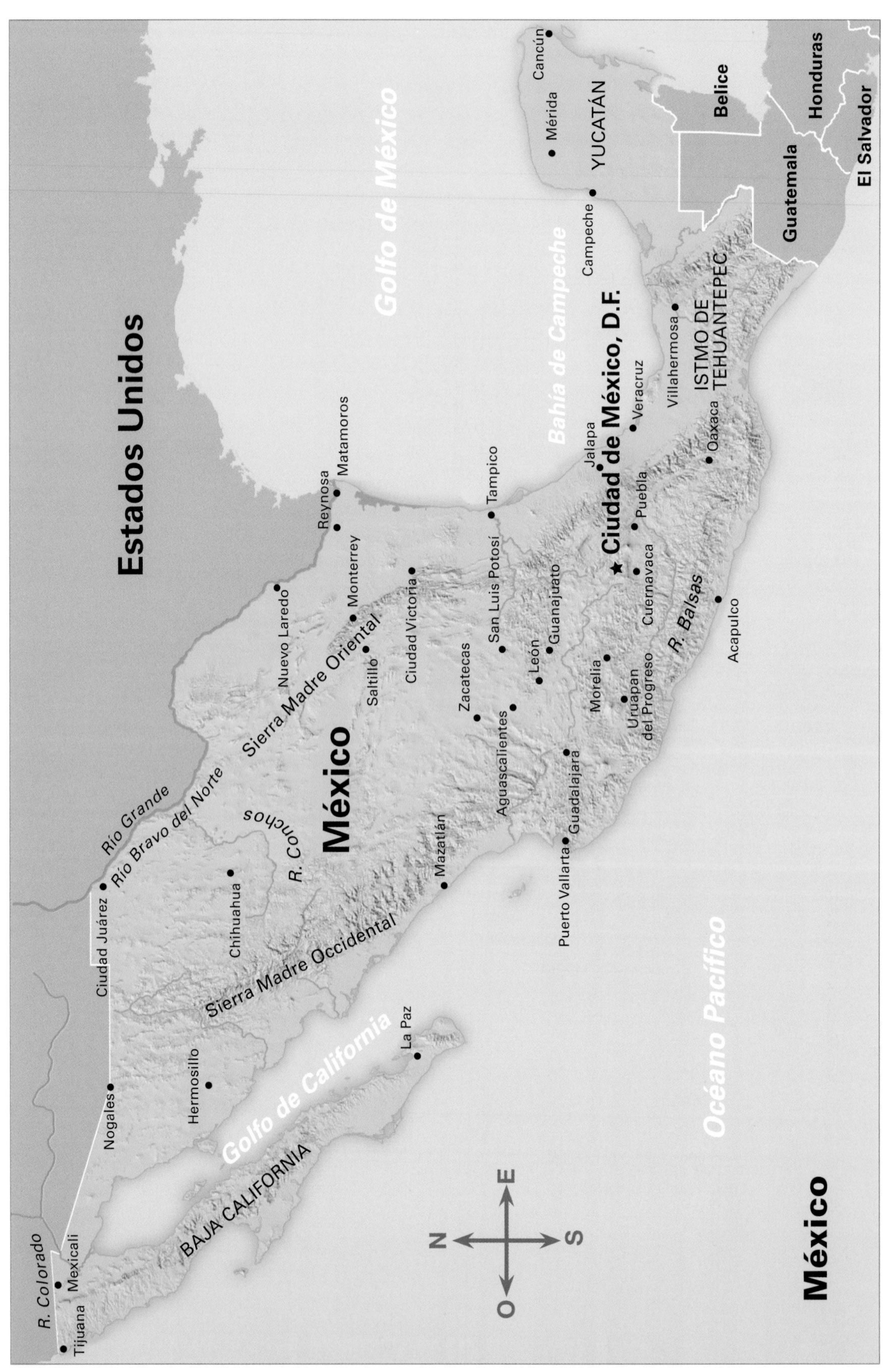
Estados Unidos
Golfo de México
Bahía de Campeche
YUCATÁN
Cancún
Mérida
Campeche
Belice
Honduras
Guatemala
El Salvador
ISTMO DE TEHUANTEPEC
Villahermosa
Veracruz
Jalapa
Ciudad de México, D.F.
Puebla
Cuernavaca
Oaxaca
Acapulco
R. Balsas
Tampico
Matamoros
Reynosa
Monterrey
Nuevo Laredo
Saltillo
Ciudad Victoria
San Luis Potosí
Guanajuato
León
Zacatecas
Aguascalientes
Morelia
Uruapan del Progreso
Guadalajara
Puerto Vallarta
Mazatlán
México
Sierra Madre Oriental
Sierra Madre Occidental
Río Grande
Río Bravo del Norte
R. Conchos
Chihuahua
Ciudad Juárez
Nogales
Hermosillo
Golfo de California
La Paz
BAJA CALIFORNIA
Océano Pacífico
R. Colorado
Mexicali
Tijuana
N
S
E
O
México

Central America and the Caribbean

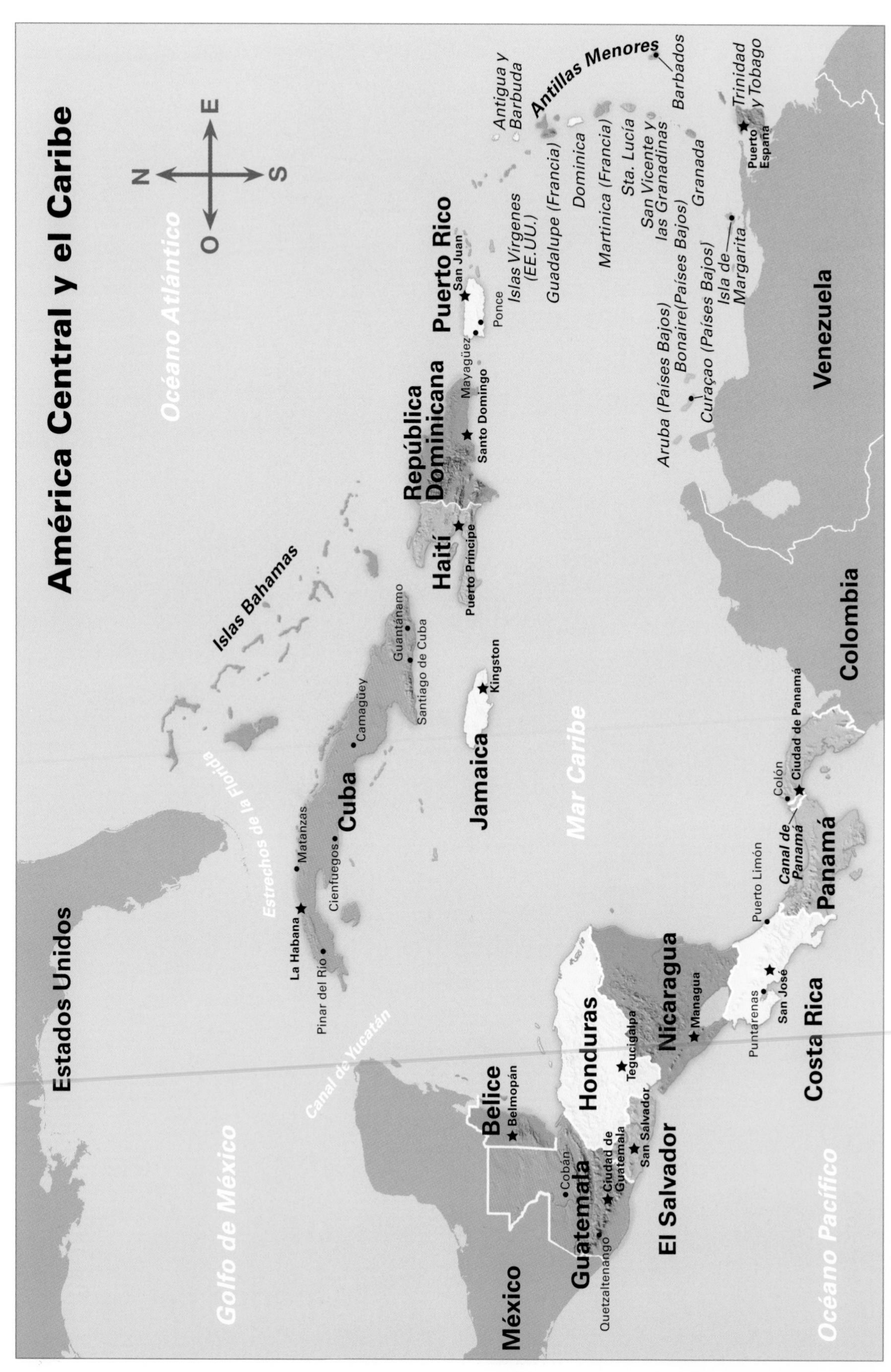

Mar Caribe
Barranquilla
Maracaibo
Caracas
Puerto España
Trinidad y Tobago
Venezuela
R. Orinoco
Georgetown
Guyana
Paramaribo
Surinam
Cayena
Guayana Francesa
Medellín
Colombia
Bogotá
Cali
Pasto
Quito
Ecuador
Guayaquil
Iquitos
Perú
R. Negro
R. Amazonas
Belém
Manaus
R. Madeira
Recife
Cordillera de los Andes
Lima
Cuzco
Lago Titicaca
Arequipa
La Paz
Salvador
Brasil
Brasilia
Bolivia
Sucre
R. Paraguay
R. Paraná
Arica
Iquique
Océano Pacífico
Belo Horizonte
Antofagasta
Salta
Paraguay
Asunción
São Paulo
Santos
Rio de Janeiro
Chile
R. Uruguay
Pôrto Alegre
Córdoba
Mendoza
Valparaíso
Santiago
Rosario
Buenos Aires
Uruguay
Montevideo
Concepción
Argentina
Bahía Blanca
Océano Atlántico
Puerto Montt
N
O
E
S
Estrecho de Magallanes
Punta Arenas
Islas Malvinas
Tierra del Fuego
América del Sur
Islas Galápagos
Océano Pacífico
Isla Pinta
Isla Marchena
Isla Genovesa
Isla Isabela
Línea ecuatorial
Volcan Darwin
Isla Santiago
Isla Fernandina
Puerto Ayora
Isla San Cristóbal
Santo Tomás
Isla Santa Cruz
Puerto Baquerizo Moreno
Isla Santa María
Isla Española

Mar Cantábrico
Francia
Andorra
Pirineos
Océano Atlántico
Portugal
Lisboa
Oporto
Braga
Coimbra
Setúbal
Serra da Estrela
España
Madrid
GALICIA
ASTURIAS
CANTABRIA
PAÍS VASCO
NAVARRA
LA RIOJA
CATALUÑA
ARAGÓN
CASTILLA-LEÓN
CASTILLA-LA MANCHA
COMUNIDAD VALENCIANA
EXTREMADURA
ANDALUCÍA
La Coruña
Pontevedra
Vigo
Avilés
Gijón
Oviedo
Santander
Bilbao
San Sebastián
Pamplona
Burgos
Palencia
Valladolid
Zamora
Salamanca
Ávila
Segovia
Toledo
Cáceres
Mérida
Badajoz
Huelva
Sevilla
Córdoba
Jaén
Granada
Almería
Málaga
Cádiz
Algeciras
Gibraltar (R.U.)
Ceuta (Esp.)
Melilla (Esp.)
Estrecho de Gibraltar
Marruecos
Sierra Morena
Sierra Nevada
Murcia
Cartagena
Albacete
Alicante
Valencia
Zaragoza
Lérida
Barcelona
Tarragona
Gerona
Islas Baleares
Mar Mediterráneo
Menorca
Mallorca
Palma de Mallorca
Ibiza
Formentera
Islas Canarias
La Palma
Santa Cruz de la Palma
Tenerife
Santa Cruz de Tenerife
Gomera
Hierro
Gran Canaria
Las Palmas de Gran Canaria
Lanzarote
Arrecife
Fuerteventura
Puerto del Rosario
Océano Atlántico
Marruecos
N
O
E
S

The Spanish-Speaking World

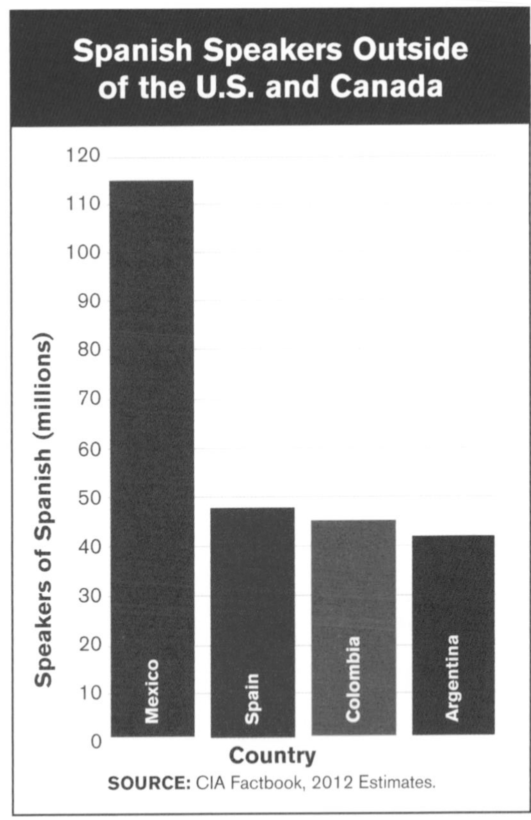

Do you know someone whose first language is Spanish? Chances are you do! More than approximately forty million people living in the U.S. speak Spanish; after English, it is the second most commonly spoken language in this country. It is the official language of twenty-two countries and an official language of the European Union and United Nations.

The Growth of Spanish

Have you ever heard of a language called Castilian? It's Spanish! The Spanish language as we know it today has its origins in a dialect called Castilian (castellano in Spanish). Castilian developed in the 9th century in north-central Spain, in a historic provincial region known as Old Castile. Castilian gradually spread towards the central region of New Castile, where it was adopted as the main language of commerce. By the 16th century, Spanish had become the official language of Spain and eventually, the country's role in exploration, colonization, and overseas trade led to its spread across Central and South America, North America, the Caribbean, parts of North Africa, the Canary Islands, and the Philippines.

Spanish in the United States

1500 — 1600 — 1700

16th Century
Spanish is the official language of Spain.

1565
The Spanish arrive in Florida and found St. Augustine.

1610
The Spanish found Santa Fe, today's capital of New Mexico, the state with the most Spanish speakers in the U.S.

Spanish in the United States

Spanish came to North America in the 16th century with the Spanish who settled in St. Augustine, Florida. Spanish-speaking communities flourished in several parts of the continent over the next few centuries. Then, in 1848, in the aftermath of the Mexican-American War, Mexico lost almost half its land to the United States, including portions of modern-day Texas, New Mexico, Arizona, Colorado, California, Wyoming, Nevada, and Utah. Overnight, hundreds of thousands of Mexicans became citizens of the United States, bringing with them their rich history, language, and traditions.

This heritage, combined with that of the other Hispanic populations that have immigrated to the United States over the years, has led to the remarkable growth of Spanish around the country. After English, it is the most commonly spoken language in 43 states. More than 12 million people in California alone claim Spanish as their first or "home" language.

You've made a popular choice by choosing to take Spanish in school. Not only is Spanish found and heard almost everywhere in the United States, but it is the most commonly taught foreign language in classrooms throughout the country! Have you heard people speaking Spanish in your community? Chances are that you've come across an advertisement, menu, or magazine that is in Spanish. If you look around, you'll find that Spanish can be found in some pretty common places. For example, most ATMs respond to users in both English and Spanish. News agencies and television stations such as CNN and Telemundo provide Spanish-language broadcasts. When you listen to the radio or download music from the Internet, some of the most popular choices are Latino artists who perform in Spanish. Federal government agencies such as the Internal Revenue Service and the Department of State provide services in both languages. Even the White House has an official Spanish-language webpage! Learning Spanish can create opportunities within your everyday life.

1848
Mexicans who choose to stay in the U.S. after the Mexican-American War become U.S. citizens.

1959
After the Cuban Revolution, thousands of Cubans emigrate to the U.S.

2015
Spanish is the 2nd most commonly spoken language in the U.S., with more than approximately 52.5 million speakers.

Why Study Spanish?

Learn an International Language

There are many reasons to learn Spanish, a language that has spread to many parts of the world and has along the way embraced words and sounds of languages as diverse as Latin, Arabic, and Nahuatl. Spanish has evolved from a medieval dialect of north-central Spain into the fourth most commonly spoken language in the world. It is the second language of choice among the majority of people in North America.

Understand the World Around You

Knowing Spanish can also open doors to communities within the United States, and it can broaden your understanding of the nation's history and geography. The very names Colorado, Montana, Nevada, and Florida are Spanish in origin. Just knowing their meanings can give you some insight into the landscapes for which the states are renowned. Colorado means "colored red;" Montana means "mountain;" Nevada is derived from "snow-capped mountain;" and Florida means "flowered." You've already been speaking Spanish whenever you talk about some of these states!

State Name	Meaning in Spanish
Colorado	"colored red"
Florida	"flowered"
Montana	"mountain"
Nevada	"snow-capped mountain"

Connect with the World

Learning Spanish can change how you view the world. While you learn Spanish, you will also explore and learn about the origins, customs, art, music, and literature of people in close to two dozen countries. When you travel to a Spanish-speaking country, you'll be able to converse freely with the people you meet. And whether in the U.S., Canada, or abroad, you'll find that speaking to people in their native language is the best way to bridge any culture gap.

Why Study Spanish?

Explore Your Future

How many of you are already planning your future careers? Employers in today's global economy look for workers who know different languages and understand other cultures. Your knowledge of Spanish will make you a valuable candidate for careers abroad as well as in the United States or Canada. Doctors, nurses, social workers, hotel managers, journalists, businessmen, pilots, flight attendants, and many other professionals need to know Spanish or another foreign language to do their jobs well.

Expand Your Skills

Studying a foreign language can improve your ability to analyze and interpret information and help you succeed in many other subject areas. When you first begin learning Spanish, your studies will focus mainly on reading, writing, grammar, listening, and speaking skills. You'll be amazed at how the skills involved with learning how a language works can help you succeed in other areas of study. Many people who study a foreign language claim that they gained a better understanding of English. Spanish can even help you understand the origins of many English words and expand your own vocabulary in English. Knowing Spanish can also help you pick up other related languages, such as Italian, Portuguese, and French. Spanish can really open doors for learning many other skills in your school career.

How to Learn Spanish

Start with the Basics!

As with anything you want to learn, start with the basics and remember that learning takes time! The basics are vocabulary, grammar, and culture.

Vocabulary | Every new word you learn in Spanish will expand your vocabulary and ability to communicate. The more words you know, the better you can express yourself. Focus on sounds and think about ways to remember words. Use your knowledge of English and other languages to figure out the meaning of and memorize words like **conversación, teléfono, oficina, clase,** and **música**.

Grammar | Grammar helps you put your new vocabulary together. By learning the rules of grammar, you can use new words correctly and speak in complete sentences. As you learn verbs and tenses, you will be able to speak about the past, present, or future, express yourself with clarity, and be able to persuade others with your opinions. Pay attention to structures and use your knowledge of English grammar to make connections with Spanish grammar.

Culture | Culture provides you with a framework for what you may say or do. As you learn about the culture of Spanish-speaking communities, you'll improve your knowledge of Spanish. Think about a word like **salsa**, and how it connects to both food and music. Think about and explore customs observed on **Nochevieja** (New Year's Eve) or at a **fiesta de quince años** (a girl's fifteenth birthday party). Watch people greet each other or say good-bye. Listen for idioms and sayings that capture the spirit of what you want to communicate!

Teenagers celebrating at a **fiesta de quince años**.

Listen, Speak, Read, and Write

Listening | Listen for sounds and for words you can recognize. Listen for inflections and watch for key words that signal a question such as **cómo** (*how*), **dónde** (*where*), or **qué** (*what*). Get used to the sound of Spanish. Play Spanish pop songs or watch Spanish movies. Borrow audiobooks from your local library, or try to visit places in your community where Spanish is spoken. Don't worry if you don't understand every single word. If you focus on key words and phrases, you'll get the main idea. The more you listen, the more you'll understand!

Speaking | Practice speaking Spanish as often as you can. As you talk, work on your pronunciation, and read aloud texts so that words and sentences flow more easily. Don't worry if you don't sound like a native speaker, or if you make some mistakes. Time and practice will help you get there. Participate actively in Spanish class. Try to speak Spanish with classmates, especially native speakers (if you know any), as often as you can.

Reading | Pick up a Spanish-language newspaper or a pamphlet on your way to school, read the lyrics of a song as you listen to it, or read books you've already read in English translated into Spanish. Use reading strategies that you know to understand the meaning of a text that looks unfamiliar. Look for cognates, or words that are related in English and Spanish, to guess the meaning of some words. Read as often as you can, and remember to read for fun!

Writing | It's easy to write in Spanish if you put your mind to it. And remember that Spanish spelling is phonetic, which means that once you learn the basic rules of how letters and sounds are related, you can probably become an expert speller in Spanish! Write for fun—make up poems or songs, write e-mails or instant messages to friends, or start a journal or blog in Spanish.

Tips for Learning Spanish

- Listen to Spanish radio shows and podcasts. Write down words that you can't recognize or don't know and look up the meaning.
- Watch Spanish TV shows, movies, or YouTube clips. Read subtitles to help you grasp the content.
- Read Spanish-language newspapers, magazines, or blogs.
- Listen to Spanish songs that you like —anything from Shakira to a traditional mariachi melody. Sing along and concentrate on your pronunciation.

- Seek out Spanish speakers. Look for neighborhoods, markets, or cultural centers where Spanish might be spoken in your community. Greet people, ask for directions, or order from a menu at a Mexican restaurant in Spanish.
- Pursue language exchange opportunities (**intercambio cultural**) in your school or community. Try to join language clubs or cultural societies, and explore opportunities for studying abroad or hosting a student from a Spanish-speaking country in your home or school.
- Connect your learning to everyday experiences. Think about naming the ingredients of your favorite dish in Spanish. Think about the origins of Spanish place names in the U.S., like Cape Canaveral and Sacramento, or of common English words like *adobe, chocolate, mustang, tornado,* and *patio.*
- Use mnemonics, or a memorizing device, to help you remember words. Make up a saying in English to remember the order of the days of the week in Spanish (L, M, M, J, V, S, D).
- Visualize words. Try to associate words with images to help you remember meanings. For example, think of a **paella** as you learn the names of different types of seafood or meat. Imagine a national park and create mental pictures of the landscape as you learn names of animals, plants, and habitats.
- Enjoy yourself! Try to have as much fun as you can learning Spanish. Take your knowledge beyond the classroom and make the learning experience your own.

Practice, practice, practice!

Seize every opportunity you find to listen, speak, read, or write Spanish. Think of it like a sport or learning a musical instrument—the more you practice, the more you will become comfortable with the language and how it works. You'll marvel at how quickly you can begin speaking Spanish and how the world that it transports you to can change your life forever!

Useful Spanish Expressions

The following expressions will be very useful in getting you started learning Spanish. You can use them in class to check your understanding or to ask and answer questions about the lessons. Read En las **instrucciones** ahead of time to help you understand direction lines in Spanish, as well as your teacher's instructions. Remember to practice your Spanish as often as you can!

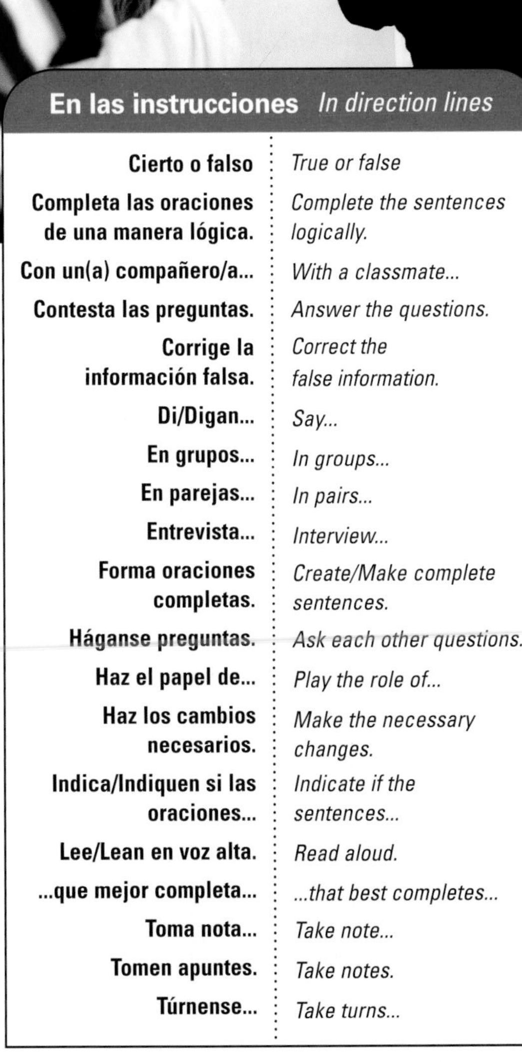

En las instrucciones	*In direction lines*
Cierto o falso	*True or false*
Completa las oraciones de una manera lógica.	*Complete the sentences logically.*
Con un(a) compañero/a...	*With a classmate...*
Contesta las preguntas.	*Answer the questions.*
Corrige la información falsa.	*Correct the false information.*
Di/Digan...	*Say...*
En grupos...	*In groups...*
En parejas...	*In pairs...*
Entrevista...	*Interview...*
Forma oraciones completas.	*Create/Make complete sentences.*
Háganse preguntas.	*Ask each other questions.*
Haz el papel de...	*Play the role of...*
Haz los cambios necesarios.	*Make the necessary changes.*
Indica/Indiquen si las oraciones...	*Indicate if the sentences...*
Lee/Lean en voz alta.	*Read aloud.*
...que mejor completa...	*...that best completes...*
Toma nota...	*Take note...*
Tomen apuntes.	*Take notes.*
Túrnense...	*Take turns...*

Expresiones útiles	*Useful expressions*
¿Cómo se dice ________ en español?	*How do you say ________ in Spanish?*
¿Cómo se escribe ________?	*How do you spell ________?*
¿Comprende(n)?	*Do you understand?*
Con permiso.	*Excuse me.*
De acuerdo.	*Okay.*
De nada.	*You're welcome.*
¿De veras?	*Really?*
¿En qué página estamos?	*What page are we on?*
Enseguida.	*Right away.*
Más despacio, por favor.	*Slower, please.*
Muchas gracias.	*Thanks a lot.*
No entiendo.	*I don't understand.*
No sé.	*I don't know.*
Perdone.	*Excuse me.*
Pista	*Clue*
Por favor.	*Please.*
Por supuesto.	*Of course.*
¿Qué significa ________?	*What does ________ mean?*
Repite, por favor.	*Please repeat.*
Tengo una pregunta.	*I have a question.*
¿Tiene(n) alguna pregunta?	*Do you have questions?*
Vaya(n) a la página dos.	*Go to page 2.*

Common Names

Get started learning Spanish by using a Spanish name in class. You can choose from the lists on these pages, or you can find one yourself. How about learning the Spanish equivalent of your name? The most popular Spanish female names are Lucía, María, Paula, Sofía, and Valentina. The most popular male names in Spanish are Alejandro, Daniel, David, Mateo, and Santiago. Is your name, or that of someone you know, in the Spanish top five?

Más nombres masculinos	Más nombres femeninos
Alfonso	Alicia
Antonio (Toni)	Beatriz (Bea, Beti, Biata)
Carlos	Blanca
César	Carolina (Carol)
Diego	Claudia
Ernesto	Diana
Felipe	Emilia
Francisco (Paco)	Irene
Guillermo	Julia
Ignacio (Nacho)	Laura
Javier (Javi)	Leonor
Leonardo	Liliana
Luis	Lourdes
Manolo	Margarita (Marga)
Marcos	Marta
Oscar (Óscar)	Noelia
Rafael (Rafa)	Patricia
Sergio	Rocío
Vicente	Verónica

Los 5 nombres masculinos más populares	Los 5 nombres femeninos más populares
Alejandro	Lucía
Daniel	María
David	Paula
Mateo	Sofía
Santiago	Valentina

About the Author

José A. Blanco founded Vista Higher Learning in 1998. A native of Barranquilla, Colombia, Mr. Blanco holds degrees in Literature and Hispanic Studies from Brown University and the University of California, Santa Cruz. He has worked as a writer, editor, and translator for Houghton Mifflin and D.C. Heath and Company, and has taught Spanish at the secondary and university levels. Mr. Blanco is also the co-author of several other Vista Higher Learning programs: **Vistas, Panorama, Aventuras,** and **¡Viva!** at the introductory level; **Ventanas, Facetas, Enfoques, Imagina,** and **Sueña** at the intermediate level; and **Revista** at the advanced conversation level.

About the Illustrators

Yayo, an internationally acclaimed illustrator, was born in Colombia. He has illustrated children's books, newspapers, and magazines, and has been exhibited around the world. He currently lives in Montreal, Canada.

Pere Virgili lives and works in Barcelona, Spain. His illustrations have appeared in textbooks, newspapers, and magazines throughout Spain and Europe.

Born in Caracas, Venezuela, **Hermann Mejía** studied illustration at the Instituto de Diseño de Caracas. Hermann currently lives and works in the United States.

Lección preliminar

Communicative Goals

I will be able to...

- Talk about travel and trips
- Talk about nature and the environment
- Talk about celebrations of love and friendship in Spanish-speaking countries
- Talk about daily life
- Talk about pastimes and recreation

1.1 Commands

- Formal commands (**mandatos**) use the present subjunctive forms of **usted** and **ustedes.**

  No salgan. Tomen asiento, por favor.
  Don't leave. Please have a seat.

- Affirmative **tú** commands are the same as the **él/ella/usted** form of the present indicative. Negative **tú** commands are the same as the **tú** form of the present subjunctive.

  Compra los pasajes hoy. **No esperes** hasta mañana.
  Buy the tickets today. Don't wait till tomorrow.

- These verbs and their derivatives (like **predecir** or **deshacer**) have irregular affirmative **tú** commands:

decir	di	salir	sal
hacer	haz	ser	sé
ir	ve	tener	ten
poner	pon	venir	ven

- **Nosotros/as** commands are generally identical to the **nosotros/as** forms of the subjunctive.

  Reservemos la habitación hoy mismo.
  Let's book the room today.

1.2 Using pronouns with commands

- When pronouns are used with affirmative commands, they are attached to the verb. When used with negative commands, the pronouns appear between **no** and the verb.

  Levánten**se** temprano. No **se** levanten tarde.
  Wake up early. Don't wake up late.

- When the pronouns **nos** or **se** are attached to an affirmative **nosotros/as** command, the final **s** of the command form is dropped.

  No **nos** sentemos allí. Sentémo**nos** aquí.
  Let's not sit there. Let's sit here.

Práctica

1 **Cambios** Cambia los siguientes mandatos afirmativos por sus formas negativas. Sigue el modelo.

MODELO Lleva estos zapatos.
No lleves estos zapatos.

1. Empieza a planear tu viaje con tiempo.
   ____
2. Llama a la agencia mañana temprano.
   ____
3. Haz las reservaciones hoy mismo.
   ____
4. Reserva una habitación con dos camas.
   ____

2 **Invitaciones** Invita a tu familia a hacer un viaje. Completa las oraciones con el mandato en la forma de **nosotros**.

MODELO (hacer) **Hagamos** un viaje pronto.

1. (ir) ________ a un lugar que no conozcamos.
2. (llevar) ________ poco equipaje.
3. (tomar) ________ muchas fotos.
4. (comprar) ________ regalos para los abuelos.

3 **Transformar** Transforma las siguientes oraciones en infinitivo a mandatos formales en singular (**usted**).

MODELO Traer sus maletas. **Traiga sus maletas.**
No llevar un abrigo. **No lleve un abrigo.**

1. Hacer las maletas.
2. No olvidar el pasaporte.
3. Preguntar por la dirección del hotel.
4. ¡No perder el vuelo!

4 **Pronombres** Pasa estos mandatos a su forma negativa. Sigue el modelo.

MODELO Abróchense el cinturón.
No se abrochen el cinturón.

1. Ponte un suéter.
2. Entrégame el pasaporte.
3. Tómale fotos al monumento.
4. Tráeme mis documentos.

Antes de leer

5 **Definiciones** Las siguientes palabras se encuentran en la lectura. Empareja cada palabra con su definición.

1. consejos
2. empacar
3. equipaje
4. perder
5. verificar

___ dejar de tener o no encontrar las posesiones
___ confirmar o comprobar una información o una situación
___ recomendaciones
___ conjunto de maletas o cosas que se llevan en un viaje
___ poner cosas en una caja o una maleta

Después de leer

6 **Conversación** ¿Cuál es tu estilo? Habla con un(a) compañero/a sobre el tipo de viajero/a que eres. Utiliza las siguientes preguntas para su conversación.

1. Antes de un viaje, ¿te relajas o te estresas mucho por los preparativos?
2. En general, ¿llevas muchas cosas o prefieres un equipaje ligero?
3. ¿Empacas tú solo/a o alguien te ayuda?
4. ¿Eres de los que empaca a tiempo o lo haces en el último momento?
5. ¿Hay algo que siempre olvidas empacar para tus viajes?

Leamos

Lo bueno de viajar ligero° de equipaje

Juliana Úsuga Torres

Viajar no se debe convertir en un dolor de cabeza, y mucho menos al momento de hacer sus maletas. Para algunos, empacar° puede ser todo un reto°, y para otros es el deseo intenso de tener todo bajo control y no pasar angustias° por falta de algo "indispensable"; pero sea cual sea su estilo, siempre es mejor viajar con equipaje ligero.

Hacerlo le permitirá moverse más libremente, tener más tranquilidad y comodidad° en el transporte público, menos probabilidades de perder sus pertenencias° y evitar retrasos° innecesarios.

No se trata de tener una maleta con el mínimo de cosas, pues esto puede hacer que sus gastos° se incrementen en el viaje, sino de llevar la ropa y los implementos necesarios, de manera que no se sobrecargue° con objetos inútiles.

Por eso, si está planeando sus próximas vacaciones, tenga en cuenta los siguientes consejos al momento de empacar:

1. Verifique el clima del destino al que viaja, con esto podrá estar seguro sobre qué llevar y qué no.

2. Lleve el calzado° apropiado. A no ser que tenga algún tipo de evento o actividad específica, un solo par de zapatos es suficiente, pues en realidad a nadie le interesa que use los mismos zapatos tres días seguidos. Verifique que éstos sean cómodos y que combinen con la ropa que va a llevar. No olvide unas sandalias para la ducha o la piscina, si es el caso.

3. Organice su ropa seleccionando prendas° básicas. Por ejemplo, con tres o cuatro camisas y dos pantalones o *shorts* es suficiente para un viaje de fin de semana, pues puede intercambiar las prendas entre sí. Elija colores como gris, negro, azul marino, blanco o caqui, pues combinan con los demás colores.

4. Recuerde el kit de aseo° básico. Éste debe incluir champú, jabón, pañuelos desechables°, cepillo y crema dental, desodorante, crema humectante°, protector solar° para el cuerpo y para los labios, repelente de insectos y peine°.

No olvide llevar además todos sus documentos personales y recuerde que, sea cual sea el destino, siempre habrá lugares donde puede comprar lo que necesite.

ligero *light* **empacar** *to pack* **reto** *challenge* **angustias** *anxieties* **comodidad** *comfort* **pertenencias** *belongings* **retrasos** *delays* **gastos** *expenses* **se sobrecargue** *be overloaded* **calzado** *footwear* **prendas** *garments* **kit de aseo** *toiletries* **pañuelos desechables** *disposable tissues* **humectante** *moisturizing* **protector solar** *sunblock* **peine** *comb*

2.1 Adjectives

Adjectives describe people, places, and things. In Spanish, descriptive adjectives are used with the verb **ser** to identify characteristics such as nationality, size, color, shape, personality, and appearance, or with the verb **estar** to describe variable conditions.

- In Spanish, the forms of descriptive adjectives agree in gender and number with the nouns or pronouns they describe.

El científico es pionero.
La científica es pionera.
Los científicos son pioneros.

- Adjectives that end in **-e** or a consonant have the same masculine and feminine forms.

Un proceso importante | Una convención importante
El representante legal | La representante legal

2.2 Adverbs

Adverbs describe how, when, and where actions take place. They can modify verbs, adjectives, and even other adverbs.

- The most common adverbs end in **-mente,** equivalent to the English ending *-ly.*

verdaderamente *truly, really*

extremadamente *extremely*

To form these adverbs, add **-mente** to the feminine form of the adjective. If the adjective does not have a feminine form, just add **-mente** to the basic form.

seguro	**segura**	**-mente**	**seguramente**
fabuloso	**fabulosa**	**-mente**	**fabulosamente**
enorme		**-mente**	**enormemente**
fácil		**-mente**	**fácilmente**

- An adverb can be added before the adjective it describes for emphasis. Common adverbs used this way are **muy, demasiado, bien,** or an adverb ending in **-mente.**

Estos ejercicios son muy difíciles.
Estos ejercicios son demasiado difíciles.
Estos ejercicios son verdaderamente difíciles.

Práctica

1 Completar Completa las oraciones con los adjetivos del recuadro. Haz los cambios de género y número necesarios.

mexicano	**climático**
ambiental	**diverso**
ejecutivo	**útil**

1. Esta semana se está realizando una convención sobre el cambio ________.
2. A la convención asistieron varias científicas ________.
3. En la convención también se hablará sobre la contaminación ________.
4. Los asistentes podrán conversar con la secretaria ________ de la convención.
5. Los países de la región tienen problemas muy ________.
6. Ojalá los participantes propongan iniciativas ________.

2 Rápidamente Completa las oraciones con un adverbio terminado en **-mente,** utilizando los adjetivos del recuadro.

fácil	**lento**
feliz	**preocupado**
inmediato	**saludable**

1. Camila se lastimó un pie y está caminando ________.
2. Carolina y Luis están ________ comprometidos.
3. Para evitar enfermarse, es necesario comer ________.
4. Mi madre se preocupa muy ________ y por cualquier cosa.
5. Es necesario solucionar el problema ________.
6. Los meteorólogos vieron ________ cómo se acercaba el huracán.

Vocabulario útil

cumbre *summit*
destacado/a *prominent*
destacar *to highlight*
en el marco de *as part of*
la lucha *fight*
la materia *topic*
novedoso/a *new*
el papel *role*
pionero/a *pioneer; leading*
poner en marcha *to set in motion*
la realidad *reality*

Después de escuchar

3 **Oraciones** Completa las oraciones utilizando las palabras de la lista de **Vocabulario útil**.

1. La ciudad ha jugado un papel muy __________ en los programas de reciclaje.
2. El gobierno aprobó leyes en la __________ contra la contaminación del agua.
3. El desempleo forma parte de la __________ de muchos países.
4. Se celebró una gran fiesta __________ las celebraciones del Día de la Raza.
5. Para enfrentar la contaminación necesitamos iniciativas __________.

4 **Definiciones** Con un(a) compañero/a, escriban una definición de cada término, usando sus propias palabras.

MODELO una mascota
Es un animal de compañía que tenemos en casa y al cual cuidamos. Generalmente es un perro o un gato, pero también puede ser un pez, un hámster o incluso un caballo.

contaminar
Es ensuciar el ambiente con basura o elementos tóxicos. Tirar basura a los ríos o emitir humo son formas de contaminar.

1. el calentamiento global
2. la capa de ozono
3. el combustible
4. la deforestación
5. las fuentes de energía
6. los recursos naturales
7. agotar
8. conservar
9. malgastar
10. proteger
11. reciclar
12. renovar

Escuchemos

América Latina, pionera en legislar contra el cambio climático

Escucha el informe de Radio ONU sobre una convención que se celebró recientemente y elige la mejor respuesta para cada pregunta.

1. ¿Cuál es el tema principal de la convención?
   a. la lucha contra el crimen
   b. la lucha contra el cambio climático
   c. el desarrollo de trece países de América Latina y el Caribe
2. ¿En dónde se celebra la reunión?
   a. en México
   b. en trece países de la región
   c. en las oficinas de la ONU
3. ¿Cuál es el cargo de Patricia Espinosa?
   a. gobernadora de México
   b. gobernadora de Guadalajara
   c. secretaria ejecutiva de la convención
4. Según Patricia Espinosa, ¿cómo son los países de América Latina y el Caribe?
   a. muy diversos y sin ninguna coincidencia
   b. diversos pero con coincidencias en la lucha contra el cambio climático
   c. diversos pero con niveles económicos similares
5. ¿Cómo ha sido el comportamiento de la región frente al cambio climático?
   a. ha jugado un papel muy destacado
   b. ha avanzado muy lentamente
   c. ha hecho contribuciones a nivel político y económico

Responde a estas preguntas con base en el audio.

1. ¿Cómo se llama el evento que se está celebrando en Guadalajara?
2. ¿Cómo ha contribuido la región de América Latina y el Caribe en la lucha contra el cambio climático?
3. ¿Cómo se puede describir el papel de México en esta lucha?

En detalle

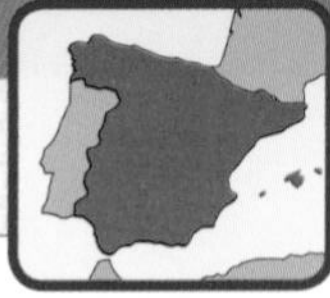

ESPAÑA

AMOR Y AMISTAD en los países hispanos

Casi todos los países hispanohablantes celebran una versión del Día de San Valentín, pero en cada país tiene un nombre diferente y se festeja en fechas distintas. Además, las costumbres para su celebración son diferentes en cada nación.

Aunque en España se celebra el día de San Valentín el 14 de febrero, en varias regiones del país también se festeja el día de San Jorge, que tiene lugar el 23 de abril. Dado que coincide con el día del libro (porque en esa fecha se conmemora la muerte de dos grandes escritores, uno español, Miguel de Cervantes Saavedra, y otro inglés, William Shakespeare), ahora es una costumbre que, además de rosas rojas y dulces, entre los amigos y los enamorados se regalen libros.

San Jorge y el dragón
Rogier van der Weyden (1399/1400–1464)

En México se expresa el amor entre novios o esposos regalando rosas y chocolates el 14 de febrero, y para los amigos se estableció que el 30 de julio sea el Día Internacional de la Amistad. En Bolivia, el Día del Amor y la Amistad es el 21 de septiembre. Esta fecha coincide con el comienzo de la primavera y tradicionalmente las parejas de novios intercambian flores, regalos y tarjetas.

En algunos países, como Colombia y Paraguay, se tiene la costumbre de jugar "amigo secreto" unos días antes de la fecha de celebración. El juego consiste en repartir° de manera secreta los nombres de los participantes, quienes anónimamente se envían dulces durante esos días. El día del "descubrimiento", los grupos de amigos se reúnen y cada quien revela quién era su amigo secreto y le entrega un regalo. ■

Amor y amistad en América Latina

- En los países centroamericanos se llama "Día del Amor y la Amistad" o "Día del cariño", y también se festeja el 14 de febrero.
- Colombia: El "Día del Amor y la Amistad" se celebra el tercer sábado de septiembre con intercambio de dulces y regalos. Antes se llamaba el "Día de los Novios".
- Uruguay: El "Día de los Enamorados" se celebra el 21 de septiembre. Desde hace unos años también se celebra el Día de San Valentín el 14 de febrero.

repartir *to distribute*

PERFIL

PEDRO SALINAS, "EL POETA DEL AMOR"

El poeta Pedro Salinas con su esposa y sus hijos, c. 1931

El escritor español Pedro Salinas Serrano (1891–1951) fue conocido sobre todo por su poesía, especialmente por sus poemas amorosos. Nacido en Madrid en 1891, se le considera miembro de la Generación del 27 — un grupo principalmente de poetas españoles que se dieron a conocer° en el panorama cultural alrededor del año 1927, como un movimiento que buscaba, entre otras cosas, renovar° las letras españolas—.

Tras la Guerra Civil Española (1936–1939), debió exiliarse a Francia y luego a los Estados Unidos, donde fue profesor en varias universidades, entre ellas Wellesley College (Boston) y Universidad Johns Hopkins (Baltimore). Murió en la ciudad de Boston en 1951.

La poesía amorosa de Salinas está conformada por tres colecciones de poemas: *La voz a ti debida*°, *Razón de amor* y *Largo lamento*. En estas obras celebra el amor que enriquece° la vida. En su obra el poeta mantiene un diálogo continuo con la amada, siempre cercana, siempre amiga. El amor de su lírica no es atormentado ni sufrido°; es una fuerza prodigiosa que le da sentido a la existencia.

"Tú vives siempre en tus actos.
Con la punta° de tus dedos
pulsas el mundo°, le arrancas°
auroras, triunfos, colores,
alegrías: es tu música.
La vida es lo que tú tocas."
(Pedro Salinas, de *La voz a ti debida*)

se dieron a conocer *made themselves known* **renovar** *to renew* **debida** *due* **enriquece** *enriches* **sufrido** *long-suffering* **punta** *tip* **pulsas el mundo** *you set the world in motion* **arrancas** *pull out*

¿Qué aprendiste?

1 **¿Cierto o falso?** Indica si estas afirmaciones son **ciertas** o **falsas**. Corrige las falsas.

1. El día de San Jorge y el día de San Valentín se celebran el 14 de febrero.
2. Es común que el día de San Jorge las personas se regalen libros.
3. El Día del Amor y la Amistad en Bolivia coincide con el inicio del invierno.
4. En Uruguay hay dos fechas para celebrar las relaciones amorosas.
5. Durante el juego de amigo secreto, tú puedes elegir quién será tu amigo/a secreto/a.

2 **Preguntas** Contesta las preguntas.

1. ¿Cuál es el aspecto más conocido de la obra literaria de Pedro Salinas?
2. ¿Cuál era uno de los objetivos de la Generación del 27?
3. ¿Qué debió hacer Pedro Salinas durante la Guerra Civil Española?
4. ¿En qué trabajó Salinas en los Estados Unidos?
5. ¿El amor en la obra de Salinas es sufrido y distante o enriquecedor y cercano?

3 **Diferencias** Con un(a) compañero/a, creen un diálogo con la siguiente situación y preséntenlo a la clase.

Estudiante 1: Tú eres un(a) estudiante de un país hispanohablante y te encuentras de intercambio en la escuela. Le cuentas a tu nuevo/a compañero/a (Estudiante 2) sobre la celebración de amor y amistad en tu país (incluyendo fechas, costumbres y el juego de amigo secreto).

Estudiante 2: Tú eres un(a) estudiante local y le haces preguntas a tu compañero/a (Estudiante 1) sobre la celebración de amor y amistad en su país. Le hablas sobre las semejanzas y diferencias entre esa celebración y el Día de San Valentín en tu país.

3.1 The preterite

Use the preterite to...

- express actions that are viewed by the speaker as completed.

  Alicia **fue** al supermercado..
  Alicia went to the supermarket.

- express the beginning or end of a past action.

  La reunión **empezó** a las diez.
  The meeting began at ten o'clock.

- narrate a series of past actions or events.

  Luis **se levantó** temprano, **se arregló** y **salió** para la escuela.
  Luis woke up early, got ready, and left for school.

3.2 The imperfect

Use the imperfect to...

- describe an ongoing past action with no reference to its beginning or end.

  Alicia **estaba** en el supermercado.
  Alicia was at the supermarket.

- express habitual past actions and events.

  La reunión **comenzaba** a las diez.
  The meeting used to begin at ten o'clock.

- describe physical and emotional states or characteristics at a certain time in the past.

  Luis **tenía** prisa. **Se sentía** mal, pero **debía** ir a sus clases.
  Luis was in a hurry. He was feeling ill but had to go to his classes.

¡Atención! When narrating in the past, the imperfect describes what *was happening*, while the preterite describes the action that *interrupts* the ongoing activity. The imperfect provides background information, while the preterite indicates specific actions that advance the plot.

Había una vez un lobo que **era** muy pacífico y bueno. Un día, el lobo **caminaba** por el bosque cuando, de repente, una niña muy malvada que se **llamaba** Caperucita Roja **apareció** de entre los árboles.
Once upon a time, there was a wolf that was very peaceful and kind. One day, the wolf was walking through the forest when, all of a sudden, a very wicked little girl named Little Red Riding Hood, appeared amongst the trees.

Práctica

1 Preguntas Completa las respuestas para cada pregunta con la forma del pretérito de los verbos correspondientes. Sigue el modelo.

MODELO —¿Ya **llegaste** a Lima?
—Sí, **llegué** el lunes pasado.

1. —¿Ustedes ya **hicieron** sus tareas?
   —Sí, las ________ esta mañana.
2. —¿Ya **empezaste** tus clases de dibujo?
   —Sí, las ________ el sábado pasado.
3. —¿Dónde **encontraste** las llaves?
   —Las ________ sobre la mesa.
4. —¿Ustedes ya **vieron** esa película?
   —Sí, nosotras la ________ ayer.
5. —¿Con qué **pagaste** en el supermercado?
   —Yo ________ con mi tarjeta de crédito.

2 Una mañana fría Completa el párrafo con la forma del pretérito o del imperfecto de los verbos entre paréntesis.

Cuando Adriana (1) ________ (levantarse) esta mañana, en su apartamento (2) ________ (hacer) mucho frío. Ella (3) ________ (cerrar) bien todas las ventanas, pero todavía (4) ________ (tener) frío. Entonces ella (5) ________ (darse) cuenta de que la calefacción (*heating*) no (6) ________ (estar) funcionando bien. Para calentarse, ella (7) ________ (preparar) una taza de chocolate caliente y (8) ________ (ponerse) un suéter. Luego, ella (9) ________ (llamar) al dueño del edificio para decirle lo que (10) ________ (pasar). El dueño le dijo que ya lo (11) ________ (saber) y que un técnico iría a repararla pronto. Mientras (12) ________ (esperar) al técnico, Adriana (13) ________ (llamar) a su amiga Carolina y le (14) ________ (contar) lo que (15) ________ (estar) sucediendo.

3 Las vacaciones En parejas, hablen sobre lo que cada uno/a hizo durante las vacaciones. Recuerda hacer preguntas para conocer detalles (*details*) adicionales sobre las vacaciones de tu compañero/a.

MODELO —¿Qué **hiciste** en las vacaciones?
—**Visité** a mis abuelos en La Florida.
—¿Qué tiempo **hacía** allá en agosto?
—¡**Hacía** mucho calor y el sol **salía** todos los días!

Preparación

4 **La vida diaria** Completa las oraciones con las palabras del recuadro. Utiliza cada palabra una sola vez.

acostumbrarse	**lavar**
arreglarse	**limpiar**
cocinar	**poner la mesa**

1. Después de la cena, me molesta tener que ________ los platos.
2. No olvides guardar la aspiradora cuando termines de ________.
3. A Adrián le encanta ________; quiere estudiar gastronomía.
4. ¿Me puedes ayudar a ________? ¡Los invitados a la cena ya están por llegar!
5. Ese chico llega tarde a clase porque le toma mucho tiempo bañarse y ________.
6. A veces es difícil ________ a los cambios.

5 **Definiciones** Elige la palabra que se describe en cada caso.

1. La planeación de actividades
   a. el horario
   b. los quehaceres
   c. por casualidad
2. Tener la costumbre o el hábito de hacer algo
   a. hacer mandados
   b. seleccionar
   c. soler
3. Una actividad que se hace a diario
   a. auténtica
   b. inesperada
   c. cotidiana
4. Una secuencia de actividades repetida
   a. la rutina
   b. la escalera
   c. la ganga
5. Hacer algo de manera frecuente
   a. casi nunca
   b. a propósito
   c. a menudo

Escribamos

Una anécdota Escribe la narración de una anécdota personal e inolvidable (un viaje, una aventura, una situación cómica, la historia de una persona conocida o cualquier otra situación interesante). Asegúrate de usar correctamente el pretérito y el imperfecto en tu texto. Luego, intercambia tu narración con un(a) compañero/a y ayúdense a editarlas.

El sábado pasado yo *estaba* durmiendo,
cuando de repente *escuché* un ruido
muy fuerte afuera de mi cuarto y
me desperté. Era medianoche, creo.
Entonces me *levanté* y...

Cambios Escribe un artículo para tu blog personal en el que describas las diferencias entre tu vida cotidiana cuando estabas en la escuela primaria y tu vida ahora en la escuela secundaria. Utiliza el imperfecto para referirte a tu vida en el pasado y el presente para hablar de tu vida actual.

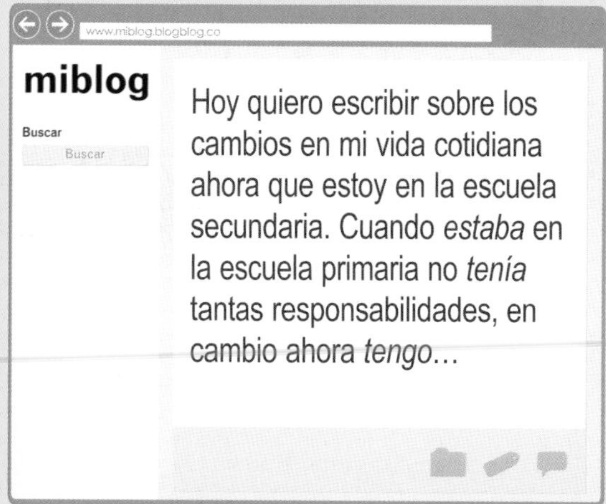

4.1 *Gustar* and similar verbs

- **Gustar** is translated as *to like* in English. Literally it means *to please.* An indirect object pronoun before **gustar** indicates the person who is pleased. The noun that follows indicates what pleases.

IND. OBJ. PRON.		SUBJECT
Me	gusta	**la película.**

I like the movie. (*literally: The movie pleases me.*)

¿Te	gustan	**los conciertos de rock?**

Do you like rock concerts? (*literally: Do rock concerts please you?*)

- **Gustar** agrees in number with what pleases (the subject). The subject is usually third person singular or plural.

  Me **gusta** la música latina. Me **gustan** los bailes.
  I like Latin music. I like the dances.

- Many verbs follow the same pattern as **gustar**. Some examples are **disgustar, doler, encantar, fascinar, importar, interesar, molestar, preocupar**.

  Me **interesan** las series de televisión.
  I am into TV series.

4.2 Comparatives and superlatives

- Comparisons of inequality:
  más/menos + [*adj.* / *adv.* / *n.*] + **que**

  Este teatro es **más grande que** aquél.
  This theater is bigger than that one.

- To compare verbs:
  [*v.*] + **más/menos** + **que**

  Mi hermana **baila más que** yo.
  My sister dances more than I do.

- Comparisons of equality:
  tan + [*adj.* / *adv.*] + **como**

  Ana es **tan alta como** Luisa.
  Ana is as tall as Luisa.

  tanto/a(s) + [*n.*] + **como**

  Tengo **tantos videojuegos como** tú.
  I have as many video games as you do.

- Use this construction to form superlatives:

  Esta es **la película más interesante que** he visto.
  This is the most interesting movie I've seen.

Práctica

1 **Completar** Completa las oraciones con los verbos del recuadro.

disgustar	interesar
encantar	molestar

1. A Camila le __________ los conciertos de ese conjunto. ¡Y tiene todos sus discos!
2. A Julián le __________ que cancelen los espectáculos.
3. ¡Cómprale esta película a Sebastián! Yo sé que le __________.
4. En general, aquí a todos nos __________ las corridas de toros. No nos gusta ver sufrir a los animales.
5. ¡Qué divertida! ¡Me __________ esa obra de teatro!

2 **Comparaciones** Completa las oraciones con la forma del comparativo o el superlativo de los adjetivos entre paréntesis. Presta atención a la concordancia.

MODELO — Las blusas de Teresa son **más grandes que** las de Marta.

Comparativos

1. Los boletos para un concierto son __________ los para el cine. (caro)
2. Las películas bolivianas son __________ las españolas. (famoso)
3. Las comedias son __________ los dramas. (divertido)

Superlativos

4. Esa es la película __________ que he visto. (largo)
5. Las series históricas son las __________. (interesante)
6. ¡Ésa ha sido la excursión __________ de mi vida! (divertido)

Preparación

3 **Escoger** Elige la palabra que no pertenece a cada grupo.

1. disfrutar
   divertirse
   aburrirse
   entretenerse
2. el deportista
   el árbitro
   el entrenador
   el aficionado
3. el ajedrez
   la cancha
   las cartas
   el juego de mesa
4. el cantante
   el músico
   el escenario
   el videojuego
5. el equipo
   la obra de teatro
   el concierto
   la película

4 **Sinónimos** Encuentra en el recuadro un sinónimo para cada una de las palabras de la lista. Utiliza un diccionario para buscar el significado de las palabras que no conozcas. Luego escribe una pequeña historia utilizando varios términos de la lista o sus sinónimos.

ameno	**ganar un partido**
baraja	**hacer fila**
butaca	**juez**
distracción	**lanzamiento**
función	**ventanilla**

1. árbitro: ________
2. asiento: ________
3. divertido: ________
4. espectáculo: ________
5. estreno: ________
6. hacer cola: ________
7. naipe: ________
8. pasatiempo: ________
9. perder un partido: ________
10. taquilla: ________

Hablemos

Perfil En parejas, hagan una investigación sobre la actriz o el actor latino que más les interesa. Preparen una presentación para la clase con los siguientes datos:

- datos biográficos (lugar y fecha de nacimiento, si tiene padres famosos, etc.)
- formación académica y artística
- principales películas en las que ha actuado
- premios o nominaciones recibidos
- otros países en los que ha actuado

Una entrevista En parejas, preparen la siguiente entrevista y grábenla para presentársela a la clase. Sigan el modelo.

MODELO A: ¿**Te gusta** tu papel en tu nueva película?
B: ¡Sí, **me encanta**! Creo que es **el papel más divertido** que he hecho en mi vida. **Me interesa** mucho representar el papel de cantante famosa.

Estudiante A: Tú eres un(a) periodista encargado/a de la sección "Farándula" de un programa de variedades y debes entrevistar a una personalidad famosa del mundo del espectáculo (Estudiante B). Prepara un cuestionario en el que uses el vocabulario y los temas gramaticales repasados en esta sección. Debes presentar además la sección y saludar a tu entrevistado/a. Al final, agradécele su participación, despídete y cierra la sección.

Estudiante B: Tú eres una personalidad famosa del mundo del espectáculo y te va a entrevistar un(a) periodista (Estudiante A) en un programa de variedades. Eres muy simpático/a y conversador(a) (*talkative*) y respondes a las preguntas del/de la periodista con oraciones completas, utilizando el vocabulario y los temas gramaticales estudiados en esta sección.

Descripción

En grupos de tres o cuatro, preparen una campaña para promover hábitos saludables en su escuela. Cada miembro del equipo debe elegir un tema y preparar una breve presentación usando ayudas visuales.

Paso a paso

1 Decidan qué tema va a presentar cada miembro del equipo y hagan una investigación preliminar. Pueden elegir alguno de estos temas:

- buenos hábitos de salud y alimentación
- buenos hábitos de higiene
- el deporte y la actividad física
- el manejo del estrés y la ansiedad

2 Cada integrante del equipo escribe un guión de su presentación, incluyendo la descripción de las mejores prácticas en el tema elegido. Asegúrense de usar los temas repasados en esta Lección Preliminar, como órdenes, adjetivos, adverbios, comparativos y superlativos.

MODELO **Hagamos** ejercicio al menos tres veces a la semana.
Es **muy preocupante** que los jóvenes beban **más sodas que** jugos naturales.
Si te sientes **muy estresado, practica** un deporte o **habla** con tus amigos.

3 Preparen sus presentaciones leyéndolas en grupo. Mientras cada integrante lee su parte de la presentación, los demás le hacen comentarios constructivos. Diseñen carteles atractivos sobre los temas para apoyar sus presentaciones y para después exhibirlos en la escuela como parte de su campaña.

Evaluación

En tu presentación serás evaluado/a con base en los siguientes criterios. Usa esta lista de chequeo para verificar que estás bien preparado/a para la presentación:

- Usas el vocabulario apropiado.
- Ofreces consejos útiles y relacionados con el tema que elegiste.
- Utilizas los temas gramaticales repasados en esta lección.
- Te expresas con claridad, usando pronunciación y entonación adecuadas.
- Utilizas ayudas visuales para apoyar tu presentación y tu campaña.

La tecnología y la ciencia 1

Contextos

Fotonovela

El mundo hispano

Estructura

En pantalla

Lecturas

Communicative Goals

You will expand your ability to...
- describe past events and conditions
- emphasize the size of objects and people
- express affection or scorn

La tecnología y la ciencia

La tecnología

Gisela se pasa largas horas frente a su **computadora portátil navegando en la red,** leyendo **blogs y descargando** su música preferida.

la arroba *@ symbol*
el blog *blog*
el buscador *search engine*
la computadora portátil *laptop*
la contraseña *password*
el corrector ortográfico *spell-checker*
la dirección de correo electrónico *e-mail address*
la informática *computer science*
el mensaje (de texto) *(text) message*
la página web *web page*
el programa (de computación) *software*
el reproductor de CD/DVD/MP3 *CD/DVD/MP3 player*
el (teléfono) celular *cell phone*

---

adjuntar (un archivo) *to attach (a file)*
borrar *to erase*
chatear *to chat*
descargar *to download*
guardar *to save*
navegar en la red *to surf the web*
tuitear *to tweet (in Twitter)*

---

digital *digital*
en línea *online*
inalámbrico/a *wireless*

La astronomía y el universo

el agujero negro *black hole*
el cohete *rocket*

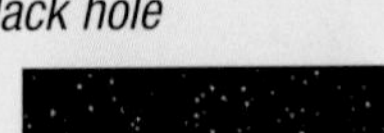

el cometa *comet*
el espacio *space*
la estrella (fugaz) *(shooting) star*
el/la extraterrestre *alien*
la gravedad *gravity*

el ovni *UFO*
el planeta *planet*
el telescopio *telescope*
el transbordador espacial *space shuttle*

Los científicos

el/la astronauta *astronaut*
el/la astrónomo/a *astronomer*
el/la biólogo/a *biologist*
el/la científico/a *scientist*
el/la físico/a *physicist*
el/la ingeniero/a *engineer*
el/la matemático/a *mathematician*
el/la (bio)químico/a *(bio)chemist*

Variación léxica

el (teléfono) celular ⟷ *el móvil*
la computadora ⟷ *el ordenador* (Esp.)

La ciencia y los inventos

Los científicos han realizado incontables **experimentos** sobre el **ADN** humano, los cuales han sido esenciales para los **avances revolucionarios** de las últimas décadas.

el ADN (ácido desoxirribonucleico) *DNA*
el avance *advance*
la célula *cell*
el desafío *challenge*
el descubrimiento *discovery*
el experimento *experiment*
el gen *gene*
el invento *invention*
la patente *patent*
la teoría *theory*

clonar *to clone*
comprobar (o:ue) *to prove*
crear *to create*
fabricar *to manufacture*
formular *to formulate*
inventar *to invent*

investigar *to investigate; to research*

avanzado/a *advanced*
(bio)químico/a *(bio)chemical*
especializado/a *specialized*
ético/a *ethical*
innovador(a) *innovative*
revolucionario/a *revolutionary*

Práctica

1 **Escuchar**

A. Escucha lo que dice Mariana Serrano y luego decide si las oraciones son **ciertas** o **falsas**. Corrige las falsas.

1. Mariana Serrano es la presidenta de la Asociación de Ingenieros de Mar del Plata.
2. Mariana Serrano reflexiona sobre los desafíos del futuro.
3. La comunidad científica ha hecho descubrimientos revolucionarios en el campo del ADN.
4. No hay dinero para investigar nuevas medicinas.
5. Mariana Serrano cree que la ciencia y la ética deben ir unidas.
6. Carlos Obregón es astrónomo.

B. Escucha la conversación entre Carlos Obregón y Mariana Serrano y contesta las preguntas.

1. ¿Qué le ha pasado a Carlos?
2. ¿De qué sabe mucho el amigo de Carlos?
3. ¿Qué adjuntó el amigo de Carlos en el correo electrónico?
4. ¿Dónde escribe Mariana casi todos los días?
5. ¿Qué le tiene que dar Mariana a Carlos?
6. ¿Cómo se la va a dar Mariana?

2 **Definiciones** Conecta cada descripción con la palabra correcta.

___	1. Se utiliza en las direcciones de correo electrónico.	a. cohete
___	2. Un objeto extraterrestre.	b. buscador
___	3. Reproducir un ser vivo exactamente igual.	c. telescopio
___	4. Se utiliza para investigar en Internet.	d. clonar
___	5. El vehículo que se utiliza para ir al espacio.	e. arroba
___	6. Se utiliza para ver las estrellas.	f. ovni

Práctica

3 **No pertenece** Identifica la palabra que no pertenece al grupo.

1. ADN–célula–buscador–gen
2. astronauta–tuitear–cohete–espacio
3. descargar–adjuntar–guardar–clonar
4. descubrimiento–gravedad–avance–invento
5. bioquímico–avanzado–revolucionario–innovador
6. científico–biólogo–extraterrestre–ingeniero

4 **Para... se necesita...** ¿Qué se necesita para hacer lo siguiente? Añade el artículo correcto: **un** o **una.**

buscador	**corrector ortográfico**	**reproductor**
cohete	**experimento**	**teléfono celular**
computadora portátil	**matemático**	**telescopio**
contraseña	**patente**	**teoría**

1. Para encontrar una lista de sitios web, se necesita ______________.
2. Para ver un DVD, se necesita ______________.
3. Para navegar en la red en la playa, se necesita ______________.
4. Para hacer una llamada en un autobús, se necesita ______________.
5. Para escribir sin errores en la computadora, se necesita ______________.
6. Para proteger la información de la computadora, se necesita ______________.
7. Para demostrar que uno es el inventor de un objeto, se necesita ______________.
8. Para observar la Luna y las estrellas desde la Tierra, se necesita ______________.

5 **Definiciones** Primero, elige cinco palabras de la lista y escribe una definición para cada una. Luego, en parejas, túrnense para leerse las definiciones y adivinar de qué palabra se trata.

MODELO —Es un diario en Internet donde se pueden escribir los pensamientos y opiniones personales.
—Es un **blog.**

astronauta	**digital**	**invento**
astrónomo/a	**en línea**	**navegar en la red**
biólogo/a	**experimento**	**patente**
borrar	**físico/a**	**teléfono celular**
descargar	**gen**	**teoría**

Comunicación

6 **Actualidad científica** Parece que no hay límites en los avances científicos. ¿Qué opinas tú sobre el tema? Marca las afirmaciones con las que estés de acuerdo y comparte tus opiniones con un(a) compañero/a.

- ☐ 1. La clonación de seres humanos es una herramienta importante para luchar contra las enfermedades genéticas.
- ☐ 2. La clonación de seres humanos disminuirá (*will diminish*) nuestro respeto por la vida humana.
- ☐ 3. Es injusto que el gobierno invierta en programas para viajar a la Luna cuando hay gente que muere de hambre en la Tierra.
- ☐ 4. El exceso de estimulación visual de los videojuegos afecta el desarrollo de los niños.
- ☐ 5. Las redes sociales, como Facebook, favorecen las relaciones personales.
- ☐ 6. La abundancia de información en la red es buena para la humanidad.

7  **Soluciones** En grupos de tres, den consejos a estas personas para solucionar sus situaciones. Utilicen la imaginación y tantas palabras del vocabulario como puedan.

- Un astrónomo ha detectado una tormenta espacial y piensa que puede ser peligroso mandar un cohete al espacio. No quiere que los astronautas estén en peligro. Sus jefes, sin embargo, no quieren cancelarlo porque, de lo contrario, saben que recibirán críticas en los periódicos.
- Celia ha escrito un mensaje de texto para su amiga, pero se lo ha enviado a su jefe por error. El mensaje decía: "Eva, ¡mi jefe está loco!" Celia necesita una solución antes de que sea demasiado tarde.

8 **Observaciones de la galaxia** En parejas, escriban una historia corta basada en el dibujo. Utilicen por lo menos ocho palabras de **Contextos**. ¡Dejen volar la imaginación!

¿Quién era el hombre?
¿Dónde estaba?
¿Qué quería hacer?
¿Qué hecho inesperado sucedió?

La oficina de la revista *Facetas* recibe una pantalla plana.

HOMBRE 1 Aquí está la pantalla líquida que pidieron. Pues, tiene imagen digital, sonido de alta definición, control remoto universal y capacidad para conexión de satélite e Internet desde el momento de la instalación.

JOHNNY ¿Y está en esa caja tan grandota?

HOMBRE 1 Si es tan amable, me da su firmita en la parte de abajo, por favor.

Johnny está en el suelo desmayado.

HOMBRE 2 ¿Por qué no piden una ambulancia?

MARIELA No se preocupe. Fue sólo una pequeñísima sobredosis de euforia.

HOMBRE 1 ¡Esto es tan emocionante! Nunca se había desmayado nadie.

FABIOLA No conocían a Johnny.

HOMBRE 2 Eso es lo que yo llamo "el poder de la tecnología".

ÉRIC Jefe, pruebe con esto a ver si despierta. *(Le entrega un poco de sal.)*

AGUAYO ¿Qué se supone que haga?

ÉRIC Ábralo y páseselo por la nariz.

AGUAYO Esto no funciona.

DIANA Ay, yo conozco un remedio infalible.

ÉRIC ¡¿Qué haces?!

Diana le pone sal en la boca a Johnny. Johnny se despierta.

Más tarde... Johnny y Fabiola van a poner la pantalla en la pared.

AGUAYO Johnny, ¿estás seguro de que sabes lo que haces?

JOHNNY Tranquilo, jefe, no es tan difícil.

FABIOLA Es sólo un agujerito en la pared.

El teléfono suena.

MARIELA Revista *Facetas*, buenas tardes. Jefe, tiene una llamada de su esposa en la línea tres.

AGUAYO Pregúntale dónde está y dile que la llamo luego.

MARIELA Un segundito.

AGUAYO Estaré en mi oficina. No quiero ver este desorden.

Mientras trabajan, se va la luz.

FABIOLA ¡Johnny!

JOHNNY ¿Qué pasó?

FABIOLA ¡Johnny! ¡Johnny!

JOHNNY Está bien, está bien. Ahí viene el jefe.

AGUAYO No es tan difícil. Es sólo un agujerito en la pared... ¡No funciona ni el teléfono!

JOHNNY *(a Aguayo)* Si quiere, puede usar mi celular.

Personajes

AGUAYO

DIANA

ÉRIC

FABIOLA

JOHNNY

MARIELA

HOMBRE 1

HOMBRE 2

JOHNNY ¿Sabían que en el transbordador espacial de la NASA tienen este tipo de pantallas?

MARIELA Espero que a ningún astronauta le dé por desmayarse.

AGUAYO ¿Dónde vamos a instalarla?

DIANA En esta pared, pero hay que buscar quien lo haga porque nosotros no tenemos las herramientas.

JOHNNY ¿Qué? ¿No tienes una caja (de herramientas)?

ÉRIC A menos que quieras pegar la pantalla con cinta adhesiva y luego ponerle aceite lubricante, no.

FABIOLA Hay una construcción allá abajo.

Johnny y Fabiola se van a buscar las herramientas.

Más tarde, en la sala de conferencias...

AGUAYO Rodeados de la mejor tecnología para terminar alumbrados por unas velas.

DIANA Nada ha cambiado desde los inicios de la humanidad.

MARIELA Hablando de cosas profundas... ¿Alguna vez se han preguntado adónde se va la luz cuando se va?

Expresiones útiles

Expressing size

Si es tan amable, ¿me da su firmita?
If you would be so kind as to give me your signature...

Fue sólo una pequeñísima sobredosis de euforia.
It was just a tiny overdose of euphoria.

Un segundito.
Just a second. (Lit. a tiny second)

¿Y está en esa caja tan grandota?
And is it in that huge box?

Talking about what has/had happened

Nada ha cambiado.
Nothing has changed.

¿Alguna vez se han preguntado...?
Have you ever asked yourselves...?

Nada había cambiado.
Nothing had changed.

Nunca se había desmayado nadie.
No one had ever fainted before.

Additional vocabulary

el agujerito *small hole*
alta definición *high definition*
la conexión de satélite *satellite connection*
el control remoto universal *universal remote control*
el desorden *commotion; mess*
funcionar *to work*
la herramienta *tool*
la imagen *image*
instalar *to install*
la luz *power; electricity*
la pantalla *screen*
rodeado/a *surrounded*

Comprensión

1 **¿Cierto o falso?** Indica si las oraciones son **ciertas** o **falsas**.

1. Johnny se desmayó debido a la euforia del momento.
2. La nueva tecnología no impresiona a nadie.
3. Aguayo está preocupado por lo que hace Johnny.
4. A pesar de los avances de la tecnología, las velas son prácticas.
5. Según Diana, sus remedios nunca funcionan.

2 **Razones** Elige el final lógico para cada oración.

____ 1. Alguien propone pedir una ambulancia porque

____ 2. Éric le explica a Aguayo cómo despertar a Johnny porque

____ 3. Diana propone buscar a alguien para instalar la pantalla porque

____ 4. Aguayo se encierra en su oficina porque

____ 5. Los empleados alumbran la oficina con velas porque

a. no tienen herramientas.
b. no hay luz.
c. Aguayo no sabe cómo hacerlo.
d. no quiere ver el desorden.
e. Johnny se desmayó.

3 **Definiciones** Busca en la **Fotonovela** la palabra que corresponda a cada definición.

________ 1. Artefacto que permite controlar a distancia distintos aparatos electrónicos.

________ 2. Poner o colocar algo en un lugar adecuado.

________ 3. Vehículo que viaja por el espacio.

________ 4. Instrumentos que generalmente se usan para instalar o para arreglar algo.

________ 5. Red informática mundial formada por la conexión directa entre las computadoras.

________ 6. Sistema inalámbrico de televisión que incluye acceso a gran variedad de películas, eventos deportivos y noticias internacionales.

4 **¿Por qué lo dicen?** En parejas, expliquen a qué se refieren los personajes de la **Fotonovela** en cada cita (*quote*).

1. **HOMBRE** Eso es lo que yo llamo "el poder de la tecnología".
2. **MARIELA** Fue sólo una pequeñísima sobredosis de euforia.
3. **AGUAYO** ¿Estás seguro de que sabes lo que haces?
4. **DIANA** Nada ha cambiado desde los inicios de la humanidad.
5. **AGUAYO** ¡No funciona ni el teléfono!
6. **DIANA** Yo conozco un remedio infalible.

Ampliación

5 **¿Adicto a Internet?** Conversa con tu compañero/a sobre estas preguntas y luego decide si él/ella es adicto/a a Internet.

1. ¿Cuántas cuentas de correo electrónico tienes? ¿Con qué frecuencia la(s) chequeas?
2. ¿Dejas de hacer las tareas de clase o trabajo para pasar más tiempo navegando en Internet? ¿Por qué? Explica con ejemplos.
3. ¿Visitas sitios de chat? ¿Cuáles? ¿Con quién hablas? ¿Piensas que es más divertido chatear que hablar en persona?
4. Si se corta la conexión a Internet por más de tres días, ¿cómo te sientes? ¿Te pones ansioso/a o permaneces indiferente? Explica con ejemplos.
5. Si necesitas hablar con un(a) amigo/a que vive cerca, ¿prefieres chatear o ir directamente a su cuarto o a su casa?

6 **Apuntes culturales** En parejas, lean los párrafos y contesten las preguntas.

Los cibercafés

¡Johnny podrá usar la nueva pantalla para navegar en la red! En Hispanoamérica, fuera de la casa y el trabajo, los **cibercafés** son sitios muy populares para acceder a Internet. Además, son un punto de encuentro entre amigos, ya que se sirve café y comida. ¿Seguirá yendo Johnny a los cibercafés o ahora llevará a sus amigos a la oficina?

Los mensajes de texto

Johnny le prestó el celular a Aguayo para que se comunicara con su esposa. Si viviera en Argentina, seguramente haría como la mayoría de los argentinos y le enviaría un **mensaje de texto** a su esposa diciendo: "tamos sin luz n l ofi. dsps t llamo" (Estamos sin luz en la oficina. Después te llamo). ¡Ojalá que el jefe no le gaste todo el crédito a Johnny!

La conexión satelital

Con conexión satelital, Johnny podrá acceder a canales de todo el mundo. De igual modo, muchos inmigrantes hispanos en los EE.UU. pueden seguir en contacto con sus países de origen gracias a este servicio: los ecuatorianos pueden mirar **ECUAVISA Internacional** y los peruanos, **Sur Perú.**

1. ¿Has estado en algún cibercafé? ¿Cuándo? ¿Dónde? ¿Son comunes los cibercafés donde tú vives? ¿Dónde te conectas habitualmente?
2. Muchos jóvenes prefieren enviar mensajes de texto en lugar de llamar por teléfono. ¿Tú mandas mensajes de texto? ¿A quiénes? ¿Cuántos por día?
3. ¿Existe en tu cultura un lenguaje especial para los mensajes de texto? Explica con varios ejemplos.
4. ¿Cuántos canales de televisión tienes en tu casa? ¿Cuáles son los que miras más a menudo?

En detalle

ARGENTINA

ARGENTINA: TIERRA DE ANIMADORES

Hijitus

Indudablemente°, todos pensamos en Walt Disney como el gran creador y el pionero del cine de animación, pero no estuvo solo durante esos primeros años; artistas de muchos países experimentaron con nuevas técnicas cinematográficas. El argentino Quirino Cristiani fue uno de ellos y, aparte de ser el primero en crear un largometraje de animación, *El apóstol* (1917), inventó y patentó una cámara especial para este tipo de cine. Ésta tenía forma de torre° y se manejaba con los pies, hecho que le permitía usar las manos para crear el movimiento de los dibujos. Cristiani fue, también, el primero en poner sonido a una cinta animada de larga duración, *Peludópolis* (1931). Desafortunadamente, todas sus películas, excepto *El mono relojero*, fueron destruidas a causa de dos incendios° en los años 1957 y 1961.

El éxito argentino en el mundo de la animación no se acabó con esta catástrofe. El auge de la animación en Argentina se produjo en los años 60 y 70, cuando el historietista Manuel García Ferré, un español naturalizado argentino, llevó a la pantalla televisiva a su personaje *Hijitus*. Ésta fue la primera y la más exitosa serie televisiva animada de Latinoamérica. Hijitus es un niño de la calle que vive en la ciudad de Trulalá, asediada° por personajes malvados° como la Bruja Cachavacha y el Profesor Neurus. Para luchar contra Neurus y su pandilla°, Hijitus se convierte en Súper Hijitus. García Ferré es también el creador de otros éxitos televisivos y cinematográficos, como *Petete, Trapito, Calculín, Ico y Manuelita.*

Entre la nueva generación de animadores, se destaca° Juan Pablo Zaramella, un joven creador de enorme proyección internacional. Zaramella realiza muchas de sus películas usando plastilina° y el método *stop-motion*. Su corto *Viaje a Marte* ha recibido más de cincuenta premios en todo el mundo. ■

Diferentes técnicas del cine de animación

Dibujos animados Cada fotograma de la película es un dibujo diferente. Se combinan los dibujos para crear la idea de movimiento.

Stop-motion Los escenarios y personajes están hechos en tres dimensiones, normalmente con plastilina, en el caso de la técnica *claymation* (subcategoría del *stop-motion*). Se van moviendo los objetos y se toman fotos de los movimientos.

Animación por computadora Se generan imágenes en diferentes programas de computadora.

Indudablemente *Undoubtedly* **torre** *tower* **incendios** *fires* **asediada** *besieged* **malvados** *evil* **pandilla** *gang* **se destaca** *stands out* **plastilina** *clay*

ASÍ LO DECIMOS

Animación y computación

las caricaturas (Col.) **los dibujitos (Arg.)** **los muñequitos (Cu.)**	*cartoons*
las películas CG	*CG movies*
el/la laptop **la notebook (Arg.)** **el portátil (Esp.)**	*laptop*
el computador (Col. y Chi.) **el ordenador (Esp.)**	*computer*
el mouse **el ratón (Esp. y Pe.)**	*mouse*

EL MUNDO HISPANOHABLANTE

Otros pioneros hispanos

Las investigaciones sobre las neuronas de la bióloga argentina Cecilia Bouzat han contribuido a comprender mejor enfermedades como el Alzheimer. En 2014, Bouzat recibió el prestigioso premio L'Oreal-Unesco para la Mujer en la Ciencia.

Ellen Ochoa, una mujer nacida en California de ascendencia mexicana que de niña soñó con ser flautista, se ha convertido en **la primera astronauta hispana** en trabajar para la NASA. También ha obtenido tres patentes por inventos relacionados con **sistemas ópticos de análisis**.

Durante la década de los 50, el ingeniero chileno Raúl Ramírez inventó y patentó una pequeña máquina manual llamada **CINVA-RAM** que permitía a las familias pobres construir los muros° de sus casas. Hoy, esta máquina se utiliza en programas de "viviendas autosustentables", por los que las familias construyen° sus propias casas.

PERFIL

INNOVAR

El Ministerio de Ciencia, Tecnología e Innovación Productiva de Argentina organiza anualmente un concurso para emprendedores° e innovadores inventores argentinos. Con ocho categorías y más de cincuenta premios valorados en un total de 1.000.000 de pesos (unos $66.600), cada año se presentan al certamen° miles de investigadores, diseñadores, técnicos y estudiantes universitarios disputándose estos prestigiosos trofeos. Desde que el proyecto *Innovar* comenzó en 2005, ha otorgado premios a cientos de fascinantes e ingeniosos inventos, desde una bicicleta accionada a mano hasta un robot que se puede desarmar° fácilmente para ver su mecanismo interno (ver foto), pasando por textiles que repelen a los mosquitos, un deshidratador solar para verduras e incluso plantas que resisten la sequía.

> "Los inventos han alcanzado ya su límite, y no veo esperanzas de que se mejoren en el futuro."
> (Julius Sextus Frontinus, ingeniero romano, siglo I)

Conexión Internet

¿Qué inventos facilitan la vida cotidiana de las personas con discapacidades?

Investiga sobre este tema en Internet.

emprendedores *enterprising* **certamen** *contest* **desarmar** *disassemble* **muros** *walls* **construyen** *build*

¿Qué aprendiste?

1 **¿Cierto o falso?** Indica si las oraciones son **ciertas** o **falsas**. Corrige las falsas.

1. Walt Disney fue el primer director que realizó un largometraje de animación.
2. La cámara que inventó Cristiani sólo le permitía trabajar con las manos.
3. La primera película de animación con sonido fue *El apóstol.*
4. Las películas del cineasta Quirino Cristiani fueron robadas.
5. El auge de la animación en Argentina se produjo en los años 60 y 70.
6. Hijitus es un personaje creado por Juan Pablo Zaramella.
7. Hijitus se convierte en Súper Hijitus para luchar contra el Profesor Neurus y su pandilla.
8. El cortometraje de Zaramella *Viaje a Marte* ha ganado más de cincuenta premios en Argentina.
9. En los dibujos animados, cada uno de los fotogramas de la película es un dibujo diferente.
10. En el sistema de *stop-motion*, los escenarios y personajes se dibujan en programas de computadora.

2 **Oraciones** Subraya la opción correcta.

1. *Innovar* es un concurso argentino para (escritores/inventores).
2. El chileno Raúl Ramírez inventó una máquina para construir (sillas/muros).
3. La argentina Cecilia Bouzat investigó sobre (las neuronas/el cáncer).
4. Ellen Ochoa es (flautista y astronauta/ astronauta e inventora).
5. Si estás en Colombia y quieres ver animación, dices que quieres ver (dibujitos/caricaturas).

3 **Preguntas** En parejas, contesten las preguntas.

1. ¿Qué técnica crees que tiene más dificultad: la *claymation* o la animación por computadora? ¿Por qué?
2. ¿Por qué crees que en muchos países hispanos se usan términos de computación en inglés, como *mouse* o *laptop*? ¿Está bien usarlos o deben usarse términos en español?
3. ¿Por qué crees que el gobierno argentino creó *Innovar*? ¿Piensas que es buena idea?

4 **Opiniones** En parejas, hagan una lista con los cinco inventos más importantes de los últimos cien años. ¿Por qué los han elegido? Compartan su opinión con la clase. ¿Hay algún invento que esté en todas las listas? ¿Cuál es el más importante? ¿Cuál es el menos importante? ¿Están de acuerdo?

PROYECTO

Inventores

Busca información sobre un(a) inventor(a) argentino/a (o de otro país hispanohablante) y prepara una presentación para la clase sobre su vida y su invento más importante. Debes incluir:

- una breve biografía del/de la inventor(a)
- una descripción del invento
- el uso de su invento
- una foto o una ilustración del invento
- tu opinión acerca de la importancia del invento en la época en la que vivió el/la inventor(a) y en la actualidad

Inventos argentinos

Ya conoces los aportes (*contributions*) argentinos en el mundo del cine y de la tecnología. En este episodio de **Flash Cultura**, descubrirás la gran variedad de inventos argentinos que han marcado un antes y un después en la historia de la humanidad.

VOCABULARIO ÚTIL

la birome (*Arg.*) *ballpoint pen*
el frasco *bottle*
la jeringa descartable *disposable syringe*
la masa (cruda) *(raw) dough*
la pluma *fountain pen*
la sangre *blood*
el subterráneo *subway*
la tinta *ink*

Comprensión Indica si estas afirmaciones son **ciertas** o **falsas**. Después, corrige las falsas.

1. La primera línea de metro en Latinoamérica se construyó en Montevideo.
2. El sistema de huellas dactilares fue creación de un policía de Buenos Aires.
3. El helicóptero de Raúl Pescara, además de eficaz, es un helicóptero seguro y capaz de moverse en dos direcciones.
4. El *by-pass* y la jeringa descartable son inventos argentinos.
5. Una birome es un bolígrafo.
6. La compañía Estmar inventó los zapatos ideales para bailar tango.

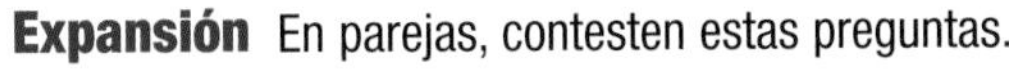

Expansión En parejas, contesten estas preguntas.

- ¿Qué invento les parece más importante? ¿Por qué?
- Si estuvieran en Argentina, ¿qué harían primero: ir a una función de tango, visitar un museo de ciencia y tecnología o comerse una empanada?
- Si tuvieran que prescindir de (*do without*) un invento argentino, ¿de cuál sería? ¿Por qué creen que es el menos importante?

¿Y tú? ¿Qué tres inventos mundiales te parecen más importantes para la historia de la humanidad? ¿Por qué?

Corresponsal: Silvina Márquez
País: Argentina

El colectivo es un autobús de corta distancia inventado por dos porteños° en 1928.

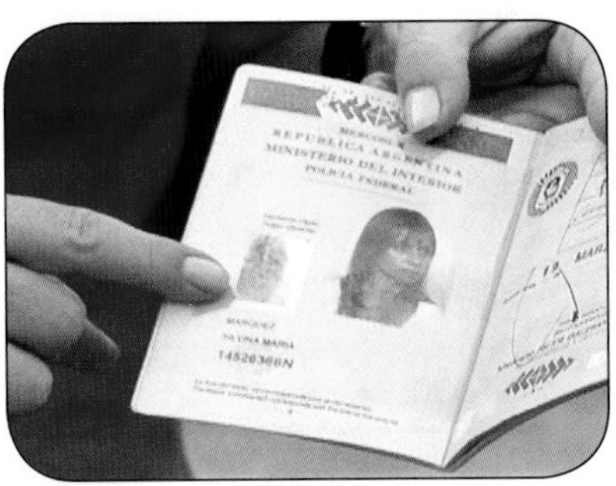

La mejor manera de identificar personas mediante sus huellas dactilares° se la debemos a un policía de Buenos Aires.

El semáforo° especial permite, mediante sonidos, avisarles a los ciegos°, o a los no videntes, cuándo pueden cruzar la calle.

porteños *residents of Buenos Aires* **huellas dactilares** *fingerprints* **semáforo** *traffic light* **ciegos** *blind people*

1.1 The present perfect

TALLER DE CONSULTA

MANUAL DE GRAMÁTICA
Más práctica

1.1 The present perfect, p. A4
1.2 The past perfect, p. A5
1.3 Diminutives and augmentatives, p. A6

Gramática adicional

1.4 Expressions of time with **hacer**, p. A7

While English speakers often use the present perfect to express actions that continue into the present time, Spanish uses the phrase **hace** + [*period of time*] + **que** + [*present tense*].

Hace dos años que estudio español.

I have studied Spanish for two years.

- In Spanish, as in English, the present perfect tense (**el pretérito perfecto**) expresses what *has happened*. It generally refers to recently completed actions or to a past that still bears relevance in the present.

  Mi jefe **ha decidido** que a partir de esta semana hay que comunicarse por Internet y no gastar en llamadas internacionales.
  My boss has decided that, as of this week, we have to communicate via the Internet rather than spend money on international calls.

  Juan **ha terminado** la carrera de ingeniería, pero aún no **ha decidido** qué tipo de trabajo quiere hacer.
  Juan has graduated with an engineering degree but he still hasn't decided what kind of job he wants to do.

- The present perfect is formed with the present tense of the verb **haber** and a past participle. Regular past participles are formed by adding **-ado** to the stem of **-ar** verbs, and **-ido** to the stem of **-er** and **-ir** verbs.

The present perfect

comprar	beber	recibir
he comprado	he bebido	he recibido
has comprado	has bebido	has recibido
ha comprado	ha bebido	ha recibido
hemos comprado	hemos bebido	hemos recibido
habéis comprado	habéis bebido	habéis recibido
han comprado	han bebido	han recibido

- Note that past participles do not change form in the present perfect tense.

  Todavía no **hemos comprado** las computadoras nuevas.
  We still haven't bought the new computers.

  La bióloga aún no **ha subido** su trabajo a la nube.
  The biologist hasn't uploaded her research project to the cloud yet.

- To express that something *has just happened*, use **acabar de** + [*infinitive*]. **Acabar** is a regular **-ar** verb.

  Acabo de tuitear una noticia muy interesante.
  I've just twitted a very interesting news article.

  ¡**Acabamos de ver** un ovni!
  We just saw a UFO!

- When the stem of an **-er** or **-ir** verb ends in **a**, **e**, or **o**, the past participle requires a written accent (**ído**) to maintain the correct stress. No accent mark is needed for stems ending in **u**.

ca-er → caído	**le-er → leído**
o-ír → oído	**constru-ir → construido**

- Many verbs have irregular past participles.

abrir	**abierto**	**morir**	**muerto**
cubrir	**cubierto**	**poner**	**puesto**
decir	**dicho**	**resolver**	**resuelto**
descubrir	**descubierto**	**romper**	**roto**
escribir	**escrito**	**ver**	**visto**
hacer	**hecho**	**volver**	**vuelto**

Le llamo porque **he escrito** cuatro mensajes por correo electrónico y todavía no me **han resuelto** el problema.
I'm calling because I have written four e-mails and you still haven't solved my problem.

El ingeniero me asegura que ya **ha visto** sus mensajes y dice que muy pronto lo llamará.
The engineer assures me that he has seen your e-mails and says he will call you very soon.

- Note that, unlike in English, the verb **haber** may not be separated from the past participle by any other word (**no**, adverbs, pronouns, etc.)

¿Por qué **no has patentado todavía** tu invento?
Why haven't you patented your invention yet?

Todavía no he terminado el prototipo.
I haven't finished the prototype yet.

¿Alguna vez se han preguntado adónde se va la luz cuando se va?

- Note that, when a past participle is used as an adjective, it must agree in number and gender with the noun it modifies. Past participles are often used as adjectives with **estar** or other verbs to describe physical or emotional states.

Esa fórmula matemática **está equivocada**.
That mathematical formula is wrong.

Los laboratorios están **cerrados** hasta el lunes.
The laboratories are closed until Monday.

TALLER DE CONSULTA

For detailed coverage of past participles with **ser**, **estar**, and other verbs, see:

5.1 The passive voice, p. 176

5.4 Past participles used as adjectives, p. A27

Práctica

TALLER DE CONSULTA

MANUAL DE GRAMÁTICA
Más práctica

1.1 The present perfect, p. A4

1 **El asistente de laboratorio** La directora del laboratorio está enojada porque el asistente ha llegado tarde. Completa la conversación con las formas del pretérito perfecto.

DIRECTORA ¿Dónde (1) ________ (estar) tú toda la mañana y qué (2) ________ (hacer) con mi computadora portátil?

ASISTENTE Ay, (yo) (3) ________ (tener) la peor mañana de mi vida... Resulta que ayer me llevé su computadora para seguir con el análisis del experimento y...

DIRECTORA Pero ¿por qué no usaste la tuya?

ASISTENTE Porque usted todavía no (4) ________ (descargar) todos los programas que necesito. Estaba haciendo unas compras en la tarde y la dejé en alguna parte.

DIRECTORA Me estás mintiendo. En realidad la (5) ________ (romper), ¿no?

ASISTENTE No, no la (6) ________ (romper); la (7) ________ (perder). Por eso, esta mañana (8) ________ (volver) a todas las tiendas y les (9) ________ (preguntar) a todos por ella. De momento, nadie la (10) ________ (ver).

2 **Oraciones** Combina los elementos para formar oraciones completas. Utiliza el pretérito perfecto y añade elementos cuando sea necesario.

MODELO **yo / siempre / querer / un iPad**
Yo siempre he querido un iPad.

1. nosotros / comprar / cámara digital más innovadora
2. tú / nunca / pensar / en ser matemático
3. los científicos / ya / descubrir / cura
4. el profesor / escribir / fórmulas en la pizarra
5. mis padres / siempre / creer / en los ovnis

3 **Experiencias** Indica si has hecho lo siguiente y añade información adicional.

MODELO **ir al Polo Sur**
No he ido al Polo Sur, pero he viajado a Latinoamérica.

1. viajar a la Luna
2. ganar la lotería
3. ver a un extraterrestre
4. inventar algo
5. conocer al presidente del país
6. estar despierto/a por más de dos días
7. hacer algo revolucionario
8. soñar con ser astronauta

4 **Preguntas personales** Busca un(a) compañero/a de clase a quien no conozcas bien y hazle preguntas sobre su vida usando el pretérito perfecto.

MODELO —¿Has tomado clases de informática?
—Sí, he tomado muchas clases de informática. ¡Siempre me ha fascinado la tecnología!

conocer a una persona famosa	**ganar algún premio**
escribir poemas	**visitar un país hispano**
estar enamorado/a	**vivir en el extranjero**

Comunicación

5 

Tecnofobia Utiliza el pretérito perfecto para completar las oraciones. Luego, en parejas, conviertan las oraciones de la encuesta en preguntas para descubrir si son tecnófilos/as o tecnófobos/as. Comparen los resultados. ¿Están de acuerdo?

¿Eres tecnófobo?

No parece haber punto intermedio: generalmente, la gente ama la tecnología o la odia. Completa las oraciones para saber si eres tecnófilo/a o tecnófobo/a.

1. Yo ________ (comprar) ___ aparatos electrónicos durante el último año.
   a. más de diez   c. menos de cinco
   b. entre cinco y diez   d. cero
2. Yo ________ (tratar) de aprender ___ sobre los avances tecnológicos de los últimos meses.
   a. todo lo posible   c. un poco
   b. lo suficiente   d. muy poco
3. Para comunicarme con mis amigos, siempre ________ (preferir) ___.
   a. Facebook o Twitter
   b. los mensajes de texto
   c. las llamadas telefónicas
   d. las cartas escritas a mano
4. Los recursos que ________ (utilizar) más este año para hacer investigaciones son ___.
   a. buscadores
   b. enciclopedias en línea
   c. las bases de datos de la biblioteca
   d. enciclopedias tradicionales
5. Para las noticias diarias, mi fuente favorita esta semana ________ (ser) ___.
   a. Internet   c. la radio
   b. la televisión   d. el periódico
6. Para conseguir música, yo ________ (depender) sobre todo de ___.
   a. escuchar música en Internet   c. comprar los CD en línea
   b. descargar archivos MP3   d. escuchar los CD de mis padres
7. El teléfono que ________ (usar) más este año es ___.
   a. un celular nuevo con *Wi-Fi*   c. el teléfono de casa
   b. el celular que compré hace tres años   d. ninguno; prefiero hablar en persona
8. Siempre ________ (creer) que los avances tecnológicos ___ la calidad de vida.
   a. son esenciales para   b. mejoran   c. pueden empeorar   d. arruinan

Clave

a. = 3 puntos
b. = 2 puntos
c. = 1 punto
d. = 0 puntos

Resultados

19 – 24	¡Eres **tecnófilo**!
13 – 18	Te sientes cómodo en un mundo tecnológico.
7 – 12	No te has mantenido al día con los avances recientes.
0 – 6	¡Eres **tecnófobo**!

6 

Celebridades En grupos de tres, cada miembro debe pensar en una persona famosa, sin decir quién es. Las otras dos personas deben hacer preguntas. Utilicen el pretérito perfecto para dar pistas hasta que adivinen el nombre de cada celebridad.

MODELO **ESTUDIANTE 1** Este hombre ganó veintidós premios Óscar.
ESTUDIANTE 2 ¿Es Walt Disney?

1.2 The past perfect

- The past perfect tense (**el pretérito pluscuamperfecto**) is formed with the imperfect of **haber** and a past participle. As with other perfect tenses, the past participle does not change form.

The past perfect		
viajar	**perder**	**incluir**
había viajado	**había perdido**	**había incluido**
habías viajado	**habías perdido**	**habías incluido**
había viajado	**había perdido**	**había incluido**
habíamos viajado	**habíamos perdido**	**habíamos incluido**
habíais viajado	**habíais perdido**	**habíais incluido**
habían viajado	**habían perdido**	**habían incluido**

- In Spanish, as in English, the past perfect expresses what someone *had done* or what *had occurred* before another action or condition in the past.

Decidí comprar una cámara digital nueva porque la vieja se me **había roto** varias veces.
I decided to buy a new digital camera because my old one had broken several times.

Cuando por fin les dieron la patente, otros ingenieros ya **habían inventado** una tecnología mejor.
When they were finally given the patent, other engineers had already invented a better technology.

- **Antes, aún, nunca, todavía,** and **ya** are often used with the past perfect to indicate that one action occurred before another. Note that adverbs, pronouns, and the word **no** may not separate **haber** from the past participle.

Cuando se fue la luz, **aún no había guardado** los cambios en el documento.
When the power went out, I hadn't yet saved the changes to the document.

Ya me había explicado la teoría, pero no la entendí hasta que vi el experimento.
He had already explained the theory to me, but I didn't understand it until I saw the experiment.

María Eugenia y Gisela **nunca habían visto** una estrella fugaz tan luminosa.
María Eugenia y Gisela had never seen such a bright shooting star.

El artista **todavía no había dibujado** el ovni, pero ya lo tenía en la cabeza.
The artist hadn't yet drawn the UFO, but he already had it in his mind.

Práctica y comunicación

1 **Discurso** Jorge Báez, un médico dedicado a la genética, ha recibido un premio por su trabajo. Completa su discurso de agradecimiento con el pluscuamperfecto.

Muchas gracias por este premio. Recuerdo que antes de cumplir 12 años ya (1) __________ (decidir) ser médico. Desde pequeño, mi madre siempre me (2) __________ (llevar) al hospital donde ella trabajaba y recuerdo que desde la primera vez me (3) __________ (fascinar) esos médicos vestidos de blanco. Luego, cuando cumplí 26 años, ya (4) __________ (pasar) tres años estudiando las propiedades de los genes humanos, en especial desde que vi un programa en la televisión sobre la clonación. Cuando terminé mis estudios de posgrado, ya se (5) __________ (hacer) grandes adelantos científicos...

TALLER DE CONSULTA

MANUAL DE GRAMÁTICA
Más práctica

1.2 The past perfect, p. A5

2 **Explicación** Reescribe las oraciones usando el pluscuamperfecto. Sigue el modelo.

MODELO **Me duché a las 7:00. Antes de ducharme hablé con mi hermano.**
Ya había hablado con mi hermano antes de ducharme.

1. Yo salí de casa a las 8:00. Antes de salir de casa miré mi correo electrónico.
2. Llegué a la oficina a las 8:30. Antes de llegar a la oficina tomé un café.
3. Se apagó la computadora a las 10:00. Yo guardé los archivos a las 9:55.
4. Fui a tomar un café. Antes, comprobé que todo estaba bien.

3 **Informe** En parejas, imaginen que son policías y deben preparar un informe sobre un accidente. Inventen una historia de lo que ha ocurrido en la vida de los personajes dos horas antes, dos minutos antes y dos segundos antes del accidente. Usen el pluscuamperfecto.

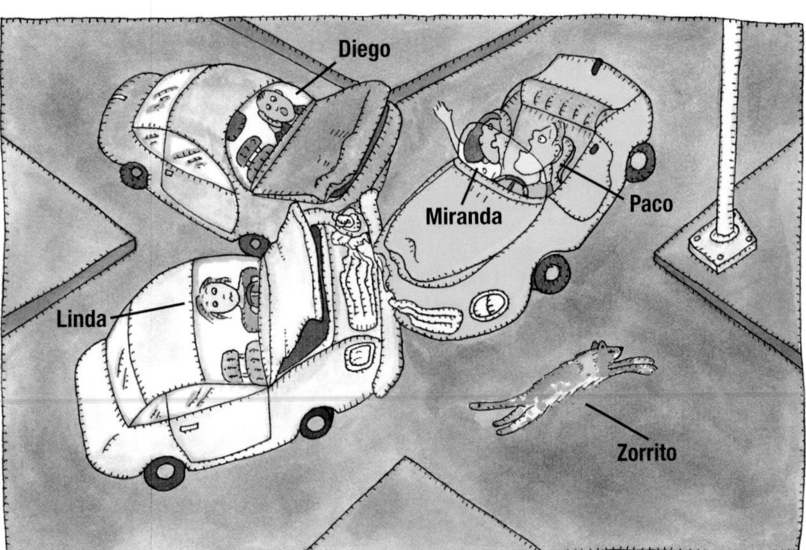

1.3 Diminutives and augmentatives

- Diminutives and augmentatives (**diminutivos y aumentativos**) are frequently used in conversational Spanish. They emphasize size or express shades of meaning like affection, amazement, scorn, or ridicule. Diminutives and augmentatives are formed by adding a suffix to the root of nouns, adjectives (which agree in gender and number), and occasionally adverbs.

¡ATENCIÓN!

Because formation and use of diminutives and augmentatives varies greatly from one region to another, there are very few established rules about this aspect of the Spanish language. In this section, you will learn to recognize the most commonly used suffixes and their uses. Try to use only those you have learned from native speakers or teachers. Adding them to words you are not sure of can lead to misunderstandings.

bolso *purse*
bolsillo *pocket*

gato *cat*
gatillo *trigger*
gatito *kitten*

camisa *shirt*
camisón *nightgown*

rata *rat*
ratón *mouse*

Diminutives

- Here are the most common diminutive suffixes.

Diminutive endings		
-ito/a -illo/a	-cito/a -cillo/a	-ecito/a -ecillo/a

Jaimito, ¿me traes un **cafecito** con un **panecillo**?
Jimmy, would you bring me a little cup of coffee with a roll?
Ahorita, **abuelita**, se los preparo **rapidito**.
Right away, Granny, I'll have them ready in a jiffy.

- Most words form the diminutive by adding **-ito/a**. However, the suffix **-illo/a** is also common in some regions. For words ending in vowels (except **-e**), the last vowel is dropped before the suffix.

bajo → bajito *very short; very quietly*
ahora → ahorita *right now; very soon*
Miguel → Miguelito *Mikey*
libro → librillo *booklet*
ventana → ventanilla *little window*
campana → campanilla *small bell*

¡ATENCIÓN!

Suffixes can also be added to some adverbs.
Ven rapidito.
Come quickly.
Vuelvo enseguidita.
I'll be right back.

- Most words that end in **-e, -n**, or **-r** use the forms **-cito/a** or **-cillo/a**. However, one-syllable words often use **-ecito/a** or **-ecillo/a**.

hombre → hombrecillo *little man*
Carmen → Carmencita *little Carmen*
amor → amorcito *sweetheart*
pan → panecillo *roll*
flor → florecita *little flower*
pez → pececito *little fish*

¡ATENCIÓN!

For words ending in **-s** (singular or plural), diminutive and augmentative endings precede the final **-s**.

Carlos → Carlitos
besos → besitos

- Note these spelling changes.

chico → chiquillo *little boy; very small*
amigo → amiguito *buddy; playmate*
agua → agüita *little bit of water*
luz → lucecita *little light*

- Some words take on new meanings when diminutive suffixes are added.

manzana → manzanilla
apple *camomile*

bomba → bombilla
bomb *lightbulb*

Augmentatives

- The most common augmentative suffixes are forms of **-ón/-ona, -ote/-ota**, and **-azo/-aza**.

Augmentative endings		
-ón	-ote	-azo
-ona	-ota	-aza

Hijo, ¿por qué tienes ese **chichonazo** en la cabeza?
Son, how'd you get that huge bump on your head?

Jorge se gastó un **dinerazo** en una **pantallota** enorme, ¡sólo para ver partidos de fútbol!
Jorge spent a ton of money on a humongous TV screen, just to watch soccer games!

- Most words form the augmentative by simply adding the suffix to the word. For words ending in vowels, the final vowel is usually dropped.

soltero → solterón *confirmed bachelor*
grande → grandote/a *really big*
perro → perrazo *big, scary dog*
casa → casona *big house; mansion*
palabra → palabrota *swear word*
manos → manazas *big hands (clumsy)*

- There is a tendency to change a feminine word to a masculine one when the suffix **-ón** is used, unless it refers specifically to someone's gender.

la silla → el sillón *armchair*
la mancha → el manchón *large stain*
la mujer → la mujerona *big woman*
mimosa → mimosona *very affectionate*

- The letters **t** or **et** are occasionally added to the beginning of augmentative endings.

guapa → guapetona
golpe → golpetazo

- The masculine suffix **-azo** can also mean *blow* or *shot*.

flecha → flechazo
arrow *arrow wound; love at first sight*
rodilla → rodillazo
knee *a blow with the knee*

- Some words take on new meanings when augmentative suffixes are added.

cabeza → cabezón
head *stubborn*
caja → cajón
box *drawer*
tela → telón
fabric *theater curtain*
bala → balón
bullet *ball*

¡ATENCIÓN!

Sometimes, double endings are used for additional emphasis.

chico/a → chiquito/a → chiquitito/a

grande → grandote/a → grandotote

¡ATENCIÓN!

The absolute superlative ending **-ísimo/a** is often used interchangeably or in conjunction with diminutives and augmentatives.

¡El pastel se ve **riquísimo**!
The cake looks delicious!

Te doy un pedacito **chiquitísimo.**
I'll give you a teensy tiny little piece.

Práctica

TALLER DE CONSULTA

MANUAL DE GRAMÁTICA
Más práctica

1.3 Diminutives and augmentatives, p. A6

1 **La carta** Completa la carta con la forma indicada de cada palabra. Haz los cambios que creas necesarios.

Querido (1) ________ (Pablo, -ito):

Tu mamá me contó lo del (2) ________(golpe, -tazo) que te dio Lucas en la escuela. Pues, cuando yo era (3) ________ (pequeño, -ito) como tú, jugaba siempre en la calle. Mi (4) ________(abuela, -ita) me decía que no fuera con los (5) ________(amigos, -ote) de mi hermano porque ellos eran mayores que yo y eran (6) ________(hombres, -ón). Yo entonces era muy (7) ________(cabeza, -ón) y nunca hacía lo que ella decía. Una tarde, estaba jugando al fútbol, y uno de ellos me dio un (8) ________(rodilla, -azo) y me rompió la (9) ________ (nariz, -ota). Nunca más jugué con ellos y, desde entonces, sólo salí con mis (10) ________(amigos, -ito). Espero que me vengas a visitar (11) ________(pronto, -ito). Un (12) ________ (beso, -ito) de

Tu abuelo César

2 **Oraciones incompletas** Completa las oraciones con el aumentativo o diminutivo que corresponde a la definición entre paréntesis.

1. ¿Por qué no les gusta a los profesores que los estudiantes digan ________ (palabras feas y desagradables)?
2. El ________ (perro pequeño) de mi amiga es muy lindo y simpático.
3. Mi hermana es una ________ (cabeza grande); ¡es imposible hacerla cambiar de opinión!
4. Mis abuelos viven en una ________ (casa grande) muy vieja.
5. La cantante Samantha siempre lleva una ________ (flor pequeña) en el cabello.
6. A mi ________ (hermana menor) le fascinan los libros de ciencia ficción.

3 **¿Qué palabra es?** Reemplaza cada una de estas frases con el aumentativo o diminutivo que exprese la misma idea.

1. muy grande ________
2. agujero pequeño ________
3. cuarto grande y amplio ________
4. sillas para niños ________
5. libro grande y grueso ________
6. estrella pequeña ________
7. hombre alto y fuerte ________
8. muy cerca ________
9. abuelo querido ________
10. hombres que piensan que siempre tienen la razón ________

Comunicación

4 **En el parque** Todas las mañanas el señor Escobar sale a correr al parque. En parejas, miren los dos dibujos y túrnense para describir las diferencias entre lo que vio ayer y lo que ha visto esta mañana. Utilicen oraciones completas con diminutivos y aumentativos.

MODELO —Ayer el señor Escobar vio un perrito lindo en el parque, pero esta mañana un perrazo feroz lo ha perseguido.

abuelo	galleta	nieto
alto	gordo	pan
avión	grande	pequeño
bajo	lejos	perro
delgado	libro	taza

5 **Síntesis**

A. Es el año 2500. Junto con dos amigos/as, has decidido pasar un semestre en el espacio. Han creado un blog para contar lo que han visto y han hecho cada día. Escriban cinco entradas del blog. Deben incluir por lo menos tres verbos en el pretérito perfecto, tres en el pluscuamperfecto, y tres diminutivos y/o aumentativos. Utilicen algunas frases y palabras de la lista y añadan sus propias ideas.

MODELO Lunes, 13 de marzo
Hemos pasado el día entero orbitando la Luna. De niños, siempre habíamos querido ser astronautas, y este viaje es un sueño hecho realidad. Desde aquí, la Tierra es sólo una pelotita, como el globo que habíamos estudiado de chiquitos...

Esta mañana hemos...
Aún no hemos...
Los astronautas nos han...

Antes del viaje, habíamos...
Cuando llegamos a la Luna, el profesor ya había...
En el pasado, los astrónomos habían...

cerquita	estrellita
chiquito	grandote
cohetazo	rapidito

B. Ahora, presenten las cinco entradas de su blog ante la clase.

Antes de ver el video

GENERACIÓN WEB: SMARTCITIES

país España

duración 11 minutos

productora Radio y Televisión Española (RTVE)

presentadores Bea, Mariano, Sergio, Ying Yang

Vocabulario

el alumbrado *streetlight*
el aparcamiento *parking lot*
el ayuntamiento *city hall*
la calidad de vida *quality of life*
desplegar *to deploy*
echar una mano *to give/lend a hand*
el mando *remote control*
la parada *(bus) stop*
regar; el riego *to water; watering*
el/la viandante *pedestrian*

1 **Visita a Santander** Completa la noticia con las palabras de vocabulario.

Un **grupo de estudiantes extranjeros** se encuentra visitando la ciudad de Santander (Cantabria), con el fin de practicar su español y conocer de cerca el proyecto de la ciudad como *smart city*. En conversación con el alcalde en el (1) ________, él les explicó que el objetivo del proyecto es mejorar la (2) ________ de los ciudadanos, ofreciendo información sobre temas como el tráfico, los (3) ________ disponibles en las calles, o las (4) ________ de autobús más cercanas. El proyecto también incluye un sistema de (5) ________ inteligente que permite adaptar la intensidad de la luz según la presencia de (6) ________ en la zona. Los estudiantes se mostraron muy interesados en el proyecto y le hicieron muchas preguntas al alcalde, quien las respondió amablemente.

2 **Generaciones** En parejas, túrnense para hacerse las preguntas.

1. ¿Qué caracteriza a las personas de tu generación?
2. ¿Cuáles son las principales diferencias entre tu generación y la de tus padres? ¿Y entre tu generación y la de tus abuelos?
3. ¿Qué diferencias encuentras en la manera como tu generación usa la tecnología y la manera como la usan las personas de otras generaciones?

3 **Desafíos** En grupos de tres, hagan una lista de los principales desafíos que enfrentan las ciudades hoy en día y propongan algunas soluciones. Luego, compartan sus listas con toda la clase. Pueden clasificar los desafíos según los siguientes temas:

- espacio público
- medio ambiente
- salud
- seguridad
- transporte
- vivienda

GENERACIÓN WEB

Smartcities

Con: Bea | Mariano | Sergio | Ying Yang

SINOPSIS Mariano está jugando *Millenial City* pero su ciudad empieza a incendiarse. Pide ayuda a sus amigos, quienes le dan valiosa información sobre las ciudades inteligentes.

Escenas

LOCUTORA Hacen de la tecnología su forma de vida y de las redes sociales su forma de relacionarse con el mundo.

MARIANO Soy un crack jugando a esto. Y ahora toca construir un nuevo parque en mi ciudad. ¡Toma, pulmón verde! ¿Qué pasa? No, Pero ¿por qué?

MARIANO A ti que te mola° el campo, a la gente le gusta tener zonas verdes, ¿no?
BEA Sí. Para que tu ciudad sea sostenible tiene que ser una *smart city*.

HOMBRE La información se envía a los paneles para que los conductores sepan en cada momento dónde pueden aparcar. Gracias a estos equipos estamos haciendo de Santander una ciudad más eficiente.

SERGIO Se ha roto una tubería de agua y he bajado a hacer una fotografía para enviársela al cerebro° de la *smart city* y así podrá evitar atascos°, lo aprendí en Santander. Así todos somos una especie de emisor y receptor al mismo tiempo.

ALCALDE Hola, chicos, ¿qué queréis saber?
SERGIO Les he contado a mis amigos lo de Santander. ¡Vaya pasada de *smart city*!

te mola *you like it* **cerebro** *brain* **atascos** *traffic jams*

Después de ver el video

1 **Comprensión** Contesta las preguntas con oraciones completas.

1. ¿Cuál es el problema que tuvo Mariano con su juego?
2. Según Bea, ¿cómo son las ciudades donde la gente quiere vivir?
3. ¿Cómo les puede ayudar una *smart city* a las personas alérgicas?
4. ¿Por qué Sergio sabe tanto sobre Santander?
5. ¿Qué pasó en la calle de Sergio y qué hizo él para ayudar?
6. ¿Según el alcalde de Santander, ¿qué información se puede obtener con la realidad aumentada?
7. ¿Cuáles son algunas de las características de la "generación web"?

2 **Tu ciudad** En parejas, contesten las preguntas.

1. ¿Crees que tu ciudad tiene las características suficientes para ser considerada una ciudad inteligente? ¿Por qué?
2. ¿Qué se necesita para que tu ciudad pueda ser considerada una ciudad inteligente o, si ya lo es, para que mejore cada vez más?
3. ¿Qué avances tecnológicos pueden ayudar a mejorar la calidad de vida de los habitantes de tu ciudad?
4. ¿Cómo pueden los miembros de tu generación contribuir para que su ciudad sea cada vez mejor?

3 **Interpretación** En grupos pequeños, seleccionen uno de los siguientes fragmentos tomados del video. Analícenlo y discutan su significado.

LOCUTORA Una nueva experiencia de entretenimiento pero también de divulgación científica en zonas concurridas de nuestras ciudades. Divertir y sorprender al mismo tiempo, pero también informar.

SERGIO Así todos somos una especie de emisor y receptor de información al mismo tiempo.

ALCALDE Sobre todo lo que ha supuesto es cambiar la forma de entender la ciudad, poder acceder a muchos servicios que ahora mismo podemos utilizar simplemente con esto, con nuestro *smartphone* a través de la tecnología en nuestra ciudad.

4 **Definición** ¿Qué es una *smart city*? ¿Cómo puede mejorar la calidad de vida de los ciudadanos? ¿Cómo se puede utilizar la realidad aumentada para ofrecer información útil y actualizada? Con base en lo que aprendiste en este video, escribe en un párrafo tu propia definición de *smart city*. En tu párrafo, responde a estas tres preguntas y menciona otros temas relacionados.

Composición Constructiva, 1938
Joaquín Torres García, Uruguay

"Ninguna ciencia, en cuanto a ciencia, engaña; el engaño está en quien no sabe."

— Miguel de Cervantes

Antes de leer

Ese bobo del móvil

Sobre el autor

Arturo Pérez-Reverte nació en Cartagena (España) en 1951. Comenzó su carrera como corresponsal de guerra en prensa, radio y televisión, y durante veinte años vivió un gran número de conflictos internacionales. Comenzó a escribir ficción en 1986 y a partir de 1994 se dedicó de lleno (*fully*) a la literatura, especialmente a la novela de aventuras. Ha publicado gran cantidad de novelas que se tradujeron a varios idiomas, y algunas fueron llevadas al cine, como *La tabla de Flandes, El Club Dumas* (dirigida por Roman Polanski con el título de *La Novena Puerta*) y *Alatriste.* En 2015 publicó la novela *Hombres buenos.* Desde 1991 escribe una página de opinión en la revista *El Semanal,* que se ha convertido en una de las más leídas de España. Además, desde el año 2003 es miembro de la Real Academia Española.

Vocabulario

ahorrarse *to save oneself*	**el/la bobo/a** *silly, stupid person*	**el/la navegante** *navigator*
apagado/a *turned off*	**la motosierra** *power saw*	**sonar (o:ue)** *to ring*
el auricular *telephone receiver*	**el móvil** *cell phone (Esp.)*	**el vagón** *carriage; train car*

Oraciones incompletas Completa las oraciones utilizando las palabras del vocabulario.

1. En España al teléfono celular lo llaman ________.
2. Antes, los aventureros eran ________ y viajaban de puerto a puerto.
3. Esperé durante horas una llamada, pero el teléfono nunca ________. Más tarde recordé que lo había dejado ________. ¡Qué ________ que soy!
4. Al llegar a la estación, el tren ya partía y apenas pude subir al último ________.

Conexión personal ¿Te gusta estar siempre conectado con tus amigos? ¿Tienes teléfono celular? ¿Lo usas mucho? Cuando hablas con alguien, ¿buscas tener un poco de privacidad, o no te importa que la gente te escuche?

Análisis literario: la ironía

La ironía consiste en un uso figurativo del lenguaje en el que se expresa lo contrario de lo que se piensa. Para eso se utiliza una palabra o frase que tiene la intención de sugerir el significado opuesto al enunciado. Por ejemplo, se puede señalar la avaricia (*greed*) de alguien con el comentario: "¡Qué generosidad!" Inventa el comentario irónico que podrías hacer en estas circunstancias.

- Regresas a tu casa y te encuentras con mucho ruido y problemas.
- Te das cuenta de que la fila en la que estás avanza lentamente.
- Tenías planes de pasar el día al aire libre y de repente empieza a llover.

Ese bobo del móvil

Arturo Pérez-Reverte

Mira, Manolo, Paco, María Luisa o como te llames. Me vas a perdonar que te lo diga aquí, por escrito, de modo más o menos público; pero así me ahorro decírtelo a la cara el próximo día que nos encontremos en el aeropuerto, o en el AVE°, o en el café. Así evito coger yo el teléfono y decirle a quien sea, a grito pelado°, aquí estoy, y te llamo para contarte que tengo al lado a un imbécil que cuenta su vida y no me deja vivir. De esta manera soslayo° incidentes. Y la próxima vez, cuando en mitad de tu impúdica° cháchara° te vuelvas casualmente hacia mí y veas que te estoy mirando, sabrás lo que tengo en la cabeza. Lo que pienso de ti y de tu teléfono parlanchín°. Que también puede ocurrir que, aparte de mí, haya más gente alrededor que piense lo mismo; lo que pasa es que la mayor parte de esa gente no puede despacharse a gusto° cada semana en una página como ésta, y yo tengo la suerte de que sí. Y les brindo el toro°.

AVE: Spanish high-speed train
a grito pelado: shouting at the top of one's voice
soslayo: avoid
impúdica: immodest/
cháchara: chit-chat; idle talk
parlanchín: chattering
despacharse a gusto: to speak one's mind
les brindo el toro: make a dedication (Lit: Dedicate the bull in a bullfight.)

Estoy hasta la glotis° de tropezarme contigo y con tu teléfono. Te lo juro, chaval°. O chavala. El otro día te vi por la calle, y al principio creí que estabas majareta°, imagínate, un fulano° que camina hablando solo en voz muy alta y gesticulando furioso con una mano arriba y abajo. Ése está para los tigres, pensé. Hasta que vi el móvil que llevaba pegado a la oreja, y al pasar por tu lado me enteré, con pelos y señales, de que las piezas de PVC° no han llegado esta semana, como tú esperabas, y que el gestor° de Ciudad Real es un indeseable. A mí, francamente, el PVC y el gestor de Ciudad Real me importan un carajo°; pero conseguiste que, a mis propias preocupaciones, sumara las tuyas. Vaya a cuenta de la solidaridad, me dije. Ningún hombre es una isla. Y seguí camino.

A la media hora te encontré de nuevo en un café. Lo mismo° no eras tú, pero te juro que tenías la misma cara de bobo mientras le gritabas al móvil. Yo había comprado un libro maravilloso, un libro viejo que hablaba de costas lejanas y antiguos navegantes, e intentaba leer algunas páginas y sumergirme en su encanto. Pero ahí estabas tú, en la mesa contigua, para tenerme al corriente° de que te hallabas en Madrid y en un café, cosa que por otra parte yo sabía perfectamente porque te estaba viendo, y de que no volverías a Zaragoza hasta el martes por la noche. Por qué por la noche y no por la mañana, me dije, interrogando inútilmente a Alfonso el cerillero°, que se encogía de hombros° como diciendo: a mí que me registren°. Tal vez tiene motivos poderosos o inconfesables, deduje tras cavilar° un rato sobre el asunto: una amante, un desfalco°, un escaño° en el Parlamento. Al fin despejaste la incógnita diciéndole a quien fuera que Ordóñez llegaba de La Coruña a mediodía, y eso me tranquilizó bastante. Estaba claro, tratándose de Ordóñez. Entonces decidí cambiar de mesa.

Al día siguiente estabas en el aeropuerto. Lo sé porque yo era el que se encontraba detrás en la cola de embarque, cuando le decías a tu hijo que la motosierra estaba estropeada°. No sé para qué diablos quería tu hijo, a su edad, usar la motosierra; pero durante un rato obtuve de ti una detallada relación° del uso de la motosierra y de su aceite lubricante. Me volví un experto en la maldita motosierra, en cipreses y arizónicas. El regreso lo hice en tren a los dos días, y allí estabas tú, claro, un par de asientos más lejos. Te reconocí por la musiquilla del móvil, que es la de Bonanza. Sonó quince veces y te juro que nunca he odiado tanto a la familia Cartwright. Para la ocasión te habías travestido de ejecutiva madura, eficiente y agresiva; pero te reconocí en el acto cuando informabas a todo el vagón sobre pormenores° diversos de tu vida profesional. Gritabas mucho, la verdad, tal vez para imponerte a las otras voces y musiquillas de tirurí tirurí que pugnaban° con la tuya a lo largo y ancho del vagón. Yo intentaba corregir las pruebas de una novela, y no podía concentrarme. Aquí hablabas del partido de fútbol del domingo, allá saludabas a la familia, acullá° comentabas lo mal que le iba a Olivares en Nueva York. Me sentí rodeado°, como checheno° en Grozni. Horroroso. Tal vez por eso, cuando me levanté, fui a la plataforma del vagón, encendí el móvil que siempre llevo apagado e hice una llamada, procurando° hablar bajito° y con una mano cubriendo la voz sobre el auricular, la azafata del vagón me miró de un modo extraño, con sospecha. Si habla así pensaría, tan disimulado° y clandestino, algo tiene que ocultar (...). ■

Publicado en *El Semanal,* 5 de marzo de 2000

glotis: I've had it
chaval: dude
majareta: loony
fulano: so-and-so
PVC: plastic
gestor: manager
carajo: I couldn't care less
Lo mismo: Maybe
al corriente: up-to-date
cerillero / se encogía de hombros: match-seller/ shrugged
registren: search
cavilar: to ponder
desfalco / escaño: embezzlement/ seat
estropeada: damaged
relación: account
pormenores: details
pugnaban: struggled
acullá: over there
rodeado: surrounded
checheno: Chechnyan
procurando: trying
bajito: softly
disimulado: hidden; concealed

Después de leer

Ese bobo del móvil

Arturo Pérez-Reverte

1 **Comprensión** Responde a las preguntas con oraciones completas.

1. ¿Qué sentimientos le provocan al narrador los que hablan por teléfono?
2. ¿En qué lugares se encuentra con estas personas?
3. ¿La gente que habla por teléfono celular está loca?
4. ¿Qué "musiquillas" escucha el narrador en el tren?
5. Según el narrador, ¿qué tienen en común esas personas además del teléfono?

2 **Análisis** Vuelve a leer el relato y responde a las preguntas.

1. El narrador utiliza la segunda persona (tú) en este relato. ¿Se dirige sólo a personas que se llaman Manolo, Paco y María Luisa?
2. El autor comienza el artículo con: "Me vas a perdonar que te lo diga aquí". ¿Crees que el autor realmente se está disculpando?
3. Busca ejemplos de expresiones o palabras sobre la forma de hablar por teléfono de estas personas. ¿Cómo contribuyen estas expresiones al tono del relato? ¿Qué dicen acerca de la opinión del autor?

3 **Interpretación** Responde a las preguntas con oraciones completas.

1. ¿Por qué crees que al narrador le molestan tanto las personas que hablan por el móvil? ¿Te parece que su reacción es exagerada? ¿Por qué?
2. Las personas del relato, ¿hablan de cosas importantes por sus móviles? ¿Qué te parece que los motiva a utilizar el teléfono celular?
3. Tú también crees que todos los que hablan por su móvil tienen "la misma cara de bobo"? ¿Qué otras características encuentra el narrador en ellos?
4. ¿Te parece que el narrador se resiste a los avances tecnológicos? ¿Por qué?
5. El autor habla de "contaminación de ruido en un espacio público". ¿Crees que es legítimo protestar contra eso?

4 **Opiniones** En parejas, lean estas afirmaciones y digan si están de acuerdo o no, y por qué. Después, compartan su opinión con la clase.

- El teléfono celular nos ayuda a mantenernos en contacto.
- Nuestra sociedad está obsesionada con el teléfono celular, que puede llegar a ser una adicción.

5 **Escribir** Elige uno de los temas y redacta una carta de opinión para un periódico. Tu carta debe tener por lo menos diez oraciones. Elige un tono irónico marcadamente a favor o en contra y explica tus razones.

- Responde al artículo de Pérez-Reverte.
- Escribe sobre algún avance al servicio de la vida diaria.

Antes de leer

Vocabulario	
a la vanguardia *at the forefront*	**el enlace** *link*
actualizar *to update*	**el/la novelista** *novelist*
la bitácora *travel log; weblog*	**el sitio web** *website*
la blogonovela *blog novel*	**el/la usuario/a** *user*
la blogosfera *blogosphere*	**la web** *the web*

Mi amigo periodista Completa las oraciones. No puedes usar la misma palabra más de una vez.

1. Mi amigo periodista entiende mucho de tecnología y prefiere utilizar la __________ para informarse y para publicar sus ideas.
2. Él no compra periódicos, sino que consulta varios __________ de noticias.
3. Después escribe sus comentarios sobre la política argentina en una __________ con __________ que conectan al lector a periódicos electrónicos.
4. Muchos __________ contemporáneos están interesados en participar en un nuevo fenómeno literario conocido como la __________.

Conexión personal ¿Con qué frecuencia te conectas a Internet? ¿Es fundamental para ti o podrías vivir sin estar conectado/a? ¿Para qué navegas por Internet?

	muchas veces	a veces	casi nunca	nunca
banca electrónica				
comunicación				
diversión				
estudios				
noticias				
trabajo				

Contexto cultural

"¿Qué hacía la gente antes de la existencia de Internet?" Muchos nos hacemos esta pregunta en situaciones cotidianas, como resolver un debate entre amigos con una búsqueda rápida en una base de datos (*database*), pagar una factura por medio de la banca electrónica o hablar con alguien a mil kilómetros de distancia con el mensajero instantáneo. Internet ha transformado la vida moderna, abriendo paso (*paving the way*) a múltiples posibilidades de comunicación, comercio, investigación y diversión. ¿Hay algo que sigue igual después de la revolución informática? ¿Qué ha pasado, por ejemplo, con el arte? ¿Cómo ha sido afectado por las innovaciones tecnológicas?

Hernán Casciari: arte en la blogosfera

Si el medio artístico° del siglo XX fue el cine, ¿cuál será el nuevo medio del siglo XXI? El trabajo innovador del argentino Hernán Casciari sugiere la posibilidad de la blogonovela. Casciari ha desarrollado el nuevo género con creatividad, humor y una buena dosis de ironía. Las blogonovelas imitan el formato del blog —un diario electrónico, también llamado bitácora—, pero los "autores" son o personajes de ficción o versiones apócrifas° de individuos reales. El uso de Internet permite que Casciari incorpore imágenes

medio artístico artistic medium
apócrifas fictitious

para que la lectura sea también una experiencia visual. Explica el escritor: "Vale más ilustrar un rostro con una fotografía o un dibujo, en lugar de hacer una descripción literaria". Sus sitios web incluyen enlaces para que la lectura sea activa.

La blogonovela rompe con varios esquemas° tradicionales y se hace difícil de clasificar°. Si Casciari prefiere a veces la fotografía a la descripción, ¿es la blogonovela literatura o arte visual? ¿Aspira a ser un arte serio o cultura popular? Si el autor es argentino pero vive en España, ¿la obra se debe considerar española o argentina? Por otra parte, si aparece primero en Internet, ¿sería realmente un arte global?

Además, las blogonovelas juegan con niveles de realidad y con las reglas° de la ficción. El diario falso seduce al lector, que cree leer confesiones íntimas. Sin embargo, el autor de una blogonovela mantiene una relación inusual con su lector. La persona que abre una novela tradicional recibe información según el orden° de las páginas de un libro. Pero el usuario informado de un sitio web crea su propio orden. ¿Cuál es el comienzo° y cuál es el final de un blog? En *Weblog de una mujer gorda*, Casciari incluye muchos enlaces, que a veces introducen información antes de la bitácora. Pero ¿qué pasa si un individuo decide no abrir un enlace? El lector de una blogonovela es autor de su propio camino en zigzag, una lectura animada por ilustraciones gráficas y fotos.

Weblog de una mujer gorda es la blogonovela más célebre de Casciari. La autora ficticia es Mirta Bertotti, una mujer de poca educación pero con aptitud tecnológica y facilidad con las palabras. Esta madre sufrida°, pero de actitud optimista, decide un día crear un blog sobre su familia desestructurada°. Mirta actualiza su bitácora frecuentemente, narrando las particularidades de los Bertotti, los problemas de los hijos adolescentes y otros relatos° sobre los retos° de su vida. Mirta parece quejarse de su mala suerte, pero sus palabras revelan humor, cariño y fuerza interior°, una resistencia a los problemas muy modernos que afectan su vida.

Casciari desafía nuestras expectativas, pero más que reírse del lector, le provoca risa y sorpresa. Sus experimentos de ficción y realidad —como solicitar comentarios auténticos en blogs de ficción— nos divierten, pero además nos introducen a un nuevo y amplio° mundo creativo, posible ahora debido al encuentro entre el arte e Internet. ■

esquemas alters various patterns · *clasificar* categorize · *reglas* rules · *según el orden* following the order · *comienzo* beginning · *sufrida* long-suffering · *desestructurada* dysfunctional · *relatos* stories · *retos* challenges · *fuerza interior* inner strength · *amplio* wide

Datos biográficos

Hernán Casciari nació en Buenos Aires en 1971. Además de estar a la vanguardia de las blogonovelas, Casciari es también periodista. En 2005 creó la blogonovela *El diario de Letizia Ortiz,* donde inventaba los pensamientos íntimos de la entonces futura reina de España. También en 2005, la exitosa blogonovela *Weblog de una mujer gorda* fue publicada en España como libro con el título *Más respeto, que soy tu madre*, que se adaptó al cine en 2010. Un año después, en 2011, publicó el libro *Charlas con mi hemisferio derecho.* En 2015, publicó tres libros más, incluyendo *El nuevo paraíso de los tontos*, bajo la editorial Orsai, fundada por el propio escritor. Blog, editorial, tienda online, Orsai es el gran proyecto personal de Hernán Casciari.

Tras varios años viviendo en España, Casciari sufrió un infarto en un viaje a Argentina a finales de 2015, por lo que radica de nuevo en su país natal.

Después de leer

Hernán Casciari: arte en la blogosfera

1 **Comprensión** Responde a las preguntas con oraciones completas.

1. ¿De dónde es Hernán Casciari?
2. ¿Qué es una blogonovela?
3. ¿Además de ser blogonovelista, que profesión tiene Casciari?
4. ¿Por qué el autor a veces prefiere usar una foto en vez de una descripción?
5. ¿Cómo es la autora ficticia del *Weblog de una mujer gorda*?
6. ¿Qué es Orsai?

2 **Interpretación** Contesta las preguntas utilizando oraciones completas.

1. ¿Cuáles son las diferencias entre un blog y una blogonovela? ¿Cuáles son las semejanzas?
2. ¿Cuáles son algunas de las novedades artísticas de la blogonovela?
3. ¿Cómo cambia la experiencia de un lector que lee una obra en Internet en vez de abrir un libro? ¿Qué prefieres tú? Explica tus razones.
4. ¿Estás de acuerdo con Casciari en que a veces es mejor "ilustrar un rostro con una fotografía o un dibujo"? ¿Por qué?

3 **Comunicación** En parejas, respondan a las preguntas y compartan sus respuestas con la clase.

1. Muchos de los problemas de la familia Bertotti son muy actuales, por ejemplo, las situaciones difíciles en las que se encuentran los adolescentes de hoy día. ¿Prefieren un arte que represente la realidad contemporánea? ¿O les gusta un arte que introduzca otras épocas o temas lejanos?
2. Cuando en 2005 salió *El diario de Letizia Ortiz*, algunos lectores pensaron que el blog era el diario auténtico de la entonces futura reina de España. ¿Qué piensan de esta situación? ¿Conoces otros ejemplos de este tipo de confusión entre la ficción y la realidad?
3. ¿De qué manera ha cambiado el arte con las innovaciones tecnológicas de las últimas décadas? ¿Pueden pensar en ejemplos del mundo de la música?
4. ¿Qué actividades hacen ustedes en Internet que sus padres de jóvenes hacían de otra manera? ¿Cómo reaccionan las generaciones mayores (como sus padres y abuelos) frente a los avances tecnológicos?
5. Cada vez hay más personas que tienen su propio blog. ¿Son autores de algún blog? ¿Qué opinan de este fenómeno? ¿Qué ventajas y desventajas tiene?

4 **Escribir** Elige un personaje público que aparezca frecuentemente en la prensa. Imagina los pensamientos íntimos de esta persona —las cosas que no pueden saber los periódicos o las revistas— y narra un día de su vida en forma de blogonovela. Escribe como mínimo diez oraciones.

Atando cabos

¡A conversar!

Inventores de robots En grupos pequeños, imaginen que son un grupo de científicos. Tienen que diseñar un robot que pueda realizar una tarea normalmente hecha por seres humanos. Preparen una presentación sobre su robot para compartir con la clase. Al finalizar, realicen una votación para elegir el mejor robot.

Elegir el tema: Reúnanse y elijan la tarea que realizará su robot. Pueden elegir una tarea de la lista u otra que deseen.

- Pasear el perro
- Sacar la basura todos los días
- Preparar el desayuno
- Jugar juegos de mesa con un ser humano
- Entrenar a niños para jugar al béisbol
- Hacer las compras en el supermercado

Preparar: Decidan cómo va a ser el robot. Usen las preguntas como guía. También pueden preparar un afiche con un dibujo del robot.

- ¿Qué nombre le pondrían? ¿Por qué?
- ¿Cómo va a ser el robot?
- ¿Cómo va a realizar la tarea elegida? Describan un día en la vida del robot.
- ¿Quién se va a beneficiar con la creación del robot?

Organizar: Organicen la información en un esquema. Asignen distintas partes de la presentación a cada integrante del grupo.

Presentación: Durante la presentación, inviten al resto de la clase a participar haciendo preguntas acerca del robot. Sean convincentes. Expliquen por qué su robot es un avance importante. Recuerden que la clase elegirá el mejor robot.

¡A escribir!

Robots futbolistas

Desde 1996, cada año se celebra la competencia internacional RoboCup, protagonizada por robots autónomos futbolistas. Este proyecto tiene como objetivo promover la investigación en el campo de la inteligencia artificial. Los organizadores de este mundial de fútbol de robots aspiran a desarrollar (*develop*) para el año 2050 "robots humanoides completamente autónomos que puedan ganarle al equipo de fútbol humano que sea campeón del mundo".

El blog del robot Imagina que eres un robot participante de la RoboCup o el robot que diseñó tu grupo en la actividad anterior. Escribe una entrada en tu blog sobre el primer día en que trabajas para los seres humanos. Usa el pretérito perfecto y el pluscuamperfecto.

MODELO Hoy es el primer día que me toca acompañar a los niños a la escuela. Mi memoria y mis circuitos no han podido descansar de tantos nervios. Nunca había estado tan nervioso...

La tecnología

la arroba	*@ symbol*
el blog	*blog*
el buscador	*search engine*
la computadora portátil	*laptop*
la contraseña	*password*
el corrector ortográfico	*spell-checker*
la dirección de correo electrónico	*e-mail address*
la informática	*computer science*
el mensaje (de texto)	*(text) message*
la página web	*web page*
el programa (de computación)	*software*
el reproductor de CD/DVD/MP3	*CD/DVD/MP3 player*
el (teléfono) celular	*cell phone*
adjuntar (un archivo)	*to attach (a file)*
borrar	*to erase*
chatear	*to chat*
descargar	*to download*
guardar	*to save*
navegar en la red	*to surf the web*
tuitear	*to tweet (in Twitter)*
digital	*digital*
en línea	*online*
inalámbrico/a	*wireless*

La astronomía y el universo

el agujero negro	*black hole*
el cohete	*rocket*
el cometa	*comet*
el espacio	*space*
la estrella (fugaz)	*(shooting) star*
el/la extraterrestre	*alien*
la gravedad	*gravity*
el ovni	*UFO*
el planeta	*planet*
el telescopio	*telescope*
el transbordador espacial	*space shuttle*

Los científicos

el/la astronauta	*astronaut*
el/la astrónomo/a	*astronomer*
el/la biólogo/a	*biologist*
el/la científico/a	*scientist*
el/la físico/a	*physicist*
el/la ingeniero/a	*engineer*
el/la matemático/a	*mathematician*
el/la (bio)químico/a	*(bio)chemist*

La ciencia y los inventos

el ADN (ácido desoxirribonucleico)	*DNA*
el avance	*advance*
la célula	*cell*
el desafío	*challenge*
el descubrimiento	*discovery*
el experimento	*experiment*
el gen	*gene*
el invento	*invention*
la patente	*patent*
la teoría	*theory*
clonar	*to clone*
comprobar (o:ue)	*to prove*
crear	*to create*
fabricar	*to manufacture*
formular	*to formulate*
inventar	*to invent*
investigar	*to investigate; to research*
avanzado/a	*advanced*
(bio)químico/a	*(bio)chemical*
especializado/a	*specialized*
ético/a	*ethical*
innovador(a)	*innovative*
revolucionario/a	*revolutionary*

Más vocabulario

Expresiones útiles	*Ver p. 19*
Estructura	*Ver pp. 26–27, 30 y 32–33*

En pantalla

el alumbrado	*streetlight*
el aparcamiento	*parking lot*
el ayuntamiento	*city hall*
la calidad de vida	*quality of life*
el mando	*remote control*
la parada	*(bus) stop*
el riego	*watering*
el/la viandante	*pedestrian*
desplegar	*to deploy*
echar una mano	*to give/lend a hand*
regar	*to water*

Literatura

el auricular	*telephone receiver*
el/la bobo/a	*silly, stupid person*
la motosierra	*power saw*
el móvil	*cell phone*
el/la navegante	*navigator*
el vagón	*carriage; train car*
ahorrarse	*to save oneself*
sonar (o:ue)	*to ring*
apagado/a	*turned off*

Cultura

la bitácora	*travel log; weblog*
la blogonovela	*blog novel*
la blogosfera	*blogosphere*
el enlace	*link*
el/la novelista	*novelist*
el sitio web	*website*
el/la usuario/a	*user*
la web	*the web*
actualizar	*to update*
a la vanguardia	*at the forefront*

La economía y el trabajo 2

Communicative Goals

You will expand your ability to…
- express what you or others would do
- express will, emotion, doubt, or denial in the past
- express uncertainty, indefiniteness, condition, and intent in the past
- discuss hypothetical situations and events that depend on other events

La economía y el trabajo

El trabajo

el aumento de sueldo *pay raise*
la compañía *company*
la conferencia *conference*
el contrato *contract*
el currículum (vitae) *résumé*
el empleo *employment*
la entrevista de trabajo *job interview*

En la **entrevista de trabajo**, Eugenia presentó su **currículum vitae** e hizo preguntas sobre **la compañía**, las tareas del **puesto** y las condiciones de **empleo**.

el puesto *position*
la reunión *meeting*
el sueldo mínimo *minimum wage*

---

administrar *to manage; to run*
ascender (e:ie) *to rise; to be promoted*
contratar *to hire*
despedir (e:i) *to fire*
exigir *to demand*
ganar bien/mal *to be well/poorly paid*
ganarse la vida *to make a living*
jubilarse *to retire*
renunciar *to quit*
solicitar *to apply for*

(des)empleado/a *(un)employed*
exitoso/a *successful*
(in)capaz *(in)competent*

Las finanzas

el ahorro *savings*
la bancarrota *bankruptcy*
el cajero automático *ATM*
la cuenta corriente *checking account*
la cuenta de ahorros *savings account*
la deuda *debt*
la hipoteca *mortgage*
el presupuesto *budget*

---

ahorrar *to save*
cobrar *to charge; to cash*
depositar *to deposit*
financiar *to finance*
gastar *to spend*
invertir (e:ie) *to invest*
pedir (e:i) prestado/a *to borrow*
prestar *to lend*

---

a corto/largo plazo *short/long-term*
fijo/a *permanent; fixed*
financiero/a *financial*

La economía

la bolsa (de valores) *stock market*
el comercio *trade*
el desempleo *unemployment*
la empresa multinacional *multinational company*
la huelga *strike*
el impuesto (de ventas) *(sales) tax*
la inversión (extranjera) *(foreign) investment*
el mercado *market*
la pobreza *poverty*
la riqueza *wealth*
el sindicato *labor union*

---

exportar *to export*
importar *to import*

La gente en el trabajo

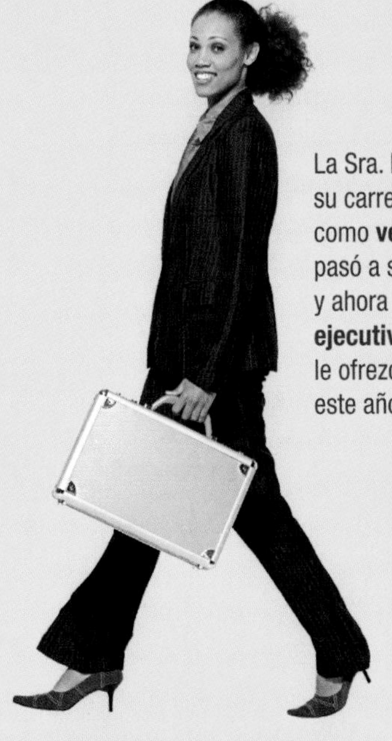

La Sra. Bonilla comenzó su carrera profesional como **vendedora**, luego pasó a ser **gerente** y ahora es una alta **ejecutiva**. Espera que le ofrezcan ser **socia** este año.

el/la asesor(a) *consultant*
el/la contador(a) *accountant*
el/la dueño/a *owner*
el/la ejecutivo/a *executive*
el/la empleado/a *employee*
el/la gerente *manager*
el hombre/la mujer de negocios *businessman/woman*
el/la socio/a *business partner; member*
el/la vendedor(a) *salesperson*

Variación léxica

la conferencia ←→ *el congreso*
despedir ←→ *echar*
desempleado/a ←→ *desocupado/a; en paro (Esp.)*
el/la contador(a) ←→ *el/la contable (Esp.)*

Práctica

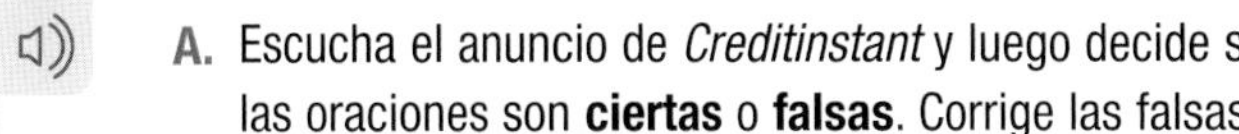

1 **Escuchar**

A. Escucha el anuncio de *Creditinstant* y luego decide si las oraciones son **ciertas** o **falsas**. Corrige las falsas.

1. *Creditinstant* ofrece un puesto de trabajo con un buen sueldo.
2. *Creditinstant* ofrece tres mil dólares.
3. Los clientes de *Creditinstant* siempre tienen que devolver el dinero a corto plazo.
4. Los clientes pueden solicitar el dinero por teléfono.
5. *Creditinstant* deposita el dinero en la cuenta de ahorros en veinticuatro horas.
6. Los clientes pueden gastar el dinero en lo que quieran.

B. Escucha la conversación entre un cliente y un representante de *Creditinstant* y contesta las preguntas con oraciones completas.

1. ¿Qué necesita la clienta?
2. ¿En qué trabaja la clienta?
3. ¿Qué puesto de trabajo tiene su esposo?
4. ¿Para qué necesita la clienta el dinero?

2 **No pertenece** Indica qué palabra no pertenece a cada grupo.

1. empleo–sindicato–sueldo–cajero automático
2. currículum–deuda–entrevista–contrato
3. entrevista–bolsa de valores–inversión–mercado
4. depositar–socio–cajero automático–cuenta corriente
5. asesor–ejecutivo–gerente–importar
6. renunciar–exportar–despedir–jubilarse
7. comercio–capaz–exitoso–ascender
8. gastar–prestar–exigir–ahorrar

Práctica

3 **¿Qué buscan?** Indica qué quiere cada una de estas personas.

____ 1. un(a) contador(a) quiere	a. conseguir un trabajo lo antes posible
____ 2. el/la ministro/a de economía quiere	b. que sus clientes paguen lo mínimo posible de impuestos
____ 3. un(a) empleado/a que lleva mucho tiempo en la empresa quiere	c. un aumento de sueldo
____ 4. una persona desempleada quiere	d. hacerle preguntas sobre el currículum vitae
____ 5. el/la dueño/a de una empresa quiere	e. que sus ejecutivos administren bien su dinero
____ 6. un(a) gerente que entrevista a un(a) solicitante quiere	f. que baje el desempleo y vengan inversiones del extranjero

4 **Cosas que dice la gente** Completa las oraciones con los términos de la lista.

administrar	**depositar**	**incapaces**	**riqueza**
ahorros	**empleo**	**inversiones**	**sindicato**
bolsa de valores	**financieros**	**jubilar**	**vendedora**

1. "Ya me quiero ____________. Estoy cansado y quiero disfrutar de mis nietos."
2. "Si no mejoramos nuestra forma de ____________, esta empresa fracasará."
3. "¿Quiere usted reducir sus deudas, invertir en la ____________ y ahorrar para la jubilación? Nuestros asesores ____________ lo pueden ayudar."
4. "He gastado todos mis ____________. Necesito un ____________."
5. "Hay que recibir más ____________ para salvar la compañía."
6. "El ____________ está en contra de los despidos de empleados."

5 **Definiciones**

A. En parejas, definan brevemente las palabras.

ascender	**contrato**	**exigir**	**importar**	**riqueza**
cobrar	**despedir**	**huelga**	**mercado**	**socio**

B. Improvisen una entrevista en la que uno/a de ustedes es el/la gerente y la otra persona solicita un puesto de trabajo. Usen al menos seis palabras de la lista. Después, representen su entrevista ante la clase.

MODELO

ENTREVISTADOR ¿Por qué lo despidieron de su último empleo?

SOLICITANTE Bueno, todo empezó el día de la huelga de…

Comunicación

6 

¿Qué opinas? En parejas, contesten las preguntas y después compartan su opinión con la clase.

1. ¿Piensas que el dinero es lo más importante en la vida? Explica tu respuesta.
2. ¿Sigues la información de la bolsa de valores? ¿Crees que es buena idea invertir todos los ahorros en la bolsa de valores? ¿Por qué?
3. ¿Crees que la economía del país afecta a tu vida personal? ¿De qué manera?
4. ¿Piensas que se podrá acabar con la pobreza?
5. ¿Qué sacrificarías para conseguir que no hubiera más pobreza en el mundo?
6. ¿Crees que la economía de tu país va a ser la más fuerte dentro de veinte años? Explica tu respuesta.
7. ¿Qué consecuencias piensas que tiene la globalización?
8. ¿La globalización es positiva para los países ricos? ¿Y para los pobres?

7 

El consejero de trabajo En parejas, imaginen que uno/a de ustedes está a punto de graduarse y no sabe qué trabajo hacer. La otra persona es un(a) asesor/a de trabajo. Túrnense para hacerse preguntas y darse consejos sobre cuál sería el mejor trabajo para cada uno/a. Utilicen y amplíen las preguntas e ideas de la lista.

Preguntas

a. ¿Eres capaz de trabajar bajo presión?
b. ¿Te gusta administrar?
c. ¿Qué te importa más: ganar mucho dinero o disfrutar del trabajo?
d. ¿Te gusta trabajar en equipo o prefieres trabajar solo/a?
e. ¿Qué clases te han gustado más?
f. ¿Te gusta viajar?
g. ¿Es importante que tu trabajo sea creativo?
h. ¿Esperas que tu empleo ayude a mejorar la sociedad?
i. ¿Quieres ser dueño/a de tu propia compañía?
j. ¿Qué tipos de conferencias te interesan más: de tecnología, de música, de educación?
k. ¿En qué tipo de trabajo has tenido más éxito?
l. ¿...?

Debes trabajar en...

- los negocios
- las ciencias
- la política
- una empresa multinacional
- los transportes
- la tecnología
- las artes
- una organización humanitaria
- la educación
- el turismo
- un restaurante
- la medicina
- el comercio
- ...

El equipo de *Facetas* celebra el segundo aniversario de la revista. Es un momento lleno de recuerdos.

En la sala de conferencias...

TODOS ¡Cumpleaños feliz!

AGUAYO Antes de apagar las velas de nuestro segundo aniversario, quiero que cada uno cierre los ojos y luego pida un deseo.

JOHNNY Lo estoy pensando...

TODOS Uno, dos, tres...

Apagan las velas.

DIANA Ahh... ¿Quién lo diría? ¡Dos años y tantos recuerdos!

AGUAYO ¿Recuerdas cuando viniste a tu entrevista de trabajo y Éric pensó que tu padre era millonario?

FABIOLA Sí. Recuerdo que puso esa cara.

Fabiola recuerda...

AGUAYO Éric, te presento a Fabiola Ledesma, nuestra nueva escritora.

ÉRIC ¿No eres tú la hija del banquero y empresario millonario Ledesma?

FABIOLA No. Mi padre es ingeniero y no es millonario.

ÉRIC Perdona. Por un momento pensé que me había enamorado de ti.

De vuelta al presente...

AGUAYO Ahora de vuelta al trabajo. (*Se marcha.*)

MARIELA ¡Aposté que nos darían la tarde libre!

DIANA Chicos, he estado pensando en hacerle un regalo de aniversario a Aguayo.

FABIOLA Siento no poder ayudarte, pero estoy en crisis económica.

DIANA Por lo menos ayúdenme a escoger el regalo.

FABIOLA Debe ser algo importado. Algo pequeño, fino y divertido.

ÉRIC ¿Qué tal un pececito de colores?

TODOS ¡Pobre Bambi!

FABIOLA Me refiero a algo de corte ejecutivo, Éric. Algo exclusivo.

ÉRIC Mariela, ¿qué le darías a un hombre que lo tiene todo?

MARIELA Mi número de teléfono.

En la oficina de Aguayo...

FABIOLA Jefe, ¿tiene un minuto?

AGUAYO ¿Sí?

FABIOLA Usted sabe que tengo un gran currículum y que soy muy productiva en lo mío.

AGUAYO ¿Sí?

FABIOLA Y que mis artículos son bien acogidos, y ello le ha traído a la revista...

Personajes

AGUAYO

DIANA

ÉRIC

FABIOLA

JOHNNY

MARIELA

De vuelta al presente...

AGUAYO Brindo por nuestra revista, por nuestro éxito y, en conclusión, brindo por quienes trabajan duro... ¡Salud!

TODOS ¡Salud!

DIANA Eso me recuerda el primer día que Johnny trabajó en la oficina.

Diana recuerda...

DIANA Se supone que estuvieras aquí hace media hora y sin embargo, llegas tarde. Los empleados en esta empresa entran a las nueve de la mañana y trabajan duro todo el día. Sabes lo que es el trabajo duro, ¿verdad?

JOHNNY En mi trabajo anterior entraba a las cuatro de la mañana y jamás llegué tarde.

DIANA A esa hora nunca se sabe si llegas demasiado tarde o demasiado temprano.

AGUAYO ¿Qué es lo que quieres, Fabiola?

FABIOLA Un aumento de sueldo.

AGUAYO ¿Qué pasa contigo? Te aumenté el sueldo hace seis meses.

FABIOLA Pero hay tres compañías que andan detrás de mí. Por lo tanto, merezco otro aumento.

AGUAYO ¿Qué empresas son?

FABIOLA (*avergonzada*) La del teléfono, la del agua y la de la luz.

Más tarde...

DIANA Ya sé qué regalarle a Aguayo... un llavero.

(*Éric y Fabiola ponen cara de repugnancia.*)

DIANA ¿Qué?

FABIOLA No lo culpo si lo cambia por un pez.

Expresiones útiles

Proposing a toast

Brindo por nuestra revista.
I toast our magazine.

Brindemos por nuestro éxito.
Let's toast our success.

¡Salud!
Cheers!

¡A tu salud!
To your health!

Talking about what someone would or wouldn't do

¡Pensé que nos darían la tarde libre!
I thought they would give us the afternoon off!

¿Qué le darías a un hombre/una mujer que lo tiene todo?
What would you give to a man/woman who has everything?

Le daría...
I would give him/her...

Additional vocabulary

anterior *previous*
apagar las velas *to blow out the candles*
bien acogido/a *well-received*
la crisis económica *economic crisis*
el/la empresario/a *entrepeneur*
importado/a *imported*
llavero *keychain*
merecer *to deserve*
No lo/la culpo. *I don't blame him/her.*
pedir un deseo *to make a wish*
¿Quién lo diría? *Who would have thought?*
ser productivo/a *to be productive*
temprano *early*
trabajar duro *to work hard*

Comprensión

1 **La trama** Indica en qué orden ocurrieron los hechos (*events*) de este episodio.

___ a. Brindan por la revista.
___ b. Cantan cumpleaños feliz.
___ c. Fabiola pide un aumento de sueldo.
___ d. Diana piensa regalarle a Aguayo un llavero.
___ e. Éric sugiere regalarle a Aguayo un pececito de colores.
___ f. Fabiola dice que está en crisis económica.

2 **¿Pasado o presente?** En la **Fotonovela**, los personajes recuerdan algunos sucesos (*events*) del pasado. Indica si estas oraciones describen sucesos del **pasado** o del **presente**. Luego completa las oraciones con la forma adecuada del verbo.

	Pasado	Presente
1. Éric ________ (creer) que Fabiola era hija de un millonario.	☐	☐
2. Los empleados de la revista ________ (brindar) por el aniversario.	☐	☐
3. Éric ________ (pensar) que se había enamorado de Fabiola.	☐	☐
4. Diana ________ (proponer) hacerle un regalo a Aguayo.	☐	☐
5. Johnny ________ (llegar) tarde a la oficina.	☐	☐
6. Fabiola le ________ (pedir) a Aguayo un aumento de sueldo.	☐	☐

3 **¿Quién lo diría?** ¿Qué empleado de *Facetas* dijo cada una de estas oraciones?

________ 1. Hace ya dos años que trabajamos aquí. ¡Quién lo diría!
________ 2. ¡Pidan todos un deseo!
________ 3. Jefe, usted sabe que trabajo muy duro.
________ 4. Mi padre no es empresario.
________ 5. Yo pensaba que nos dejarían irnos más temprano del trabajo.

4 **Preguntas** Contesta las preguntas con oraciones completas.

1. ¿Qué celebran los empleados de *Facetas*?
2. ¿Por qué creía Éric que se había enamorado de Fabiola?
3. ¿Por qué Fabiola no puede ayudar con el regalo?
4. ¿Le gusta a Fabiola la idea de regalarle un llavero a Aguayo?

5 **Lo tiene todo** ¿Qué le darías tú a alguien que lo tiene todo? Trabajen en grupos de cinco para inventar una conversación entre los empleados de *Facetas*. Tendrán que ponerse de acuerdo sobre un regalo para Aguayo. Utilicen la frase **Yo le daría...** y expliquen sus razones.

MODELO

FABIOLA ¡Ese llavero no es muy elegante, Diana! Yo le daría un reloj porque él siempre insiste en que lleguemos a tiempo a la oficina.

JOHNNY ¡Pero Aguayo ya tiene un Rolex! Yo le daría...

Ampliación

6 **Regalos** Conversen sobre estas preguntas y compartan sus respuestas con la clase.

1. ¿Alguna vez le diste un regalo a un jefe? ¿Qué le darías tú a Aguayo?
2. ¿Conoces tú a alguien que lo tiene todo? ¿Cómo es esta persona? ¿Trabaja duro? ¿Crees que merece todo lo que tiene?
3. ¿Alguna vez tuviste que comprarle un regalo a esa persona? ¿Qué escogiste?
4. ¿Cuál es el mejor regalo que has recibido en tu vida? ¿Por qué?
5. ¿Cuáles son los mejores regalos por menos de $10? ¿Por menos de $25? ¿Por menos de $100?

7 **Apuntes culturales** En parejas, lean los párrafos y contesten las preguntas.

El currículum vitae

Fabiola tiene mucha experiencia laboral. Seguramente, cuando presentó su **currículum vitae** a *Facetas*, además de la información profesional, incluyó datos personales que son comunes en el mundo laboral hispano: fecha de nacimiento, estado civil, una foto en color, si tiene carro… ¿Habrá salido en la foto con la misma cara de enojo con que salió en el pasaporte?

El millonario ingeniero

El padre de Fabiola no es millonario, sino un modesto ingeniero, pero el venezolano **Lorenzo Mendoza** sí es ingeniero y millonario. Presidente ejecutivo de Empresas Polar, que además financia la fundación más grande del país, Mendoza construyó la tercera fortuna más grande de Hispanoamérica con empresas que fundó su abuelo. Sin embargo, lleva una vida modesta junto a su esposa e hijos.

Facetas* y *Caretas

¡***Facetas*** cumple dos años! Otra revista importante en el mundo hispano es ***Caretas***. Comenzó a publicarse en 1950 en una pequeña oficina de Lima, Perú. Hoy es la revista más leída del país y trata temas como política, cultura, eventos sociales y viajes. ¡Ojalá que ***Facetas*** tenga el mismo éxito!

1. ¿Sabías que en algunos países hispanos es común poner en el currículum el estado civil y el número de hijos? ¿Qué piensas sobre incluir datos personales en el currículum? ¿Estás de acuerdo? En tu cultura, ¿qué información contiene un currículum?
2. ¿Qué otros millonarios conoces? ¿Qué ventajas y desventajas tiene ser millonario? Explica tu respuesta.
3. ¿Lees revistas? ¿Qué tipos de revistas te interesan más? ¿Por qué? ¿Estás suscrito/a a alguna? ¿A cuál(es)?
4. En tu opinión, ¿son más populares las revistas tradicionales o las revistas en Internet? ¿Por qué? ¿Qué ventajas tiene cada tipo de revista? ¿Cuál prefieres tú?

En detalle

VENEZUELA

LAS TELENOVELAS

La mujer del vendaval

La novela en papel puede ser muchas cosas: en la pantalla, sólo puede ser telenovela. ¿Qué ingredientes conforman la telenovela? Una historia de amor en capítulos transmitidos de lunes a viernes; una pareja principal cuyo amor se enfrenta a múltiples obstáculos, uno o dos villanos y un montón de conflictos, intrigas, mentiras y misterios. Y, si de telenovelas se trata, hay que hablar de Latinoamérica.

Desde los años 50, el género desembarcó en los hogares y creció sin parar. En los 60, cada país fue desarrollando su propio estilo y el mercado de exportación se extendió a Europa del Este, Medio Oriente y Asia. Históricamente, los mayores productores han sido Venezuela, México, Brasil y Argentina.

Como las telenovelas son un trabajo en equipo, su producción implica la creación de numerosos puestos de trabajo para actores, escritores, productores, directores, escenógrafos, maquilladores, etc. A eso se agrega la etapa de posproducción y finalmente la de exportación. En Venezuela, llegó un momento en que el mercado de exportación de telenovelas era mayor que el de la exportación nacional del mercado automotor, textil o de papel.

A pesar de su popularidad, estas producciones también tienen sus críticos. "Las telenovelas contribuyen a crear estereotipos", dice la socióloga mexicana Carmen Aquilani. "Las villanas suelen ser mujeres inteligentes, ricas y seguras de sí mismas, mientras que la mujer buena suele ser sumisa y pobre", dice. "Además, presentan unos cánones de belleza que no representan a la sociedad", asegura. Según ella, los personajes principales casi siempre son de origen europeo y las sirvientas son de origen africano. Pero no todo el mundo está de acuerdo con estas críticas. "Las telenovelas no son más que entretenimiento y a la gente les encantan", dice una aficionada a estos programas de televisión. ■

Fuente: *La industria de la telenovela mexicana: Procesos de comunicación, documentación y comercialización.*

El presidente de Venezuela Hugo Chávez, fallecido en 2013, censuró muchas telenovelas por su contenido crítico con su gobierno. Además, Chávez financió series con ideología socialista donde los personajes representan, no a la élite blanca, sino a la mayoría mestiza del país.

ASÍ LO DECIMOS

El dinero

los chavos (P. R.) **la lana (Méx.)** **las pelas, la pasta (Esp.)**	*money*
la peseta (P. R.)	*quarter (American coin)*
comer cable (Ven.) **estar pelado/a (Col., Esp.)** **no tener guano (Cu.)**	*to have no money*
estar forrado/a **tener una pila de dinero**	*to be loaded*
ser gasolero/a (Arg.)	*to be stingy*
el/la mileurista (Esp.)	*a young, educated person who only makes a thousand euros a month*

EL MUNDO HISPANOHABLANTE

Telenovelas en Latinoamérica

En México, el Grupo Televisa produce entre diez y doce telenovelas anuales. Uno de sus grandes éxitos fue *Corazón salvaje*, que filmó en cuatro ocasiones. La última versión (2009) sufrió un recorte de presupuesto del 40% por la crisis económica. En los últimos años, la productora mexicana ha actualizado sus temas y sus personajes; en la serie *Qué pobres tan ricos* (2013) Televisa introduce una relación homosexual.

Colombia brilla en el mundo de la telenovela gracias al escritor Fernando Gaitán, creador de *Yo soy Betty, la fea* (1999), que figura en el Libro Guinness por ser la serie más versionada° de la historia. Según datos de la Organización Mundial del Comercio, en 2011 las exportaciones del sector audiovisual colombiano llegaron a los 35 millones de dólares.

La Argentina Telefe solía hacer telenovelas de temas controvertidos, como los desaparecidos de la dictadura (*Montecristo*, 2006). Ahora, ha vuelto al melodrama tradicional con series como *Se dice amor* (2014), donde un padre y un hijo compiten por la misma mujer.

PERFIL

CAROLINA HERRERA

Carolina Herrera siempre creyó en su buen gusto°. En 1979, cuando ya había nacido su primera nieta, esta aristócrata venezolana decidió probar suerte en el negocio de la moda. Creó su primera colección en 1981, y en 1987 entró en la rama° de los trajes de novia. En 2005 creó la línea CH Carolina Herrera, ampliando° su negocio a perfumes, bolsos°, ropa de hombre y zapatos: un imperio económico que genera unas ventas anuales de más de 200 millones de dólares. Su estilo sencillo y elegante conquistó a primeras damas estadounidenses, desde Jacqueline Onassis hasta Michelle Obama.
Aunque la gran dama de la moda venezolana sigue estando al frente del negocio, su hija, Carolina Herrera Jr., va asumiendo más y más control de la compañía familiar. Ella, sin embargo, quiere reafirmar su identidad y asegura que, a diferencia de su madre, no se considera modista°. "Sólo soy una persona creativa que sabe lo que le gusta", asegura.

> "Mira si será malo el trabajo, que deben pagarte para que lo hagas."
> (Facundo Cabral, cantautor argentino)

Conexión Internet

En muchos países, el día del trabajador es el primero de mayo. ¿Cuál es el origen de esta celebración?

Investiga sobre este tema en Internet.

buen gusto *good taste* **rama** *branch* **ampliando** *expanding* **bolsos** *handbags* **modista** *fashion designer* **más versionada** *with the most remakes*

¿Qué aprendiste?

1 **Comprensión** Indica si estas afirmaciones son **ciertas** o **falsas**. Corrige las falsas.

1. Las telenovelas sólo se transmiten los fines de semana.
2. Además de una historia de amor, la telenovela debe incluir conflictos, intrigas y mentiras.
3. En Europa del Este y Asia se producen muchas telenovelas.
4. El género de la telenovela comenzó en la década de 1920.
5. Perú es el país más importante en la producción de telenovelas.
6. Gracias a la producción y exportación de telenovelas, se generan muchos puestos de trabajo.
7. En Venezuela, la industria de las telenovelas llegó a superar en ganancias a otras industrias nacionales.
8. Algunas personas creen que las telenovelas presentan estereotipos.
9. Los personajes principales de las telenovelas suelen ser de origen africano.
10. Hugo Chávez influyó en el contenido de las telenovelas de Venezuela.
11. Hugo Chávez apoyó a la industria venezolana de la telenovela.

2 **Oraciones incompletas** Completa las oraciones con la información correcta.

1. La versión de 2009 de *Corazón salvaje* sufrió un ____________.
2. *Yo soy Betty, la fea* aparece en el Libro Guiness como la telenovela ____________.
3. Las últimas producciones de Telefe han vuelto al ____________.
4. Carolina Herrera vistió a algunas ____________.
5. Carolina Herrera Jr. se considera una persona ____________.

3 **Opiniones** En parejas, contesten las preguntas.

1. ¿Qué opinas de las telenovelas producidas en tu país? ¿Qué características comparten con las latinoamericanas?
2. ¿Mirarías una telenovela para practicar español? ¿Por qué?
3. ¿Crees que las productoras de telenovelas deberían hacer un esfuerzo por representar mejor a las mujeres y a las minorías raciales? ¿Por qué?
4. ¿Por qué crees que las telenovelas tienen un gran número de fanáticos en Latinoamérica?
5. ¿Qué otro/a gran empresario/a de Hispanoamérica conoces? ¿Qué sabes de esa persona?

PROYECTO

Producción en Latinoamérica

Muchos productos latinoamericanos se cuentan entre los mejores del mundo. Investiga la industria de un producto típico latinoamericano y prepara una presentación para la clase. Puedes investigar productos como bebidas, miel, madera, café, flores, productos de cuero, ajo, peras y manzanas, soja, lana, carne, etc.

- ¿Cómo es su producción?
- ¿Qué alcance tiene su exportación?
- ¿Cuál es su impacto en la economía local?
- ¿Se consigue el producto en tu ciudad?

Las alpacas

¿Sabías que en la zona andina existen animales que hace cientos de años eran considerados dignos de la realeza? En este episodio de **Flash Cultura**, podrás conocerlos y enterarte de cómo y por qué contribuyen a la economía regional.

Corresponsal: Omar Fuentes
País: Perú

La alpaca parece un pequeño camello sin joroba° y con las orejas más grandes.

VOCABULARIO ÚTIL

cariñoso/a *friendly*	**la mascota** *pet*
esquilar *to shear*	**tejer** *to weave*
la hebra de hilo *thread*	**la temporada** *season*
la manta *blanket*	**teñir** *to dye*

Comprensión Indica si estas afirmaciones son **ciertas** o **falsas**. Después, corrige las falsas.

1. La alpaca es un animal tan dócil y cariñoso que puede adoptarse como mascota.
2. Fueron los conquistadores españoles quienes la domesticaron en la antigüedad.
3. Las cuatro especies de camélidos sudamericanos son domésticas.
4. Las alpacas son esquiladas cada vez que llueve.
5. La fibra de la alpaca que se esquila se transforma a continuación en un hilo y después se tiñe de colores con elementos vegetales.
6. La tradición indica que las mujeres deben aprender a tejer con sus madres para ser admitidas plenamente en la comunidad.

La producción de telas y productos de fibra de alpaca le da empleo a miles de personas en esta región.

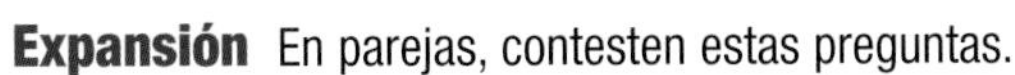

Expansión En parejas, contesten estas preguntas.

- ¿Alguna vez tuvieron una mascota? ¿Qué características debe tener un animal para que lo dejen entrar en sus casas? ¿Tendrían una alpaca como mascota?
- En sus comunidades o familias, ¿existe alguna tradición que pase de madres a hijas o de padres a hijos?
- Si fueran de viaje a Lima, ¿comprarían regalos en las tiendas de productos de alpaca? ¿Por qué? ¿Qué comprarían?

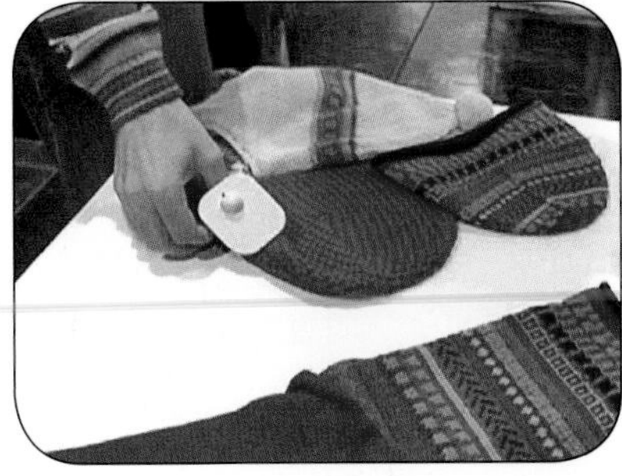

Esta preciosa fibra cuenta con la gama° de colores naturales más grande del mundo.

¿Y tú? ¿Has comprado en alguna tienda de comercio justo? ¿Has comprado productos de comercio justo en el supermercado? ¿Te gustan los productos artesanales? ¿Por qué?

joroba *hump* **gama** *range*

2.1 The conditional

- To express the idea of what *would* happen, use the conditional tense.

- The conditional tense (**el condicional**) uses the same endings for all **-ar**, **-er**, and **-ir** verbs. For regular verbs, the endings are added to the infinitive.

The conditional

dar	ser	vivir
daría	sería	viviría
darías	serías	vivirías
daría	sería	viviría
daríamos	seríamos	viviríamos
daríais	seríais	viviríais
darían	serían	vivirían

- Verbs with irregular future stems have the same irregular stem in the conditional.

Infinitive	stem	conditional
caber	cabr-	cabría, cabrías, cabría, cabríamos, cabríais, cabrían
haber	habr-	habría, habrías, habría, habríamos, habríais, habrían
poder	podr-	podría, podrías, podría, podríamos, podríais, podrían
querer	querr-	querría, querrías, querría, querríamos, querríais, querrían
saber	sabr-	sabría, sabrías, sabría, sabríamos, sabríais, sabrían
poner	pondr-	pondría, pondrías, pondría, pondríamos, pondríais, pondrían
salir	saldr-	saldría, saldrías, saldría, saldríamos, saldríais, saldrían
tener	tendr-	tendría, tendrías, tendría, tendríamos, tendríais, tendrían
valer	valdr-	valdría, valdrías, valdría, valdríamos, valdríais, valdrían
venir	vendr-	vendría, vendrías, vendría, vendríamos, vendríais, vendrían
decir	dir-	diría, dirías, diría, diríamos, diríais, dirían
hacer	har-	haría, harías, haría, haríamos, haríais, harían
satisfacer	satisfar-	satisfaría, satisfarías, satisfaría, satisfaríamos, satisfaríais, satisfarían

TALLER DE CONSULTA

MANUAL DE GRAMÁTICA
Más práctica

2.1 The conditional, p. A9

2.2 The past subjunctive, p. A10

2.3 **Si** clauses with simple tenses, p. A11

Gramática adicional

2.4 Transitional expressions, p. A12

¡ATENCIÓN!

Note that all the conditional endings carry a written accent mark.

Uses of the conditional

- The conditional is used to express what *would* occur under certain circumstances.

  En Venezuela, ¿qué lugar **visitarías** primero?
  In Venezuela, which place would you visit first?

  Iría primero a Caracas y después a la Isla Margarita.
  First I would go to Caracas and then to Margarita Island.

- The conditional is also used to make polite requests.

Me **gustaría** cobrar este cheque. *I would like to cash this check.*	¿**Podría** firmar aquí, en el reverso? *Would you please sign here, on the back?*

- In subordinate clauses, the conditional is often used to express what *would happen* after another action took place. To express what *will happen* after another action takes place, the future tense is used instead.

CONDITIONAL	FUTURE
Creía que hoy **haría** mucho viento. *I thought it would be very windy today.*	**Creo** que mañana **hará** mucho viento. *I think it will be very windy tomorrow.*

- In Spanish, the conditional may be used to express conjecture or probability about a past condition or event. English expresses this sense with expressions such as *wondered*, *must have been*, and *was probably*.

¿Qué hora **era** cuando regresó? *What time was it when he returned?*	**Serían** las ocho. *It must have been eight o'clock.*
¿Cuánta gente **había** en la fiesta? *How many people were at the party?*	**Habría** como diez personas. *There were probably about ten people.*

- The conditional is also used to report statements made in the future tense.

Iremos a la fiesta. *We'll go to the party.*		Dijeron que **irían** a la fiesta. *They said they'd go to the party.*

¡ATENCIÓN!

The English *would* is often used to express the conditional, but it can also express what *used to happen*. To express habitual past actions, Spanish uses the imperfect, not the conditional.

Cuando era pequeña, iba a la playa durante los veranos.
When I was young, I would go to the beach in the summer.

TALLER DE CONSULTA

The conditional is also used in contrary-to-fact sentences. See **2.3**, pp. 72–73.

Práctica

TALLER DE CONSULTA

MANUAL DE GRAMÁTICA
Más práctica

2.1 The conditional, p. A9

1 **La entrevista** Alberto sueña con trabajar para una agencia medioambiental y estaría dispuesto a hacer cualquier cosa para que la directora lo contrate. Utiliza el condicional de los verbos entre paréntesis para completar la entrevista.

ALBERTO Si yo pudiera formar parte de esta organización, (1) ______ (estar) dispuesto (*ready*) a ayudar en todo lo posible.

ELENA Sí, lo sé, pero tú no (2) ______ (poder) hacer mucho. Para trabajar con nosotros (3) ______ (necesitar) estudios de biología.

ALBERTO Bueno, yo (4) ______ (ayudar) con las cosas menos difíciles. Por ejemplo, (5) ______ (hacer) el café para las reuniones.

ELENA Estoy segura de que todos (6) ______ (agradecer) tu colaboración. Les preguntaré para ver si necesitan ayuda.

ALBERTO Eres muy amable, Elena. (7) ______ (dar) cualquier cosa por trabajar con ustedes. Y (8) ______ (considerar) la posibilidad de volver a la universidad para estudiar biología. (9) ______ (tener) que trabajar duro, pero lo (10) ______ (hacer) porque no (11) ______ (saber) qué hacer sin un trabajo significativo. Sé que el esfuerzo (12) ______ (valer) la pena.

2 **El primer día** La agencia contrató a Alberto y hoy fue su primer día como asistente administrativo. Utiliza el condicional para cambiar estos mandatos informales por los mandatos formales que la directora le dio a Alberto. Sigue el modelo.

Mandatos informales	Mandatos formales
Hazme un café.	¿Me harías un café, por favor?
Saca estas fotocopias.	1.
Pon los mensajes en mi escritorio.	2.
Manda este fax.	3.
Diles a los voluntarios que vengan también.	4.
Sal a almorzar con nosotros.	5.

3 **Lo que hizo Juan** Utilizamos el condicional para expresar el futuro en el contexto de una acción pasada. Explica lo que quiso hacer Juan, usando las claves dadas. Agrega también por qué no lo pudo hacer.

MODELO **pensar / llegar**
Juan pensó que llegaría temprano a la oficina, pero el metro tardó media hora.

1. pensar / comer
2. decir / poner
3. imaginar / tener
4. escribir / venir
5. contarles / querer
6. suponer / hacer
7. explicar / salir
8. creer / terminar
9. decidir / viajar
10. opinar / ser

Comunicación

4 **¿Qué pasaría?** En parejas, completen estas oraciones utilizando verbos en condicional. Luego compartan sus oraciones con la clase.

MODELO **Si yo trabajara para una empresa multinacional, ...**
—Si yo trabajara para una empresa multinacional, viajaría por el mundo entero. Aprendería cinco idiomas y...

1. Si siguiera aumentando el desempleo en el país, ...
2. Si yo ganara más dinero, ...
3. Si mi amigo/a decidiera mudarse a otro país, ...
4. Si todos mis profesores estuvieran en huelga, ...
5. Si mi jefe/a me despidiera, ...
6. Si no tuviera que ganarme la vida, ...

TALLER DE CONSULTA

The first part of each sentence uses the past subjunctive, which is covered in **2.2**, pp. 68–69.

5 **¿Qué harías?** Explícales a tres compañeros/as lo que harías en cada una de estas situaciones. Usa el condicional.

6 **El trabajo de tus sueños** Imagina que puedes escoger cualquier profesión del mundo. Explícale a un(a) compañero/a cuál sería tu trabajo ideal, por qué te gustaría esa profesión y qué harías en tu empleo. Háganse preguntas y utilicen por lo menos cuatro verbos en el condicional.

MODELO Mi trabajo ideal sería jugar al baloncesto en la NBA. Me gustaría porque me encanta este deporte, pero también porque ganaría millones y podría...

2.2 The past subjunctive

Forms of the past subjunctive

- The past subjunctive (**el imperfecto del subjuntivo**) of all verbs is formed by dropping the **-ron** ending from the **ustedes/ellos/ellas** form of the preterite and adding the past subjunctive endings.

¡ATENCIÓN!

The **nosotros/as** form of the past subjunctive always has a written accent.

The past subjunctive

caminar	perder	vivir
caminara	perdiera	viviera
caminaras	perdieras	vivieras
caminara	perdiera	viviera
camináramos	perdiéramos	viviéramos
caminarais	perdierais	vivierais
caminaran	perdieran	vivieran

Estela dudaba de que su madre la **ayudara** a pagar un carro nuevo.
Estela doubted that her mother would help her pay for a new car.

Me extrañó que Ana **renunciara** después de tantos años.
I was surprised that Ana quit after so many years.

El asesor nos recomendó que **financiáramos** la deuda a largo plazo
The consultant recommended that we financed the loan long-term.

- Verbs that have stem changes, spelling changes, or irregularities in the **ustedes/ellos/ellas** form of the preterite also have them in all forms of the past subjunctive.

infinitive	preterite form	past subjunctive forms
pedir	pidieron	pidiera, pidieras, pidiera, pidiéramos, pidierais, pidieran
sentir	sintieron	sintiera, sintieras, sintiera, sintiéramos, sintierais, sintieran
dormir	durmieron	durmiera, durmieras, durmiera, durmiéramos, durmierais, durmieran
influir	influyeron	influyera, influyeras, influyera, influyéramos, influyerais, influyeran
saber	supieron	supiera, supieras, supiera, supiéramos, supierais, supieran
ir/ser	fueron	fuera, fueras, fuera, fuéramos, fuerais, fueran

- In Spain and some other parts of the Spanish-speaking world, the past subjunctive is commonly used with another set of endings (**-se**, **-ses**, **-se**, **-semos**, **-seis**, **-sen**). You will also see these forms in literary selections.

La señora Medina exigió que le **mandásemos** el contrato para el viernes.
Ms. Medina demanded that we send her the contract by Friday.

La señora Medina exigió que le **mandáramos** el contrato para el viernes.
Ms. Medina demanded that we send her the contract by Friday.

Uses of the past subjunctive

- The past subjunctive is required in the same situations as the present subjunctive, except that the point of reference is always in the past. When the verb in the main clause is in the past, the verb in the subordinate clause is in the past subjunctive.

PRESENT SUBJUNCTIVE	PAST SUBJUNCTIVE
El jefe sugiere que **vayas** a la reunión. *The boss suggests that you go to the meeting.*	El jefe sugirió que **fueras** a la reunión. *The boss suggested that you go to the meeting.*
Espero que ustedes no **tengan** problemas con el nuevo sistema. *I hope you won't have any problems with the new system.*	Esperaba que no **tuvieran** problemas con el nuevo sistema. *I was hoping you wouldn't have any problems with the new system.*
Buscamos a alguien que **conozca** bien la bolsa. *We are looking for someone who knows the stock market well.*	Buscábamos a alguien que **conociera** bien la bolsa. *We were looking for someone who knew the stock market well.*
Les mando mi currículum en caso de que **haya** un puesto disponible. *I'm sending them my résumé in case there is a position available.*	Les mandé mi currículum en caso de que **hubiera** un puesto disponible. *I sent them my résumé, in case there was a position available.*

- Use the past subjunctive after the expression **como si** (*as if*).

Alfredo gasta dinero **como si fuera** millonario.
Alfredo spends money as if he were a millionaire.

El presidente habló de la economía **como si** no **hubiera** una recesión.
The president talked about the economy as if there were no recession.

Ella rechazó mi opinión **como si** no **importara**.
She rejected my opinion as if it didn't matter.

- The past subjunctive is also commonly used with **querer** to make polite requests or to soften statements.

Quisiera que me llames hoy.
I would like you to call me today.

Quisiera hablar con usted.
I would like to speak with you.

TALLER DE CONSULTA

The past subjunctive is also frequently used in **si** clauses. See **2.3,** pp. 72–73.

Si pudiera, compraría más acciones.
If I could, I would buy more shares.

Práctica

TALLER DE CONSULTA

MANUAL DE GRAMÁTICA
Más práctica

2.2 The past subjunctive, p. A10

1 **El peor día** Completa el mensaje que Jessica le mandó a su hermano después de su primer día como pasante (*intern*) de verano. Utiliza el imperfecto del subjuntivo.

De: jessica8@email.com
Para: luismiguel@email.com
Asunto: el peor día de mi vida

Luis Miguel:
Sé que te pedí el otro día que no me (1) ________ (dar) más consejos sobre qué hacer este verano, pero ¡ahora sí los necesito! Hoy fue el peor día de mi vida, ¡te lo juro! Me aconsejaste que no (2) ________ (solicitar) un puesto en esta empresa, pero a mí no me importaba que ellos me (3) ________ (pagar) el sueldo mínimo. No creía que (4) ________ (existir) ninguna oportunidad mejor que ésta. ¡Pero hoy el jefe me trató como si yo (5) ________ (ser) su esclava! Primero exigió que yo (6) ________ (preparar) el café para toda la oficina. Después me dijo que (7) ________ (salir) a comprar más papel para la impresora. Luego, como si eso (8) ________ (ser) poco, insistió en que yo (9) ________ (ordenar) su escritorio. ¡Como si toda mi experiencia del verano pasado no (10) ________ (valer) ni un centavo! Hablando de dinero... cuando le pedí que (11) ________ (depositar) el sueldo en mi cuenta corriente, él me dijo: "¿Qué sueldo? Nuestros pasantes trabajan gratis". ¡Renuncié y punto!

2 **¿Qué le pidieron?** María Luisa Rodríguez es directora de una escuela privada. En parejas, usen la tabla y preparen una conversación en la que ella le cuenta a un amigo todo lo que le pidieron que hiciera el primer día de clase.

MODELO — ¿Qué te pidió tu secretaria?
— Mi secretaria me pidió que le diera menos trabajo.

Personajes	Verbo	Actividad
los profesores		construir un gimnasio nuevo
los estudiantes	me pidió que	hacer menos ruido
el club que protege el medio ambiente	me pidieron que	plantar más árboles
los vecinos de la escuela		dar más días de vacaciones
el entrenador del equipo de fútbol		comprar más computadoras

3 **Dueño** El dueño del apartamento donde vivías con tu familia era muy estricto. Con un(a) compañero/a, túrnense para comentar las reglas que tenían que seguir, usando el imperfecto del subjuntivo.

MODELO El dueño nos pidió que no cocináramos coliflor.

1. no usar la calefacción en marzo
2. limpiar los pisos dos veces al día
3. no tener visitas en el apartamento después de las 7 de la tarde
4. hacer la cama todos los días
5. sacar la basura todos los días
6. no encender las luces antes de las 8 de la noche

Comunicación

4  **De niño** En parejas, háganse estas preguntas y contesten usando el imperfecto del subjuntivo. Luego, háganse cinco preguntas más sobre su niñez.

MODELO
— ¿Esperabas que tus padres te compraran videojuegos?
— Sí, y también esperaba que me dieran más independencia./
No, pero esperaba que me llevaran al cine todos los sábados.

La imaginación

¿Esperabas que tus padres te compraran videojuegos?

¿Dudabas que los superhéroes existieran?

¿Esperabas que Santa Claus te trajera los regalos que le pedías?

¿Qué más esperabas?

Las relaciones

¿Querías que tu primer amor durara toda la vida?

¿Querías que tus padres te compraran todo lo que pedías?

¿Querías que tus familiares pasaran menos o más tiempo contigo?

¿Qué más querías?

La escuela

¿Soñabas con que el/la maestro/a cancelara la clase todos los días?

¿Esperabas que tus amigos de la infancia siguieran siendo tus amigos para toda la vida?

¿Deseabas que las vacaciones de verano se alargaran (*were longer*)?

¿Qué más deseabas?

5 **¡No soporto a mi hermana menor!** Tú y tu hermana menor no logran ponerse de acuerdo sobre algunos problemas. Por eso, hablaron con sus padres para pedirles ayuda. Ellos escucharon todas las quejas, les dieron consejos y les pidieron que hablaran otra vez la semana siguiente.

A. Primero, escribe cinco oraciones para describir lo que le pediste a tu hermana. Usa el imperfecto del subjuntivo.

B. Ahora, en grupos de cuatro, preparen una conversación entre los padres y los/las hermanos/as. Cada persona debe utilizar por lo menos tres verbos en el imperfecto del subjuntivo. Luego, representen la conversación para la clase. ¿Habrá solución?

MODELO

MADRE Bueno, les pedimos que trataran de resolver los problemas. ¿Cómo les fue?

ESTUDIANTE 1 Le dije a Isabel que no se pusiera mi ropa sin pedir permiso. ¡Pero al día siguiente salió para la escuela con mi camiseta favorita!

ESTUDIANTE 2 Y yo le pedí a Celia que no escuchara música cuando estoy durmiendo. ¡Pero sigue poniendo la radio a todo volumen!

PADRE ¿Es verdad, Isabel?

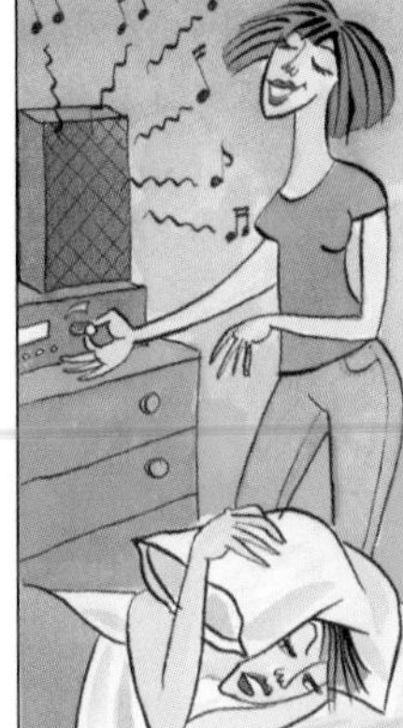

2.3 *Si* clauses with simple tenses

- **Si** (*if*) clauses express a condition or event upon which another condition or event depends. Sentences with **si** clauses are often hypothetical statements. They contain a subordinate clause (**si** clause) and a main clause (result clause).

TALLER DE CONSULTA

For other transitional expressions that express cause and effect, see **Manual de gramática, 2.4,** p. A12.

¡ATENCIÓN!

Si (*if*) does not carry a written accent. However, **sí** (*yes*) does carry a written accent.

—**Si puedes, ven.**
—*If you can, come.*

—**Sí, puedo.**
—*Yes, I can.*

- The **si** clause may be the first or second clause in a sentence. Note that a comma is used only when the **si** clause comes first.

Si tienes tiempo, ven con nosotros.
If you have time, come with us.

Iré con ustedes **si** no llueve.
I'll go with you if it doesn't rain

Hypothetical statements about possible events

- In hypothetical statements about conditions or events that are possible or likely to occur, the **si** clause uses the present indicative. The main clause may use the present indicative, the future indicative, **ir a** + [*infinitive*], or a command.

Si clause: PRESENT INDICATIVE		Main clause
Si salgo temprano del trabajo, *If I leave work early,*	PRESENT TENSE	**voy** al cine con Andrés. *I'm going to the movies with Andrés.*
Si usted no mejora su currículum, *If you don't improve your résumé,*	FUTURE TENSE	nunca **conseguirá** empleo. *you'll never get a job.*
Si la jefa me pregunta, *If the boss asks me,*	IR A + [*INFINITIVE*]	no le **voy a mentir**. *I'm not going to lie to her.*
Si hay algún problema, *If there is a problem,*	COMMAND	**llámenos** de inmediato. *call us right away.*

INSTITUTO TECNOLÓGICO ANDINO
PROGRAMA DE INFORMÁTICA

En sólo seis meses usted puede aprender a administrar los sistemas informáticos de cualquier tipo de empresa, grande o pequeña, nacional o extranjera.

Si busca una nueva carrera, llámenos hoy.

Hypothetical statements about improbable situations

- In hypothetical statements about current conditions or events that are improbable or contrary-to-fact, the **si** clause uses the past subjunctive. The main clause uses the conditional.

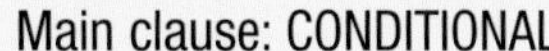

Si clause: PAST SUBJUNCTIVE	Main clause: CONDITIONAL
¡**Si** ustedes no **fueran** tan inútiles, *If you all weren't so incapable,*	ya lo **tendrían** listo! *you'd already have this ready!*
Si sacaras un préstamo a largo plazo, *If you took out a long-term loan,*	**pagarías** menos al mes. *you'd pay less each month.*
Si no **estuviera** tan cansada, *If I weren't so tired,*	**saldría** a cenar contigo. *I'd go out to dinner with you.*

¡ATENCIÓN!

A contrary-to-fact situation is one that is possible, but will probably not happen and/or has not occurred.

Habitual conditions and actions in the past

- In statements that express habitual past actions that are not contrary-to-fact, both the **si** clause and the main clause use the imperfect.

Si clause: IMPERFECT	Main clause: IMPERFECT
Si Milena **tenía** tiempo libre, *If Milena had free time,*	siempre **iba** a la playa. *she would always go to the beach.*
Si mi papá **salía** de viaje de negocios, *If my dad went on a business trip,*	siempre me **traía** un regalito. *he always brought me back a little present.*

TALLER DE CONSULTA

Hypothetical and contrary-to-fact statements about the past use **si** clauses with compound tenses. You will learn more about these structures in **Estructura 4.4** in the **Manual de gramática,** p. A22.

Práctica

TALLER DE CONSULTA

MANUAL DE GRAMÁTICA
Más práctica

2.3 **Si** clauses with simple tenses, p. A11

1 **Situaciones** Completa las oraciones con el tiempo verbal adecuado.

A. **Situaciones probables o posibles**

1. Si Teresa no viene pronto, nosotros __________ (tener) que ir sin ella.
2. Si tú no __________ (trabajar) hoy, vamos al cine.

B. **Situaciones hipotéticas sobre eventos improbables**

3. Si Carla tuviera más experiencia, yo la __________ (contratar).
4. Si Gabriel __________ (ganar) más, podría ir de viaje.

C. **Situaciones habituales sobre el pasado**

5. Si llegaba tarde a mi trabajo, la gerente me __________ (gritar).
6. Si nosotros no __________ (hacer) la tarea, el profesor Cortijo nos daba una prueba sorpresa.

2 **Si trabajara menos** Carolina y Leticia trabajan cuarenta horas por semana y se imaginan qué harían si trabajaran menos horas. Completa la conversación con el condicional o el imperfecto del subjuntivo.

CAROLINA Estoy todo el día en la oficina, pero si (1) ________ (trabajar) menos, tendría más tiempo para divertirme. Si sólo viniera a la oficina algunas horas por semana, (2) ________ (practicar) el alpinismo más a menudo.

LETICIA ¿Alpinismo? ¡Qué peligroso! Si yo tuviera más tiempo libre, (3) ________ (hacer) todas las noches lo mismo: (4) ________ (ir) al cine, luego (5) ________ (salir) a cenar y, para terminar la noche, (6) ________ (hacer) una fiesta para celebrar que ya no tengo que ir a trabajar por la mañana. Si nosotras (7) ________ (tener) la suerte de no tener que trabajar nunca más, nos pasaríamos todo el día sin hacer absolutamente nada.

CAROLINA ¿Te imaginas? Si la vida fuera así, nosotras (8) ________ (ser) mucho más felices, ¿no crees?

3 **Situaciones** Completa las oraciones.

1. Si salimos esta noche, ...
2. Si me llama el director de la escuela ...
3. Saldré contigo después de las clases si ...
4. Si mis padres no me prestan dinero, ...
5. Si tuviera el coche este sábado, ...
6. Tendría más dinero si ...
7. Si íbamos de vacaciones, ...
8. Si peleaba con mis hermanos, ...
9. Te prestaría el libro si ...
10. Si mis amigos no tienen otros planes, ...

Comunicación

4 **Si yo fuera...** En parejas, háganse preguntas sobre quiénes serían y cómo serían sus vidas si fueran estas personas.

MODELO **un(a) cantante famoso/a**
— Si fueras una cantante famosa, ¿quién serías?
— Si fuera una cantante famosa, sería Christina Aguilera. Pasaría el tiempo haciendo videos, dando conciertos...

1. un(a) cantante famoso/a
2. un personaje histórico
3. un personaje de un libro
4. un(a) actor/actriz famoso/a
5. un(a) empresario/a famoso/a
6. un(a) deportista exitoso/a

5 **¿Qué harías?** En parejas, miren los dibujos y túrnense para preguntarse qué harían si les ocurriera lo que muestra cada dibujo. Sigan el modelo y sean creativos/as.

MODELO — ¿Qué harías si alguien te invitara a bailar tango?
— Si alguien me invitara a bailar tango, seguramente yo me pondría muy nervioso/a y saldría corriendo.

1. Tu suegro viene de visita sin avisar.

2. Estás en una playa donde hay tiburones.

3. Tu carro se rompe en el desierto.

4. Te quedas atrapado/a en un ascensor.

6  **Síntesis** En grupos de cuatro, conversen sobre lo que harían en estas situaciones. Luego, cada persona debe inventar una situación más y preguntarle al grupo qué haría. Utilicen oraciones con si, el condicional y el imperfecto del subjuntivo.

1. ver a alguien intentando robar un carro
2. quedar atrapado/a en una tormenta de nieve
3. tener ocho hijos
4. despertarse tarde la mañana del examen final
5. descubrir que tienes el poder de ser invisible
6. enamorarse de alguien a primera vista

Antes de ver el video

HISPANOS EN LA ECONOMÍA DE LOS ESTADOS UNIDOS

país Estados Unidos
duración 3 minutos
producción Univisión Noticias
presentadores Jorge Ramos, Luis Megid

Vocabulario

el campo laboral *labor market*
el envejecimiento *aging*
estancar *to stall*
la fuerza laboral *workforce*
ponerse de acuerdo *to agree*
quedarse sin *to run out of*
el sinnúmero *countless*
vertiginosamente *dramatically, rapidly*

1 **Una noticia** Completa la noticia con las palabras o expresiones apropiadas.

La población mundial ha crecido (1) _______________ en las últimas décadas, y en algunas regiones las tasas de natalidad (*birth rates*) son mayores que las de (2) _______________. Esto ha afectado la economía y la (3) _______________. Por otro lado, un (4) _______________ de personas pierden sus trabajos cada día. Los jóvenes temen (5) _______________ sin empleo, y los gobiernos temen que sus economías no crezcan y se puedan (6) _______________. En los Estados Unidos, los hispanos representan una parte importante del campo laboral, y en el futuro esta tendencia continuará.

2 **Preguntas** En parejas, contesten estas preguntas. Luego compartan sus respuestas con la clase.

1. La generación de los *baby boomers* se define como las personas nacidas entre los años 1946 y 1964. ¿Conoces a personas que hayan nacido entre esas fechas? En general, ¿esos *baby boomers* que conoces están empleados, desempleados o jubilados?
2. ¿Hay inmigrantes hispanos en tu comunidad o en tu estado? ¿Sabes por qué decidieron emigrar de sus países de origen?
3. ¿Cuál crees que es el aporte de esas personas a la fuerza laboral de los Estados Unidos?
4. ¿Qué razones podrían llevarte a ti a emigrar a otro país?
5. ¿Cuáles crees que serían los principales retos (*challenges*) que enfrentarías como inmigrante en otro país?

3 **Los hispanos** En grupos pequeños, hagan una lista de tres inmigrantes hispanos famosos en los Estados Unidos y hablen de lo que saben sobre ellos. Basénse en estos puntos.

- de qué país provienen
- cómo son sus familias (¿están casados?, ¿tienen hijos?)
- en qué campo o disciplina se destacan
- qué contribución hacen a los Estados Unidos

¡SE NECESITAN
HISPANOS!
75%
2020
36,9 M
55,4 M
2014
2034
23%
2035
Informe periodístico de Jorge Ramos y Luis Megid

Escenas

TEMA: Un reportaje del Noticiero Univisión analiza la fuerza laboral que aportan los hispanos en los Estados Unidos, y sus proyecciones hacia el futuro.

JORGE RAMOS Y no se trata de una idea abstracta. Es la conclusión de un nuevo estudio preparado para Univisión por la empresa IHS.

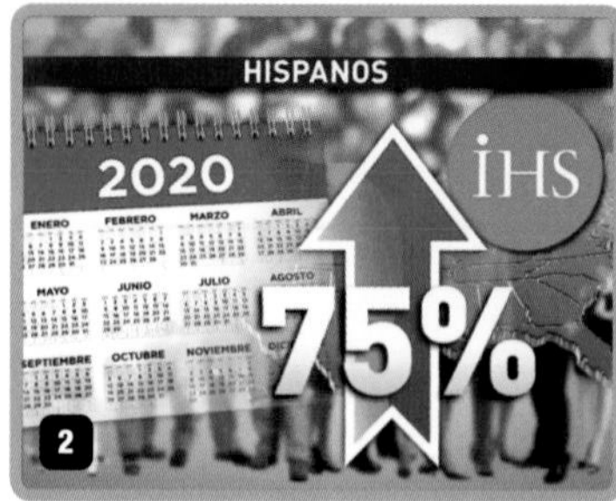

LUIS MEGID El impacto será todavía mayor a partir del 2020, cuando se calcula que ese porcentaje aumente al 75%.

LUIS MEGID Ese crecimiento está impulsado por° hijos de inmigrantes nacidos aquí.

LUIS MEGID El estudio proyecta que el número de hispanos que hablan español en casa subirá de casi 37 millones a más de 55 millones en los próximos veinte años.

LUIS MEGID Los autores dicen que altos niveles de inmigración promueven el crecimiento económico en el país.

BELINDA REYES Esos países [como Japón y algunas naciones europeas] tienen mucho miedo de que no va a haber crecimiento económico al nivel que tienen ahora.

impulsado por *driven by*

Después de ver el video

1 **¿Cierto o falso?** Indica si lo que afirman estas oraciones es **cierto** o **falso** según el informe de Univisión. Corrige las oraciones falsas.

1. El informe se basa en ideas abstractas del presentador, Jorge Ramos.
2. Los *baby boomers* generaron una enorme fuerza laboral después de la Segunda Guerra Mundial.
3. Los hispanos de los Estados Unidos están creciendo más que el resto de la población del país.
4. En los próximos veinte años, el 70% de los ciudadanos estadounidenses hablarán español.
5. La fuerza laboral en los Estados Unidos está cambiando en parte debido al envejecimiento de la población anglosajona.
6. Cada vez habrá menos estadounidenses que hablen español en sus casas.
7. Los altos niveles de inmigración afectan negativamente el crecimiento económico del país.
8. Según muchos expertos, la inmigración es necesaria en los países donde la fuerza laboral ha dejado de crecer.

2 **Comprensión** Contesten estas preguntas en parejas.

1. ¿Qué evento marca el inicio de la generación de los *baby boomers*?
2. ¿Qué está pasando con los *baby boomers* en este momento?
3. ¿Cómo afecta el envejecimiento de la población anglosajona el campo laboral del país?
4. ¿Cómo se da el crecimiento de la población hispana en los Estados Unidos?
5. ¿Qué deben hacer los políticos para mejorar la influencia de los hispanos en la economía de los Estados Unidos?
6. ¿Por qué piensan muchos expertos que harán falta más inmigrantes?

3 **Interpretación** En grupos pequeños, analicen la conclusión del informe. Comenten la opción que se presenta y discutan si están de acuerdo o no con ella.

> **“Según el estudio, Estados Unidos tiene una opción: mayor inmigración latinoamericana en la próxima década podría ser la sangre° nueva que el país necesita para seguir creciendo.”**

sangre *blood*

Mercado de flores, 1949
Diego Rivera, México

"Si te llega la inspiración que te encuentre trabajando."

— Pablo Picasso

Antes de leer

La abeja haragana

Sobre el autor

Horacio Quiroga nació en Salto, Uruguay, el 31 de diciembre de 1878. En su juventud, practicó ciclismo, fotografía, mecánica y carpintería. Fue un trabajador compulsivo y pionero de la escritura profesional. En 1898 se mudó a Argentina. Vivió en San Ignacio, Misiones, donde cultivaba orquídeas y vivía en estrecho (*close*) contacto con la naturaleza en la selva. Su interés por la literatura comenzó por la poesía y su primer libro fue *Los arrecifes de coral* (1901), al que siguieron, entre otros, *Cuentos de amor, de locura y de muerte* (1917), antología de relatos de estilo modernista, y la obra para niños *Cuentos de la selva* (1918), colección de relatos protagonizados por animales.

Vocabulario

la advertencia *warning*	**el descanso** *rest*	**la miel** *honey*
el aprendizaje *learning*	**la experiencia** *experience*	**el polen** *pollen*
la colmena *beehive*	**la fatiga** *weariness*	**trabajador(a)** *hard-working*
el deber *duty*	**haragán/haragana** *lazy*	**volar (o:ue)** *to fly*

El valor del trabajo Un abuelo le da consejos a su nieto sobre el valor del trabajo. Completa el párrafo con las palabras correctas.

La persona (1) ________ no llega a ningún lado en este mundo: se necesita mucho esfuerzo para lograr algo en la vida, sin hacerle caso a la (2) ________ que uno pueda sentir. El (3) ________ llegará después. Esta (4) ________ proviene de mi propia (5) ________. Es un largo (6) ________ que se hace durante toda la vida, pero, al final, la persona (7) ________ puede estar satisfecha de haber cumplido con su (8) ________.

Conexión personal ¿Crees que las cosas que se hacen con esfuerzo tienen más valor? ¿O es mejor cuando se obtienen por buena suerte o ingenio? ¿Qué te parece más justo? ¿Qué opinas de la expresión maquiavélica de que "el fin justifica los medios"?

Análisis literario: la fábula

La fábula es un breve relato que suele incluir una moraleja (*moral*) extraída de los eventos. La conducta de las personas se compara con el comportamiento típico de ciertos animales, que son los protagonistas de las fábulas y encarnan (*embody*) vicios y virtudes humanas. Por ejemplo: la hormiga (*ant*) representa la laboriosidad (*hard work*) y la previsión (*foresight*). ¿Qué virtudes representan estos animales?

la serpiente

el perro

el gato

el caballo

Horacio Quiroga

La abeja haragana

Había una vez en una colmena una abeja que no quería trabajar, es decir, recorría los árboles uno por uno para tomar el jugo de las flores; pero en vez de conservarlo para convertirlo en miel, se lo tomaba del todo.

Era, pues, una abeja haragana. Todas las mañanas, apenas el sol calentaba el aire, la abejita se asomaba° a la puerta de la colmena, veía que hacía buen tiempo, se peinaba con las patas, como hacen las moscas, y echaba entonces a volar, muy contenta del lindo día. Zumbaba° muerta de gusto de flor en flor, entraba en la colmena, volvía a salir, y así se lo pasaba todo el día mientras las otras abejas se mataban trabajando para llenar la colmena de miel, porque la miel es el alimento de las abejas recién nacidas°.

asomaba: stuck her head out
Zumbaba: She buzzed
recién nacidas: newborn

Como las abejas son muy serias, comenzaron a disgustarse con el proceder° de la hermana haragana. En la puerta de las colmenas hay siempre unas cuantas abejas que están de guardia° para cuidar que no entren bichos° en la colmena. Estas abejas suelen ser muy viejas, con gran experiencia de la vida y tienen el lomo° pelado° porque han perdido todos los pelos de rozar° contra la puerta de la colmena.

proceder: behavior
de guardia: on duty
bichos: bugs
lomo / pelado: back / hairless
rozar: brushing

Un día, pues, detuvieron a la abeja haragana cuando iba a entrar, diciéndole:

—Compañera: es necesario que trabajes, porque todas las abejas debemos trabajar.

La abejita contestó:

—Yo ando todo el día volando, y me canso mucho.

—No es cuestión de que te canses mucho

—respondieron—, sino de que trabajes un poco. Es la primera advertencia que te hacemos.

Y diciendo así la dejaron pasar.

Pero la abeja haragana no se corregía. De modo que a la tarde siguiente las abejas que estaban de guardia le dijeron:

—Hay que trabajar, hermana.

Y ella respondió en seguida:

—¡Uno de estos días lo voy a hacer!

—No es cuestión de que lo hagas uno de estos días —le respondieron— sino mañana mismo.

Y la dejaron pasar.

Al anochecer siguiente se repitió la misma cosa. Antes de que le dijeran nada, la abejita exclamó:

—¡Sí, sí hermanas! ¡Ya me acuerdo de lo que he prometido!

—No es cuestión de que te acuerdes de lo prometido —le respondieron—, sino de que trabajes. Hoy es 19 de abril. Pues bien: trata de que mañana, 20, hayas traído una gota° siquiera de miel. Y ahora, pasa.

Y diciendo esto, se apartaron para dejarla entrar.

Pero el 20 de abril pasó en vano como todos los demás. Con la diferencia de que al caer el sol el tiempo se descompuso y comenzó a soplar° un viento frío.

La abejita haragana voló apresurada° hacia su colmena, pensando en lo calentito que estaría allá dentro. Pero cuando quiso entrar, las abejas que estaban de guardia se lo impidieron.

—¡No se entra! —le dijeron fríamente.

—¡Yo quiero entrar! —clamó° la abejita—. Ésta es mi colmena.

—Ésta es la colmena de unas pobres abejas trabajadoras —le contestaron las otras—. No hay entrada para las haraganas.

—¡Mañana sin falta voy a trabajar! —insistió la abejita.

—No hay mañana para las que no trabajan —respondieron las abejas. Y esto diciendo la empujaron° afuera.

drop
to blow
in a hurry
cried out
pushed

La abejita, sin saber qué hacer, voló un rato aún; pero ya la noche caía y se veía apenas. Quiso cogerse° de una hoja°, y cayó al suelo. Tenía el cuerpo entumecido° por el aire frío, y no podía volar más.

Arrastrándose° entonces por el suelo, trepando° y bajando de los palitos° y piedritas°, que le parecían montañas, llegó a la puerta de la colmena, a tiempo que comenzaban a caer frías gotas de lluvia.

—¡Perdón!—gimió° la abeja—. ¡Déjenme entrar!

—Ya es tarde —le respondieron.

—¡Por favor, hermanas! ¡Tengo sueño!

—Es más tarde aún.

—¡Compañeras, por piedad! ¡Tengo frío!

—Imposible.

—¡Por última vez! ¡Me voy a morir! Entonces le dijeron:

—No, no morirás. Aprenderás en una sola noche lo que es el descanso ganado con el trabajo. Vete.

Y la echaron.

Entonces, temblando de frío, con las alas mojadas° y tropezando°, la abeja se arrastró, se arrastró hasta que de pronto rodó° por un agujero°; cayó rodando, mejor dicho, al fondo de una caverna°.

Creyó que no iba a concluir nunca de bajar. Al fin llegó al fondo, y se halló° bruscamente ante una víbora°, una culebra° verde de lomo color ladrillo°, que la miraba enroscada° y presta a lanzarse sobre° ella.

En verdad, aquella caverna era el hueco° de un árbol que habían trasplantado hacía tiempo, y que la culebra había elegido de guarida°.

Las culebras comen abejas, que les gustan mucho. Por esto la abejita, al encontrarse ante su enemiga°, murmuró cerrando los ojos:

—¡Adiós mi vida! Ésta es la última hora que yo veo la luz.

Pero con gran sorpresa suya, la culebra no solamente no la devoró sino que le dijo:

—¿Qué tal, abejita? No has de ser° muy

to hold on to/ leaf
numb
Crawling
climbing/ little sticks/ little stones
groaned
wet/stumbling
rolled
hole
cave
found herself
viper/snake
brick
curled up/ pounce on
hollow
lair
enemy
You must not be

trabajadora para estar aquí a estas horas.

—Es cierto —murmuró la abejita—. No trabajo, y yo tengo la culpa°.

I'm to blame

—Siendo así —agregó° la culebra, burlona°—, voy a quitar del mundo a un mal bicho como tú. Te voy a comer, abeja.

added
mockingly

—¡No es justo eso, no es justo! No es justo que usted me coma porque es más fuerte que yo. Los hombres saben lo que es justicia.

—¡Ah, ah! —exclamó la culebra, enroscándose° ligero°—. ¿Tú conoces bien a los hombres? ¿Tú crees que los hombres, que les quitan la miel a ustedes, son más justos, grandísima tonta?

coiling up/ swiftly

—No, no es por eso que nos quitan la miel —respondió la abeja.

—¿Y por qué, entonces?

—Porque son más inteligentes.

Así dijo la abejita. Pero la culebra se echó a reír, exclamando:

—¡Bueno! Con justicia o sin ella, te voy a comer; aprόntate°.

get ready

Y se echó atrás, para lanzarse sobre la abeja. Pero ésta exclamó:

—Usted hace eso porque es menos inteligente que yo.

—Pues bien —dijo la culebra—, vamos a verlo. Vamos a hacer dos pruebas. La que haga la prueba más rara, ésa gana. Si gano yo, te como.

—¿Y si gano yo? —preguntó la abejita.

—Si ganas tú —repuso su enemiga—, tienes el derecho de pasar la noche aquí, hasta que sea de día. ¿Te conviene°?

Does that work for you?

—Aceptado —contestó la abeja.

La culebra se echó a reír de nuevo, porque se le había ocurrido una cosa que jamás podría hacer una abeja. Y he aquí lo que hizo:

Salió un instante afuera, tan velozmente que la abeja no tuvo tiempo de nada. Y volvió trayendo una cápsula de semillas° de eucalipto, de un eucalipto que estaba al lado de la colmena y que le daba sombra.

seed pod

Los muchachos hacen bailar como trompos° esas cápsulas, y les llaman trompitos de eucalipto.

spinning tops

—Esto es lo que voy a hacer —dijo la culebra—. ¡Fíjate bien, atención!

Y arrollando° vivamente la cola alrededor del trompito como un piolín° la desenvolvió a toda velocidad, con tanta rapidez que el trompito quedó bailando y zumbando como un loco.

coiling up
string

La culebra reía, y con mucha razón, porque jamás una abeja ha hecho ni podrá hacer bailar a un trompito. Pero cuando el trompito, que se había quedado dormido zumbando, como les pasa a los trompos de naranjo, cayó por fin al suelo, la abeja dijo:

—Esa prueba es muy linda, y yo nunca podré hacer eso.

—Entonces, te como —exclamó la culebra.

—¡Un momento! Yo no puedo hacer eso; pero hago una cosa que nadie hace.

—¿Qué es eso?

—Desaparecer.

—¿Cómo? —exclamó la culebra, dando un salto de sorpresa—. ¿Desaparecer sin salir de aquí?

—Sin salir de aquí.

—Pues bien, ¡hazlo! Y si no lo haces, te como en seguida —dijo la culebra.

El caso es que mientras el trompito bailaba, la abeja había tenido tiempo de examinar la caverna y había visto una plantita que crecía allí. Era un arbustillo°, casi un yuyito°, con grandes hojas del tamaño de una moneda de dos centavos.

shrub
weed

La abeja se arrimó° a la plantita, teniendo cuidado de no tocarla, y dijo así:

came closer to

—Ahora me toca a mí, señora Culebra. Me va a hacer el favor de darse vuelta, y contar hasta tres. Cuando diga "tres" búsqueme por todas partes, ¡ya no estaré más!

Y así pasó, en efecto. La culebra dijo rápidamente: "uno..., dos..., tres", y se volvió y abrió la boca cuan grande era, de sorpresa: allí no había nadie. Miró arriba, abajo, a todos lados, recorrió los rincones°, la plantita, tanteó° todo con la lengua. Inútil: la abeja había desaparecido.

corners
she felt out

La culebra comprendió entonces que si su

prueba del trompito era muy buena, la prueba de la abeja era simplemente extraordinaria. ¿Qué se había hecho? ¿Dónde estaba?

Una voz que apenas se oía —la voz de la abejita— salió del medio de la cueva.

—¿No me vas a hacer nada? —dijo la voz—. ¿Puedo contar con tu juramento?

—Sí —respondió la culebra—. Te lo juro. ¿Dónde estás?

—Aquí —respondió la abejita, apareciendo súbitamente° de entre una hoja cerrada de la plantita.

¿Qué había pasado? Una cosa muy sencilla: la plantita en cuestión era una sensitiva°, muy común también en Buenos Aires, y que tiene la particularidad de que sus hojas se cierran al menor contacto. Solamente que esta aventura pasaba en Misiones°, donde la vegetación es muy rica, y por lo tanto muy grandes las hojas de las sensitivas. De aquí que al contacto de la abeja, las hojas se cerraron, ocultando° completamente al insecto.

La inteligencia de la culebra no había alcanzado nunca a darse cuenta de este fenómeno; pero la abeja lo había observado, y se aprovechaba de él para salvar su vida.

La culebra no dijo nada, pero quedó muy irritada con su derrota°, tanto que la abeja pasó toda la noche recordando a su enemiga la promesa que había hecho de respetarla.

Fue una noche larga, interminable, que las dos pasaron arrimadas contra° la pared más alta de la caverna, porque la tormenta se había desencadenado°, y el agua entraba como un río adentro.

Hacía mucho frío, además, y adentro reinaba la oscuridad más completa. De cuando en cuando la culebra sentía impulsos de lanzarse sobre la abeja, y ésta creía entonces llegado el término de su vida.

suddenly
mimosa pudica or sensitive plant
province in Argentina
hiding
defeat
pushed up against
had broken out

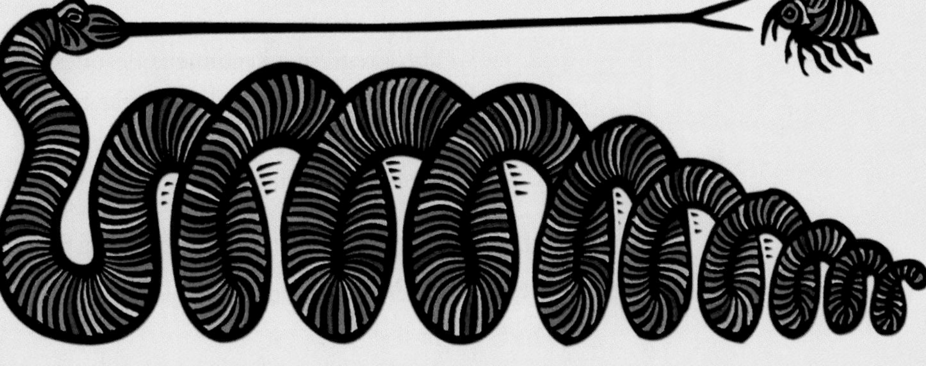

Nunca jamás creyó la abejita que una noche podría ser tan fría, tan larga, tan horrible. Recordaba su vida anterior, durmiendo noche tras noche en la colmena, bien calentita, y lloraba entonces en silencio.

Cuando llegó el día, y salió el sol, porque el tiempo se había compuesto, la abejita voló y lloró otra vez en silencio ante la puerta de la colmena hecha por el esfuerzo° de la familia. Las abejas de guardia la dejaron pasar sin decirle nada, porque comprendieron que la que volvía no era la paseandera° haragana, sino una abeja que había hecho en sólo una noche un duro aprendizaje de la vida.

Así fue, en efecto. En adelante, ninguna como ella recogió tanto polen ni fabricó tanta miel. Y cuando el otoño llegó, y llegó también el término de sus días, tuvo aún tiempo de dar una última lección antes de morir a las jóvenes abejas que la rodeaban°:

—No es nuestra inteligencia, sino nuestro trabajo quien nos hace tan fuertes. Yo usé una sola vez mi inteligencia, y fue para salvar mi vida. No habría necesitado de ese esfuerzo, si hubiera trabajado como todas. Me he cansado tanto volando de aquí para allá, como trabajando. Lo que me faltaba era la noción del deber, que adquirí aquella noche.

Trabajen, compañeras, pensando que el fin a que tienden° nuestros esfuerzos —la felicidad de todos— es muy superior a la fatiga de cada uno. A esto los hombres llaman ideal, y tienen razón. No hay otra filosofía en la vida de un hombre y de una abeja. ■

effort
wanderer
surrounded her
work towards

Después de leer

La abeja haragana

Horacio Quiroga

1 **Comprensión** Enumera los acontecimientos en el orden en que aparecen en el cuento.

___ a. La abeja haragana gana la prueba.
_1_ b. Las guardianas dejan que la abeja haragana entre en la colmena, pero le advierten que será la última vez.
___ c. Una culebra le anuncia que la va a devorar.
___ d. Las guardianas dejan pasar a la abeja que ya no es haragana.
___ e. La abeja promete cambiar, pero no lo cumple.
___ f. La culebra hace su prueba con éxito.
___ g. La abeja regresa a la colmena después de pasar la noche fuera.
___ h. Las guardianas le prohíben entrar en la colmena.
___ i. La culebra le propone hacer dos pruebas.
___ j. La abeja cae por un hueco dentro de una caverna.

2 **Análisis** Lee el relato nuevamente y responde las preguntas.

1. ¿Qué características podrías señalar de la abeja haragana? ¿En qué se diferenciaba de las otras abejas?
2. ¿Qué te parece que puede representar la víbora?
3. En el relato, ¿qué es lo que salva a la abeja de la víbora?
4. ¿Cuál es la moraleja de la fábula?

3 **Interpretación** En parejas, respondan las preguntas.

1. En el relato se contraponen claramente dos lugares: la colmena y el exterior. ¿Puedes encontrar una palabra que caracterice a cada uno?
2. Las guardianas advierten a la abeja varias veces antes de impedirle la entrada. ¿Te parece bien lo que hacen? ¿Crees que tienen razón?
3. ¿Por qué es tan importante que todas colaboren con la tarea de recoger el polen? ¿Para qué sirve la miel que hacen las abejas? ¿Qué sentido tiene eso para la comunidad?
4. ¿Qué crees que hizo recapacitar a la abeja haragana?
5. ¿Estás de acuerdo con la moraleja de la fábula?
6. ¿Te parece que la abeja fue feliz al aceptar las reglas de la colmena?

4 **Tu propia fábula** Elige una de las comparaciones de la lista y escribe una fábula breve sobre el animal y la cualidad o vicio. Si lo prefieres, puedes elegir otro animal y otra cualidad o vicio. No olvides concluir el relato con una moraleja.

- inocente como un cordero (*lamb*)
- fuerte como un león
- astuto (*sly*) como un zorro (*fox*)
- terco (*stubborn*) como una mula

Antes de leer

Vocabulario

apoyar *to support*	**cumplir** *to fulfill*
los bajos recursos *low-income*	**la instrucción** *education*
la belleza *beauty*	**luchar** *to fight*
la clave *key*	**la red** *network*
conseguir *to obtain*	**tocar** *to play*

Oraciones incompletas Completa las oraciones con las palabras adecuadas.

1. Las personas de ____________ tienen dificultades económicas.
2. Es necesario ____________ a los niños que quieren aprender música.
3. La ____________ musical es muy importante para desarrollar la inteligencia.
4. Los idealistas creen que se puede ____________ lo imposible.
5. La ____________ para cumplir los sueños es la perseverancia.
6. Se sabe que ____________ un instrumento musical mejora la memoria.

Conexión personal Contesta las siguientes preguntas.

1. ¿A qué jugabas cuando eras niño/a?
2. ¿Qué querías ser de mayor cuando eras pequeño/a?
3. ¿Crees que cuando eras niño/a tuviste todas las oportunidades que necesitabas?¿Por qué?
4. ¿Alguna vez hiciste algo especial para ayudar a los demás? ¿Qué hiciste?
5. ¿Hay alguna persona que haya influido en tu educación? ¿Quién fue? ¿Qué aprendiste de esa persona?
6. ¿Qué sueño te gustaría alcanzar en los próximos diez años?

Contexto cultural

José Antonio Abreu

"¿Por qué concentrar en una clase [social] el privilegio de tocar a Mozart o a Beethoven?" pregunta el filántropo venezolano **José Antonio Abreu**. Su experiencia como músico y como economista, y su energía vital han sido claves para el desarrollo de "El Sistema", un programa de instrucción musical especialmente pensado para niños de bajos recursos. Desde 1975 ha habido una docena de gobiernos en Venezuela y todos ellos han apoyado este proyecto. Hay cientos de orquestas infantiles y juveniles, además de coros y escuelas de música en todo el país, que admiten más de 500.000 niños de entre 2 y 18 años. En un país polarizado por la política y las diferencias socioeconómicas, todo el mundo apoya "El Sistema".

Gustavo Dudamel:
la estrella de "El Sistema"

Al director de la Orquesta Filarmónica de Los Ángeles, Gustavo Dudamel, se le iluminan los ojos cuando recuerda el momento en que la música dejó de ser sólo un juego. "De pronto se convierte en algo mucho más profundo", dice este venezolano alegre y carismático. La experiencia que marcó su vida y su carrera fue su paso por "El Sistema", un programa de instrucción musical para niños desfavorecidos° fundado en Venezuela en 1975, y que se extiende por todo el mundo. Su fundador, José Antonio Abreu, considera a Dudamel "un ejemplo insuperable para la juventud musical de América Latina y del mundo". Él es la estrella de "El Sistema".

disadvantaged

De niño, Gustavo Dudamel quería tocar el trombón en una banda de salsa, como su padre. "Tenía los brazos muy cortos para el trombón", dice. "Así que empecé a tocar el violín". Lo aprendió a tocar en una de las escuelas de "El Sistema", dónde se convirtió en un auténtico virtuoso de este instrumento. Pero todavía no había descubierto su verdadera vocación musical. Su oportunidad no tardaría en llegar. Cuando sólo tenía 12 años, el retraso° del director de un ensayo en la orquesta juvenil de Barquisimeto le dio la oportunidad de dejar su violín y tomar la batuta° para hacer reír a sus compañeros con imitaciones de directores conocidos; lo hizo tan bien que meses después se convirtió en el director asistente de la orquesta. A los 16 años dirigía la Orquesta Sinfónica Simón Bolívar y la Orquesta Nacional de la Juventud de Venezuela, y a los 23 ganó el concurso Gustav Mahler para directores menores de 35 años. "Siempre supe que Gustavo era un talento superlativo", afirma José Antonio Abreu, su mentor.

delay · *baton*

Por su estilo exuberante y su energía en el escenario se le comparó con Leonard Bernstein. Su fama y su talento lo llevaron, con tan sólo 26 años, a ser nombrado Director de la Orquesta Filarmónica de Los Ángeles. Hoy viaja por todo el mundo y se ha convertido en el director joven más famoso del escenario internacional, pero afirma que no puede imaginar su vida sin "El Sistema". ¿La razón? Hay mucho más que música en lo que hace. Para Dudamel, en sintonía con° la idea de Abreu y el lema° de "El Sistema", "Tocar, cantar y luchar", una orquesta es una metáfora de una sociedad ideal en la que todos sus miembros ocupan un lugar único.

in tune with · *motto*

"El talento musical no sirve° sin disciplina, y los músicos deben sentir pasión por lo que hacen", dice Dudamel.

has little value

Los niños comienzan desde muy pequeños su instrucción en "El Sistema", y allí aprenden todo junto con la música, buscando la armonía común. La gran mayoría de esos niños proviene° de zonas de bajos recursos. El programa no sólo consigue mantenerlos alejados° de la calle, también genera en ellos sentido de autoestima y trabajo en equipo°. Se estima° que cada niño que participa en el programa influye en la vida de tres adultos. Considerando que más de dos millones de niños han pasado por las orquestas de "El Sistema", la red formada por la música resulta verdaderamente "milagrosa", como muchos la califican. Esa es la clave que Dudamel encontró para poder cumplir los sueños. "No hay nada más importante que tener acceso a la belleza", afirma con una gran sonrisa. Porque la inspiración es contagiosa. ■

comes from · *far from* · *teamwork* · *It's estimated*

Muchos de los graduados de "El Sistema" se han convertido en músicos de fama internacional; otros son hoy abogados, maestros, ingenieros. Para todos ha sido fundamental compartir algo tan poderoso como la música, en la red iniciada por Abreu.

El éxito ha hecho de "El Sistema" un modelo imitado en aproximadamente 55 países, desde Canadá y Reino Unido, hasta India, El Salvador y muchos otros. Apoyados por el trabajo de voluntarios y con aportes de organizaciones nacionales, donantes privados, fundaciones y programas de becas, estos proyectos continúan la idea original de Abreu: "El Sistema" es, siempre y en primer lugar, una organización social, y la música, su medio para unir, incluir y educar.

Después de leer

Gustavo Dudamel: la estrella de "El Sistema"

1 **Comprensión** Contesta las preguntas con oraciones completas.

1. ¿Por qué Gustavo Dudamel quería tocar el trombón?
2. ¿Cuál fue el primer instrumento que tocó Gustavo Dudamel?
3. ¿De qué trabaja actualmente Dudamel?
4. Según Dudamel, ¿qué debe tener un músico además de talento?
5. Además de la instrucción musical, ¿qué otras cosas aprenden los niños en "El Sistema"?
6. ¿Qué es lo más importante para Dudamel?

2 **Interpretación** Contesta las preguntas con oraciones completas.

1. ¿De qué manera ayuda "El Sistema" a los niños que participan en él?
2. ¿En qué sentido piensas que Dudamel puede ser un "talento superlativo"?
3. ¿Qué clase de beneficios genera "El Sistema"?
4. ¿Por qué piensas que se ha calificado a "El Sistema" como "milagroso"?
5. ¿Con qué compara la orquesta Dudamel? ¿Te parece apropiada la comparación? ¿Por qué?
6. ¿Qué significa para ti el lema "tocar, cantar y luchar"?

3 **Proyecto social** En grupos, creen un proyecto social. Desarrollen una propuesta para que una empresa privada les ayude a financiarlo teniendo en cuenta los puntos sugeridos. Después, presenten las propuestas a la clase.

- breve definición del problema
- personas u organizaciones a las que van a ayudar
- propuesta de actividad; cómo van a ayudar
- empresa o institución a la que dirigen la propuesta y razones de la elección
- elementos necesarios para llevarla a cabo
- un lema que identifique el objetivo y el espíritu de la propuesta

4 **Discusión** Para Gustavo Dudamel, el aprendizaje de la música ayuda a crear valores. En grupos, comenten si están de acuerdo con esta idea y si creen que el arte contribuye a crear mejores ciudadanos.

5 **Ampliación** El modelo de instrucción creado por José Antonio Abreu utiliza la enseñanza y la práctica de la música como instrumentos de transformación social y de desarrollo humano. En grupos, comenten cuáles creen qué serían las transformaciones que puede producir la música en las sociedades.

6 **Un poco de música** Busca información en Internet sobre Gustavo Dudamel. Después, escucha alguna de las obras musicales que dirige y prepara una presentación para la clase.

Atando cabos

¡A conversar!

Proyecto publicitario

A. Formen grupos de cuatro. Imaginen que deben presentar un proyecto publicitario al directorio de una empresa. Elijan uno de estos proyectos.

- camisas que nunca se arrugan
- un programa para aprender a hablar español mientras duermes
- un servicio para encontrar compañeros de estudio por Internet
- una peluquería (*hair salon*) para personas y animales

B. Para preparar el proyecto, respondan a estas preguntas.

1. ¿Qué quieren vender con su publicidad?
2. ¿Cómo son las personas que comprarían el producto o servicio? ¿Qué edad tienen? ¿De qué sexo son? ¿Qué cosas les gustan?
3. ¿Qué tipo(s) de publicidad harían (afiches, en radio, en televisión, en Internet)?
4. ¿Qué necesitarían para hacer la publicidad?
5. ¿Cuál será el eslogan del producto o servicio?

C. Preparen la presentación de su proyecto para el resto de la clase. Decidan quién presentará cada punto. Practiquen la presentación varias veces. Pueden usar elementos visuales como ayuda (afiches, etc.). Para ordenar su presentación, pueden utilizar estas expresiones:

- Este proyecto es para...
- Sabemos que el público...
- Por eso hemos decidido...
- En primer / segundo lugar...
- Además / También / Igualmente...
- Finalmente / Por último...

D. Presenten el proyecto. Expongan las razones de lo que han decidido hacer. Sus compañeros pueden hacerles preguntas sobre el proyecto.

E. Cuando cada grupo haya terminado su presentación, voten para elegir la mejor idea publicitaria.

¡A escribir!

Pasantía de verano Imagina que quieres solicitar un puesto para una pasantía (*internship*) de verano en una de las empresas de la actividad anterior. Escribe una carta de tres párrafos para solicitar un puesto como pasante de verano. Usa cláusulas con **si** en tu carta.

- Primer párrafo: explica por qué estás escribiendo.
- Segundo párrafo: da detalles sobre tus estudios y experiencia laboral.
- Tercer párrafo: explica por qué crees que eres el/la mejor candidato/a para el puesto.

2 VOCABULARIO

El trabajo

el aumento de sueldo	*pay raise*
la compañía	*company*
la conferencia	*conference*
el contrato	*contract*
el currículum (vitae)	*résumé*
el empleo	*employment*
la entrevista de trabajo	*job interview*
el puesto	*position*
la reunión	*meeting*
el sueldo mínimo	*minimum wage*
administrar	*to manage; to run*
ascender (e:ie)	*to rise; to be promoted*
contratar	*to hire*
despedir (e:i)	*to fire*
exigir	*to demand*
ganar bien/mal	*to be well/poorly paid*
ganarse la vida	*to make a living*
jubilarse	*to retire*
renunciar	*to quit*
solicitar	*to apply for*
(des)empleado/a	*(un) employed*
exitoso/a	*successful*
(in)capaz	*(in) competent*

Las finanzas

el ahorro	*savings*
la bancarrota	*bankruptcy*
el cajero automático	*ATM*
la cuenta corriente	*checking account*
la cuenta de ahorros	*savings account*
la deuda	*debt*
la hipoteca	*mortgage*
el presupuesto	*budget*
ahorrar	*to save*
cobrar	*to charge; to cash*
depositar	*to deposit*
financiar	*to finance*
gastar	*to spend*
invertir (e:ie)	*to invest*
pedir (e:i) prestado/a	*to borrow*
prestar	*to lend*
a corto/largo plazo	*short/long-term*
fijo/a	*permanent; fixed*
financiero/a	*financial*

La economía

la bolsa (de valores)	*stock market*
el comercio	*trade*
el desempleo	*unemployment*
la empresa multinacional	*multinational company*
la huelga	*strike*
el impuesto (de ventas)	*(sales) tax*
la inversión (extranjera)	*(foreign) investment*
el mercado	*market*
la pobreza	*poverty*
la riqueza	*wealth*
el sindicato	*labor union*
exportar	*to export*
importar	*to import*

La gente en el trabajo

el/la asesor(a)	*consultant*
el/la contador(a)	*accountant*
el/la dueño/a	*owner*
el/la ejecutivo/a	*executive*
el/la empleado/a	*employee*
el/la gerente	*manager*
el hombre/la mujer de negocios	*businessman/woman*
el/la socio/a	*business partner; member*
el/la vendedor(a)	*salesperson*

Más vocabulario

Expresiones útiles	*Ver p. 57*
Estructura	*Ver pp. 64–65, 68–69, y 72–73*

En pantalla

el campo laboral	*labor market*
el envejecimiento	*aging*
la fuerza laboral	*workforce*
el sinnúmero	*countless*
estancar	*to stall*
ponerse de acuerdo	*to agree*
quedarse sin	*to run out of*
vertiginosamente	*dramatically, rapidly*

Literatura

la advertencia	*warning*
el aprendizaje	*learning*
la colmena	*beehive*
el deber	*duty*
el descanso	*rest*
la experiencia	*experience*
la fatiga	*weariness*
la miel	*honey*
el polen	*pollen*
volar (o:ue)	*to fly*
haragán/haragana	*lazy*
trabajador(a)	*hard-working*

Cultura

los bajos recursos	*low-income*
la belleza	*beauty*
la clave	*key*
la instrucción	*education*
la red	*network*
apoyar	*to support*
conseguir	*to obtain*
cumplir	*to fulfill*
luchar	*to fight*
tocar	*to play*

La cultura popular y los medios de comunicación

3

Communicative Goals

You will expand your ability to…
- express will, emotion, doubt, or denial in the past
- express uncertainty, indefiniteness, condition, and intent in the past
- create longer, more informative sentences
- reference general ideas

La cultura popular y **los medios de comunicación**

La televisión, la radio y el cine

La **locutora** anunció a los **oyentes** de la **radioemisora** que iba a presentar una canción de la **banda sonora** del nuevo éxito de Almodóvar.

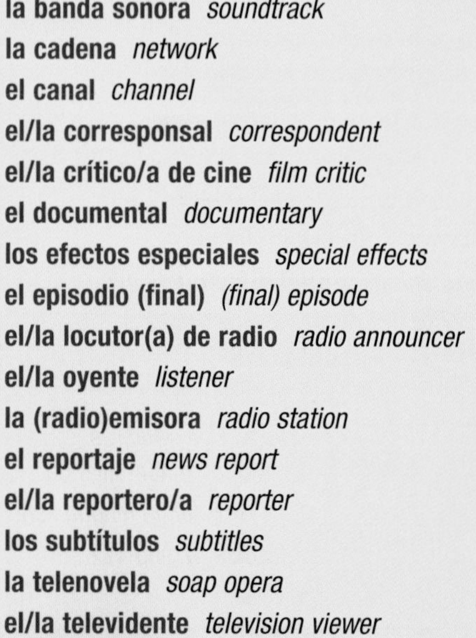

la banda sonora *soundtrack*
la cadena *network*
el canal *channel*
el/la corresponsal *correspondent*
el/la crítico/a de cine *film critic*
el documental *documentary*
los efectos especiales *special effects*
el episodio (final) *(final) episode*
el/la locutor(a) de radio *radio announcer*
el/la oyente *listener*
la (radio)emisora *radio station*
el reportaje *news report*
el/la reportero/a *reporter*
los subtítulos *subtitles*
la telenovela *soap opera*
el/la televidente *television viewer*

la temporada *season*
el video musical *music video*

---

grabar *to record*
rodar (o:ue) *to film*
transmitir *to broadcast*

---

doblado/a *dubbed*
en directo/vivo *live*

La cultura popular

la celebridad *celebrity*
el chisme *gossip*
la estrella (pop) *(pop) star [m/f]*
la fama *fame*
la moda pasajera *fad*
la tendencia/la moda *trend*

---

hacerse famoso/a *to become famous*
tener buena/mala fama *to have a good/bad reputation*

---

actual *current*
de moda *popular; in fashion*
influyente *influential*
pasado/a de moda *unfashionable; outdated*

Los medios de comunicación

el acontecimiento *event*
la actualidad *current events*
el anuncio *advertisement; commercial*
la censura *censorship*
la libertad de prensa *freedom of the press*
los medios de comunicación *media*
la parcialidad *bias*
la publicidad *advertising*
el público *public; audience*

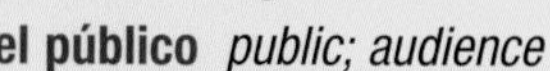

enterarse (de) *to become informed (about)*
estar al tanto/al día *to be informed; to be up-to-date*

---

actualizado/a *updated*
controvertido/a *controversial*
de último momento *up-to-the-minute*
destacado/a *prominent*
(im)parcial *(un)biased*

La prensa

María lee el **periódico** todas las mañanas. Prefiere leer primero los **titulares** de la **portada** y las **tiras cómicas**. Después lee las **noticias internacionales**.

el/la lector(a) *reader*
las noticias locales/nacionales/internacionales *local/national/international news*
el periódico/el diario *newspaper*
el/la periodista *journalist*

El Mundo
El Presidente denuncia terrorismo
Ex líder robó fondos secretos

la portada *front page; cover*
la prensa *press*
la prensa sensacionalista *tabloid(s)*
el/la redactor(a) *editor*
la revista (electrónica) *(online) magazine*
la sección de sociedad *lifestyle section*
la sección deportiva *sports section*
la tira cómica *comic strip*
el titular *headline*

imprimir *to print*
publicar *to publish*
suscribirse (a) *to subscribe (to)*

Variación léxica

prensa sensacionalista ←→ *prensa amarilla*
rodar ←→ *filmar*
los chismes ←→ *el cotilleo*

Práctica

1 Escuchar

A. La famosa periodista Laura Arcos está esperando la llegada de famosos al Teatro Nacional, donde se van a entregar unos premios. Escucha lo que dice Laura y después elige la opción correcta.

1. a. Es un programa de radio.
   b. Es un programa de televisión.
2. a. Se van a entregar premios al mejor teatro hispano.
   b. Se van a entregar premios al mejor cine hispano.
3. a. El programa se grabó la noche anterior.
   b. El programa se transmite en directo.
4. a. Augusto Ríos es un reportero de la sección de sociedad.
   b. Augusto Ríos es un famoso crítico de cine.
5. a. Augusto Ríos no sabe mucho de moda.
   b. Augusto Ríos está al tanto de la última moda.

B. Laura Arcos entrevista a la actriz Ángela Vera. Escucha su conversación y después contesta las preguntas.

1. ¿Es importante para la actriz Ángela Vera seguir las tendencias de la moda?
2. ¿Ha tenido buenas críticas su última película?
3. ¿Es el director de la película una celebridad?
4. ¿A qué género pertenecía la primera película de Juan Izaguirre y de qué se trataba?

2 Analogías Completa cada analogía.

actual	**destacado**	**imprimir**
chisme	**emisora**	**lector**

1. radio: oyente :: revista : ______
2. televisión : cadena :: radio : ______
3. parcialidad : parcial :: actualidad : ______
4. periódico : noticia :: prensa sensacionalista : ______
5. cine : rodar :: prensa : ______
6. influyente : importante :: prominente : ______

Práctica

3 **Definiciones** Indica qué palabras corresponden a cada definición.

____ 1. Dice si una película es buena o no.	a. crítico de cine
____ 2. Escucha la radio.	b. estrella pop
____ 3. Habla en la radio.	c. lector
____ 4. Se suscribe a sus revistas y periódicos favoritos.	d. locutor
____ 5. Aparece en videos musicales y en conciertos.	e. oyente
____ 6. Revisa artículos y mejora la calidad de la revista.	f. redactor

4 **El acontecimiento del año** Completa el texto con las palabras correctas de la lista.

acontecimiento	**destacado**	**mala fama**	**sensacionalista**
anuncios	**enterarme**	**periodista**	**tira cómica**
cadena	**estrella**	**público**	**transmitieron**

No quise perderme el (1) __________ del año y al final me lo perdí. La (2) __________ de cine asistió al estreno de su última película y una (3) __________ famosa la entrevistó. Fotógrafos de buena y (4) __________ sacaban fotos para venderlas a las revistas de prensa (5) __________. Algunos reporteros entrevistaban a un (6) __________ crítico de cine. El (7) __________ se entretenía viendo escenas de la película en una pantalla gigante. Varios canales de televisión (8) __________ el acontecimiento en directo. Al final, no sé qué pasó. Cambié de canal durante los (9) __________ y me dormí. Mañana voy a leer la sección de sociedad para (10) __________ de todos los detalles.

5 **Los medios de comunicación** Di si estás de acuerdo o no con cada afirmación. Después, comparte tus opiniones con la clase.

	Sí	No
1. Hoy día es más fácil enterarse de lo que pasa en el mundo.	☐	☐
2. Gracias a los medios de comunicación, la gente tiene menos prejuicios que antes.	☐	☐
3. La libertad de prensa es un mito.	☐	☐
4. La publicidad quiere entretener al público.	☐	☐
5. El único objetivo de la prensa sensacionalista es informar.	☐	☐
6. Gracias a Internet, es fácil encontrar información imparcial.	☐	☐
7. La imagen tiene mucho poder en el mundo de la comunicación.	☐	☐
8. Hoy día los reporteros son vendedores de opiniones.	☐	☐
9. Tenemos demasiada información. Es imposible asimilarla.	☐	☐
10. El mundo ha mejorado gracias a los medios de comunicación.	☐	☐

Comunicación

6 **Preguntas** En parejas, háganse las preguntas y comparen sus intereses y opiniones.

1. Si pudieras, ¿trabajarías en una serie de televisión?
2. Si fueras corresponsal político/a, ¿crees que serías imparcial?
3. ¿Crees que la censura de la prensa es necesaria en algunas ocasiones? ¿Por qué?
4. ¿Qué periodista piensas que crea más polémica? ¿Por qué?
5. ¿Te interesa leer noticias de actualidad? ¿Por qué?
6. ¿Qué secciones del periódico te interesan más? ¿Cuáles son tus programas favoritos de radio y televisión?
7. ¿Cuáles son las características de un buen locutor? ¿Es mejor si entretiene al público o si habla lo mínimo posible?
8. ¿Te interesan más las noticias locales, nacionales o internacionales? ¿Por qué?
9. Cuando ves una película, ¿qué te importa más: la trama (*plot*), la actuación, los efectos especiales o la banda sonora?
10. Si pudieras suscribirte gratis a cinco revistas, ¿cuáles escogerías? ¿Por qué?

7 **Escritores**

A. En parejas, escriban por lo menos tres oraciones que podrían aparecer en cada uno de estos medios.

- la portada de un periódico
- el episodio final de una comedia
- un documental
- un controvertido *talk show* de radio
- un artículo de una revista sensacionalista
- una tira cómica

B. Ahora, lean sus oraciones a otra pareja y traten de adivinar el medio en el que aparece cada oración.

8 **Nueva revista** En grupos de tres, imaginen que trabajan en una agencia de publicidad y los han contratado para anunciar una revista que va a salir al mercado. Hagan el anuncio y después compártanlo con la clase. Usen las preguntas como guía.

- ¿Cuál es el nombre?
- ¿Qué tiene de especial?
- ¿Qué secciones va a tener?
- ¿A qué tipo de lectores se dirige?
- ¿Cómo son los periodistas y reporteros que van a trabajar en ella?
- ¿Cada cuánto tiempo sale un nuevo número?
- ¿Cuánto cuesta?

Fabiola consigue su primer papel como doble de una estrella de telenovelas.

JOHNNY ¿Qué tal te fue?

FABIOLA Bien.

AGUAYO ¿Es todo lo que tienes que decir de una entrevista con Patricia Montero, la gran actriz de telenovelas? Pensé que estarías más emocionada.

FABIOLA Lo estoy. Tengo que hacer mi gran escena en la telenovela y quiero concentrarme.

AGUAYO Y JOHNNY ¿Qué?

FABIOLA Al terminar la entrevista, cuando salí del camerino, un señor me preguntó si yo era la doble de Patricia Montero.

MARIELA ¿Y qué le dijiste?

FABIOLA Dije, bueno... sí.

AGUAYO ¡No puedo creer que hayas hecho eso!

FABIOLA Fue una de esas situaciones en las que uno, aunque realmente no quiera, tiene que mentir.

ÉRIC Y, ¿qué pasó después?

FABIOLA Me dio estos papeles.

JOHNNY ¡Es el guión de la telenovela!

FABIOLA Mañana tengo que estar muy temprano en el canal, lista para grabar.

JOHNNY ¡Aquí hay escenas bien interesantes!

Más tarde, ensayando la escena...

FABIOLA Éric será el director.

JOHNNY ¿Por qué no puedo ser yo el director?

ÉRIC No tienes los juguetitos.

FABIOLA Tú serás Fernando y Mariela será Carla.

ÉRIC Comencemos. Página tres. La escena en donde Valeria sorprende a Fernando con Carla. Tú estarás aquí y tú aquí. (*Los separa.*)

JOHNNY ¿Qué? ¿No sabes leer? (*Lee.*) "Sorprende a Fernando en los *brazos* de Carla". (*Se abrazan.*)

ÉRIC Está bien. Fabiola, llegarás por aquí y los sorprenderás. ¿Listos? ¡Acción!

FABIOLA ¡Fernando Javier! Tendrás que decidir. ¡O estás con ella o estás conmigo!

JOHNNY ¡Valeria...! (*Pausa.*)

JOHNNY (*Continúa.*) Ni la amo a ella, ni te amo a ti... (*Diana entra.*) Las amo a las dos.

Diana se queda horrorizada.

Personajes

AGUAYO

DIANA

ÉRIC

FABIOLA

JOHNNY

MARIELA

4

AGUAYO (*Lee.*) "Valeria entra a la habitación y sorprende a Fernando en brazos de…" ¿Carla? (*Pausa.*)

AGUAYO (*Continúa.*) "Sorprende a Fernando en brazos de Carla." ¡Lo sabía! Sabía que el muy idiota la engañaría con esa estúpida. Ni siquiera es lo suficientemente hombre para…

Aguayo se va. Los demás se quedan sorprendidos.

5

AGUAYO Me alegro que hayas conseguido ese papel. El otro día pasé frente al televisor y vi un pedacito. Mi esposa no se la pierde.

FABIOLA Hablando de eso, quería pedirle permiso para tomarme el resto del día libre. Necesito ensayar las escenas de mañana.

AGUAYO Las puedes practicar en la oficina. A los chicos les encanta ese asunto de las telenovelas.

9

FABIOLA (*Explica la situación.*) Y por eso estamos ensayando mis escenas.

DIANA Gracias a Dios… pero yo creo que están confundidos. Los dobles no tienen líneas. Sólo hacen las escenas en donde la estrella está en peligro.

MARIELA Cierto. (*Lee.*) Página seis: "Valeria salta por la ventana".

10

Más tarde…

ÉRIC ¡Acción!

FABIOLA Sé que decidieron casarse. Espero que se hayan divertido a mis espaldas. Adiós, mundo cruel. (*Grita, pero no salta.*) ¡Aaahhhggg!

ÉRIC Muy bien. Ahora, ¡salta!

FABIOLA Ni loca. Primero, mi maquillaje.

Expresiones útiles

Referring to general ideas and concepts

¡Lo sabía!
I knew it!

¿Es todo lo que tienes que decir?
Is that all you have to say?

Lo difícil/interesante/triste es...
The hard/interesting/sad thing is...

¡No puedo creer que hayas hecho eso!
I can't believe what you've done!

Les encanta ese asunto de las telenovelas.
They love all that soap opera stuff.

Introducing an idea or opinion

Hablando de eso…
Speaking of that . . .

Ahora que lo dices…
Now that you mention it . . .

Estando yo en tu lugar…
If I were you . . .

Por mi parte… *As for me . . .*
A mi parecer… *In my opinion . . .*

Additional vocabulary

el asunto *matter; issue*
a mis espaldas *behind my back*
el actor/la actriz *actor/actress*
el camerino *star's dressing room*
el/la doble *double*
engañar *to deceive; to trick*
ensayar *to rehearse*
estar listo/a *to be ready*
el guión *screenplay; script*
mentir (e:ie) *to lie*
¡Ni loco/a! *No way!*
ni siquiera *not even*
el papel *role*
un pedacito *a bit*

Comprensión

1 **Comprensión** Respondan a las preguntas con oraciones completas.

1. ¿Por qué Fabiola dice que necesita concentrarse?
2. ¿Cómo consiguió Fabiola el papel?
3. ¿Cuál es el personaje de la telenovela que no le gusta a Aguayo?
4. ¿Qué ve Valeria, la protagonista, cuando entra a la habitación?
5. ¿A quién ama Fernando?
6. ¿Por qué cree Diana que sus compañeros están confundidos?

2 **¿Quién es?** Todos quieren ayudar a Fabiola a ensayar las escenas de la telenovela.

A. ¿Quién representa cada papel?

1. Valeria ________
2. Fernando ________
3. Carla ________
4. el director de la telenovela ________

Aguayo　Diana　Éric

Johnny　Mariela　Fabiola

B. ¿Cuál de los empleados de *Facetas* haría cada uno de estos comentarios?

1. ¡Uy! ¿Se habrán dado cuenta de que yo veo telenovelas?
2. Este papel es aburridísimo. ¡No digo ni una palabra!
3. Soy el más preparado para dirigir a los actores.
4. Mis compañeros no saben nada sobre los dobles.
5. Este papel es más peligroso de lo que pensaba.
6. ¡Este director no sabe nada! Voy a hacer lo que dice el guión.

3 **Opiniones** En parejas, pregúntense si están de acuerdo con estas afirmaciones. Razonen sus respuestas y compartan sus opiniones con la clase.

Sí	No	
☐	☐	1. Hay ciertas situaciones en las que, aunque uno no quiera, es mejor mentir que decir la verdad.
☐	☐	2. Ser actor/actriz es más interesante que ser director(a).
☐	☐	3. Es posible estar enamorado/a de dos personas a la vez.
☐	☐	4. Preferiría ser estrella de televisión que ser doble.
☐	☐	5. Si descubriera a uno(a) de mis amigos/as hablando mal de mí con otra persona, lo/la confrontaría.
☐	☐	6. Para hacerse famoso/a, es más importante ser bello/a que talentoso/a.

Ampliación

4 **Los productores** En grupos de cinco, diseñen su propia telenovela. Primero, asignen papeles a estos cinco actores y expliquen la relación entre ellos. Luego, inventen un título para la telenovela y escriban el diálogo para una de las escenas. Cada personaje debe decir por lo menos una oración. Finalmente, representen la escena con todos los personajes.

Lida

Francisco

José

Lourdes

Martín

5 **Apuntes culturales** En parejas, lean los párrafos y contesten las preguntas.

Thalía

Camino a las estrellas

¡Fabiola consiguió su primer papel en una telenovela! Las telenovelas latinoamericanas se pueden comparar al cine de Hollywood por su importancia social y económica. Megaestrellas mexicanas como **Thalía**, **Salma Hayek** y **Gael García Bernal** (**Lección 2**), que iniciaron sus carreras artísticas en telenovelas, no tendrían su fama actual sin ellas. ¿Tendrá la misma suerte Fabiola?

Luces, cámara y ¡acción!

Éric daría todo por ser un director de cine como Juan José Campanella. Este cineasta argentino ha dirigido episodios de series como *House M.D.* y *Law and Order*. Sus películas más conocidas son *El hijo de la novia*, *El secreto de sus ojos*, ganadora del Óscar a la mejor película extranjera de 2010, y *Metegol*, que ganó el Goya a la mejor película de animación en 2013. ¿Qué diría Éric en la ceremonia de entrega de los Óscar?

Campanella

La radionovela

Aguayo es un gran aficionado a las telenovelas. Otro género muy popular en el mundo hispano es la **radionovela**. Este tipo de novela transmitida por radio entretiene a la audiencia tanto como las telenovelas, y en Centroamérica también cumple la función de educar a los habitantes sobre los desastres naturales y sus medidas de prevención. ¿Qué pensará Aguayo de las radionovelas?

1. ¿Qué otras megaestrellas latinas conoces? ¿Cómo comenzaron su carrera?
2. ¿En qué se diferencian las telenovelas latinoamericanas de las de EE.UU.?
3. ¿Conoces otros directores de cine del mundo hispanohablante? ¿Qué películas los hicieron famosos?
4. ¿Qué programas de radio escuchas? ¿Escuchas radionovelas?
5. ¿Te gustan las telenovelas o prefieres las series semanales?

En detalle

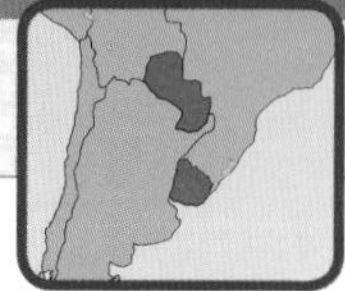

URUGUAY Y PARAGUAY

EL MATE

Si visitas Montevideo, vas a presenciar° una escena cotidiana° muy llamativa°: gente bebiendo de un extraño recipiente° con un tubito de metal. Dentro del curioso recipiente (el mate), generalmente hecho de calabaza° seca, está la famosa **yerba mate**. Aunque Uruguay no produce yerba mate, es el principal consumidor per cápita del mundo. Millones de personas consumen esta infusión, que se ha convertido en el distintivo° cultural de Uruguay, Paraguay y Argentina. También se consume en el sur de Brasil y en Chile.

Una leyenda cuenta que el dios Tupá bajó del cielo y les enseñó a los guaraníes° cómo preparar y tomar la yerba mate. En tiempos de la Conquista, los jesuitas cultivaban yerba mate, pero preparaban la bebida como té. Creían que la forma tradicional (usando una calabaza y un tubito, la bombilla) era obra del demonio. Sin embargo, los intentos de prohibición no tuvieron éxito y la bebida se expandió rápidamente entre los gauchos° y los esclavos° africanos.

Tal vez el mate se haya convertido en un ritual debido a su efecto energético. La yerba contiene **mateína,** una sustancia similar a la cafeína, pero que no tiene los mismos efectos negativos sobre los patrones° de sueño. Además de ser antioxidante, aporta vitaminas y minerales importantes, como potasio, fósforo y magnesio.

Sin embargo, el mate se toma más por tradición que por sus propiedades. La bebida se ha arraigado° tanto en la rutina diaria de Uruguay y Paraguay que ya forma parte de la identidad popular. Según el renombrado antropólogo Daniel Vidart, el mate "empareja° las clases sociales", y en su preparación y consumo "hay una concepción del mundo y de la vida". ■

El mate en Norteamérica
Poco a poco, el mate está adquiriendo popularidad en Norteamérica. Pocas personas lo toman de la manera tradicional sino que lo preparan como té. Sin embargo, se puede comprar yerba mate en muchos supermercados y también se venden botellas de yerba mate para tomar como té helado. ¡En algunos cafés también puedes pedir un *mate latte*!

Cómo preparar o "cebar" mate

- Calentar agua (¡No tan caliente como para el té!)
- Llenar ¾ del mate con yerba
- Verter° agua caliente
- Colocar la bombilla
- ¡Comenzar la mateada!

La "mateada"

- Todos toman del mismo mate.
- La persona que ceba el mate —el cebador— va pasando el mate lleno a cada persona y toma último.

presenciar *witness* **cotidiana** *everyday* **llamativa** *striking* **recipiente** *container* **calabaza** *gourd* **distintivo** *symbol* **guaraníes** *Guarani (indigenous group)* **gauchos** *inhabitants of the flatlands of Uruguay and Argentina* **esclavos** *slaves* **patrones** *patterns* **arraigado** *rooted deeply* **empareja** *evens up* **Verter** *To pour*

ASÍ LO DECIMOS

El mate y otras bebidas

jugo (Amér. L.) | *juice*
zumo (Esp.) |

refresco (Esp. y Méx.) | *soft drink*
fresco (Hon.) |

infusión *herbal tea*
mate (Bol.) *any kind of tea*
tereré (Par. y Arg.) *cold* ***mate***
ser un(a) matero/a *(of a person) to drink a lot of* ***mate***
ser un mate amargo (Arg. y Uru.) *to have no sense of humor / to be moody*

EL MUNDO HISPANOHABLANTE

Bebidas y bailes

Otras bebidas típicas

Introducida en 1910, **Inca Kola** es la gaseosa° más popular del Perú. Es de color amarillo brillante y se hace con **hierba luisa**. Eslóganes como "El sabor del Perú" la convirtieron en un símbolo nacional capaz de imponerse ante la Coca-Cola.

La **horchata** es una bebida típica salvadoreña y de otros países de Centroamérica, elaborada a base de arroz y agua. Se puede saborear con azúcar, canela°, vainilla o lima.

Otros bailes típicos

Hoy la **cumbia** se escucha por toda Latinoamérica. Su origen proviene de ritmos bailados por esclavos africanos llevados a Colombia. Este ritmo contagioso se baila en discotecas, bailes y fiestas.

Comúnmente, se asocia la **salsa** con el Caribe y Centroamérica, pero este género nació en barrios hispanos neoyorquinos como resultado de una mezcla de influencias puertorriqueñas, cubanas, africanas, españolas y estadounidenses.

PERFIL

LAS MURGAS Y EL CANDOMBE

La fusión de tradiciones españolas, africanas y americanas se convierte en protagonista del Carnaval de Montevideo a través de las **murgas**. La murga uruguaya, un género músico-teatral de finales del siglo XIX, es el principal atractivo del carnaval. Sus representaciones, en las que participan normalmente unas quince personas, suelen centrarse en dos temas: el propio carnaval y la crítica social. Hoy, es una de las expresiones con mayor poder de identidad uruguaya, pues combina un fuerte mensaje político con la influencia de las músicas populares más antiguas, como el **candombe.** Éste es un estilo musical, nacido en Uruguay, que proviene de los ritmos africanos traídos por los esclavos en la época colonial. Los grupos que tocan candombe se llaman **comparsas** y durante el carnaval toman las calles de Montevideo en el conocido **desfile de llamadas**, una celebración de la herencia mestiza y mulata de Uruguay. El Carnaval de Montevideo se inicia en enero y termina a principios de marzo.

"Un pueblo sin tradición es un pueblo sin porvenir."
(Alberto Lleras Camargo, político colombiano)

Conexión Internet

¿Cómo se festeja el carnaval en otros países hispanos? | Investiga sobre este tema en Internet.

gaseosa *soda* **canela** *cinnamon*

¿Qué aprendiste?

1 **Comprensión** Indica si estas afirmaciones sobre el mate son **ciertas** o **falsas**. Corrige las falsas.

1. Es muy frecuente ver a gente bebiendo mate en Uruguay.
2. El recipiente para el mate suele ser de metal.
3. La bombilla es el tubo que se utiliza para beber el mate.
4. El mate se bebe principalmente en Argentina, Uruguay y Paraguay.
5. Los primeros en consumir la yerba mate como infusión fueron los indígenas guaraníes.
6. La bebida se hizo popular muy rápidamente entre la población no indígena.
7. Los jesuitas intentaron prohibir todo tipo de infusiones hechas con yerba mate.
8. La mateína altera los patrones del sueño más que la cafeína.
9. Cuando un grupo de personas toma mate, cada persona toma de un recipiente distinto.
10. El mate tiene minerales, pero no vitaminas.
11. La persona que sirve el mate se llama "cebador".
12. El mate es más popular por su larga tradición que por sus propiedades para la salud.

2 **Oraciones incompletas** Completa las oraciones.

1. La murga uruguaya es ________.
   a. un grupo de teatro clásico b. un ritmo africano c. un género músico-teatral
2. El Carnaval de Montevideo empieza en el mes de ________.
   a. enero b. febrero c. marzo
3. La horchata se prepara con ________.
   a. trigo b. café c. arroz
4. En España, le dicen *zumo* al ________.
   a. té frío b. tereré c. jugo

3 **Preguntas** Contesta las preguntas.

1. ¿Hay radioemisoras o discotecas en tu comunidad donde pongan salsa? ¿Qué bailes son populares en tu ciudad?
2. En tu opinión, ¿cuál es el mensaje del eslogan "El sabor del Perú", usado para promocionar Inca Kola?
3. ¿Alguna vez tomaste mate? ¿Lo harías? ¿Lo volverías a tomar?
4. En tu cultura, ¿es común que varias personas tomen del mismo recipiente?

4 **Opiniones** El candombe y la murga forman parte de la identidad cultural de Uruguay. En parejas, hagan una lista de cinco tradiciones norteamericanas que sean parte imprescindible de su cultura popular. Después, compartan su lista con la clase.

PROYECTO

Raíces africanas

El candombe uruguayo tiene sus raíces en los ritmos que tocaban los esclavos africanos. Muchos otros ritmos populares de Latinoamérica también provienen de África o tienen una fuerte influencia africana. La lista incluye la cumbia, el merengue, la salsa, el mambo y hasta el tango. Elige e investiga uno de estos ritmos y prepara un afiche informativo y preséntalo.

Tu investigación debe incluir:

- el nombre del ritmo, su origen e historia
- dónde es popular y cuáles son sus características
- qué importancia/papel tiene el ritmo que elegiste en la cultura popular local
- otros datos importantes

Lo mejor de Argentina

Ya conoces el mate, una verdadera pasión en Argentina. Este episodio de **Flash Cultura** te llevará a descubrir otros aspectos que también son esenciales en este país para relacionarse, comunicarse y disfrutar.

VOCABULARIO ÚTIL

a las apuradas *in a hurry*
ajetreado/a *hectic*
chupar *to suck*
la caña *straw*
intercambiar *to exchange*
la parrilla *grill*
reconocido/a *renowned*
la tertulia *gathering; literary roundtable*

Comprensión Indica si estas afirmaciones son **ciertas** o **falsas**. Después, corrige las falsas.

1. El Café Tortoni se encuentra en el centro de Buenos Aires.
2. Las tertulias del Tortoni eran reuniones de artistas que se hacían por las mañanas para conversar e intercambiar ideas.
3. Carlos Gardel fue un reconocido escritor argentino.
4. El instrumento más importante del tango es el bandoneón.
5. Actualmente, sólo los ancianos bailan en las milongas.
6. El mate es una bebida para compartir.

Expansión En parejas, contesten estas preguntas.

- Si fueran al Tortoni, ¿pedirían un café, un submarino o un agua tónica, como hacía Borges?
- ¿Se animarían a aprender a bailar tango en la Plaza Dorrego delante de todos? ¿Les gustaría probar el mate?
- Si viajaran a Argentina y tuvieran poco tiempo, ¿cuál de estas actividades preferirían hacer: visitar los cafés porteños, comprar antigüedades en San Telmo, ir a una milonga o comer un asado en una estancia? ¿Por qué?

¿Y tú? ¿Te gusta bailar? ¿Alguna vez tomaste clases para aprender algún ritmo latinoamericano? ¿Te gustaría bailar tango?

Corresponsal: Silvina Márquez
País: Argentina

La capital argentina tiene una de las culturas de café más famosas del mundo.

En la Plaza Dorrego... todos los domingos hay un mercado al aire libre° donde venden antigüedades... también se puede disfrutar... del tango.

En una estancia°... podemos... disfrutar un asado°... y... andar a caballo°.

mercado al aire libre *open-air market* **estancia** *ranch*
asado *barbecue* **andar a caballo** *ride horses*

3.1 The present perfect subjunctive

TALLER DE CONSULTA

Manual de gramática Más práctica

Gramática adicional

- The present perfect subjunctive (**el pretérito perfecto de subjuntivo**) is formed with the present subjunctive of **haber** and a past participle.

The present perfect subjunctive

cerrar	perder	asistir
haya cerrado	haya perdido	haya asistido
hayas cerrado	hayas perdido	hayas asistido
haya cerrado	haya perdido	haya asistido
hayamos cerrado	hayamos perdido	hayamos asistido
hayáis cerrado	hayáis perdido	hayáis asistido
hayan cerrado	hayan perdido	hayan asistido

- The present perfect subjunctive is used to refer to recently completed actions or past actions that still bear relevance in the present. It is used mainly in the subordinate clause of a sentence whose main clause expresses will, emotion, doubt, or uncertainty.

PRESENT PERFECT INDICATIVE

Luis me dijo que **ha dejado** de ver ese programa.

Luis told me that he has stopped watching that show.

PRESENT PERFECT SUBJUNCTIVE

Me alegro de que Luis **haya dejado** de ver ese programa.

I'm glad that Luis has stopped watching that show.

- Note the difference in meaning between the three subjunctive tenses you have learned so far.

PRESENT SUBJUNCTIVE

Las cadenas nacionales **buscan** corresponsales que **hablen** varios idiomas.

The national networks are looking for correspondents who speak several languages.

PRESENT PERFECT SUBJUNCTIVE

Prefieren contratar a los que **hayan trabajado** en el extranjero.

They prefer to hire those who have worked abroad.

PAST SUBJUNCTIVE

Antes, **insistían** en que los solicitantes **tuvieran** cinco años de experiencia.

In the past, they insisted that applicants have five years of experience.

¡ATENCIÓN!

In a multiple-clause sentence, the choice of tense for the verb in the subjunctive depends on when the action takes place in each clause. The present perfect subjunctive is used primarily when the action of the main clause is in the present tense, but the action in the subordinate clause is in the past.

Práctica y comunicación

1 **¿Indicativo o subjuntivo?** Elige entre el pretérito perfecto del indicativo y el pretérito perfecto del subjuntivo para completar las oraciones.

1. Necesito contratar un corresponsal que (ha / haya) estado en Paraguay.
2. Quiero conocer al actor que (ha / haya) trabajado en *Eclipse*.
3. Hasta que no (has / hayas) conocido a las personas que leen la prensa sensacionalista, no sabrás por qué la leen.
4. Estoy seguro de que todos los actores (han / hayan) estudiado el guión.
5. Cuando ustedes (han / hayan) leído esta noticia, estarán de acuerdo conmigo.
6. No creo que (has / hayas) escrito ese artículo sin la ayuda de Miguel.

TALLER DE CONSULTA

MANUAL DE GRAMÁTICA
Más práctica

3.1 The present perfect subjunctive, p. A14

2 **Opuestas** Escribe la oración que expresa lo opuesto en cada ocasión. En algunos casos debes usar el pretérito perfecto del subjuntivo y en otros el pretérito perfecto del indicativo.

MODELO **No creo que ese actor haya aprendido a actuar bien.**
Creo que ese actor ha aprendido a actuar bien.

1. El corresponsal cree que los periodistas han hablado con el crítico.
2. No creo que el director les haya dado pocas órdenes a sus actores.
3. Estoy seguro de que la mayoría del público ha leído la noticia.
4. No es seguro que la prensa sensacionalista haya publicado esa noticia.
5. Pienso que ese actor ha sido el protagonista de *El hombre lobo*.

3 **Competencia** Julieta y Marcela han estado juntas en una audición y Julieta ha conseguido el papel de la protagonista. En parejas, combinen los elementos de la lista y añadan detalles para escribir cinco quejas (*complaints*) de Marcela. Utilicen el pretérito perfecto del subjuntivo. Luego, dramaticen una conversación entre las dos actrices.

dudo que	darme explicaciones
me molesta que	conseguir el papel
me sorprende que	tener suficiente experiencia
no creo que	trabajar con ese director
no es justo que	(no) darme otra oportunidad
quiero que	escoger la mejor actriz

4 **¡Despedido!** Hoy el dueño de la emisora ha despedido a Eduardo Storni, el famoso y controvertido locutor del programa *Storni, ¡sin censura!* En parejas, escriban su conversación. Utilicen por lo menos cinco oraciones con el pretérito perfecto del indicativo y del subjuntivo. Luego, represéntenla para la clase.

MODELO
DUEÑO Es una lástima que usted no haya escuchado nuestras advertencias. Usted ha violado casi todas las reglas de la cadena.
STORNI Pero mi público siempre me ha apoyado. Mis oyentes estarán furiosos de que usted no haya respetado la libertad de prensa.

3.2 Relative pronouns

TALLER DE CONSULTA

See **Manual de gramática 3.4**, p. A17 to review the uses of **qué** and **cuál** in asking questions.

¡ATENCIÓN!

Relative pronouns are used to connect short sentences or clauses in order to create longer, smoother sentences. Unlike the interrogative words **qué, quién(es),** and **cuál(es)**, relative pronouns never carry accent marks.

The relative pronoun *que*

- **Que** (*that, which, who*) is the most frequently used relative pronoun (**pronombre relativo**). It can refer to people or things, subjects or objects, and can be used in restrictive clauses (no commas) or nonrestrictive clauses (with commas). Note that although some relative pronouns may be omitted in English, they must always be used in Spanish.

  El reportaje **que** vi ayer me hizo cambiar de opinión sobre la guerra.
  The report (that) I saw last night made me change my opinion on the war.

  Las primeras diez personas **que** respondan correctamente ganarán una suscripción gratuita.
  The first ten people who respond correctly will win a free subscription.

  El desastre fue causado por la lluvia, **que** ha durado más de dos semanas.
  The disaster was caused by the rain, which has lasted over two weeks.

¡ATENCIÓN!

In colloquial Spanish, **en que** and **en el/la cual** are often replaced by **donde**.

La casa **donde** vivo es muy grande.

La escuela **donde** estudio es muy prestigiosa.

El/La que

- After prepositions, **que** follows the definite article: **el que**, **la que**, **los que**, or **las que**. The article must agree in gender and number with the antecedent (the noun or pronoun it refers to). When referring to *things* (but not *people*), the article may be omitted after short prepositions, such as **en, de**, and **con**.

  Los periódicos **para los que** escribo son independientes.
  The newspapers I write for are independent. (Lit: for which I write)

  El edificio **en** (**el**) **que** viven es viejo.
  The building they live in is old. (Lit: in which they live)

  La fotógrafa **con la que** trabajo ganó varios premios.
  The photographer with whom I work won several awards.

- **El que, la que, los que**, and **las que** are also used for clarification in nonrestrictive clauses (with commas) when it might be unclear to *what* or *whom* the clause refers.

  Hablé con los periodistas de la revista, **los que** entrevistaron a Juanes.
  I spoke with the reporters from the magazine, the ones who interviewed Juanes.

  Hablé con los periodistas de la revista, **la que** entrevistó a Juanes.
  I spoke with the reporters from the magazine, (the one) that interviewed Juanes.

El/La cual

- **El cual, la cual, los cuales**, and **las cuales** are generally interchangeable with **el que, la que, los que**, and **las que** after prepositions. They are often used in more formal speech or writing. Note that when **el cual** and its forms are used, the definite article is never omitted.

  Esa es la calle **por la cual** se va al teatro.
  That is the street through which you can get to the theater.

  La revista **para la cual** trabajo es muy influyente.
  The magazine for which I work is very influential.

Quien/Quienes

- **Quien** (*singular*) and **quienes** (*plural*) only refer to people. **Quien(es)** can generally be replaced by forms of **el que** and **el cual**, although the reverse is not always true.

  Las periodistas de **quienes** te hablé son de Caracas.
  The journalists (who) I told you about are from Caracas.

  El investigador de **quien** (**del que/del cual**) hablaron era mi profesor.
  The researcher (whom) they spoke about was my professor.

- Although **que** and **quien(es)** may both refer to people, their use depends on the structure of the sentence.
- In restrictive clauses (no commas) that refer to people, **que** is used if no preposition or a personal **a** is present. If a preposition or the personal **a** is present, **quien** (or **el que/el cual**) is used instead. Below, **que** is equivalent to *who*, while **quien** expresses *whom*.

  La gente **que** quiere informarse lee la prensa.
  People who want to be informed read the news.

  Los políticos **a quienes (a los que/a los cuales)** queremos entrevistar creen en la libertad de prensa.
  The politicians (who/that) we want to interview believe in the freedom of the press.

- In nonrestrictive clauses (with commas) that refer to people, **quien** (or el **que/el cual**) is used. However, in spoken Spanish, **que** can also be used.

  Juan y María, **quienes** trabajan conmigo, escriben la sección deportiva.
  Juan and María, who work with me, write the sports section.

The relative adjective *cuyo*

- The relative adjective **cuyo (cuya**, **cuyos**, **cuyas)** means *whose* and agrees in number and gender with the noun it precedes. Remember that **de quién(es)**, not **cuyo**, is used in questions to express *whose*.

  El reportero, **cuyo** artículo ganó el premio Pulitzer, viajará a Chiapas.
  The reporter, whose article won the Pulitzer prize, will travel to Chiapas.

  La fotógrafa Daniela Pérez, **cuyas** fotos de Medellín fueron publicadas en El País, viajará con él.
  Photographer Daniela Pérez, whose photos of Medellín were published in El País, will travel with him.

TALLER DE CONSULTA

The neuter forms **lo que** and **lo cual** are used when referring to a whole situation or idea. See **3.3**, p. 112.

¿Qué es lo que te molesta?
What is it that's bothering you?

Ella habla sin parar, lo cual me enoja mucho.
She won't stop talking, which is making me really angry.

¡ATENCIÓN!

When used with **a** or **de**, the contractions **al que/cual** and **del que/cual** are formed.

¡ATENCIÓN!

In colloquial Spanish, the formal rules for using relative pronouns are not always followed.

Formal:
La mujer a quien conocí ayer...

Informal:
La mujer que conocí ayer...

Práctica

TALLER DE CONSULTA

MANUAL DE GRAMÁTICA
Más práctica

3.2 Relative pronouns, p. A15

1 **Oraciones incompletas** Selecciona la palabra o expresión adecuada para completar las oraciones.

1. El señor Castillo, ____ revista se dedica a la moda, se fue de viaje a París.
   a. cuya b. cuyo c. cuyos
2. Los músicos ____ conociste ayer han grabado la banda sonora de la película.
   a. a quien b. a quienes c. quien
3. El corto ____ te hablé no está doblado.
   a. del que b. de quien c. el cual
4. El reportaje de anoche, ____ se transmitió en el canal 7, me pareció muy sensacionalista.
   a. el cual b. la cual c. los que
5. Los artículos ____ se publican en esa revista son puro chisme.
   a. los cuales b. los que c. que

2 **El tereré** Completa este artículo sobre el tereré con los pronombres relativos de la lista. Algunos pronombres pueden repetirse.

EL TERERÉ

que
en el que
con quien
cuyo
en la que

Existe un país (1) ____ el mate tuvo (2) ____ adaptarse a su clima: Paraguay. En este país, (3) ____ clima subtropical presenta calurosos veranos, el tradicional mate caliente debió convertirse en una bebida fría y refrescante (4) ____ ayudara a atenuar el calor. Así, el tereré, (5) ____ nombre proviene del guaraní, es la bebida más popular de los paraguayos.

Para prepararlo, se coloca yerba en el recipiente llamado mate. En lugar de agua caliente en un termo o pava (*kettle*), se usa una jarra (6) ____ se coloca agua y/o jugo de limón con mucho hielo. La bebida se bebe con una bombilla (*straw*), (7) ____ generalmente es de metal. En Paraguay, se dice (8) ____ el tereré es como un amigo (9) ____ se comparten alegrías y tristezas, momentos cotidianos y toda una vida.

3 **Definiciones** Escribe una definición para cada término. Usa pronombres relativos.

MODELO **el redactor**
Es la persona cuyo trabajo es preparar artículos para publicar.

1. la prensa sensacionalista ____________________
2. los subtítulos ____________________
3. la portada ____________________
4. el titular ____________________
5. los televidentes ____________________
6. la fama ____________________

Comunicación

4 

Tendencias Piensa en las tendencias actuales y completa el recuadro con tus preferencias. En parejas, compartan esta información. Luego, informen a sus compañeros/as de lo que hayan aprendido sobre la otra persona, usando pronombres relativos. Sigan el modelo.

MODELO Ana Sofía mira todo el tiempo videos musicales en su iPod. Es una persona a quien le encanta llevar su iPod a todos lados.

	Sí	No	Depende
1. Me aburren los videos musicales en la tele. Prefiero verlos en un iPod.	☐	☐	☐
2. Siempre escucho música alternativa y pienso que el *hip-hop* no es arte.	☐	☐	☐
3. Yo sólo compro ropa cara a la que se le ve el logotipo impreso en grande.	☐	☐	☐
4. ¿Documentales? ¿Qué es eso? Sólo miro los éxitos de taquilla de Hollywood.	☐	☐	☐
5. ¡Puaj! Los *reality shows* son horribles y deberían prohibirse.	☐	☐	☐
6. Me puedo pasar horas leyendo revistas de moda y de chismes sobre famosos.	☐	☐	☐
7. ¡Qué chévere (*How cool*)! ¡Un restaurante con platos innovadores! Los restaurantes de comidas tradicionales ya pasaron de moda.	☐	☐	☐
8. ¡Nada de salsa! No me gusta la música latina. Prefiero escuchar los 40 principales (*top 40*) de la radio.	☐	☐	☐

5

¿Quién es quién? La clase se divide en dos equipos. Un integrante del equipo A piensa en un(a) compañero/a y da tres pistas. El equipo B tiene que adivinar de quién se trata. Si lo adivina con la primera pista, obtiene 3 puntos; con la segunda, obtiene 2 puntos; y con la tercera, obtiene 1 punto.

MODELO Estoy pensando en alguien con quien almorzamos.
Estoy pensando en alguien cuyos ojos son marrones.
Estoy pensando en alguien que lleva pantalones azules.

6 

Fama En parejas, preparen una entrevista entre un reportero y una estrella de televisión. Utilicen por lo menos seis pronombres relativos.

MODELO
REPORTERO Díganos, ¿dónde encontró este vestido tan divino?
ESTRELLA Gracias, me lo regaló un amigo muy talentoso, cuya tienda siempre tiene lo mejor de la moda.
REPORTERO Y me he enterado de que está usted con un nuevo amor, quien trabajó con usted en su última telenovela…

3.3 The neuter *lo*

- The definite articles **el, la, los**, and **las** modify masculine or feminine nouns. The neuter article **lo** is used to refer to concepts that have no gender.

- In Spanish, the construction **lo** + [*masculine singular adjective*] is used to express general characteristics and abstract ideas. The English equivalent of this construction is *the* + [*adjective*] + *thing*.

  Cuando leo las noticias, **lo difícil** es diferenciar entre el hecho y la opinión.
  When I read the news, the difficult thing is differentiating between fact and opinion.

  Lo bueno de ser periodista es que te pagan por decir la verdad.
  The good thing about being a journalist is that you get paid to tell the truth.

- To express the idea of *the most* or *the least*, **más** and **menos** can be added after **lo**. **Lo mejor** and **lo peor** mean *the best/worst* (*thing*).

  Para ser un buen reportero, **lo más importante** es ser imparcial.
  The most important thing about being a good reporter is to be unbiased.

  ¡Aún no te he contado **lo peor**!
  I still haven't told you the worst part!

- The construction **lo** + [*adjective or adverb*] + **que** is used to express the English *how* + [*adjective*]. In these cases, the adjective agrees in number and gender with the noun it modifies.

lo + [*adjective*] + que	**lo + [*adverb*] + que**
¿No te das cuenta de **lo bella que** eres, María Fernanda? *María Fernanda, don't you realize how beautiful you are?*	Recuerda **lo bien que** te fue el año pasado en su clase. *Remember how well you did last year in his class.*

¡ATENCIÓN!

The phrase **lo** + [*adjective or adverb*] + **que** may be replaced by **qué** + [*adjective or adverb*].

No sabes qué difícil es hablar con él.
You don't know how difficult it is to talk to him.

Fíjense en qué pronto se entera la prensa.
Pay attention to how quickly the press finds out.

- **Lo que** is equivalent to the English *what*, *that*, or *which*. It is used to refer to an idea, or to a previously mentioned situation or concept.

  ¿Qué fue **lo que** más te gustó de tu viaje a Uruguay?
  What was the thing that you enjoyed most about your trip to Uruguay?

  Lo que más me gustó fue el Carnaval de Montevideo.
  What I liked best was the Montevideo Carnival.

Práctica y comunicación

1 **Chisme** La gran estrella pop, Estela Moreno, responde a las críticas que han aparecido en medios periodísticos sobre su súbita (*sudden*) boda con Ricardo Rubio. Completa las oraciones con **lo, lo que** o **qué**.

"Repito que es completamente falso (1) __________ ha salido en la prensa sensacionalista. Siempre habíamos querido una ceremonia pequeña y privada para mantener (2) __________ romántico de la ocasión. El lugar, la fecha, los pocos invitados... pues todo (3) __________ tuvimos planeado desde hace meses. ¡Ay, (4) __________ difícil fue guardar el secreto para que el público no se diera cuenta de (5) __________ estábamos planeando! (6) __________ más me molesta es que la prensa nos acuse de un romance súbito. (7) __________ nuestro es un amor que comenzó hace dos años y que durará para toda la vida. ¡Ya (8) __________ verán con el tiempo!"

TALLER DE CONSULTA

Manual de gramática
Más práctica

3.3 The neuter **lo**, p. A16

2 **Reacciones** Combina las frases para formar oraciones con **lo** + [*adjetivo/adverbio*] + **que.**

MODELO **parecer mentira / qué poco Juan se preocupa por el chisme**
Parece mentira lo poco que Juan se preocupa por el chisme.

1. asombrarme / qué lejos está el centro comercial
2. sorprenderme / qué obediente es tu gato
3. no poder creer / qué influyente es la publicidad
4. ser una sorpresa / qué bien se vive en este pueblo
5. ser increíble / qué rápido se hizo famoso aquel cantante

3 **Ser o no ser** En parejas, conversen sobre las ventajas y desventajas de cada una de estas profesiones. Luego escriban oraciones completas para describir **lo bueno, lo malo, lo mejor** o **lo peor** de cada profesión. Compartan sus ideas con la clase.

actor/actriz	crítico/a de cine	redactor(a)
cantante	locutor(a) de radio	reportero/a

4 **Síntesis** En parejas, escriban una carta al periódico universitario dando su opinión sobre un tema de actualidad. Usen por lo menos tres verbos en pretérito perfecto de subjuntivo, tres oraciones con **lo** o **lo que** y tres oraciones con pronombres relativos. Usen algunas frases de la lista o inventen otras. Lean su carta a la clase y debatan el tema.

me molesta que...	lo importante...	que
me alegra que...	lo que más/menos...	el/la cual
no puedo creer que...	lo que pienso sobre...	quien(es)

Antes de ver el corto

SINTONÍA

país España
duración 9 minutos
director Jose Mari Goenaga
protagonistas el hombre, la mujer, el locutor

Vocabulario

aclarar *to clarify*
dar la gana *to feel like*
darse cuenta (de) *to realize*
darse por aludido/a *to assume that one is being referred to*
embalarse *to get carried away*
fijarse en *to notice*
el maletero *trunk*
la nuca *back of the neck*
parar el carro *to hold one's horses*
pillar(se) *to catch*
la sintonía *synchronization; tuning; connection*

1 **Definiciones** Escribe la palabra adecuada para cada definición.

1. la parte del carro en la que guardas las compras: __________
2. la parte de atrás de la cabeza: __________
3. el hecho de explicar algo para evitar confusiones: __________
4. comprender o entender algo: __________
5. dejarse llevar por un impulso __________

2 **Preguntas** Contesta las preguntas.

1. ¿Prefieres escuchar programas de radio o sólo música cuando vas en autobús o en carro?
2. Si tuvieras un problema que no supieras solucionar, ¿llamarías a un programa de radio o de televisión? ¿Por qué?
3. Imagina que te sientes atraído/a por alguien que ves en la calle. ¿Le pedirías una cita?
4. Si escuchas a dos personas que parecen hablar de ti sin decir tu nombre, ¿te das por aludido/a enseguida o tardas en darte cuenta?

3 **¿Qué sucederá?** En parejas, miren los fotogramas e imaginen lo que va a ocurrir en la historia. ¿Cuál es la relación entre el locutor y las personas que esperan para pagar el peaje (*toll*)? Compartan sus ideas con la clase. Incluyan tres o cuatro datos o conjeturas sobre cada fotograma.

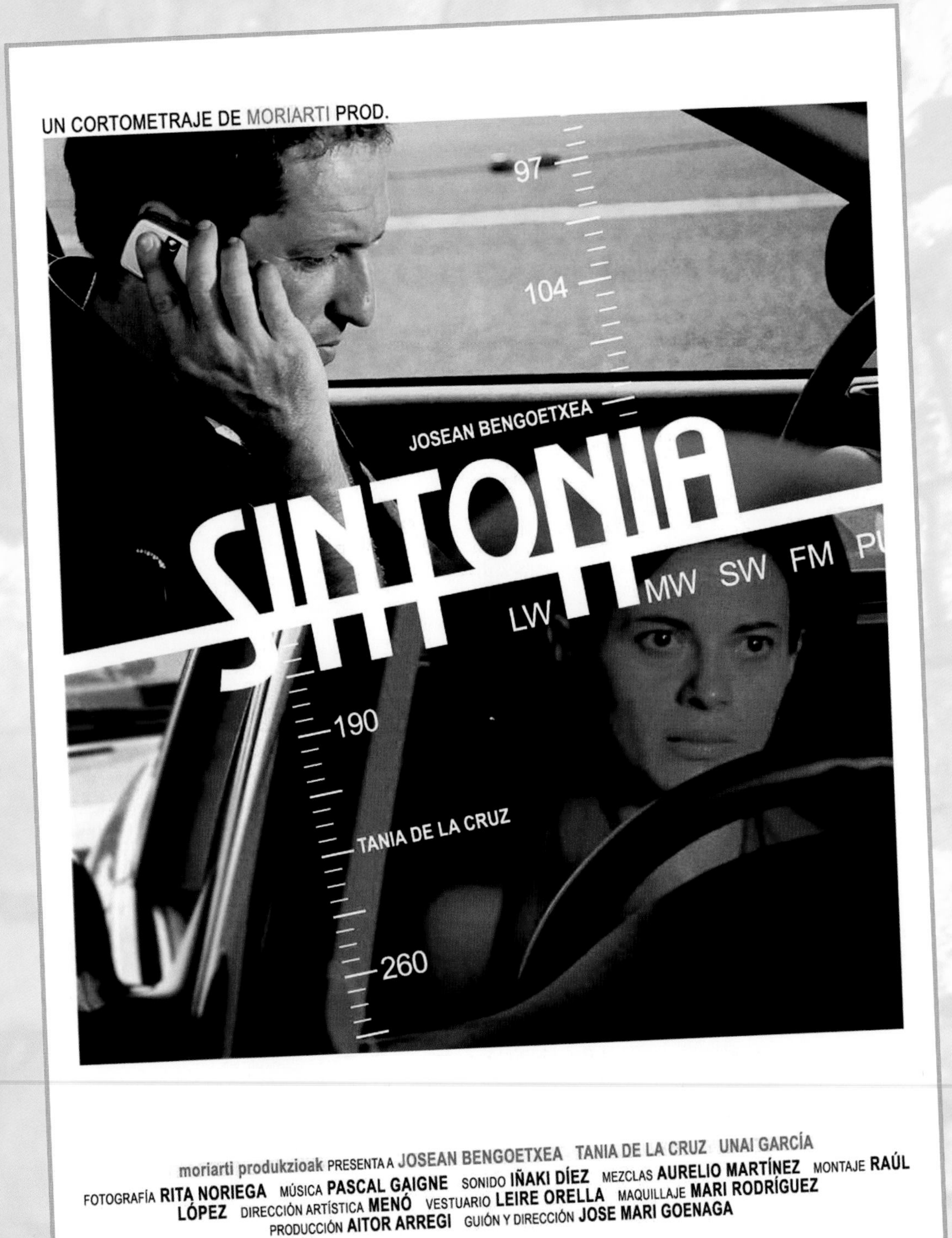

UN CORTOMETRAJE DE MORIARTI PROD.

JOSEAN BENGOETXEA

SINTONIA

LW MW SW FM

TANIA DE LA CRUZ

moriarti produkzioak PRESENTA A **JOSEAN BENGOETXEA TANIA DE LA CRUZ UNAI GARCÍA**
FOTOGRAFÍA **RITA NORIEGA** MÚSICA **PASCAL GAIGNE** SONIDO **IÑAKI DÍEZ** MEZCLAS **AURELIO MARTÍNEZ** MONTAJE **RAÚL LÓPEZ** DIRECCIÓN ARTÍSTICA **MENÓ** VESTUARIO **LEIRE ORELLA** MAQUILLAJE **MARI RODRÍGUEZ**
PRODUCCIÓN **AITOR ARREGI** GUIÓN Y DIRECCIÓN **JOSE MARI GOENAGA**

moriarti prod.

Escenas

ARGUMENTO Un joven, atrapado en un atasco en la carretera, se siente atraído por la chica que maneja el carro de al lado.

LOCUTOR Última oportunidad para llamar... No os cortéis° y decidle a quien queráis lo que os dé la gana y no lo dejéis para otro momento. El número, el número es el 943365482... Tenemos una nueva llamada. Hola, ¿con quién hablamos?

HOMBRE Manuel Ezeiza. Manolo, Manolo de Donosti.
LOCUTOR Muy bien, Manolo de Donosti. ¿Y a quién quieres enviar tu mensaje?
HOMBRE La verdad es que no lo sé, pero sé que nos está oyendo.

LOCUTOR Bueno, igual el mensaje puede darnos alguna pista°.
HOMBRE Sí, bueno, llamaba porque me he fijado que te has dejado parte del vestido fuera del coche. Y, bueno, yo no te conozco pero... te he visto cantando y querría, quedar contigo... o tomar algo...

LOCUTOR Bueno, para el carro... Esto es un poco surrealista. Le estás pidiendo una cita a una cantante que va en un coche con el abrigo fuera. ¿Y cómo sabe que te diriges a ella?
HOMBRE Todavía no lo sabe. Está sonriendo, como si esto no fuera con ella.

LOCUTOR Pues dale una pista para que se aclare. ¿Cómo es ella? ¿Qué hace?
HOMBRE Pues lleva algo rojo... ahora se toca la nuca con su mano y ahora el pelo... que es muy oscuro. Y ahora parece que empieza a darse cuenta. Sí, sí, definitivamente se ha dado cuenta.

LOCUTOR A ver, ¿quién le dice a ella que tú no eres, no sé, un psicópata?
HOMBRE ¿Y quién me dice a mí que no es ella la psicópata? Se trata de asumir riesgos. Yo tampoco te conozco. Pensaba que estaría bien quedar contigo.

No os cortéis *Don't be shy* **pista** *clue*

Después de ver el corto

1 **Comprensión** Contesta las preguntas con oraciones completas.

1. ¿Dónde está el hombre?
2. ¿A quién llama por teléfono?
3. ¿Qué tipo de programa de radio es?
4. ¿Por qué llama el hombre al programa de radio?
5. ¿Cómo sabe que la mujer está oyendo ese programa de radio?
6. ¿Por qué le dice el locutor al hombre que la mujer a lo mejor no quiere salir con él?
7. ¿Dónde se conocen el hombre y la mujer en persona?
8. ¿Qué le dice la mujer al hombre?

2 **Ampliación** Contesta las preguntas con oraciones completas.

1. ¿El hombre le habla siempre al locutor o le habla también a la mujer directamente? Explica tu respuesta.
2. ¿Qué harías tú si vieras que alguien en el carro de al lado se ha pillado la ropa en la puerta?
3. La mujer apaga la radio, pero después la vuelve a encender. ¿Qué crees que está pensando en ese momento?
4. ¿Por qué crees que para la mujer en la gasolinera?

3 **Imagina**

A. En parejas, preparen la conversación entre el hombre y la mujer en la gasolinera. Cada uno debe tener por lo menos tres intervenciones en la conversación. Luego, representen la conversación frente a la clase.

B. Imaginen qué ocurre después. ¿Siguen en contacto? ¿Tienen una cita? ¿Qué ocurre en sus vidas? Compartan su final con la clase.

4 **Relaciones mediáticas** Escribe una historia de amor sobre dos personas que se conocen a través de uno de los medios de la lista. Incluye detalles sobre cómo se conoció la pareja, por qué fue a través de ese medio específico y cuál fue el desenlace (*outcome*) de la historia.

una revista	**un programa de radio**
un programa de televisión	**Internet**

Automóvil vestido, 1941
Salvador Dalí, España

"Modestamente, la televisión no es culpable de nada. Es un espejo en el que nos miramos todos, y al mirarnos nos reflejamos."

— Manuel Campo Vidal

Antes de leer

Dos palabras (fragmento)

Isabel Allende

Sobre el autor

Isabel Allende nació en 1942, en Lima, Perú, aunque es de nacionalidad chilena. Inició su carrera como periodista en la televisión y la prensa de Chile. En 1975 se exilió con su familia en Venezuela cuando el general Pinochet llegó al poder. En 1981, al saber que su abuelo estaba por morir, comenzó a escribirle una carta que luego se convertiría en la novela *La casa de los espíritus*, de enorme éxito internacional. Continuó publicando libros de gran popularidad como *Eva Luna*, *De Amor y de sombra* y *El plan infinito*. Dos de sus novelas fueron llevadas al cine. Desde 1987 vive en California y en 1993 obtuvo la ciudadanía estadounidense.

Vocabulario

atónito/a *astonished*	**comerciar** *to trade*	**el/la fulano/a** *so-and-so*
el bautismo *baptism*	**de corrido** *fluently*	**el oficio** *trade*
burlar *to trick*	**descarado/a** *rude*	**pregonar** *to hawk*

Vocabulario Completa las oraciones.

1. El ___________ es un rito religioso de los cristianos.
2. No sé cómo se llama ese ___________, pero no me cae bien.
3. El ___________ del vendedor consiste en ___________ con todo tipo de productos.
4. Espero que Juan no piense que soy ___________ por contestarle así.
5. El actor no pudo recitar ___________ su monólogo; se le olvidó.

Conexión personal ¿Qué poder crees que tienen las palabras en la sociedad actual? ¿Piensas que pueden suceder cosas prodigiosas en la vida real o que todo tiene una explicación racional?

Análisis literario: Desarrollo del personaje

La acción de una novela depende de la capacidad de sus personajes para llevarla a cabo. Por ejemplo, para contar una historia sobre un viaje a la Luna, es necesario desarrollar personajes valientes y aventureros; y para escribir una historia de amor, es necesario crear personajes sensibles, capaces de enamorarse y de tener sentimientos sublimes. En el fragmento de *Cuentos de Eva Luna* que vas a leer, la autora desarrolla un misterioso personaje llamado Belisa Crepusculario. Mientras lees el fragmento, fíjate en las claves que da la autora sobre ese personaje para determinar qué tipo de acción tendrá lugar en el resto de la narración.

Dos palabras (fragmento)

Isabel Allende

Tenía el nombre de Belisa Crepusculario, pero no por fe de bautismo o acierto de su madre, sino porque ella misma lo buscó hasta encontrarlo y se vistió con él. Su oficio era vender palabras. Recorría el país, desde las regiones más altas y frías hasta las costas calientes, instalándose° en las ferias y en los mercados, donde montaba cuatro palos con un toldo° de lienzo, bajo el cual se protegía del sol y de la lluvia para atender a su clientela. No necesitaba pregonar su mercadería, porque de tanto caminar por aquí y por allá, todos la conocían. Había quienes la aguardaban de un año para otro, y cuando aparecía por la aldea con su atado° bajo el brazo hacían cola

instalándose°: setting up

toldo°: canopy

atado°: bundle

frente a su tenderete°. Vendía a precios justos. Por cinco centavos entregaba versos de memoria, por siete mejoraba la calidad de los sueños, por nueve escribía cartas de enamorados, por doce inventaba insultos para enemigos irreconciliables. También vendía cuentos, pero no eran cuentos de fantasía, sino largas historias verdaderas que recitaba de corrido, sin saltarse nada. Así llevaba las nuevas de un pueblo a otro. La gente le pagaba por agregar una o dos líneas: nació un niño, murió fulano, se casaron nuestros hijos, se quemaron las cosechas°. En cada lugar se juntaba una pequeña multitud a su alrededor para oírla cuando comenzaba a hablar y así se enteraban de las vidas de otros, de los parientes lejanos, de los pormenores° de la Guerra Civil. A quien le comprara cincuenta centavos, ella le regalaba una palabra secreta para espantar° la melancolía. No era la misma para todos, por supuesto, porque eso habría sido un engaño colectivo. Cada uno recibía la suya con la certeza de que nadie más la empleaba para ese fin en el universo y más allá.

Belisa Crepusculario había nacido en una familia tan mísera°, que ni siquiera poseía nombres para llamar a sus hijos. Vino al mundo y creció en la región más inhóspita, donde algunos años las lluvias se convierten en avalanchas de agua que se llevan todo, y en otros no cae ni una gota del cielo, el sol se agranda hasta ocupar el horizonte entero y el mundo se convierte en un desierto. Hasta que cumplió doce años no tuvo otra ocupación ni virtud que sobrevivir al hambre y la fatiga de siglos. Durante una interminable sequía° le tocó enterrar a cuatro hermanos menores y cuando comprendió que llegaba su turno, decidió echar a andar por las llanuras° en dirección al mar, a ver si en el viaje lograba burlar a la muerte. La tierra estaba erosionada, partida en profundas grietas°, sembrada de piedras, fósiles de árboles y de arbustos espinudos°, esqueletos de animales blanqueados por el calor. De vez en cuando tropezaba con familias que, como ella, iban hacia el sur siguiendo el espejismo° del agua. Algunos habían iniciado la marcha llevando sus pertenencias al hombro o en carretillas, pero apenas podían mover sus propios huesos y a poco andar debían abandonar sus cosas. Se arrastraban° penosamente, con la piel convertida en cuero de lagarto y los ojos quemados por la reverberación de la luz. Belisa los saludaba con un gesto al pasar, pero no se detenía, porque no podía gastar sus fuerzas en ejercicios de compasión. Muchos cayeron por el camino, pero ella era tan tozuda° que consiguió atravesar el infierno y arribó por fin a los primeros manantiales°, finos hilos de agua, casi invisibles, que alimentaban una vegetación raquítica°, y que más adelante se convertían en riachuelos y esteros°.

Belisa Crepusculario salvó la vida y además descubrió por casualidad la escritura. Al llegar a una aldea en las proximidades de la costa, el viento colocó a sus pies una hoja de periódico. Ella tomó aquel papel amarillo y quebradizo° y estuvo largo rato observándolo sin adivinar su uso, hasta que la curiosidad pudo más que su timidez. Se acercó a un hombre que lavaba un caballo en el mismo charco turbio° donde ella saciara su sed.

— ¿Qué es esto? —preguntó.

—La página deportiva del periódico — replicó el hombre sin dar muestras de asombro ante su ignorancia.

La respuesta dejó atónita a la muchacha, pero no quiso parecer descarada y se limitó a inquirir el significado de las patitas de mosca dibujadas sobre el papel.

—Son palabras, niña. Allí dice que Fulgencio Barba noqueó° al Negro Tiznao en el tercer round.

Ese día Belisa Crepusculario se enteró que las palabras andan sueltas sin dueño y cualquiera con un poco de maña° puede apoderárselas para comerciar con ellas. Consideró su situación y concluyó que aparte de prostituirse o emplearse como sirvienta en las cocinas de los ricos, eran pocas las ocupaciones que podía desempeñar. Vender palabras le pareció una alternativa decente. A partir de ese momento ejerció esa profesión y nunca le interesó otra. Al principio ofrecía su mercancía sin sospechar que las palabras podían también escribirse fuera de los periódicos. Cuando lo supo calculó las infinitas proyecciones de su negocio, con sus ahorros le pagó veinte pesos a un cura para que le enseñara a leer y escribir y con los tres que le sobraron se compró un diccionario. Lo revisó desde la A hasta la Z y luego lo lanzó° al mar, porque no era su intención estafar° a los clientes con palabras envasadas°. [...] ■

market stall
harvests
details
to scare off
poor
drought
prairies
cracks
prickly
mirage
dragged themselves
stubborn
springs
stunted
estuaries
brittle
muddy puddle
knocked-out
skill
threw
to swindle
canned

Después de leer

Dos palabras (fragmento)

Isabel Allende

1 **Comprensión** Indica si las oraciones son **ciertas** o **falsas**. Corrige las falsas.

1. La familia de Belisa Crepusculario era muy pobre.
2. Ella se marchó de su pueblo con cuatro de sus hermanos.
3. La protagonista aprendió a leer y a escribir en su casa.
4. A Belisa no le gustaba engañar ni estafar a la gente.
5. Belisa anunciaba sus servicios en los periódicos.
6. La gente le pagaba a Belisa por contar lo que pasaba en el pueblo.

2 **Interpretación** Contesta las preguntas.

1. ¿En qué trabaja Belisa Crepusculario?
2. ¿La autora dice que Belisa se "vistió con su nombre". ¿Qué quiere decir eso?
3. ¿Qué hizo Belisa para "burlar a la muerte"?
4. ¿Cómo descubrió las palabras Belisa?
5. ¿Por qué crees que Belisa arrojó el diccionario al mar?

3 **Análisis** En parejas, digan si están de acuerdo o no con estas afirmaciones sobre Belisa Crepusculario. Justifiquen sus respuestas con ejemplos del texto.

1. Le cobraba demasiado dinero a la gente.
2. Era una mujer valiente.
3. Era muy popular y la gente creía en ella.
4. Nació en una familia de clase media.
5. Era inteligente y tenía un interés natural por todo.

4 **La autora y su personaje** En parejas, busquen en Internet información adicional sobre la vida de Isabel Allende. Después, discutan sobre el tipo de relación que puede existir entre la autora y Belisa Crepusculario. Usen las siguientes preguntas a modo de guía.

1. ¿Qué semejanzas creen que existen entre Belisa Crepusculario e Isabel Allende?
2. ¿En qué aspectos creen que la autora se identifica con su personaje?

5 **Ampliación** En parejas, creen su propia descripción de Belisa Crepusculario. Puede ser una descripción de su personalidad o de su apariencia física. Después, preséntenla ante la clase.

6 **Perspectiva** En grupos, imaginen que son periodistas y escriban una entrevista a Belisa Crepusculario.

- determinen el tipo de publicación donde aparecerá la entrevista
- determinen si Belisa será un personaje realista o si tendrá elementos fantásticos
- describan los gestos y la comunicación no verbal de la entrevista
- la entrevista puede incluir preguntas personales

Antes de leer

Vocabulario

aislar *to isolate*	**el idioma** *language*
bilingüe *bilingual*	**la lengua** *language; tongue*
el guaraní *Guarani*	**monolingüe** *monolingual*
el/la hablante *speaker*	**vencer** *to conquer*

Idiomas de Bolivia Completa las oraciones con el vocabulario de la tabla.

1. Gran parte de los ciudadanos de Bolivia son ________ de español.
2. Aunque los conquistadores españoles trataron de imponer el ________ de su tierra, no se puede decir que los habitantes de Bolivia son ________.
3. La ________ materna de muchos bolivianos no viene de los españoles, sino de los indígenas.
4. Hay muchos bolivianos ________ que se comunican en español y quechua o en español y aymara.
5. El ________ se habla en Paraguay y en partes de Bolivia, Argentina y Brasil.

Conexión personal ¿De dónde vienen tus antepasados? ¿Han preservado algo de otra cultura? ¿Qué? ¿Te identificas con esa(s) cultura(s)?

Contexto cultural

Los ríos, las montañas y la historia se han juntado (*come together*) para aislar a algunos pueblos de Latinoamérica y, en el proceso, permitir la supervivencia (*survival*) de cientos de idiomas indígenas. Suramérica manifiesta una diversidad lingüística casi incomparable. De hecho, en la época anterior a la conquista europea, existían más de 1.500 idiomas. En la actualidad, suramericanos bilingües y monolingües conversan en más de 350 lenguas de raíces (*roots*) no relacionadas. Entre las más de 500 lenguas que se calcula que existen en Latinoamérica, se encuentran 56 familias lingüísticas y 73 idiomas aislados, es decir, idiomas sin relación aparente. En comparación, los idiomas de Europa provienen de (*come from*) tres familias lingüísticas y hay sólo un idioma aislado, el vasco.

Algunas lenguas indígenas disponen de pocos hablantes y están en peligro de extinción, pero muchas otras prosperan y mantienen un papel central. Por ejemplo, el quechua, idioma de los incas, tiene diez millones de hablantes, sobre todo en Perú y Bolivia, y también en zonas de Colombia, Ecuador, Argentina y Chile. En Bolivia, Paraguay y Perú, por lo menos una lengua indígena comparte con el español el rango de lengua oficial del país.

Guaraní: la lengua vencedora

Es más probable que un habitante de Asunción, capital del Paraguay, salude a un amigo con las palabras **Mba'éichapa reiko?** que con la pregunta *¿Qué tal?* Lo más lógico es que el compañero responda **Iporânte ha nde?** en vez de *Bien, ¿y tú?* También es más probable que un niño paraguayo comience la escuela (o **mbo'ehao**) sin hablar español que sin saber comunicarse en guaraní.

Hay cientos de idiomas en Latinoamérica, pero el caso del guaraní en el Paraguay es único. Más que una lengua oficial, el guaraní es la lengua del pueblo paraguayo. Cuando los españoles invadieron lo que ahora se conoce como Hispanoamérica, trajeron e impusieron° su lengua como parte de la conquista cultural. Aunque muchas personas se resistieron a aprenderlo, el español se convirtió° en lengua del gobierno y de las instituciones oficiales en casi todas partes. En la actualidad, el hecho de conversar en español o en uno de los múltiples idiomas indígenas depende frecuentemente del origen de un individuo, de su contexto social y de sus raíces familiares, entre otras cosas. El uso de una lengua autóctona° típicamente se limita a las poblaciones indígenas, sobre todo a las que viven aisladas. En el Paraguay, aunque la mayoría de la población es mestiza°, actualmente las comunidades indígenas de origen guaraní son una minoría sumamente° pequeña. Sin embargo, el guaraní se ha adoptado universalmente como lengua oral de todas las personas y en todos los lugares.

impusieron° *imposed*; convirtió° *became*; autóctona° *indigenous*; mestiza° *of Spanish and Native American descent*; sumamente° *extremely*

El conocido escritor uruguayo Eduardo Galeano afirma que no hay otro país más que el Paraguay en el que "la lengua de los vencidos se haya convertido en lengua de los vencedores". Las estadísticas cuentan una historia impresionante: casi el 40% de la población paraguaya es monolingüe en guaraní, más del 50% es bilingüe y sólo el 5% es monolingüe en español. Es decir, la lengua de la minoría nativa ha conquistado el país. Casi todos los hablantes del guaraní se expresan en *jopara*, una versión híbrida del idioma que toma prestadas palabras del español.

Aunque la predominancia° del guaraní es innegable°, los defensores de la lengua han observado que el español ha mantenido hasta hace poco una posición privilegiada en el gobierno y en la educación. La falta de equilibrio se debe a una variedad de razones complejas, incluyendo algunos factores sociales, diferentes oportunidades económicas y el uso del español para comunicarse con la comunidad global. No obstante, en las últimas décadas se reconoce cada vez más la importancia del guaraní y su prestigio aumenta°. En 1992 se cambió la constitución paraguaya para incluir la declaración: "El Paraguay es un país pluricultural y bilingüe. Son idiomas oficiales el castellano y el guaraní." El guaraní prospera también en las artes y en los medios de comunicación. Existe una larga tradición popular de narrativa oral que en las últimas décadas se ha incorporado a la escritura y ha inspirado a jóvenes poetas. El célebre novelista paraguayo Augusto Roa Bastos (1917–2005) introdujo expresiones y sonidos del guaraní en sus cuentos. Aunque la presencia en los medios escritos aún es escasa°, los nuevos medios de comunicación del siglo XX y XXI contribuyen a la promoción del idioma y permiten, por ejemplo, que se estudie guaraní y que se publiquen narrativas en Internet.

predominancia° *prevalence*; innegable° *undeniable*; aumenta° *is growing*; escasa° *limited*

¿Cómo logró una lengua indígena superar al español y convertirse en el idioma más hablado del Paraguay? ¿Se debe a alguna particularidad del lenguaje? ¿O es la consecuencia de factores históricos, como la decisión de los jesuitas de predicar° el catolicismo en guaraní? ¿Qué papel tiene el aislamiento del Paraguay, ubicado en el corazón del continente y sin salida al mar? Nunca se podrá identificar una sola razón, pero es evidente que con su capacidad de supervivencia y adaptación a los nuevos tiempos, el guaraní comienza a conquistar el futuro. ■

predicar° *preach*

El guaraní

- En Paraguay, más del 90% de la población se comunica en guaraní. Junto con el español, es lengua oficial del país.
- También se habla guaraní en partes de Brasil, Bolivia y Argentina.
- La moneda de Paraguay se llama guaraní.

Después de leer

Guaraní: la lengua vencedora

1 **Comprensión** Decide si las oraciones son **ciertas** o **falsas**. Corrige las falsas.

Cierto	Falso	
☐	☐	1. Suramérica manifiesta poca variedad lingüística.
☐	☐	2. Por lo general, en Suramérica sólo las poblaciones indígenas hablan una lengua indígena.
☐	☐	3. La mayoría de la población paraguaya es de origen guaraní.
☐	☐	4. El 50% de la población de Paraguay es monolingüe en español.
☐	☐	5. La Constitución de 1992 declaró que Paraguay es un país pluricultural y bilingüe.
☐	☐	6. Existe una larga tradición popular de narrativa oral en guaraní.
☐	☐	7. Augusto Roa Bastos escribió sus cuentos completamente en español.
☐	☐	8. La moneda de Paraguay se llama asunción.

2 **Análisis** Contesta las preguntas utilizando oraciones completas.

1. ¿Cuáles son algunas de las señales de que una lengua prospera?
2. ¿De qué manera es especial el caso del guaraní?
3. ¿Por qué se dice que el guaraní es el lenguaje del pueblo paraguayo?
4. ¿A quiénes se refiere Eduardo Galeano cuando habla de los "vencedores" y los "vencidos"?
5. ¿Qué es el *jopara* y quién lo utiliza?

3 **Reflexión** En grupos de tres, expliquen el significado y el posible contexto de los tres dichos populares del recuadro. ¿Hay algún dicho en español o en inglés que tenga un mensaje similar? ¿Qué elementos característicos de la cultura local se hacen evidentes en los dichos?

Dichos populares en guaraní

Hetárõ machu kuéra, mbaipy jepe nahatãi.
Si hay muchas cocineras, ni la polenta se puede hacer.

Ñande rógape mante japytu'upa.
Sólo descansamos bien en nuestra casa.

Ani rerovase nde ajaka ava ambue akã ári.
No pongas tu canasto en la cabeza de otra persona.

4 **Ensayo** ¿Por qué crees que el gobierno de Paraguay cambió su constitución en 1992? ¿El cambio protege a una minoría o refleja la realidad de la mayoría? ¿Cuáles son las ventajas de vivir en un país pluricultural y bilingüe? ¿Hay alguna complicación? Escribe una composición de por lo menos tres párrafos dando tu opinión sobre estas preguntas.

Atando cabos

¡A conversar!

¿Telenovelas educativas?

A. Lean la cita y, en grupos de tres, compartan sus respuestas a estas preguntas.

> "Todo programa [de televisión] educa, sólo que —lo mismo que la escuela, lo mismo que el hogar— puede educar bien o mal." (Mario Kaplún, periodista)

1. ¿Están de acuerdo con esta cita? ¿O creen que sólo los programas propiamente educativos pueden enseñar algo al público?
2. Si "educar" significa "aumentar los conocimientos", ¿de qué manera un programa de televisión puede educar "mal"? ¿Están de acuerdo con esa definición?

B. Los participantes de un debate tuvieron que dar su opinión sobre el valor de las telenovelas teniendo en cuenta lo dicho por Mario Kaplún. Lean las dos opiniones y decidan con cuál están de acuerdo. Agreguen más argumentos para defender sus posturas. Usen **que**, **cual** y **cuyo**.

El debate de hoy: las telenovelas

En la cita, Mario Kaplún se refiere a la televisión en general. ¿Qué pasa en el caso particular de las telenovelas? ¿Creen que las telenovelas educan "bien" o "mal"?

Carlos Moreira (52)
Colonia, Uruguay

¡Estoy de acuerdo! Incluso las peores telenovelas pueden educar "bien". En primer lugar, siempre educan indirectamente. Los personajes suelen ser estereotipos, lo cual es importante porque permite que los televidentes se identifiquen con los deseos y los temores de personajes que se muestran como modelos positivos. Además, en países como México se producen telenovelas con fines específicamente educativos, los cuales incluyen enseñar al público acerca de enfermedades, problemas sociales, etc.

Sonia Ferrero (37)
Ciudad del Este, Paraguay

Las telenovelas siempre educan mal, lo que es igual que decir que no educan. ¿Qué puede tener de educativo un melodrama exagerado con personajes que se engañan constantemente? ¿Qué pueden tener de positivo historias que muestran relaciones personales retorcidas (*twisted*)? Yo no veo nada educativo en melodramas que perpetúan estereotipos sobre buenos, malos, ricos y pobres. Me gustaría ver telenovelas más realistas, cuyos personajes sean personas comunes.

¡A escribir!

Televisión en guaraní Imagina que vives en Paraguay y tu telenovela favorita sólo se transmite en español. Escribe una carta al periódico pidiendo que se haga una versión doblada o subtitulada al guaraní. Incluye tu opinión sobre estas preguntas:

- ¿Quiénes se beneficiarían? ¿Por qué?
- ¿Quién debería cubrir el costo de la versión en guaraní: los productores de la telenovela o el gobierno?
- ¿Debería ser obligatorio ofrecer versiones de programas en los dos idiomas?

3 VOCABULARIO

La televisión, la radio y el cine

la banda sonora	*soundtrack*
la cadena	*network*
el canal	*channel*
el/la corresponsal	*correspondent*
el/la crítico/a de cine	*film critic*
el documental	*documentary*
los efectos especiales	*special effects*
el episodio (final)	*(final) episode*
el/la locutor(a) de radio	*radio announcer*
el/la oyente	*listener*
la (radio)emisora	*radio station*
el reportaje	*news report*
el/la reportero/a	*reporter*
los subtítulos	*subtitles*
la telenovela	*soap opera*
el/la televidente	*television viewer*
la temporada	*season*
el video musical	*music video*
grabar	*to record*
rodar (o:ue)	*to film*
transmitir	*to broadcast*
doblado/a	*dubbed*
en directo/vivo	*live*

La cultura popular

la celebridad	*celebrity*
el chisme	*gossip*
la estrella (pop)	*(pop) star [m/f]*
la fama	*fame*
la moda pasajera	*fad*
la tendencia/ la moda	*trend*
hacerse famoso/a	*to become famous*
tener buena/ mala fama	*to have a good/ bad reputation*
actual	*current*
de moda	*popular; in fashion*
influyente	*influential*
pasado/a de moda	*unfashionable; outdated*

Los medios de comunicación

el acontecimiento	*event*
la actualidad	*current events*
el anuncio	*advertisement; commercial*
la censura	*censorship*
la libertad de prensa	*freedom of the press*
los medios de comunicación	*media*
la parcialidad	*bias*
la publicidad	*advertising*
el público	*public; audience*
enterarse (de)	*to become informed (about)*
estar al tanto/al día	*to be informed, to be up-to-date*
actualizado/a	*updated*
controvertido/a	*controversial*
de último momento	*up-to-the-minute*
destacado/a	*prominent*
(im)parcial	*(un)biased*

La prensa

el/la lector(a)	*reader*
las noticias locales/ nacionales/ internacionales	*local/national/ international news*
el periódico/ el diario	*newspaper*
el/la periodista	*journalist*
la portada	*front page; cover*
la prensa	*press*
la prensa sensacionalista	*tabloid(s)*
el/la redactor(a)	*editor*
la revista (electrónica)	*(online) magazine*
la sección de sociedad	*lifestyle section*
la sección deportiva	*sports section*
la tira cómica	*comic strip*
el titular	*headline*
imprimir	*to print*
publicar	*to publish*
suscribirse (a)	*to subscribe (to)*

En pantalla

el maletero	*trunk*
la nuca	*back of the neck*
la sintonía	*synchronization; tuning; connection*
aclarar	*to clarify*
dar la gana	*to feel like*
darse cuenta (de)	*to realize*
darse por aludido/a	*to assume that one is being referred to*
embalarse	*to get carried away*
fijarse en	*to notice*
parar el carro	*to hold one's horses*
pillar(se)	*to catch*

Literatura

el bautismo	*baptism*
el/la fulano/a	*so-and-so*
el oficio	*trade*
burlar	*to trick*
comerciar	*to trade*
pregonar	*to hawk*
atónito/a	*astonished*
descarado/a	*rude*
de corrido	*fluently*

Cultura

el guaraní	*Guarani*
el/la hablante	*speaker*
el idioma	*language*
la lengua	*language; tongue*
aislar	*to isolate*
vencer	*to conquer*
bilingüe	*bilingual*
monolingüe	*monolingual*

Más vocabulario

Expresiones útiles	*Ver p. 99*
Estructura	*Ver pp. 106, 108–109 y 112*

La literatura y el arte

4

Communicative Goals

You will expand your ability to...

- say what will have happened
- say what would have happened
- make contrary-to-fact statements about the past

La literatura y el arte

La literatura

Carolina está terminando su segunda novela, que **narra** la historia de una divertida familia de actores en Chile. La historia está narrada desde el **punto de vista** del hijo mayor, **protagonista** de esta **obra literaria.**

el argumento *plot*
la caracterización *characterization*
la estrofa *stanza*
el/la lector(a) *reader*
el/la narrador(a) *narrator*
la obra literaria *literary work*
el personaje *character*
el/la protagonista *protagonist*
el punto de vista *point of view*
la rima *rhyme*
el verso *line (of poetry)*

---

desarrollarse *to develop*
hojear *to skim*
narrar *to narrate*
tratarse de *to be about*

Variación léxica

hojear ←→ *leer por encima*
desarrollarse en ←→ *tener lugar en*
la naturaleza muerta ←→ *el bodegón*
el/la novelista ←→ *el/la escritor(a)*
la poetisa ←→ *la poeta*
la tela ←→ *el lienzo*

Los géneros literarios

la (auto)biografía *(auto)biography*
la ciencia ficción *science fiction*
la literatura infantil/juvenil *children's literature*
la novela rosa *romance novel*
la poesía *poetry*
la prosa *prose*

clásico/a *classic*
de terror *horror (story/novel)*
didáctico/a *educational*
histórico/a *historical*
humorístico/a *humorous*
policíaco/a *detective (story/novel)*
satírico/a *satirical*
trágico/a *tragic*

Los artistas

el/la artesano/a *artisan*
el/la dramaturgo/a *playwright*
el/la ensayista *essayist*
el/la escultor(a) *sculptor*
el/la muralista *muralist*
el/la novelista *novelist*
el/la pintor(a) *painter*
el/la poeta/poetisa *poet*

El arte

En la clase de **bellas artes**, Mario y Lucía tienen que pintar una **naturaleza muerta**. Mario eligió usar **óleo** y Lucía **acuarela**.

la acuarela *watercolor*
el autorretrato *self-portrait*
las bellas artes *fine arts*
el cuadro *painting*
la escultura *sculpture*
la naturaleza muerta *still life*
la obra (de arte) *work (of art)*
el óleo *oil painting*
el pincel *paintbrush*
la pintura *paint; painting*
la tela *canvas*

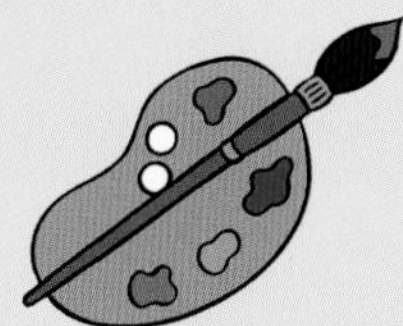

dibujar *to draw*
diseñar *to design*
esculpir *to sculpt*
reflejar *to reflect; to depict*

abstracto/a *abstract*
contemporáneo/a *contemporary*
inquietante *disturbing*
intrigante *intriguing*
llamativo/a *striking*
luminoso/a *bright*
realista *realistic; realist*

al estilo de *in the style of*
de buen/mal gusto *in good/bad taste*

Las corrientes artísticas

la corriente/el movimiento *movement*
el cubismo *cubism*
el expresionismo *expressionism*
el impresionismo *impressionism*
el realismo *realism*
el romanticismo *romanticism*
el surrealismo *surrealism*

Práctica

1 **Escuchar**

A. Escucha el programa de televisión y después completa las oraciones con la opción correcta.

1. Se ha organizado una exposición en el Museo de Arte (Contemporáneo / Moderno).
2. La exposición trata de los movimientos artísticos desde el (romanticismo / realismo).
3. En la exposición se pueden ver las obras de escultores y (muralistas / pintores) del país.
4. Muchos creen que la obra de José Ortiz es de (buen / mal) gusto.
5. Al presentador, la obra de José Ortiz le parece muy (intrigante / abstracta).

B. Escucha la entrevista del programa *ArteDifusión* y contesta las preguntas.

1. ¿A qué género literario pertenece la novela *El viento?*
2. ¿De qué otros géneros tiene elementos?
3. ¿Desde qué punto de vista se ha escrito esta novela?
4. ¿Qué personajes son los más frecuentes en la obra de Mayka Ledesma?
5. ¿Qué tienen que hacer los lectores para darse cuenta de que es una obra divertida?

C. En parejas, inventen una entrevista a un(a) escritor(a) o artista famoso/a y represéntenla para la clase.

2 **Relaciones** Conecta las palabras de forma lógica.

___ 1. estrofa	a. corriente artística
___ 2. cubismo	b. obra de teatro
___ 3. tela	c. pincel
___ 4. esculpir	d. artesano
___ 5. dramaturgo	e. escultor
___ 6. novela policíaca	f. verso
___ 7. artesanía	g. realismo
___ 8. realista	h. género literario

Práctica

3 **Un crítico sin inspiración** Completa las oraciones de un crítico con las palabras y expresiones de la lista.

acuarela	de mal gusto
al estilo de	inquietante
argumento	llamativo

1. Sus obras son muy __________; en todas usa muchos colores brillantes.
2. La __________ escena en la que aparece el fantasma del padre está inspirada en su novela anterior.
3. Vi un par de óleos interesantes en su nueva exhibición, pero lo que más impresiona son las __________.
4. El __________ de la novela es tan complicado que confunde al lector.
5. La joven artista pinta __________ Mario Toral, un pintor chileno.

4 **Géneros** En parejas, lean los fragmentos de estas obras e indiquen a qué género literario pertenecen. Luego, elijan uno de los fragmentos y desarrollen un breve argumento.

1. María Fernanda del Olmo estaba locamente enamorada de Roberto Castro, pero vivía su amor en silencio. __________
2. Una intensísima luz lo despertó. Al mirar por la ventana vio cientos de robots caminando por la calle. __________
3. El detective Mora estaba seguro de que el criminal que buscaba estaba muy cerca. __________
4. Sólo tenía doce años cuando nos fuimos a vivir a Chile. Todavía lo recuerdo como uno de los momentos más importantes de mi vida. __________

5 **Preferencias** Contesta las preguntas con oraciones completas. Después, comparte tus respuestas con un(a) compañero/a.

1. ¿Cuál es tu género literario favorito? ¿Y tu personaje favorito? ¿Por qué?
2. ¿Crees que hay arte de mal gusto? Justifica tu respuesta.
3. Imagina que eres artista. ¿Qué serías: muralista, poeta, escultor(a), otro? ¿Por qué?
4. ¿Qué tipo de arte te interesa más, el realista o el abstracto?
5. ¿Qué influye más en la sociedad, la literatura o el arte? ¿Por qué?
6. ¿Qué corriente artística te parece más interesante? ¿Por qué?
7. Imagina que eres novelista. ¿Prefieres vender muchos libros o ser respetado por la crítica?

Comunicación

6 

Corrientes artísticas En grupos de tres, describan estos cuadros y respondan las preguntas. Utilicen términos de la lista en sus respuestas.

- ¿A qué corriente artística pertenece la obra?
- ¿Cómo es el estilo del pintor?
- ¿Qué adjetivos usarías para describir el cuadro?
- ¿Hay otras obras u otros artistas que sean comparables?

abstracto	**llamativo**
contemporáneo	**luminoso**
cubismo	**realismo**
expresionismo	**realista**
impresionismo	**romanticismo**
intrigante	**surrealismo**

Pop Monalisa
Margarita María Vélez Cuervo

Rostros
Juan Manrique

Montón de heno,
Claude Monet

7 

Críticas literarias En parejas, escriban una breve crítica de una obra literaria que hayan leído. Utilicen los puntos de análisis de la lista como guía. Luego, presenten su crítica a la clase y ofrezcan su opinión sobre el valor artístico de la obra. ¿La recomendarían?

Género	¿A qué género literario pertenece la obra?
Tema	¿Cuál es el tema de la obra?
Punto de vista	¿Quién narra la historia: uno de los personajes o un narrador omnisciente?
Caracterización	¿Están bien desarrollados los personajes? ¿Te sentiste identificado/a con el/la protagonista?
Argumento	¿Tiene un argumento interesante y entretenido? ¿Se hace lento el desarrollo?
Ambiente	¿En qué época se desarrolla la historia? ¿En qué lugar? ¿Son realistas las descripciones?
Tono	¿Cuál es el tono de la obra? ¿Es humorística? ¿Trágica? ¿Qué quiere expresar el/la autor(a)?

Johnny enseña a sus compañeros de trabajo cómo criticar una obra de arte.

1

JOHNNY Chicos, ésas son las pinturas de las que les hablé. Las conseguí muy baratas. Voy a escribir un artículo sobre ellas. ¿Les dicen algo?

MARIELA Sí, me dicen *iahhgg.*

JOHNNY ¿Cómo que son feas? Es arte. No pueden criticarlo así.

MARIELA Es lo que la gente hace con el arte. Sea modernismo, surrealismo o cubismo, si es feo es feo.

2

JOHNNY Les mostraré cómo se critica una obra de arte correctamente. Hagamos como si estuviésemos observando las pinturas en una galería. ¿Quieren?

ÉRIC Bien.

Fingiendo que están en una galería...

JOHNNY Me imagino que habrán visto toda la exposición. ¿Qué les parece?

ÉRIC Habría preferido ir al cine. Estas pinturas son una porquería.

3

JOHNNY No puedes decir eso en una exposición. Si las obras no te gustan, tú debes decir algo más artístico, como que son primitivas o son radicales.

MARIELA Si hubiera pensado que son primitivas o que son radicales, lo habría dicho. Pero son horribles.

JOHNNY Mariela, *horrible* ya no se usa.

Diana pasa y ve las pinturas.

DIANA Esas pinturas son... ¡horribles!

6

Luego, en la cocina...

JOHNNY El artista jamás cambiará los colores. ¿Por qué me hiciste decirle que sí?

MARIELA No hubieras vendido ni una sola pieza.

JOHNNY No quiero venderlas, tengo que escribir sobre ellas.

MARIELA No está de más. Podrías llegar a ser un gran vendedor de arte.

7

JOHNNY (*imaginando...*) Nadie hubiera imaginado un final mejor para esta subasta. Les presento una obra maestra: la *Mona Lisa.*

AGUAYO Quinientos millones de pesos.

JOHNNY ¿Quién da más?

FABIOLA Mil millones de pesos.

JOHNNY Se lo lleva la señorita.

FABIOLA ¿Podría hablar con el artista para que le acentúe un poco la sonrisa?

8

Más tarde, en la oficina...

JOHNNY Me alegra que hayas decidido no cambiar la obra.

FABIOLA Hubiera sido una falta de respeto.

JOHNNY Claro. Bueno, que la disfrutes.

Personajes

AGUAYO

DIANA

ÉRIC

FABIOLA

JOHNNY

MARIELA

4

Fabiola llega a la oficina...

FABIOLA ¡Qué hermoso! Es como el verso de un poema. Habré visto arte antes, pero esto es especial. ¿Está a la venta?

MARIELA ¡Claro!

FABIOLA Hay un detalle. No tiene amarillo. ¿Podrías hablar con el artista para que le cambie algunos colores?

JOHNNY ¡Imposible!

FABIOLA Son sólo pinceladas.

5

JOHNNY Está bien. Voy a hablar con el artista para que le haga los cambios.

FABIOLA Gracias. Pero recuerda que es ésta. Las otras dos son algo...

MARIELA ¿Radicales?

ÉRIC ¿Primitivas?

FABIOLA No, horribles.

9

En el escritorio de Mariela…

ÉRIC Perdiste la apuesta. Págame.

MARIELA Todavía no puedo creer que haya comprado esa pintura.

ÉRIC Oye, si lo prefieres, en vez de pagar la apuesta, puedes invitarme a cenar.

MARIELA *(sonriendo)* Ni que me hubiera vuelto loca.

10

Entra Aguayo...

AGUAYO ¿Son las obras para tu artículo?

JOHNNY Sí. ¿Qué le parecen, jefe?

AGUAYO Diría que éstas dos son… primitivas. Pero la del medio *(mirando el cuadro de Fabiola)* definitivamente es… horrible.

Expresiones útiles

Speculating about the past

Me imagino que habrán visto toda la exposición.
I gather you've seen the whole exhibition.

Si hubiera pensado que son primitivas o que son radicales, lo habría dicho.
If I had thought they were primitive or radical, I would have said so.

Nadie hubiera imaginado un final mejor.
No one could have imagined a better ending.

Reacting to an idea or opinion

¿Cómo que son feos/as?
What do you mean they're ugly?

Habría preferido...
I would have preferred...

Si hubiera pensado que..., lo habría dicho.
If I had thought that..., I would have said so.

¡Ni que me hubiera vuelto loco/a!
Not even if I'd gone insane!

Additional vocabulary

acentuar *to accentuate*
criticar *to critique*
estar a la venta *to be for sale*
la galería *gallery*
la pieza *piece*
la pincelada *brushstroke*
la porquería *garbage*
la subasta *auction*

Comprensión

1 **¿Qué pasó?** Indica el orden en el que ocurrieron estos hechos.

___ a. Diana dice que los cuadros son horribles.
___ b. Aguayo opina sobre las pinturas de Johnny.
___ c. Johnny les enseña a sus compañeros cómo criticar una obra de arte.
___ d. Mariela y Éric hablan de su apuesta (*bet*).
___ e. Fabiola quiere comprar una de las pinturas de Johnny.
___ f. Johnny sueña con ser un gran vendedor de arte.

2 **¿Realidad o fantasía?** Indica cuáles de estos acontecimientos ocurrieron y cuáles son imaginarios.

Realidad	Fantasía	
☐	☐	1. Los empleados de *Facetas* fueron a una galería de arte.
☐	☐	2. Fabiola compró un cuadro que a Mariela le parecía horrible.
☐	☐	3. El pintor agregó amarillo a su cuadro para que Fabiola lo comprara.
☐	☐	4. Johnny vendió la *Mona Lisa* en una subasta.
☐	☐	5. Mariela y Éric salieron a cenar.
☐	☐	6. Aguayo dijo que dos de las piezas eran primitivas.

3 **¿Quién?** Decide quién dijo, o podría haber dicho, cada una de estas oraciones.

Éric Johnny Fabiola Mariela

1. No pueden criticar el arte diciendo que es feo. ___________
2. A esta pintura le falta color amarillo. ___________
3. Todavía no puedo creer que Fabiola haya comprado la pintura. ___________
4. ¿Por qué no me invitas a cenar, Mariela? ___________
5. Podrías llegar a ser un gran vendedor de arte. ___________

4 **Conversaciones** En parejas, improvisen una de estas situaciones.

- Mariela y Éric hacen la apuesta. ¿Qué dicen?
- Johnny le pide al pintor que cambie los colores del cuadro. ¿Cómo reacciona el pintor?
- Fabiola le muestra el cuadro a su novio. ¿Qué opina él?

Ampliación

5 **Sueños** Johnny sueña que llega a ser un famoso vendedor de arte. En parejas, escojan a otros dos personajes de la **Fotonovela** e inventen sus sueños y fantasías.

MODELO Diana sueña que está en un museo y conoce a Leonardo da Vinci. ¡Da Vinci le pregunta a Diana si puede hacer un retrato de ella!...

6 **Apuntes culturales** En parejas, lean los párrafos y contesten las preguntas.

Salvador Dalí

¿Una exposición o una película?

Según Éric, el cine es más divertido que una exposición surrealista. Uno de los máximos íconos del surrealismo fue **Salvador Dalí**, excéntrico pintor español (ver **p. 118**) que también incursionó en el cine y en la escultura, entre otros. En *Un perro andaluz*, película clásica del cine español de Luis Buñuel y Salvador Dalí, no hay idea ni imagen que tenga aparente explicación lógica. ¡Quizás a Éric le resulte interesante!

Hablar con precisión

Para Johnny, hay pinturas radicales, primitivas, pero jamás feas o bonitas. Por ejemplo, si Johnny criticara la obra del famoso pintor figurativo chileno **Gonzalo Cienfuegos,** diría: "Como se observa en su obra *El trofeo*, su arte es radical aunque las figuras aparezcan con cierto realismo. El pintor crea su propio lenguaje con humor e ironía..." ¿Entenderán Éric y Mariela lo que quiere decir Johnny?

El trofeo

Museo MALBA

Por amor al arte

Fabiola se enamoró de una pintura y decidió comprarla. Como ella, el argentino **Eduardo Constantini** compró dos pinturas en 1970. Su colección privada fue creciendo hasta transformarse en el **MALBA**, Museo de Arte Latinoamericano de Buenos Aires, que posee más de doscientas obras en su colección permanente.

1. El surrealismo fue un movimiento de vanguardia. ¿Qué otros movimientos artísticos conoces? ¿Cómo son?
2. ¿Qué tipo de arte te gusta más: el arte renacentista, como la *Mona Lisa* de Leonardo da Vinci; el surrealismo de Dalí, o la pintura realista de Cienfuegos?
3. ¿Has visitado algún museo recientemente? ¿Cuál? Cuenta lo que viste.
4. ¿Cuál es tu opinión sobre los coleccionistas de arte? ¿Piensas que malgastan su dinero o, por el contrario, realizan una inversión?
5. ¿Qué opinas del arte digital?
6. ¿Crees que el grafiti debería ser legal? ¿Por qué?
7. ¿Qué obra de arte te gustaría tener en la sala de tu casa? ¿Por qué?

En detalle

CHILE

LAS CASAS DE NERUDA

Isla Negra

Pablo Neruda, además de poeta, fue un asiduo° viajero. Sus continuos viajes como cónsul y su posterior exilio político lo llevaron a una veintena de países. La distancia marcó, sin duda, su eterno deseo de crear refugios personales en sus casas de Chile, y le dio la oportunidad de coleccionar una gran variedad de objetos curiosos. A lo largo de los años, Neruda compró y luego mandó construir y remodelar tres casas en su país natal: "La Sebastiana", en Valparaíso; "La Chascona", en Santiago; y la "Isla Negra", en la ciudad costera del mismo nombre. Para él, estas construcciones eran mucho más que simples casas; eran, como su poesía, creaciones personales y, muchas veces, una proyección de sus universos poéticos. Las iba construyendo sin prisa, con gran dedicación y eligiendo hasta el más mínimo detalle.

Isla Negra era la favorita del poeta, y allí fue enterrado° junto a Matilde Urrutia, su gran amor. Hoy día, las tres residencias son casas-museo y reciben más de 100.000 visitantes al año. La Fundación Pablo Neruda, creada por voluntad° expresa del poeta, las administra. Aparte de conservar su patrimonio artístico y encargarse del mantenimiento° de las casas, la fundación también organiza actividades culturales y exposiciones.

Actualmente, gracias al deseo de Neruda de mantener las casas como legado° para el pueblo chileno, todos sus admiradores pueden visitarlas y sentir, por un momento, que forman parte del particular mundo creativo del escritor. ■

Isla Negra

Neruda compró una pequeña cabaña en 1939 y la fue ampliando a lo largo de los años. La reconstruyó de tal manera que pareciera el interior de un barco. En su interior se destacan las colecciones de conchas marinas, botellas y mascarones de proa°.

La Chascona

Está situada en un terreno empinado° en Santiago de Chile. Se inició su construcción en 1953 y fue bautizada "La Chascona" en honor a Matilde Urrutia. *Chascona*, en Chile, significa "despeinada°".

La Sebastiana

La casa, llamada así en honor al arquitecto Sebastián Collado, está en la ciudad de Valparaíso. Se inauguró el 18 de septiembre de 1961. Decorada también con motivos marinos, y con una vista panorámica de la ciudad y la bahía, era el lugar favorito de Neruda para pasar la Nochevieja°.

asiduo *frequent* **enterrado** *buried* **voluntad** *wish* **mantenimiento** *maintenance* **legado** *legacy* **mascarones de proa** *figureheads* **empinado** *steep* **despeinada** *with tousled hair* **Nochevieja** *New Year's Eve*

ASÍ LO DECIMOS

Artes visuales

el arte digital *digital art*
el arte gráfico *graphic art*
el videoarte *video art*

la cerámica | **la alfarería (Esp.)** *pottery*

el dibujo *drawing*
el grabado *engraving*
el grafiti *graffiti*
la orfebrería *goldwork*
el tapiz *tapestry*

EL MUNDO HISPANOHABLANTE

Otros creadores

Frida Kahlo es una de las figuras más representativas de la pintura introspectiva mexicana del siglo XX. Su vida estuvo marcada por enfermedades y un matrimonio tortuoso con el muralista Diego Rivera. Es conocida principalmente por sus autorretratos, en los que expresa el dolor de su vida personal.

Santiago Calatrava es el arquitecto español de más fama internacional en la actualidad. En sus creaciones predomina el color blanco. El Museo de las Artes y las Ciencias y el Hemisfèric de Valencia (España) son algunas de sus obras más destacadas.

Ariel Lacayo Argueñal es un famoso chef nicaragüense. Estudió administración y cursó una maestría en enología en los Estados Unidos. En el restaurante neoyorquino Patria cocinó para celebridades como los Clinton, Nicole Kidman y los príncipes de Mónaco. Hoy, junto a su padre, deleita paladares° en un restaurante criollo en Nicaragua.

PERFIL

NERUDA EN EL CINE

Manuel Basoalto, director de *Neruda*

Se ha dicho muchas veces que Pablo Neruda tuvo una vida de cine. Sin embargo, durante décadas nadie pensó en hacer una película sobre el poeta más universal del Nuevo Mundo. Un día el sobrino de Neruda, Manuel Basoalto, se dio cuenta de esta deuda del cine chileno. Tres años más tarde, en 2014, Basoalto estrenó la primera película de ficción sobre su vida. El filme se centra en los meses después de que Neruda criticara al presidente de Chile, Gabriel González Videla. Después, el poeta tiene que cambiar de identidad y huir a Argentina.

El guión° está basado en entrevistas, cartas y otros documentos inéditos° sobre el poeta. "Es una película de suspenso", dice el director. El actor chileno, José Secall, es quien interpreta al poeta. Basoalto lo eligió porque quería un actor bueno y poco conocido. "Finalmente vi que José podía ser un Neruda muy creíble", aseguró.

José Secall

> "La eternidad es una de las raras virtudes de la literatura."
> (Adolfo Bioy Casares, escritor argentino)

Conexión Internet

¿Qué papel tuvo el arquitecto español Germán Rodríguez Arias en las casas de Neruda? | Investiga sobre este tema en Internet.

guion *script* **inéditos** *unpublished* **deleita paladares** *pleases the palate*

¿Qué aprendiste?

1 **¿Cierto o falso?** Indica si estas afirmaciones son **ciertas** o **falsas**. Corrige las falsas.

1. Neruda no salió nunca de Chile.
2. Neruda coleccionó una gran variedad de objetos curiosos.
3. Neruda tenía dos casas en Chile: Isla Negra y La Chascona.
4. La casa La Chascona se llama así porque está ubicada en un pueblo que también tiene ese nombre.
5. Neruda intervenía muy activamente en la construcción y decoración de sus casas.
6. El poeta está enterrado junto a su esposa en La Sebastiana.
7. Hoy día, las tres casas más famosas del poeta son museos.
8. La Fundación Pablo Neruda se creó por deseo e iniciativa de los admiradores del poeta.
9. La casa Isla Negra está decorada como si fuera un barco.
10. A Pablo Neruda le gustaba pasar la Nochevieja en la casa La Sebastiana.
11. En la Chascona se destaca una colección de conchas marinas.
12. La Sebastiana tiene una vista privilegiada de la ciudad de Santiago.

2 **Oraciones incompletas** Completa las oraciones con la información correcta.

1. El director de la película *Neruda* se llama ___________.
2. José Secall es un actor de teatro que ___________.
3. En las creaciones de Santiago Calatrava predomina ___________.
4. Frida Kahlo se casó con el artista mexicano ___________.

3 **Preguntas** Contesta las preguntas.

1. ¿Qué forma de artes visuales preferirías hacer, la alfarería, la orfebrería o el grabado? ¿Por qué?
2. ¿Has practicado alguna vez alguna de las técnicas de **Así lo decimos**? ¿Qué hiciste? ¿Te gustó? ¿Por qué?
3. ¿Crees que la gastronomía se puede considerar una forma de arte? Explica tu respuesta.

4 **Opiniones** En parejas, elijan otro artista o creador hispano que no haya sido mencionado en esta lección. Expliquen por qué les interesa ese artista o sus obras.

MODELO Hemos elegido al pintor y escultor colombiano Fernando Botero. Nos interesan sus esculturas voluminosas porque...

PROYECTO

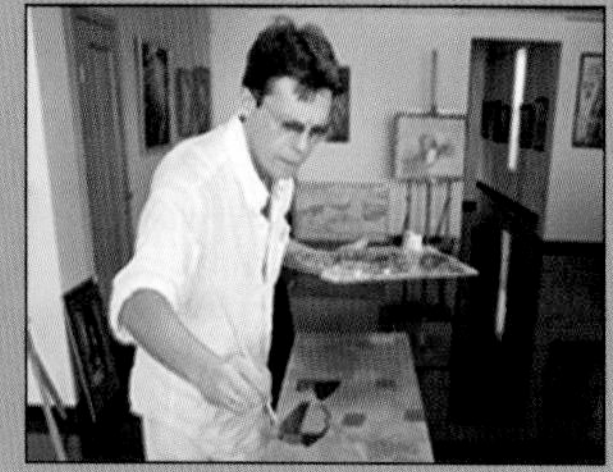

Artistas

Elige una obra en particular de uno de los artistas que se han presentado en **El mundo hispanohablante**. Busca información y prepara una presentación breve para la clase. No olvides mostrar una fotografía o ilustración de la obra. Usa las preguntas como guía.

- ¿Quién es el/la artista?
- ¿Cómo se llama la obra?
- ¿Cuáles son las características de la obra?
- ¿Por qué es famosa la obra y por qué la elegiste?

Arquitectura modernista

Ahora que ya sabes acerca de las casas de Pablo Neruda en Chile, mira este episodio de **Flash Cultura**. Conocerás los diferentes tipos de la singular arquitectura modernista en Barcelona y a sus máximos representantes.

VOCABULARIO ÚTIL

brillar *to shine*	**el hierro forjado** *wrought iron*
la calavera *skull*	**el tejado** *tile roof*
el encargo *job*	**el tranvía** *streetcar*
la fachada *front of building*	**redondeado/a** *rounded*

Comprensión Indica si estas afirmaciones son **ciertas** o **falsas**. Después, corrige las falsas.

1. La zona de Barcelona donde está la Casa Batlló se conoce como La Gran Manzana.
2. En el Paseo de Gracia hay casas con estilos muy diferentes y contrastantes.
3. Los arquitectos modernistas catalanes dieron poca importancia a la estética y a los materiales.
4. Lluís Domènech i Montaner fue el creador de la Sagrada Familia.
5. Puig i Cadafalch tuvo influencia de las arquitecturas holandesa y flamenca.
6. La sala de las cien columnas está en el Parque Güell.

Expansión En parejas, contesten estas preguntas.

- ¿Qué obra del video les ha gustado más? ¿Por qué?
- ¿Dónde preferirían vivir: en la Casa Amatller, en la Casa Batlló o en una de las casas de Neruda? ¿Por qué?
- ¿Conocen otros monumentos que contengan algunas de las características del modernismo? ¿Cuáles?

¿Y tú? ¿Qué tipo de arquitectura te gusta? ¿Prefieres los edificios modernos o los edificios más tradicionales? ¿Cuál es tu monumento favorito? ¿Por qué es especial para ti?

Corresponsal: Mari Carmen Ortiz
País: España

Entre 1880 y 1930, surge° el modernismo en Cataluña de forma radicalmente diferente al resto de Europa.

El Parque Güell posee los toques y detalles característicos de Gaudí. El uso de baldosines° irregulares… formas curvas… contrastes sorpresivos…

Desgraciadamente, su inesperada muerte paralizó las obras, y el edificio sigue todavía inacabado a pesar de los muchos esfuerzos de continuación.

surge *emerges* **baldosines** *ceramic tiles*

4.1 The future perfect

- The future perfect tense (**el futuro perfecto**) is formed with the future of **haber** and a past participle.

The future perfect		
pintar	**vender**	**salir**
habré pintado	habré vendido	habré salido
habrás pintado	habrás vendido	habrás salido
habrá pintado	habrá vendido	habrá salido
habremos pintado	habremos vendido	habremos salido
habréis pintado	habréis vendido	habréis salido
habrán pintado	habrán vendido	habrán salido

TALLER DE CONSULTA

MANUAL DE GRAMÁTICA
Más práctica

4.1 The future perfect, p. A19

4.2 The conditional perfect, p. A20

4.3 The past perfect subjunctive, p. A21

Gramática adicional

4.4 **Si** clauses with compound tenses, p. A22

- The future perfect is used to express what *will have happened* at a certain point. The phrase **para** + [*time expression*] is often used with the future perfect.

Ya **habré leído** la novela para el lunes.
I will have already read the novel by Monday.

Para el año que viene, los arquitectos **habrán diseñado** el nuevo museo.
By next year, the architects will have designed the new museum.

- **Antes de (que), (para) cuando, dentro de**, and **hasta (que)** are also used with time expressions or other verb forms to indicate when the action in the future perfect will have happened.

Cuando lleguemos al teatro, ya **habrá empezado** la obra.
When we get to the theater, the play will have already started.

Lo **habré terminado dentro de** dos horas.
I will have finished it within two hours.

TALLER DE CONSULTA

To review irregular past participles, see 1.1, p. 27.

- The future perfect may also express speculation regarding a past action.

¿**Habrá tenido** éxito la exposición de este fin de semana?
I wonder if this weekend's exhibition was a success.

No lo sé, pero **habrá ido** mucha gente a verla.
I don't know, but a lot of people will have gone to see it.

Práctica y comunicación

TALLER DE CONSULTA

MANUAL DE GRAMÁTICA
Más práctica

4.1 The future perfect, p. A19

1 **Artes y letras** Completa las oraciones con el futuro perfecto.

1. Me imagino que ustedes ya ____________ (leer) el poema para mañana.
2. ¿ ____________ (conocer) Juan a la famosa autora?
3. Para la próxima semana, Ana y yo ____________ (terminar) de leer el cuento.
4. El pintor dice que ____________ (conseguir) la modelo que busca para el jueves.
5. Me imagino que las obras ya se ____________ (vender).

2 **Planes** Tus amigos no han llegado a una cita contigo y tú no sabes por qué. Escribe suposiciones con la información del cuadro. Sigue el modelo.

MODELO **Entendí mal los planes.**
Habré entendido mal los planes.

Me dejaron un mensaje telefónico.	1.
Uno de mis amigos tuvo un accidente.	2.
Me equivoqué de día.	3.
Fue una broma.	4.
Lo soñé.	5.

3 **Excusas** Mónica siempre responde con excusas a su profesora. En parejas, utilicen el futuro perfecto para completar la conversación. Después, inventen un final.

devolver entregar escribir ir pedir ver

PROFESORA Buenos días. ¿Todos (1) __________ el ensayo para el final del día?
MÓNICA Yo lo (2) __________ para el viernes, profesora.
PROFESORA Pero me imagino que tú ya (3) __________ la exposición del escultor, ¿verdad?
MÓNICA Pues... estuve con fiebre... todo el fin de semana. Pero voy mañana.
PROFESORA Por lo menos (4) __________ a la biblioteca a hacer las investigaciones necesarias, ¿no?
MÓNICA Pues, fui, pero otro estudiante ya había sacado los libros sobre el escultor. Según la bibliotecaria, él los (5) __________ para mañana.

4 **El futuro** Hazles estas preguntas a tres de tus compañeros/as.

- Cuando terminen las próximas vacaciones de verano, ¿qué habrás hecho?
- Antes de terminar la escuela secundaria, ¿qué aventuras habrás tenido?
- Dentro de diez años, ¿dónde habrás estado y a quién habrás conocido?
- Cuando tengas cuarenta años, ¿qué decisiones importantes habrás tomado?
- Cuando seas anciano/a, ¿qué lecciones habrás aprendido de la vida?

4.2 The conditional perfect

TALLER DE CONSULTA

To review irregular past participles, see 1.1, p. 27.

The conditional perfect is frequently used after **si** clauses that contain the past perfect subjunctive. See **Manual de gramática, 4.4,** p. A22.

- The conditional perfect tense (**el condicional perfecto**) is formed with the conditional of **haber** and a past participle.

The conditional perfect

pensar	**tener**	**sentir**
habría pensado	**habría tenido**	**habría sentido**
habrías pensado	**habrías tenido**	**habrías sentido**
habría pensado	**habría tenido**	**habría sentido**
habríamos pensado	**habríamos tenido**	**habríamos sentido**
habríais pensado	**habríais tenido**	**habríais sentido**
habrían pensado	**habrían tenido**	**habrían sentido**

- The conditional perfect tense is used to express what *might have occurred* but did not.

Habría ido al museo, pero mi amiga tenía otros planes.
I would have gone to the museum, but my friend had other plans.

Seguramente tú no **habrías vendido** la acuarela de papá.
In all likelihood, you wouldn't have sold Dad's watercolor.

Salma Hayek **habría representado** mejor el rol de la madre.
Salma Hayek would have played the part of the mother much better.

Creo que Andrés **habría sido** un gran pintor.
I think Andrés would have been a great painter.

- The conditional perfect may also express probability or conjecture about the past.

¿Crees que los críticos **habrían apreciado** su talento?
Do you think the critics would have appreciated his talent?

Seguro que los **habría sorprendido** con su técnica.
I'm sure his technique would have surprised them.

Práctica y comunicación

TALLER DE CONSULTA

MANUAL DE GRAMÁTICA
Más práctica

4.2 The conditional perfect, p. A20

1 **Lo que habrían hecho** Completa las oraciones con el condicional perfecto.

1. No me gustó la obra de teatro. Incluso yo mismo ________ (imaginar) un protagonista más interesante.
2. Yo, en su lugar, lo ________ (dibujar) de modo más abstracto.
3. A la autora le ________ (gustar) escribir ficción histórica, pero el público sólo quería más novelas rosas.
4. Nosotros ________ (escribir) ese cuento desde otro punto de vista.
5. ¿Tú ________ (hacer) lo mismo en esa situación?

2 **Otro final** En parejas, conecten las historias con sus finales. Luego, utilicen el condicional perfecto para inventar otros finales. Sigan el modelo.

MODELO ***Titanic* / El barco se hunde (*sinks*).**
En nuestra historia, el barco no se habría hundido. Los novios se habrían casado y...

La Bella y la Bestia	El monstruo mata a su creador.
Frankenstein	Se casa con el príncipe.
El Señor de los Anillos	Frodo destruye el anillo.
Romeo y Julieta	Regresa a su hogar en Kansas.
El Mago de Oz	Los novios se mueren.

3 **¿Y ustedes?** En parejas, miren los dibujos y túrnense para decir lo que habrían hecho en cada situación. Utilicen el condicional perfecto y sean creativos/as.

4 **Autobiografías** Utiliza el condicional perfecto para escribir un párrafo de tu autobiografía. Menciona tres cosas que no cambiarías de tu vida y tres cosas que habrías hecho de forma diferente.

4.3 The past perfect subjunctive

TALLER DE CONSULTA

The alternative past subjunctive forms of **haber** may also be used with the past participle to form the past perfect subjunctive. See 2.2, pp. 68–69.

Ojalá hubieras/hubieses participado más en el proyecto.
I wish you had participated more in the project.

• • • •

The past perfect subjunctive is also frequently used in **si** clauses. See **Manual de gramática, 4.4,** p. A22.

Si me hubieran invitado, habría ido a la exposición.
If they had invited me, I would have gone to the exhibition.

- The past perfect subjunctive (**el pluscuamperfecto del subjuntivo**) is formed with the past subjunctive of **haber** and a past participle.

The past perfect subjunctive

cambiar	poder	influir
hubiera cambiado	hubiera podido	hubiera influido
hubieras cambiado	hubieras podido	hubieras influido
hubiera cambiado	hubiera podido	hubiera influido
hubiéramos cambiado	hubiéramos podido	hubiéramos influido
hubierais cambiado	hubierais podido	hubierais influido
hubieran cambiado	hubieran podido	hubieran influido

- The past perfect subjunctive is used in subordinate clauses under the same conditions for other subjunctive forms. It refers to actions or conditions that had taken place before another past occurrence.

Le molestó que los escritores no **hubieran asistido** a su conferencia.
It annoyed her that the writers hadn't attended her lecture.

No era cierto que la galería **hubiera cerrado** sus puertas definitivamente.
It was not true that the gallery had closed its doors permanently.

- When the action in the main clause is in the past, both the past subjunctive and the past perfect subjunctive can be used in the subordinate clause. However, the meaning of each sentence may be different.

PAST SUBJUNCTIVE

Esperaba que me **compraras** esta novela. ¡Qué bien!
I was hoping you would get me this novel. It's great!

Deseaba que me **ayudaras**.
I wished that you would help me.

PAST PERFECT SUBJUNCTIVE

Esperaba que me **hubieras comprado** una novela, no una biografía.
I wished that you would have bought me a novel, not a biography.

Deseaba que me **hubieras ayudado**.
I wished that you would have helped me.

Práctica y comunicación

TALLER DE CONSULTA

MANUAL DE GRAMÁTICA
Más práctica

4.3 The past perfect subjunctive, p. A21

1 **Hubiera...** Completa las oraciones con el pluscuamperfecto del subjuntivo.

1. Habría ido al teatro si no ___________ (llover).
2. Si yo ___________ (lograr) publicar mi libro, habría sido un superventas.
3. Me molestó que ellos no le ___________ (dar) el premio al otro poeta.
4. Si nosotros ___________ (pensar) eso, lo habríamos dicho.
5. Si ella ___________ (pedir) más por sus cuadros, habría ganado millones.
6. ¡Qué lástima que sus padres no ___________ (apoyar) su interés por las artes!

2 **Oraciones** Une los elementos de las columnas para crear cinco oraciones con el pluscuamperfecto del subjuntivo.

Dudaba de que	yo	escribir cuentos policíacos
Esperábamos que	tú	ganar un premio literario
Me sorprendió que	el artista	tener talento
Ellos querían que	nosotros	venir a la exposición
No creías que	los poetas	vender ese autorretrato

3 **¡A quejarse!** Daniel es escritor y Graciela es pintora. En parejas, utilicen el pluscuamperfecto del subjuntivo para escribir una conversación en la que se quejan de las oportunidades que perdieron.

MODELO **GRACIELA** No fue justo que le hubieran dado ese premio literario a García Márquez. Tienes mucho más talento que él..

No fue justo que....
No podía creer que...
Si hubiera logrado...
Si tú sólo hubieras...

4 **Síntesis** En grupos de tres, dramaticen una conversación en la que uno/a de ustedes entrevista al/a la ganador(a) y a un(a) finalista del concurso *El ídolo de la música.* Utilicen por lo menos tres usos del futuro perfecto, del condicional perfecto, y del pluscuamperfecto del subjuntivo. Luego representen su entrevista para la clase.

MODELO

REPORTERO Carolina, eres el nuevo ídolo de la música. ¡El año que viene será increíble! ¿Qué crees que habrá pasado para esta fecha, el próximo año?

GANADORA Pues, seguramente habré grabado mi primer disco y...

REPORTERO Christopher, tus aficionados no habrán creído lo que pasó esta noche. Si hubieras tenido otra oportunidad, ¿qué habrías hecho distinto?

FINALISTA Quizás si hubiera cantado algo más clásico, los jueces no me habrían criticado tanto. O si hubiera...

Antes de ver el video

JÓVENES VALIENTES

país Colombia
duración 14 minutos
director Giovanni Granada

con bailarines jóvenes, padres y maestras

Vocabulario

aportar *to contribute*
apoyar *to support*
burlarse *to mock*
la confianza *confidence*
la enseñanza *teaching*
el entorno *surroundings*
el espectáculo *show*
la formación *training; preparation*
la fortaleza *strength*
la meta *goal*
el respaldo *support*
sacar provecho *to benefit from*
el telón *curtain*
valiente *brave*

1 **Oraciones** Completa las oraciones con las palabras o expresiones apropiadas.

1. El arte tiene un papel fundamental en la ___________ de las personas.
2. El arte puede ___________ muchos beneficios a la vida de los jóvenes.
3. Uno de esos beneficios es mejorar la ___________ en uno mismo.
4. Otro beneficio es la formación de la ___________ ante situaciones difíciles.
5. Para alcanzar una ___________ es necesario trabajar duro.
6. Si en tu comunidad ofrecen clases gratuitas de arte, deberías ___________ de ellas.
7. Al final del espectáculo, cae el ___________.

2 **Preguntas** En parejas, contesten estas preguntas.

1. ¿Qué actividad artística practicas o te gustaría practicar?
2. ¿Por qué te gusta esa actividad artística en particular?
3. ¿Te gustaría dedicarte a ese tipo de arte de manera profesional? ¿Por qué?
4. ¿Qué enseñanzas puede transmitir en tu vida o en la vida de otras personas?
5. ¿Qué se necesita para sobresalir (*stand out*) en ese arte?
6. ¿Conoces a alguna persona que sobresalga en ese arte? ¿Cómo es esa persona?

3 **Valores** De la siguiente lista de valores, elige los dos que en tu opinión son los más importantes para un arte escénico (*perfoming art*) como el teatro, la danza o el circo. Después, comparte tus opiniones con un grupo de compañeros/as.

- la confianza en uno/a mismo/a
- la disciplina
- la fortaleza de carácter
- el respeto por las diferencias
- el sentido de la responsabilidad
- el trabajo en equipo

Jóvenes
Valientes
La pasión de un sueño...
Un documental dirigido por:
GIOVANNI GRANADA
METRO STUDIO films
www.metrostudio.tv
METRO STUDIO FILMS PRESENTA "JOVENES VALIENTES" DIRIGIDO POR GIOVANNI GRANADA PRODUCCIÓN EJECUTIVA ANDREA VARGAS
PRODUCIDA POR DORIS MARTÍNEZ Y GIOVANNI GRANADA PROTAGONIZADA POR MARIANA MOJICA, MÓNICA PACHECO, MARIANA CORREA,
ANA SOFÍA PÁEZ, ISABELLA GRANADA, SALVADOR MENESES, NATALIA HERNÁNDEZ, LUISA FERNANDA ALFONSO

Escenas

TEMA Este documental nos lleva al mundo de unos bailarines de ballet que se preparan para su presentación de final de año. A través de las historias de cinco jóvenes, descubrimos lo que sucede tanto tras el escenario como en sus vidas cotidianas.

MARIANA MOJICA Es un sentimiento inexplicable. Son los nervios combinados con la alegría, como con un poquito° de angustia al mismo tiempo.

FERNEY MENESES Su mundo es éste y en este momento está totalmente apasionado.

NATALIA HERNÁNDEZ El entrenamiento° es muy duro. Todos los días tengo que estudiar y [...] trato de repartir° mi tiempo y de ensayar° por las noches.

MÓNICA PACHECHO El trabajo en equipo. Entender que lo que yo haga afecta a todo el grupo.

SONIA PEÑALOSA Frente a muchos dolores [...] ella siempre está fuerte y dispuesta a° no parar su proceso de danza.

MARIANA MOJICA Para mí ésa es la muestra de que el esfuerzo° sí se recompensa°.

un poquito *a bit* **entrenamiento** *training* **repartir** *to distribute* **ensayar** *to rehearse*
dispuesta a *willing* **esfuerzo** *effort* **recompensa** *rewards*

Después de ver el video

1 **Comprensión** Mira los fragmentos de Natalia y Luisa Fernanda y responde a las preguntas.

Natalia

1. ¿Qué hace Natalia además de bailar ballet?
2. ¿Cómo reparte su tiempo?
3. ¿Cómo influyeron sus padres en su gusto por el ballet?
4. ¿Qué hace para tranquilizarse antes de salir al escenario?

Luisa Fernanda

1. ¿A qué edad comenzó a tomar clases de ballet?
2. ¿Por qué decidió suspender sus clases?
3. ¿Cuántos años estuvo retirada del ballet?
4. ¿Cómo la afectó la suspensión en su carrera?

2 **Un día en la vida de...** En parejas, elijan una de estas bailarinas y hagan una lista de lo que puede hacer en un día normal. Después, reúnanse con otra pareja que haya elegido a una bailarina diferente y comparen sus listas.

Natalia

Sofía

Luisa Fernanda

3 **Análisis** En grupos pequeños, discutan el significado de las siguientes expresiones tomadas del video.

"Obviamente, no se lo dije, pero... simplemente lo apoyé."
–Ferney Meneses (padre de Salvador)

"La formación en el ballet clásico aporta una serie de elementos que posteriormente en su vida van a tener que enfrentar."
–Mónica Pacheco

"Eso ha hecho que nosotros como padres siempre la estemos admirando tanto por su gran fortaleza espiritual."
–Sonia Peñalosa (madre de Sofía)

"Si yo quiero que me vaya bien tanto en el colegio como en el ballet, tengo que hacer un esfuerzo extra."
–Mariana Mojica

Dos mujeres leyendo, 1934
Pablo Picasso, España

"La literatura nace del paso entre lo que el hombre es y lo que quisiera ser."

— Mario Vargas Llosa

Antes de leer

Continuidad de los parques

Sobre el autor

Julio Cortázar nació en Bruselas, Bélgica, en 1914. Llegó a Argentina cuando tenía cuatro años. En 1932 se graduó como maestro de escuela y luego comenzó sus estudios en la Universidad de Buenos Aires, los cuales no pudo terminar por motivos económicos. Desde 1951 hasta su muerte en 1984 vivió en París. A pesar de vivir muchos años fuera de Argentina, Cortázar siempre se mostró interesado en la realidad sociopolítica de América Latina. En sus textos, representa al mundo como un gran laberinto del que el ser humano debería escapar. Su obra se caracteriza por el uso magistral (*masterful*) del lenguaje y el juego constante entre la realidad y la fantasía. Por esta última característica se lo considera uno de los creadores del "realismo fantástico". Sus obras más conocidas son la novela *Rayuela* (1963) y libros de cuentos como *Historias de cronopios y de famas* (1962).

Vocabulario

acariciar *to caress*	**la mejilla** *cheek*
al alcance *within reach*	**el pecho** *chest*
el arroyo *stream*	**el/la testigo** *witness*
la coartada *alibi*	**la trama** *plot*

Oraciones incompletas Completa las oraciones.

1. Esa película tiene una ________ muy complicada.
2. La niña ________ la cara del bebé; tiene la ________ muy suave.
3. Decidimos acampar junto al ________.
4. El otro día fui ________ de un hecho extraordinario.

Conexión personal ¿Leíste alguna vez un libro tan interesante y fascinante que simplemente no podías dejar de leerlo? ¿Cuál? ¿Tuviste una experiencia similar con una película o serie de televisión?

Análisis literario: el realismo fantástico

Entretejer (*Weaving*) la ficción y la realidad se ha convertido en un recurso frecuente en la literatura latinoamericana. Este recurso es particularmente común en la obra de escritores argentinos como Jorge Luis Borges y Julio Cortázar. A diferencia del realismo mágico, que se caracteriza por mostrar lo maravilloso como normal, en el realismo fantástico se confunden realidad y fantasía. Se presenta un hecho real y se le agrega un elemento ilusorio o fantástico sin nunca marcar claramente los límites entre uno y otro. Esto lleva a historias dentro de historias y el lector debe darse cuenta, o a veces elegir conscientemente, en qué historia está o qué está sucediendo. A medida que leas *Continuidad de los parques,* busca elementos del realismo fantástico.

Continuidad

Julio Cortázar

de los parques

Había empezado a leer la novela unos días antes. La abandonó por negocios urgentes, volvió a abrirla cuando regresaba en tren a la finca°; se dejaba interesar lentamente por la trama, por el dibujo de los personajes. Esa tarde, después de escribir una carta a su apoderado° y discutir con el mayordomo° una cuestión de aparcerías°, volvió al libro en la tranquilidad del estudio que miraba hacia el parque de los robles°. Arrellanado° en su sillón favorito, de espaldas a la puerta que lo hubiera molestado como una irritante posibilidad de intrusiones, dejó que su mano izquierda acariciara una y otra vez el terciopelo° verde y se puso a leer los últimos capítulos. Su memoria retenía sin esfuerzo los nombres y las imágenes de los protagonistas; la ilusión novelesca lo ganó casi enseguida. Gozaba del placer casi perverso de irse desgajando° línea a línea de lo que lo rodeaba, y sentir a la vez que su cabeza descansaba cómodamente en el terciopelo del alto respaldo°, que los cigarrillos seguían al alcance de la mano, que más allá de los ventanales danzaba el aire del atardecer bajo los robles. Palabra a palabra, absorbido por la sórdida disyuntiva° de los héroes, dejándose ir hacia las imágenes que se concertaban y adquirían color y movimiento, fue testigo del último encuentro en la cabaña del monte°.

Primero entraba la mujer, recelosa°; ahora llegaba el amante, lastimada la cara por el chicotazo° de una rama°. Admirablemente restañaba° ella la sangre con sus besos, pero él rechazaba sus caricias, no había venido para repetir las ceremonias de una pasión secreta, protegida por un mundo de hojas secas y senderos furtivos. El puñal° se entibiaba° contra su pecho y debajo latía° la libertad agazapada°. Un diálogo anhelante° corría por las páginas como un arroyo de serpientes, y se sentía que todo estaba decidido desde siempre. Hasta esas caricias que enredaban° el cuerpo del amante como queriendo retenerlo y disuadirlo, dibujaban abominablemente la figura de otro cuerpo que era necesario destruir. Nada había sido olvidado: coartadas, azares, posibles errores. A partir de esa hora cada instante tenía su empleo minuciosamente atribuido. El doble repaso despiadado° se interrumpía apenas para que una mano acariciara una mejilla. Empezaba a anochecer.

Sin mirarse ya, atados rígidamente a la tarea que los esperaba, se separaron en la puerta de la cabaña. Ella debía seguir por la senda° que iba al norte. Desde la senda opuesta él se volvió un instante para verla correr con el pelo suelto. Corrió a su vez, parapetándose° en los árboles y los setos°, hasta distinguir en la bruma malva° del crepúsculo° la alameda° que llevaba a la casa. Los perros no debían ladrar°, y no ladraron. El mayordomo no estaría a esa hora, y no estaba. Subió los tres peldaños° del porche y entró. Desde la sangre galopando° en sus oídos le llegaban las palabras de la mujer: primero una sala azul, después una galería, una escalera alfombrada°. En lo alto, dos puertas. Nadie en la primera habitación, nadie en la segunda. La puerta del salón, y entonces el puñal en la mano, la luz de los ventanales, el alto respaldo de un sillón de terciopelo verde, la cabeza del hombre en el sillón leyendo una novela. ■

- *country house*
- *agent*
- *butler*
- *sharecropping*
- *oak trees / Settled*
- *velvet*
- *tearing off*
- *back (of chair or sofa)*
- *dilemma*
- *the cabin in the woods*
- *suspicious(ly)*
- *lash / branch*
- *stopped the flow of*
- *dagger / was becoming warm*
- *was beating*
- *crouched (in wait) / wistful*
- *were entangling*
- *ruthless*
- *trail*
- *taking cover*
- *hedges / mauve mist*
- *twilight / tree-lined path*
- *bark*
- *steps*
- *pounding*
- *carpeted*

Después de leer

Continuidad de los parques

Julio Cortázar

1 **Comprensión** Ordena los hechos que suceden en el cuento.

___ a. Sentado en su sillón de terciopelo verde, volvió al libro en la tranquilidad del estudio.

___ b. Finalmente, ella se fue hacia el norte y él llegó hasta la casa del bosque.

___ c. Un hombre regresó a su finca después de haber terminado unos negocios urgentes.

___ d. Llegó hasta el salón y se dirigió hacia el hombre que, sentado en el sillón de terciopelo verde, estaba leyendo una novela.

___ e. Ese día los perros no ladraron y el mayordomo no estaba.

___ f. En la novela, una mujer y su amante se encontraban en una cabaña.

___ g. Él subió los tres peldaños del porche y entró en la casa.

___ h. Se habían reunido allí para terminar de planear un asesinato.

2 **Interpretación** Contesta las preguntas.

1. Según se deduce de sus costumbres, ¿cómo crees que es la personalidad del hombre que estaba sentado en el sillón? Presenta ejemplos del cuento.
2. ¿Por qué crees que el mayordomo no trabajaba ese día?
3. ¿Qué relación hay entre la pareja de la cabaña y el hombre que está leyendo la novela?
4. ¿Quién crees que es la víctima? Haz una lista de las claves que hay en el cuento.
5. ¿Qué elementos visuales del cuento son propios de la novela de misterio?
6. ¿Cómo logra el escritor mantener la atención de sus lectores?

3 **Análisis** En parejas, conversen sobre estas preguntas.

1. ¿Qué habría pasado si el hombre del sillón hubiera cerrado el libro antes?
2. Imaginen que la novela que está leyendo el hombre es de otro género: humor, romance, ciencia ficción, etc. ¿Cuál habría sido el final en ese caso? Escríbanlo y, luego, compártanlo con la clase.
3. Expliquen por qué creen que este cuento se titula "Continuidad de los parques".
4. ¿Por qué dirías que esta obra de Julio Cortázar es un cuento imposible?

4 **Un nuevo final** Escribe un párrafo que describa lo que sucede después del final del cuento. Decide si el final será sobre el hombre que lee la novela o sobre la segunda historia que parece estar dentro de la primera.

Antes de leer

Vocabulario

la alusión *allusion*	**la narrativa** *narrative work*
el canon (literario) *(literary) canon*	**el relato** *story*
editar *to publish*	**transcurrir** *to take place*
el estereotipo *stereotype*	**tratar (sobre/acerca de)** *to be about*
estético/a *aesthetic*	

La muerte y la doncella Completa las oraciones con el vocabulario de la tabla.

1. El argentino-chileno Ariel Dorfman se considera representante del ________ literario de Latinoamérica, en parte por el éxito de su obra de teatro *La muerte y la doncella.*
2. La ________ de Dorfman incluye géneros como la novela y el ensayo.
3. *La muerte y la doncella* ________ los efectos de la tortura en una mujer que cree encontrarse con su torturador.
4. La obra es interesante porque los personajes no son ________, sino que son individuos complejos.
5. La acción ________ en un lugar que no se identifica, pero podría ser el Chile de Pinochet.

Conexión personal ¿Puede haber estereotipos positivos? ¿O son todos, por definición, negativos? ¿Cómo puede un estereotipo aparentemente positivo afectar negativamente a un individuo?

Contexto cultural

Gabriel García Márquez

En 1967, Gabriel García Márquez (1927-2014) escribió una obra que se ha convertido en el símbolo más reconocible de la literatura de América Latina. *Cien años de soledad* es uno de los mayores ejemplos del *realismo mágico* y nos transporta al pueblo mítico de Macondo, donde objetos comunes como el hielo (*ice*) se presentan como maravillosos, mientras las cosas más sorprendentes —como una lluvia de flores que caen del cielo— se narran como si fueran normales. Incluso en el siglo XXI, las obras de García Márquez dominan el mercado literario y se siguen estudiando como ejemplos de un género innovador y sorprendente. Lo que es más notable aún, han conseguido definir un estilo que se reconoce mundialmente como latinoamericano y que todavía inspira a nuevos escritores. Isabel Allende y Laura Esquivel son dos escritoras destacadas que emplean la técnica del realismo mágico para combinar lo cotidiano con lo sobrenatural. Las muy exitosas novelas *La casa de los espíritus* (1982) y *Como agua para chocolate* (1989) son claros ejemplos de este género.

De Macondo a McOndo

En Santiago de Chile, ¿es típico observar una tormenta de flores? ¿Es sorprendente encontrar un cubito de hielo° en una Coca-Cola en Buenos Aires? Un grupo de jóvenes escritores, encabezado° por el chileno Alberto Fuguet, responde rotundamente° que no. Estos escritores afirman que tienen más en común con la generación estadounidense que creció con los videojuegos y MTV que con el mundo mágico y mítico de Macondo. Por eso, transformando el nombre del pueblo ficticio de las novelas de García Márquez, el grupo tomó el nombre "McOndo" en un guiño de ojo° al

ice cube
led
emphatically
wink

omnipresente McDonald's, a las pioneras computadoras Macintosh y a los *condos*.

El grupo McOndo escribe una literatura intensamente personal, urbana y llena de alusiones a la cultura popular. Fuguet describe a su grupo como apolítico, adicto a la televisión por cable y aficionado a Internet. La televisión, la radio, el cine e Internet se infiltran en sus obras e introducen temas globales y muy corrientes°. Las obras de Fuguet revelan más huellas de Hollywood que de García Márquez o Borges, y mayor influencia de videos musicales estadounidenses que de *Cien años de soledad*.

current

¿Qué hay de latinoamericano en las obras de McOndo?, se preguntan algunos lectores que identifican América Latina con el realismo mágico. ¿No podrían transcurrir en cualquier sitio?, es otra pregunta habitual. Justamente, el editor de una revista literaria estadounidense muy prestigiosa le hizo esta pregunta a Fuguet después de que la revista rechazara° uno de sus cuentos. Las novelas de Isabel Allende y Laura Esquivel, por ejemplo, llevan al lector a un lugar exótico cuyos olores y colores son a la vez extraños y familiares. ¿Pueden tener éxito en el mercado literario relatos en los que nada es exótico para los lectores acostumbrados a la vida urbana de la gran ciudad?

rejected

Los escritores de McOndo tampoco se identifican con los productos de sus contemporáneos más realistas como, por ejemplo, Sandra Cisneros, Julia Álvarez y Esmeralda Santiago, que cuentan la difícil experiencia de los latinos en los Estados Unidos. Los personajes de McOndo son latinos en un mundo globalizado. Esto se ve como un hecho normal y no como una experiencia especial o traumática. Según los autores de McOndo, su literatura es tan latinoamericana como las otras porque sus obras tratan acerca de la realidad de muchas personas: una existencia moderna, comercial, confusa y sin fronteras. En su opinión, la noción de que la realidad latinoamericana está constituida por hombres de fuerza descomunal°, tormentas de flores y muchachas que suben al cielo no sólo es estereotípica sino empobrecedora°. En un ensayo muy conocido de salon.com que se ha convertido en el manifiesto de los escritores de McOndo, Fuguet escribe: "Es una injusticia reducir la esencia de América Latina a hombres con ponchos y sombreros, zares de la droga° que portan armas° y señoritas sensuales que se menean° al ritmo de la salsa." Fuguet prefiere representar el mundo reconocible de Internet, la comida rápida y la música popular. Sólo con el tiempo sabremos si su propuesta° estética tendrá la presencia duradera°, la influencia y la importancia indiscutida del realismo mágico. ■

enormous
damaging
drug lords / gun-toting
sway
proposal
long-lasting

Los escritores de McOndo

Algunos escritores que se identifican con **Alberto Fuguet** y el mundo de McOndo son Rodrigo Fresán y Martín Rejtman de Argentina, Jaime Bayly del Perú, Sergio Gómez de Chile, Edmundo Paz Soldán de Bolivia y Naief Yehya de México. En 1997, Sergio Gómez y Alberto Fuguet editaron una antología de cuentos titulada *McOndo*, que incluye relatos de escritores latinoamericanos menores de treinta y cinco años.

Después de leer

De Macondo a McOndo

1 **Comprensión** Responde las preguntas con oraciones completas.

1. En el siglo XXI, ¿tienen éxito las obras de realismo mágico?
2. ¿De dónde viene el nombre McOndo?
3. ¿Cuáles son algunas de las influencias importantes en la literatura de Fuguet?
4. ¿Cuáles son algunas de las críticas que reciben los escritores de McOndo?
5. ¿Por qué se identifican más los escritores de McOndo con algunos jóvenes estadounidenses que con García Márquez u otros escritores?

2 **Reflexión** En parejas, respondan las preguntas.

1. ¿Qué opinan los jóvenes de McOndo de las representaciones de hombres con ponchos y de las señoritas sensuales que bailan salsa?
2. ¿Qué opinas del uso de estereotipos en la literatura y en el cine?
3. ¿Crees que el estilo de los escritores de McOndo es incompatible con el realismo mágico? ¿Se podrían combinar en una obra? ¿Cuál sería el resultado?

3 **Comparación** En grupos de tres, comparen las dos citas. La primera es de *La luz es como el agua* de García Márquez y la segunda de *El eclipse* de Augusto Monterroso. Las dos narran un cambio clave dentro de cada historia.

Un chorro (*spurt*) de luz dorada y fresca como el agua empezó a salir de la bombilla (*light bulb*) rota, y lo dejaron correr hasta que el nivel llegó a cuatro palmos. Entonces cortaron la corriente (*electricity*), sacaron el bote, y navegaron a placer (*leisurely*) por entre las islas de la casa.

Entonces floreció en él una idea que tuvo por digna de su talento y de su cultura universal y de su arduo conocimiento de Aristóteles. Recordó que para ese día se esperaba un eclipse total de sol. Y dispuso [...] valerse de (*to make use of*) aquel conocimiento para engañar (*deceive*) a sus opresores y salvar la vida.

1. ¿Qué es lo que puede suceder después de cada una de las citas? ¿Cuál de los sucesos que pueden ocurrir es más "maravilloso"?
2. ¿Qué diferencias pueden observar en el estilo de los dos escritores? ¿Cuál es más directo? ¿Cuál usa más recursos literarios, por ejemplo, metáforas?
3. ¿Qué estilo prefieren? ¿Por qué?

4 **Realismo mágico tecnológico** Elige una de las situaciones y escribe el primer párrafo de un cuento en el que el autor decide recurrir al realismo mágico para describir objetos y situaciones que se relacionan con la tecnología, la vida urbana y la cultura pop.

- un virus infectó la computadora
- tu celular hace llamadas por sí solo
- tu iPad lee tus pensamientos
- tu Wii quiere jugar al aire libre

Atando cabos

¡A conversar!

Literatura y arte En grupos de cuatro, preparen una presentación sobre un(a) artista que les interese.

Tema: Preparen una presentación sobre alguno de los artistas famosos de esta lección o elijan otro.

Preparación: Investiguen en Internet o en la biblioteca. Una vez tengan la información sobre el/la artista, elijan los puntos más importantes que van a tratar. Busquen o preparen material audiovisual para ofrecer una visión más amplia del tema.

Organización: Escriban un esquema que les ayude a organizar su presentación. Pueden guiarse respondiendo las siguientes preguntas.

1. ¿Dónde nació el/la artista?
2. ¿A qué se dedicó o dedica?
3. ¿Cómo llegó a ser conocido/a?
4. ¿Qué logros alcanzó con su obra?

Estrategia de comunicación

Cómo hablar de arte

1. No habríamos elegido a este/a artista si su obra no fuera...
2. Se hizo famoso/a gracias a...
3. Uno de los rasgos que caracteriza a este/a artista es...
4. A veces, los temas que trata son...
5. En esta obra podemos ver ciertos rasgos del movimiento cubista/surrealista/indigenista...
6. Actualmente, sus obras...

¡A escribir!

Obras maestras culinarias Imagina que eres una(a) chef muy famoso/a y que todas las semanas escribes una columna con críticas de restaurantes para una revista de arte. Elige un plato que te guste cocinar o que siempre comas en tu restaurante favorito y escribe un párrafo en el que describes el plato como si fuera una obra de arte. Usa el vocabulario que aprendiste en esta lección.

MODELO Hoy quiero presentarles una obra radical: empanadillas de pavo con salsa Dalí. Es un verdadero festival de los sentidos.

4 VOCABULARIO

La literatura

el argumento	plot
la caracterización	characterization
la estrofa	stanza
el/la lector(a)	reader
el/la narrador(a)	narrator
la obra literaria	literary work
el personaje	character
el/la protagonista	protagonist
el punto de vista	point of view
la rima	rhyme
el verso	line (of poetry)
desarrollarse	to develop
hojear	to skim
narrar	to narrate
tratarse de	to be about

Los géneros literarios

la (auto)biografía	(auto)biography
la ciencia ficción	science fiction
la literatura infantil/juvenil	children's literature
la novela rosa	romance novel
la poesía	poetry
la prosa	prose
clásico/a	classic
de terror	horror (story/novel)
didáctico/a	educational
histórico/a	historical
humorístico/a	humorous
policíaco/a	detective (story/novel)
satírico/a	satirical
trágico/a	tragic

Los artistas

el/la artesano/a	artisan
el/la dramaturgo/a	playwright
el/la ensayista	essayist
el/la escultor(a)	sculptor
el/la muralista	muralist
el/la novelista	novelist
el/la pintor(a)	painter
el/la poeta/poetisa	poet

El arte

la acuarela	watercolor
el autorretrato	self-portrait
las bellas artes	fine arts
el cuadro	painting
la escultura	sculpture
la naturaleza muerta	still life
la obra (de arte)	work (of art)
el óleo	oil painting
el pincel	paintbrush
la pintura	paint; painting
la tela	canvas
dibujar	to draw
diseñar	to design
esculpir	to sculpt
reflejar	to reflect; to depict
abstracto/a	abstract
contemporáneo/a	contemporary
inquietante	disturbing
intrigante	intriguing
llamativo/a	striking
luminoso/a	bright
realista	realistic; realist
al estilo de	in the style of
de buen/mal gusto	in good/bad taste

Las corrientes artísticas

la corriente/el movimiento	movement
el cubismo	cubism
el expresionismo	expressionism
el impresionismo	impressionism
el realismo	realism
el romanticismo	romanticism
el surrealismo	surrealism

Más vocabulario

Expresiones útiles	Ver p. 135
Estructura	Ver pp. 142, 144 y 146

En pantalla

la confianza	confidence
la enseñanza	teaching
el entorno	surroundings
el espectáculo	show
la formación	training; preparation
la fortaleza	strength
la meta	goal
el respaldo	support
el telón	curtain
aportar	to contribute
apoyar	to support
burlarse	to mock
sacar provecho	to benefit from
valiente	brave

Literatura

el arroyo	stream
la coartada	alibi
la mejilla	cheek
el pecho	chest
el/la testigo	witness
la trama	plot
acariciar	to caress
al alcance	within reach

Cultura

la alusión	allusion
el canon (literario)	(literary) canon
el estereotipo	stereotype
la narrativa	narrative work
el relato	story; account
editar	to publish
transcurrir	to take place
tratar (sobre/acerca de)	to be about; to deal with
estético/a	aesthetic

La política y la religión 5

Communicative Goals

You will expand your ability to…
- describe actions in the passive voice
- make impersonal or generalized statements
- talk about unexpected or accidental events
- describe time and space relationships

La política y la religión

La religión

Durante la Semana Santa en Antigua, Guatemala, los **creyentes** muestran su **fe** en **Dios** y sus tradiciones con coloridas procesiones en las que cargan imágenes **religiosas.**

la creencia *belief*
el/la creyente *believer*
Dios *God*
la fe *faith*
la iglesia *church*
la mezquita *mosque*
la sinagoga *synagogue*
el templo *temple*

bendecir (e:i) *to bless*
creer en *to believe in*
meditar *to meditate*
rechazar *to reject*
rezar *to pray*

espiritual *spiritual*
(in)moral *(im)moral*
religioso/a *religious*
sagrado/a *sacred; holy*

Las creencias religiosas

agnóstico/a *agnostic*
ateo/a *atheist*
budista *Buddhist*
católico/a *Catholic*

cristiano/a *Christian*
hindú *Hindu*
judío/a *Jewish*
musulmán/musulmana *Muslim*

Los cargos públicos

el alcalde/la alcaldesa *mayor*
el/la diputado/a *representative*
el/la embajador(a) *ambassador*
el/la gobernador(a) *governor*
el/la juez(a) *judge*
el/la primer(a) ministro/a *prime minister*
el/la senador(a) *senator*

Variación léxica

la polémica ⟷ *la controversia*
protestar ⟷ *manifestar*
rechazar ⟷ *repudiar*

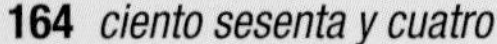

La política

Rosario Dawson, actriz y **activista**, fundó la organización Voto Latino, que realiza una **campaña** para aumentar el número de **ciudadanos** latinos que **se inscriben** para **votar** y participan en las **elecciones** estadounidenses.

el/la activista *activist*
la campaña *campaign*
el/la candidato/a *candidate*
el/la ciudadano/a *citizen*
los derechos (humanos/civiles) *(human/civil) rights*
el exilio político *political exile*
la guerra (civil/mundial) *(civil/world) war*
la ideología *ideology*
la inmigración *immigration*
la libertad *freedom*
el/la líder *leader*
la manifestación *protest*
la mayoría *majority*
la minoría *minority*
el partido político *political party*
la polémica *controversy*
el/la político/a *politician*
el proyecto de ley *bill*
el terrorismo *terrorism*

---

aprobar (o:ue) una ley *to pass a law*
elegir (e:i) *to elect*
emigrar *to emigrate*
ganar/perder (e:ie) las elecciones *to win/lose an election*
gobernar (e:ie) *to govern*
inscribirse *to register*
luchar *to fight*
pronunciar un discurso *to give a speech*
protestar *to protest*
votar *to vote*

---

conservador(a) *conservative*
(des)igual *(un)equal*
(in)justo/a *(un)just*
liberal *liberal*

Práctica

1 Escuchar

A. Escucha la presentación y después completa las oraciones con la opción correcta.

1. Los asistentes a la reunión son ____.
   a. compañeros de oficina
   b. miembros de un partido
2. Ana Lozano es ____.
   a. una candidata b. la presidenta del país
3. El partido piensa que ____ están en peligro.
   a. las leyes b. los derechos civiles
4. Según el presentador, el proyecto de ley es ____.
   a. inmoral b. obsoleto
5. El partido tiene planes para luchar contra ____.
   a. la corrupción b. el terrorismo y la injusticia

B. Escucha la conversación entre Tony y José Manuel, y contesta las preguntas.

1. ¿Por qué está tan ocupado José Manuel?
2. ¿Qué piensa Tony de Ana Lozano?
3. ¿Qué opina José Manuel de la candidata?
4. ¿Qué va a hacer Tony en las elecciones?
5. ¿Adónde va José Manuel?
6. ¿Qué decide hacer Tony al final?

C. En parejas, conversen sobre estas preguntas.

1. ¿Te pareces más a Tony o a José Manuel? Justifica tu respuesta.
2. ¿Has votado en unas elecciones? ¿Cuáles? ¿Ganó tu candidato/a?
3. ¿Alguna vez participaste en una campaña política o manifestación? ¿Por qué?

2 No pertenece

Identifica la palabra que no pertenece.

1. mezquita–iglesia–sinagoga–budista
2. ciudadano–sagrado–religioso–espiritual
3. meditar–rezar–emigrar–creer
4. desigual–discurso–injusto–inmoral
5. creyente–campaña–elecciones–candidato
6. luchar–protestar–bendecir–rechazar

Práctica

3 **Los políticos** Empareja las personas de la primera columna con sus funciones políticas.

_____ 1. activistas	a. Representan estados o provincias y aprueban leyes.
_____ 2. alcaldes	b. Son responsables de los asuntos del pueblo o ciudad.
_____ 3. candidatos	c. Trabajan en un tribunal (*court*) y dictan sentencias.
_____ 4. embajadores	d. Representan un país ante otros países.
_____ 5. jueces	e. Hacen campañas porque quieren asumir un cargo público.
_____ 6. senadores	f. Organizan manifestaciones y luchan por sus ideales.

4 **¿Quién es?**

A. Identifica a qué personaje se refieren estas situaciones.

activista	agnóstico/a	ateo/a	creyente

_______ 1. Va al templo siempre que puede. Eso lo/la ayuda a encontrar la paz espiritual. Una vez allí, reza y medita sobre los temas que le preocupan.

_______ 2. Él/Ella y un grupo de amigos/as se manifestaron delante de la residencia presidencial para pedir el fin de la guerra. No tiene miedo de crear polémica, con tal de conseguir su objetivo.

_______ 3. Sus padres van mucho a la iglesia, pero él/ella no tiene ninguna creencia religiosa. Durante las fiestas religiosas, siempre terminan peleándose.

_______ 4. No tiene fe, pero no niega la existencia de un ser superior. Nunca habla de religión, pero no le importa tener amigos religiosos.

B. Escribe tres situaciones más sobre otros personajes de **Contextos** e intercámbialas con un(a) compañero/a para que adivine a qué personaje se refiere cada situación.

5 **Antónimos** Identifica ocho palabras de **Contextos** que sean antónimos de estas palabras.

1. conservador: __________	5. justo: __________
2. igual: __________	6. paz: __________
3. ateo: __________	7. mayoría: __________
4. creer: __________	8. moral: __________

6 **Oraciones** En parejas, utilicen las palabras de la lista para escribir seis titulares (*headlines*) sobre la religión y la política para el periódico *El País*. ¡Sean creativos/as!

espiritual	(in)moral	ministro
fe	libertad	polémica
gobernador	luchar	religioso
ideología	meditar	sagrado

Comunicación

7  **Estereotipos** Lee estos estereotipos sobre la política. Luego, en grupos de tres, cada persona debe añadir otro estereotipo a la lista. Conversen sobre todas las oraciones. ¿Están de acuerdo? ¿Por qué? Den ejemplos de la actualidad para defender sus opiniones.

"Las personas que no votan no tienen derecho a quejarse."

"Los senadores y diputados prometen mucho y hacen poco."

"Los conservadores no se preocupan por el medio ambiente."

"Los liberales no se preocupan por la defensa del país."

"La política no es más que polémica y escándalo."

8 **Elecciones**

A. En parejas, miren los carteles electorales y decidan por cuál de los dos candidatos votarían en las elecciones. ¿Por qué? Compartan sus opiniones con la clase.

B. Ahora, imaginen que ustedes quieren presentarse como candidatos/as a presidente/a y vicepresidente/a de su gobierno estudiantil. Diseñen su propio cartel y preparen un discurso para la clase utilizando por lo menos ocho palabras de **Contextos**. Luego, la clase votará por los/las mejores candidatos/as.

9 **Creencias religiosas** Muchas religiones tienen aspectos en común. En parejas, escriban un párrafo sobre aspectos en común de las religiones que conocen. Utilicen por lo menos seis palabras de la lista y añadan sus propias ideas.

creencia	**líder**
creyente	**meditar**
Dios	**moral**
espiritual	**rezar**
fe	**sagrado**

La diputada Tere Zamora visita la redacción de *Facetas* para dar una rueda de prensa.

AGUAYO ¿Y la diputada?

MARIELA La esperé frente a la salida, pero nunca llegó.

DIANA ¿Dejaste a la señora Zamora en el aeropuerto?

MARIELA ¿Cómo dijiste que se llama?

AGUAYO Zamora. Tere Zamora.

MARIELA Pensé que me habían dicho *Teresa Mora.*

AGUAYO Por la constitución de este país, si no regresas con la diputada, estás despedida.

MARIELA No se preocupe, jefe. La encontraré.

DIANA Recuerda, es una mujer cuarentona con ojeras y de aspecto militar. (*Mariela se va.*) No puedo creer que se haya equivocado de nombre.

AGUAYO No sólo eso, sino que dejó a la diputada en el aeropuerto.

JOHNNY Todo se arreglará. Tómenlo con calma.

AGUAYO Invito a la política más prominente y controversial del norte del país para una entrevista en exclusiva, y una de mis empleadas la deja en el aeropuerto, y ¿debo tomarlo con calma?

ÉRIC Ya la encontrará. Son políticos. Aparecen sin que nadie los llame.

DIANA No se moleste. Yo se la leeré. "Por su aportación a la democracia, los derechos humanos, la justicia y la libertad. De la revista *Facetas* para la honorable diputada Teresa Mora." (*Se le cae de las manos.*) ¡Uy!... Tengo las manos tan resbaladizas. Debe ser por el hambre... ¿Almorzamos?

Diana y la diputada se van.

FABIOLA ¿Viste a todos esos periodistas allá fuera?

Están viendo televisión.

ÉRIC Cualquier político que luche contra la corrupción se convierte en un fenómeno publicitario.

FABIOLA ¿Quién es ése que corre? (*Señala la tele.*)

FABIOLA Y ÉRIC ¡Es Johnny!

JOHNNY (*Entra corriendo.*) ¡Me acaban de confundir con Ricky Martin!

En la oficina, dando una rueda de prensa...

PERIODISTA Hacer cumplir la ley le ha dado una posición de liderazgo en el gobierno. ¿Cuándo sabremos si será candidata a senadora, señora diputada?

DIPUTADA Se enterarán de los detalles de mi futuro político en la próxima edición de la revista *Facetas*.

Personajes

AGUAYO

DIANA

ÉRIC

FABIOLA

JOHNNY

MARIELA

LA DIPUTADA TERE ZAMORA

PERIODISTA

4

AGUAYO (*furioso, seguro de que es Mariela*) ¡Qué... (*Entra la diputada.*) gusto saludarla, señora diputada! Disculpe los inconvenientes, señora Zamora. Envié a una persona a recogerla, pero, como ve, nunca se encontraron.

DIPUTADA Son cosas que pasan, pero no se preocupen; lo importante es hacer la entrevista.

5

DIANA Pero antes queremos darle un regalo de bienvenida.

JOHNNY Como muestra de nuestro agradecimiento, le hacemos este humilde obsequio.

DIPUTADA ¡El calendario azteca!

FABIOLA Y tiene una dedicatoria en la parte de atrás, escrita en caligrafía por nuestra artista gráfica.

DIANA (*pálida*) ¿Por Mariela?

Diana toma el calendario.

9

PERIODISTA Eso es favoritismo.

DIPUTADA Favoritismo ¡no!, sino que los periodistas de *Facetas* son los únicos que tratan la política con respeto.

10

Más tarde, en la sala de conferencias...

MARIELA Lo siento, pero no encontré a ninguna cuarentona con ojeras y con aspecto militar. (*Se entera de que la diputada está presente.*) Aunque ahora mismo regreso a ver si encuentro a la guapa diputada que estaba buscando.

Mariela se va avergonzada.

Expresiones útiles

Presenting gifts and expressing gratitude

Como muestra de nuestro agradecimiento...
As a sign of our gratitude...

Por su aportación a...
For your contribution to...

Le hacemos este humilde obsequio.
We present this humble gift.

Talking about accidents

¡Se me cayó! / ¡Se le cayó!
I dropped it! / She/He dropped it!

Todo se arreglará.
Everything will work out.

Tómenlo con calma.
Take it easy.

Son cosas que pasan.
No se preocupen.
These things happen. Don't worry.

Additional vocabulary

el aspecto *look; appearance*
cuarentón/cuarentona *someone in his/her forties*
cumplir la ley *to abide by the law*
la dedicatoria *dedication*
la democracia *democracy*
el favoritismo *favoritism*
la justicia *justice*
el liderazgo *leadership*
militar *military*
las ojeras *bags under one's eyes*
prominente *prominent*
resbaladizo/a *slippery*
la rueda de prensa *press conference*

Comprensión

1 **¿Cierto o falso?** Indica si estas afirmaciones son **ciertas** o **falsas**. Corrige las falsas.

Cierto	Falso	
☐	☐	1. La diputada se llama Teresa Mora.
☐	☐	2. Cuando Mariela no encuentra a la diputada, Aguayo lo toma con calma.
☐	☐	3. La diputada viene a la oficina a dar una rueda de prensa.
☐	☐	4. Los empleados de *Facetas* le dan un regalo de bienvenida a la diputada.
☐	☐	5. Diana no quiere que la diputada vea la dedicatoria.
☐	☐	6. Johnny llega corriendo porque quiere hacer ejercicio.
☐	☐	7. La diputada dice que se va a presentar como candidata a senadora.
☐	☐	8. La diputada dice que los periodistas de *Facetas* tratan la política con respeto.

2 **¿Por qué?** Contesta las preguntas con oraciones completas y explica tus respuestas.

1. ¿Por qué Mariela no encontró a la diputada en el aeropuerto?
2. Cuando se le cayó el plato a Diana, ¿qué explicación le dio a la diputada? ¿Crees que fue un accidente o que lo hizo a propósito? ¿Por qué?
3. ¿Cómo se habrá sentido la diputada después de lo que dijo Mariela? ¿Por qué?
4. ¿Cómo se habrá sentido Aguayo? ¿Y Mariela?
5. ¿Qué les habrá dicho la diputada sobre su futuro político? ¿Fue justo que ella no revelara ninguna información sobre el asunto a los demás periodistas? ¿Por qué?
6. ¿Qué habrá pasado al día siguiente en la oficina de *Facetas*? ¿Crees que Mariela fue despedida? ¿Por qué?

3 **Opiniones** Cuando se trata de política, la gente suele tener opiniones muy fuertes. Primero, identifica cuál de los personajes expresa cada una de estas opiniones. Luego, en parejas, conversen sobre qué quieren decir y den sus propias opiniones.

"Son políticos. Aparecen sin que nadie los llame."

"Eso es favoritismo."

"Los periodistas de *Facetas* son los únicos que tratan la política con respeto."

"Todo se arreglará."

"Cualquier político que luche contra la corrupción se convierte en un fenómeno publicitario."

Ampliación

4 

Un buen político En parejas, debatan sobre cuáles son las características de un(a) buen(a) político/a. Lean las acciones de la lista y escojan las cuatro más importantes. Luego, reúnanse con otra pareja y compartan sus opiniones.

cumplir con sus promesas	**no aumentar los impuestos**
decir lo que piensa	**ocuparse del medio ambiente**
defender los derechos humanos	**pelear contra la discriminación**
luchar contra la corrupción	**proteger la seguridad del país**

5 

Apuntes culturales En parejas, lean los párrafos y contesten las preguntas.

Mujeres al poder

Tere Zamora es una política prominente de su país. Otra política destacada del mundo hispano es **Michelle Bachelet**, presidenta de Chile en dos ocasiones. Antes de asumir su primera presidencia en 2006, esta doctora trabajó por los derechos humanos. Ocho años después, en 2014, Bachelet volvió a proclamarse presidenta, tras ganar en las elecciones a Evelyn Matthei.

La Piedra del Sol

¡Ay, Dios mío! ¡Diana dejó caer nada menos que una réplica del calendario azteca! Para los aztecas, el calendario, también llamado **Piedra del Sol**, era un objeto sagrado que encerraba la clave de sus creencias y celebraciones religiosas. El calendario original es una piedra de 25 toneladas. ¿Qué pensará Aguayo de la estrategia de Diana?

Las capitales de Bolivia

Aguayo y la diputada conversarán sobre política y democracia. Casi todos los países hispanos tienen gobiernos democráticos, y el gobierno nacional se asienta en una ciudad capital. Bolivia presenta la particularidad de tener dos capitales: **Sucre**, la capital oficial y sede de la Justicia, y **La Paz**, capital administrativa.

1. ¿Conoces otras figuras políticas femeninas? ¿Quiénes son? ¿Qué cargos públicos ocupan?
2. En tu comunidad, ¿participan las mujeres activamente en la política? ¿Estás de acuerdo con el nivel actual de participación femenina?
3. En tu cultura, ¿tenían tus antepasados (*ancestors*) objetos sagrados? ¿Cómo eran? ¿Para qué servían?
4. ¿Visitaste alguna vez la capital de algún país? ¿Qué capitales te gustaría visitar? ¿Por qué?

En detalle

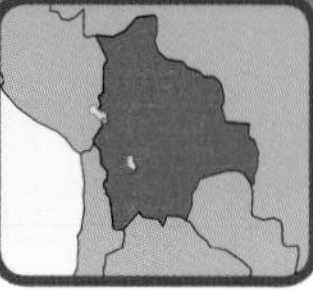
BOLIVIA

EL CARNAVAL DE ORURO

Durante los cuarenta días de fiesta del Carnaval de Oruro, generalmente a fines de febrero, los grupos folclóricos llenan las calles de música y baile. Los espectáculos cuentan las historias de la Conquista y honran a la Virgen del Socavón, protectora de la ciudad. Los habitantes les dan gran importancia a las coreografías y a la confección° de los disfraces° que preparan a lo largo de todo el año. Uno de los elementos más famosos de este carnaval son las máscaras° de diablo. Estas piezas de artesanía son originales y contienen símbolos de la mitología andina, como la serpiente o el cóndor. Hoy día, son consideradas verdaderas creaciones artísticas y se han convertido en objetos de colección.

El desfile° más celebrado, y el que muestra la fusión de tradiciones católicas e indígenas, es el de las *diabladas*. En él, los participantes se visten con elaboradísimos disfraces de diablos y realizan bailes en honor de la Virgen. Tanto la figura del diablo como la de la Virgen del Socavón tienen elementos de la tradición indígena. El Tío Supay es una figura ancestral andina que con el tiempo pasó a identificarse con el diablo de la tradición cristiana. Otro personaje de la mitología andina, la diosa benefactora de los urus°, se integró plenamente con la Virgen del Socavón.

El carnaval, que fue proclamado "Obra maestra del patrimonio oral e inmaterial de la humanidad" por la UNESCO, se ha convertido también en visita obligada para los turistas. Cada año, el presidente Evo Morales trae a un invitado especial. En 2016, le tocó al actor norteamericano Edward Norton. ¿Quién será el próximo? ■

Otros desfiles del Carnaval de Oruro

- **Morenadas** Desfile de personajes que representan a los esclavos africanos, a los indígenas y a los conquistadores españoles
- **Caporales** Desfile que representa la brutalidad de los capataces° que vigilaban° a los trabajadores indígenas y africanos

Leyendas

Según la leyenda, el Tío Supay, dios de las minas° bolivianas, protege las riquezas que se esconden bajo la tierra. Esta divinidad andina no tiene clemencia y, por siglos, se ha cobrado° la vida de los mineros° que no reconocen su poder. Según cuenta la mitología andina, una deidad femenina bajó del cielo a proteger a los urus del Tío Supay, y éste, tras la derrota°, tuvo que irse a vivir bajo tierra.

confección *making* **disfraces** *costumes* **máscaras** *masks* **desfile** *parade* **urus** *indigenous people* **minas** *mines* **se ha cobrado** *he has claimed* **mineros** *miners* **derrota** *defeat* **capataces** *foremen* **vigilaban** *watched over*

ASÍ LO DECIMOS

La religión y la política

cada muerte de obispo° *once in a blue moon*

estar en capilla° *to be punished*

mano de santo° (Esp.) *miracle cure*

ojalá° *I hope so*

ser más viejo/a que Matusalén° *to be very old*

ajustarse el cinturón *to tighten one's belt*

medir con doble vara *to have double standards*

un(a) ñoqui (Arg.) *a person getting paid for a government position he/she doesn't hold*

un(a) politiquillo/a (Esp. y Méx.) (*pej.*) *minor politician*

EL MUNDO HISPANOHABLANTE

Campañas y elecciones

El voto femenino. El voto femenino fue una conquista tardía° en Latinoamérica. Mientras que en países como Nueva Zelanda (1893) y Australia (1902) las mujeres empezaron a participar en las votaciones desde principios del siglo XX, en países como Colombia (1954) y Perú (1955) lo hacen sólo desde mitad del mismo siglo.

Las escuelas son los lugares comunes para votar en Argentina. Los votantes van a las escuelas y realizan la votación en las aulas°, llamadas *cuartos oscuros* porque las ventanas se cubren para que nadie pueda observar al votante. Las elecciones son el domingo y, generalmente, el lunes siguiente no hay clases.

El cierre de campaña ocurre unos días previos al día de la votación, según la ley de algunos países. En Ecuador, por ejemplo, los candidatos políticos y los medios de comunicación no pueden hacer propaganda ni expresar opiniones políticas un cierto número de días antes de las elecciones.

PERFIL

EVO MORALES

En diciembre de 2009, Evo Morales ganó las elecciones presidenciales de Bolivia por segunda vez. Nació en 1959, en un pequeño pueblo marcado por la pobreza. Su familia, de ascendencia aymara, vivía en condiciones tan precarias que cuatro de sus hermanos murieron antes de los dos años. De muy joven, el presidente indígena comenzó a trabajar en el campo y se inscribió en un sindicato de campesinos, donde no tardó en demostrar sus dotes° de líder. Su carrera política dio un gran salto en 1997, cuando ganó las elecciones para la Cámara de los Diputados con un setenta por ciento de los votos. A partir de allí, y no libre de controversia por sus posturas políticas, se transformó en uno de los mayores protagonistas del panorama político de Latinoamérica. Su discurso político se centra en la nacionalización de los recursos mineros del país y en la lucha por los derechos de los campesinos.

> "No vivir tan deprisa, valorar lo que tenemos y dedicarnos más a los demás"
> (Evo Morales, presidente de Bolivia)

Conexión Internet

¿En qué países de América Latina es obligatorio el voto?

Investiga sobre este tema en Internet.

dotes *skills* **cada muerte…** (*lit.*) *every time a bishop dies* **estar en…** (*lit.*) *to be in a chapel* **mano de santo** (*lit.*) *saint's hand* **ojalá** (*from Arabic* law šá lláh) *God willing* **ser más viejo…** (*lit.*) *to be older than Methuselah* **tardía** *late* **aulas** *classrooms*

¿Qué aprendiste?

1 **¿Cierto o falso?** Indica si las oraciones son **ciertas** o **falsas**. Corrige las falsas.

1. El Carnaval de Oruro combina historias de la Conquista con elementos religiosos.
2. La Virgen del Socavón es la protectora de la ciudad.
3. Las máscaras de diablo tienen símbolos de la mitología indígena.
4. Las máscaras son todas iguales.
5. El desfile más famoso es el de las morenadas.
6. El diablo de los carnavales tiene elementos del Tío Supay de la mitología andina.
7. El desfile de las morenadas se realiza en conmemoración a la Virgen del Socavón.
8. El Carnaval de Oruro ha sido declarado "Obra maestra del patrimonio oral e inmaterial de la humanidad".

2 **Oraciones** Completa las oraciones con la información correcta.

1. En diciembre de 2009, Evo Morales ________________.
2. La familia de Morales era __________.
3. De joven, Morales se inscribió en ______.
4. Uno de los temas principales de su discurso político es ________________.

3 **Las elecciones** Contesta las preguntas con oraciones completas.

1. ¿En qué situación se usa el dicho "cada muerte de obispo"? ¿Existen en tu cultura otros dichos con referencias religiosas?
2. ¿Crees que debería ser obligatorio votar? ¿Por qué?
3. ¿Desde qué epoca existe el voto femenino en países como Colombia y Perú?
4. ¿Por qué se llaman "cuartos oscuros" las salas usadas en Argentina para votar?
5. ¿Qué harías para promover la participación en las elecciones en tu comunidad?

4 **Opiniones** En parejas, den su opinión sobre la importancia del dinero en la política. Usen las preguntas como guía.

- ¿Es positivo o negativo que un(a) político/a tenga dinero antes de llegar al poder? Justifiquen su respuesta.
- ¿Cómo deben ser los salarios de los políticos?
- ¿Creen que está bien que los políticos reciban donaciones de empresas?
- ¿De qué manera el origen y el nivel social de un gobernante pueden marcar su ideología?

PROYECTO

Carnaval de Barranquilla, Colombia

Carnavales

Muchos lugares de Latinoamérica tienen celebraciones de carnaval. Elige una región o ciudad latinoamericana —aparte de Oruro y Montevideo —que tenga celebraciones especiales de carnaval. Describe la celebración y explica las similitudes y diferencias con el Carnaval de Oruro.

Puedes elegir una región o ciudad de la lista o investigar otra que desees.

- Carnaval de San Miguel, El Salvador
- Carnaval de Barranquilla, Colombia
- Carnaval de Gualeguaychú, Argentina
- Carnaval Cimarrón, República Dominicana

Puerto Rico: ¿nación o estado?

Ya has leído sobre la importancia de la política y los gobiernos en la historia de los países y la vida de sus ciudadanos. En este episodio de **Flash Cultura**, conocerás la situación actual de Puerto Rico y las distintas opiniones que tienen sobre el tema sus habitantes.

VOCABULARIO ÚTIL

la aduana *customs*
el buzón *mailbox*
el comercio *trade*
los impuestos *taxes*
permanecer *to remain*
los recursos *resources*
las relaciones exteriores *foreign relations*
la tarjeta postal *postcard*

Comprensión Indica si estas afirmaciones son **ciertas** o **falsas**. Después, corrige las falsas.

1. Los ciudadanos de Puerto Rico son estadounidenses.
2. La moneda de Puerto Rico es el peso.
3. En Puerto Rico se pagan impuestos federales y locales.
4. El gobierno de Estados Unidos se ocupa de las relaciones exteriores, el comercio y la aduana de Puerto Rico.
5. A los puertorriqueños también se les dice *boricuas*.
6. Los puertorriqueños quieren que su país sea independiente.

Expansión En parejas, contesten estas preguntas.

- ¿Te gusta enviar tarjetas postales cuando viajas? ¿Por qué? ¿A quién le enviarías una desde Puerto Rico?
- ¿Piensas que el debate sobre política puede convertirse realmente en un deporte nacional? ¿Podría pasar algo parecido en tu país con algún tema? ¿Con cuál?
- De las tres opciones planteadas en el video (que Puerto Rico permanezca como estado asociado, que se convierta en un estado o que sea un país independiente), ¿cuál te parece a ti la más acertada? ¿Por qué?

¿Y tú? ¿Hablas de política con tus amigos? ¿Lees el periódico o escuchas las noticias? ¿Te interesa conocer la situación política de tu país? ¿Y la de otros países? ¿Qué te ha llamado más la atención de la política de Puerto Rico?

Corresponsal: Diego Palacios
País: Puerto Rico

Cuando estás aquí, no sabes si estás en un país latinoamericano o si estás en los Estados Unidos.

En Puerto Rico, puedes tomar el sol en la playa, beber agua de coco y enviarles tarjetas postales a tus amigos.

El debate se ha convertido en el deporte nacional de Puerto Rico.

5 ESTRUCTURA

5.1 The passive voice

TALLER DE CONSULTA

Manual de gramática
Más práctica

5.1 The passive voice, p. A24
5.2 Uses of **se**, p. A25
5.3 Prepositions: **de, desde, en, entre, hasta, sin**, p. A26

Gramática adicional

5.4 Past participles used as adjectives, p. A27

• • • • •

To review irregular past participles, see **1.1**, p. 27.

• • • • •

Passive statements may also be expressed with the passive **se**. See **5.2**, pp. 178–179.

¡ATENCIÓN!

The person performing the action (the agent) is not always explicit.

La ciudad fue fundada en 1883.

The city was founded in 1883.

- In the active voice (**la voz activa**), a person or thing (agent) performs an action on an object (recipient). The agent is emphasized as the subject of the sentence. Statements in the active voice usually follow the pattern [*agent*] + [*verb*] + [*recipient*].

AGENT = SUBJECT	VERB	RECIPIENT
Los senadores *The senators*	**discutieron** *discussed*	el proyecto de ley. *the bill.*
El presidente *The president*	**ha nombrado** *has nominated*	a los miembros del comité. *the members of the committee.*

- In the passive voice (**la voz pasiva**), the recipient of the action becomes the subject of the sentence. Passive statements emphasize the thing that was done or the person that was acted upon. They follow the pattern [*recipient*] + **ser** + [*past participle*] + **por** + [*agent*].

RECIPIENT = SUBJECT	*SER* + PAST PARTICIPLE	*POR* + AGENT
El proyecto de ley *The bill*	**fue discutido** *was discussed*	por los senadores. *by the senators.*
Los miembros del comité *The members of the committee*	**han sido nombrados** *have been nominated*	por el presidente. *by the president.*

- Note that singular forms of **ser** (**es, ha sido, fue**, etc.) are used with singular subjects and plural forms (**son, han sido, fueron**, etc.) are used with plural subjects.

La manifestación **fue organizada** por un grupo de activistas.
The protest was organized by a group of activists.

Los dos candidatos **fueron rechazados** por el comité.
Both candidates were rejected by the committee.

- In addition, the past participle must agree in number and gender with the subject.

El discurso fue **escrito** por el presidente mismo.
The speech was written by the president himself.

Dos **tratados** han sido **firmados** por la primera ministra.
Two treaties have been signed by the prime minister.

Tres **nuevas leyes** serán **aprobadas** por el senado este año.
Three new laws will be passed by the senate this year.

La disminución de empleos fue **prevista** por el ministro de Economía.
The decline in jobs was predicted by the Secretary of the Treasury.

TALLER DE CONSULTA

Past participles used as adjectives also agree in gender and number. See **Manual de gramática 5.4,** p. A27.

Práctica y comunicación

1 **Oraciones** Completa las oraciones con la forma adecuada del participio pasado.

1. La presidenta es _______ (querer) por todos los ciudadanos.
2. El discurso fue _______ (pronunciar) por la ministra.
3. La seguridad de las ciudades va a ser _______ (discutir) por los senadores.
4. Las leyes van a ser _______ (revisar) por el nuevo gobierno.
5. Aquellos dos senadores fueron _______ (elegir) el mes pasado.
6. La ley fue _______ (defender) por todos.
7. El nuevo proyecto de ley fue _______ (aceptar) por todos los líderes sindicales.
8. Ni los derechos humanos ni los civiles son _______ (respetar) por las dictaduras.

TALLER DE CONSULTA

MANUAL DE GRAMÁTICA
Más práctica

5.1 The passive voice, p. A24

2 **Decirlo de otra manera** Cambia cada oración de voz activa a voz pasiva siguiendo el modelo. ¡Presta atención a los tiempos verbales!

MODELO **El líder sindical va a proponer una huelga.**
Una huelga va a ser propuesta por el líder sindical.

1. El general ya ha recibido las órdenes.
2. El juez suspendió la sentencia.
3. Los ciudadanos elegirán a dos senadores.
4. La diputada recibe al embajador.
5. El secretario organizó la campaña electoral.
6. La candidata promete cambios drásticos.
7. El ejército ha mandado a tres mil soldados a la zona del conflicto.
8. Los manifestantes no apoyan las nuevas leyes de inmigración.

3 **Noticias**

Primer paso: Escribir oraciones en voz activa y pasiva

Formen grupos de tres o cuatro. Cada grupo escribe cinco oraciones en voz activa y cinco en voz pasiva en papelitos. Las oraciones deben estar relacionadas con noticias recientes. Luego, mezclen los papelitos con las oraciones de todos los grupos.

Segundo paso: Cambiar la oración

Dividan la clase en dos equipos. Primero, un miembro de un equipo toma un papelito con una oración y el equipo contrario debe cambiar la oración de activa a pasiva o de pasiva a activa en diez segundos y sin cometer errores. Luego, le toca hacer lo mismo al otro equipo.

Tercer paso: ¿Cuál es el equipo ganador?

Cuando hayan usado todos los papelitos que escribieron, cuenten las oraciones correctas de cada equipo. Gana el equipo con más oraciones correctas.

5.2 Uses of *se*

The impersonal *se*

- **Se** is used with third-person singular verbs in impersonal constructions where the subject of the sentence is indefinite. In English, the words *one*, *people*, *you*, or *they* are often used instead. The impersonal **se** can be used with verbs that function intransitively. (An intransitive verb is one that does not or cannot take a direct object.)

  Se habla mucho de la crisis.
  They're talking a lot about the crisis.

  Se dice que es mejor prestar que pedir prestado.
  They say it is better to lend than to borrow.

  Se está muy bien aquí.
  It's pretty good here.

  No **se debe** votar sin informarse sobre los candidatos.
  One shouldn't vote without becoming informed about the candidates.

- However, the impersonal **se** can also be used with transitive verbs when it refers to a specific person or persons. In this case, the personal **a** is used and the verb is always singular.

  En las elecciones pasadas, **se eligió al** alcalde casi por unanimidad.
  In the last election, the mayor was elected almost unanimously.

  Se eligió a los ganadores del concurso.
  The winners of the contest were chosen.

TALLER DE CONSULTA

In passive constructions with **se**, just like in the passive voice, the object of a verb becomes the subject of the sentence.

Active: **La compañía necesita más fondos.**
The company needs more funds.

Passive: **Se necesitan más fondos.**
More funds are needed.

For more on the passive voice, see **5.1,** p. 176.

The passive *se*

- In Spanish, the reflexive pronoun **se** is often used as a substitute for the passive voice when the person performing the action is not stated. The third-person singular verb form is used with singular nouns, and the third-person plural form is used with plural nouns. The passive **se** is only used with transitive verbs (verbs that can take a direct object in the active voice).

  Se necesitan más policías en Madrid.
  More police officers are needed in Madrid.

  Se ve el monumento desde la catedral.
  The monument is visible from the cathedral.

- When referring to an indefinite person or persons, the passive **se** is used and the verb needs to agree with the object.

  Se busca contador.
  Accountant wanted.

  Se aprobaron dos propuestas de ley.
  Two law proposals were approved.

¡ATENCIÓN!

The passive **se** is commonly used on signs and warnings.

Se buscan camareros con experiencia.

Se prohíbe comer en la clase.

Se to express unexpected events

- **Se** is also used in statements that describe accidental or unplanned incidents. In this construction, the person who performs the action is de-emphasized, so as to imply that the incident is not his or her direct responsibility.

	INDIRECT OBJECT PRONOUN	VERB	SUBJECT
Se	**me**	**perdió**	**el reloj.**

- These verbs are frequently used with **se** to describe unplanned events.

acabar *to run out of*	**olvidar** *to forget*
caer *to fall; to drop*	**perder (e:ie)** *to lose*
dañar *to damage; to break*	**quedar** *to leave (behind)*
lastimar *to hurt*	**romper** *to break*

¡**Se nos quedaron** las bolsas en la tienda!
We left our bags at the store!

Se me rompió el celular.
My cell phone broke.

- In this construction, the person *to whom the event happened* is expressed as an indirect object. The thing that would normally be the direct object of the sentence becomes the subject.

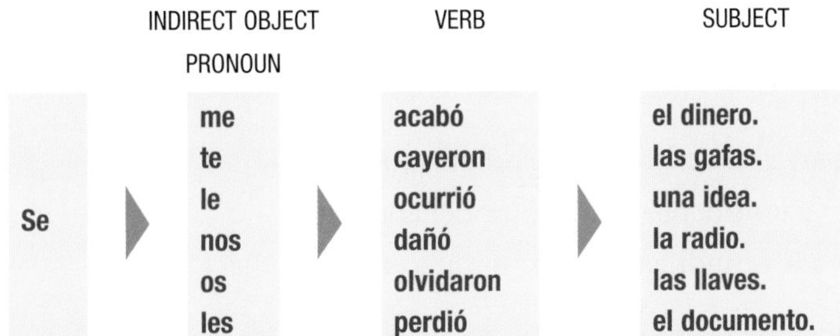

	INDIRECT OBJECT PRONOUN	VERB	SUBJECT
Se	**me**	**acabó**	**el dinero.**
	te	**cayeron**	**las gafas.**
	le	**ocurrió**	**una idea.**
	nos	**dañó**	**la radio.**
	os	**olvidaron**	**las llaves.**
	les	**perdió**	**el documento.**

- To clarify or emphasize the person to whom the unexpected occurrence happened, the construction commonly begins with **a** + [*noun*] or **a** + [*prepositional pronoun*].

A María siempre se le olvida inscribirse para votar.
María always forgets to register to vote.

A mí se me cayeron todos los documentos en medio de la calle.
I dropped all the documents in the middle of the street.

Práctica

TALLER DE CONSULTA

MANUAL DE GRAMÁTICA
Más práctica

5.2 Uses of **se**, p. A25

1 **¿Cuál corresponde?** Une las frases para formar oraciones lógicas.

____ 1. A mí	a. se te rompieron los vasos.
____ 2. A nosotros	b. se les pidió una explicación.
____ 3. A ti	c. se me olvidó la dirección de la embajadora.
____ 4. A la ministra	d. se nos pidió que leyéramos el proyecto de ley.
____ 5. A los diputados	e. se le cayeron los papeles.

2 **Opciones**

A. Selecciona la opción correcta para completar cada oración.

1. A Carmen se le cayó ____.
   a. la cartera   b. los libros   c. los lentes
2. Se me quemaron ____.
   a. la comida   b. las papas   c. el documento
3. Siempre se te rompe ____.
   a. los platos   b. la computadora   c. las sillas
4. Nunca se nos olvida ____.
   a. ir a votar   b. los informes   c. las leyes
5. A mis padres nunca se les pierden ____.
   a. las llaves   b. la memoria   c. el reloj
6. Se me acabó ____.
   a. los libros   b. la sal   c. las pizzas

B. Utiliza las oraciones que acabas de completar como modelo para escribir tres cosas inesperadas que te hayan pasado.

3 **Titulares** Completa las oraciones con el pretérito del verbo.

1. Se ______ (criticar) duramente el discurso del presidente.
2. Se ______ (prohibir) las reuniones públicas.
3. Se ______ (aprobar) las nuevas leyes.
4. Se ______ (informar) al pueblo sobre la difícil situación.
5. Se ______ (llamar) a los líderes para hablar del conflicto.
6. Se ______ (pedir) a los candidatos evitar los ataques personales.

4 **Decisiones** Hoy el jefe informó a los empleados de algunas decisiones importantes. Forma cinco oraciones con los elementos de la lista y añade tus propios detalles.

se decidió	contratar	llamadas personales
se me acabó	tres candidatos	para los sueldos
se despidió	el dinero	dos recepcionistas
se necesitan	hacer	perezosos
no se puede	dos empleados	para el puesto

Comunicación

5 **La escuela** Al terminar su primer día de clase, Marcos y Marta vuelven a su casa y les cuentan a sus padres qué se hace en la escuela. En parejas, describan lo que se hace, usando el pronombre **se** y las notas de Marcos y Marta.

MODELO —¿Qué deportes se practican en tu nueva escuela?
—Se practica fútbol y baloncesto.

Aprender a escribir	Hablar con los amigos
Comer en la cafetería	Jugar fútbol
Estudiar español	Usar la computadora
Hacer excursiones	Practicar deportes
Compartir experiencias	Tocar instrumentos

6 **Leyes** En grupos de cuatro, imaginen que gobiernan un nuevo país. ¿Qué leyes aprobarían? Utilicen los elementos de la lista para escribir seis oraciones completas con el **se** impersonal. Luego, escriban sus leyes en la pizarra. La clase votará por las diez leyes más importantes del país.

MODELO En nuestro país, se permite manejar un carro a los quince años de edad.

(no) se puede	(no) se permite
(no) se debe	(no) se prohíbe
(no) se necesita	(no) se tiene que

7 **Carteles** En parejas, lean los carteles e imaginen una historia para cada uno. Utilicen el pronombre **se** en sus historias. Después, presenten su mejor historia frente a la clase.

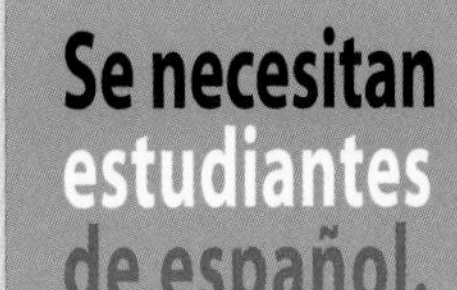

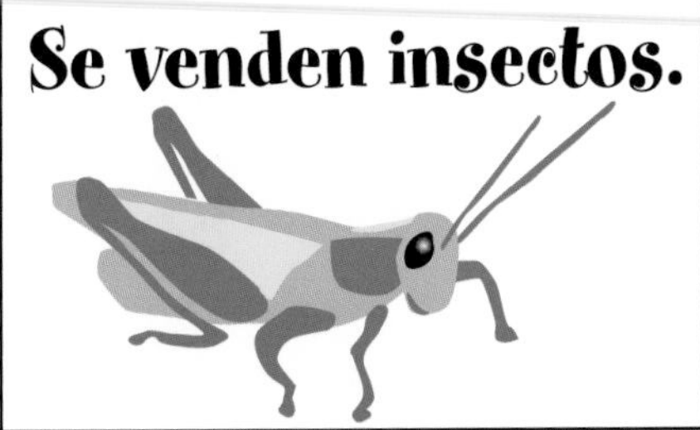

5.3 Prepositions: *de, desde, en, entre, hasta, sin*

The prepositions *de*, *desde*, and *hasta*

¡ATENCIÓN!

De is often used in prepositional phrases of location: **al lado de, a la derecha/izquierda de, cerca de, debajo de, detrás de, encima de.**

- **De** often corresponds to *of* or the possessive endings *'s/s'* in English.

Uses of *de*

Possession	Description	Material	Position	Origin	Contents
las leyes del gobierno	**el hombre de cuarenta años**	**el recipiente de vidrio**	**la torre de atrás**	**La embajadora es de España.**	**el vaso de agua**
the government's laws	*the forty-year-old man*	*the glass container*	*the tower at the back*	*The ambassador is from Spain.*	*the glass of water*

- **De** is also used frequently in idioms and adverbial phrases.

de cierta manera *in a certain way*
de nuevo *again*
de paso *on the way*
de pie *standing up*
de repente *suddenly*
de todos modos *in any case*
de vacaciones *on vacation*
de vuelta *back*

De repente, la jueza entró en el tribunal, y todos se pusieron **de pie**.
Suddenly, the judge entered the courtroom, and everyone stood up.

¿Es verdad que Miguel se va **de vacaciones** a La Paz? ¡Qué envidia!
Is Miguel really going to La Paz on vacation? I am so jealous!

¡ATENCIÓN!

To express *from... to*, use **desde... hasta** or **de... a**.

Hay cinco horas de Madrid a Barcelona.

Fue caminando desde su casa hasta la mía.

- **Desde** expresses direction (*from*) and time (*since*).

La candidata viajó **desde** Florida hasta Alaska.
The candidate traveled from Florida to Alaska.

No hay novedades **desde** el martes.
There hasn't been any news since Tuesday.

- **Hasta** corresponds to *as far as* in spatial relationships, *until* in time relationships, and *up to* for quantities. It can also be used as an adverb to mean *even*, *as much/many as*, or *including*.

El ejército ruso avanzó **hasta** la frontera con Ucrania.
The Russian army advanced to the Ukrainian border.

Pilar tiene que estudiar **hasta** cuatro horas al día.
Pilar has to study up to four hours a day.

Hasta 1898, Cuba fue una colonia de España.
Until 1898, Cuba was a colony of Spain.

Hasta el presidente quedó sorprendido.
Even the president was surprised.

The prepositions *en*, *entre*, and *sin*

- **En** corresponds to several English prepositions, such as *in*, *on*, *into*, *onto*, *by*, and *at*.

El libro está **en** la mesa.
The book is on the table.

El profesor entró **en** la clase.
The teacher went into the classroom.

Escribí todo **en** mi cuaderno.
I wrote it all down in my notebook.

Se encontraron **en** el museo.
They met at the museum.

- **En** is also used frequently in idioms and adverbial phrases.

en cambio *on the other hand*	**en realidad** *actually*
en contra de *against*	**en serio** *seriously*
en cuanto a *regarding*	**en tren/bicicleta/avión** *by train/bicycle/plane*
en fila *in a row*	**en vano** *in vain*

En realidad, yo nunca he estado **en contra de** ese partido.
Actually, I've never been against that political party.

Tres mil activistas llegaron **en tren** y marcharon **en fila** hasta el parlamento.
Three thousand activists arrived by train and marched in rows to the parliament.

- **Entre** generally corresponds to the English prepositions *between* and *among*.

Entre 2012 y 2014, tomé cursos de arte e historia, **entre** otros.
Between 2012 and 2014, I took art and history courses, among others.

No debemos entrar en el conflicto; es mejor que lo resuelvan **entre** ellos.
We shouldn't enter the conflict; it is better that they resolve it among themselves.

Las cataratas del Niágara están **entre** Canadá y los Estados Unidos.
Niagara Falls is located between Canada and the United States.

- **Entre** is not followed by **ti** and **mí**, the usual pronouns that serve as objects of prepositions. Instead, the subject pronouns **tú** and **yo** are used.

Entre tú y **yo**, creo que la mayoría de las religiones comparten los mismos valores.
Between you and me, I think the majority of religions share the same values.

- **Sin** corresponds to *without* in English. It is often followed by a noun, but it can also be followed by the infinitive form of a verb.

No veo nada **sin** los lentes.
I can't see a thing without glasses.

Lo hice **sin** pensar.
I did it without thinking.

Práctica

TALLER DE CONSULTA

MANUAL DE GRAMÁTICA
Más práctica

5.3 Prepositions: **de**, **desde**, **en**, **entre**, **hasta**, **sin**, p. A26

1 **Oraciones** Completa cada oración con la opción correcta.

1. _____ el apoyo de los diputados, el presidente no logrará hacer las reformas.
   a. En b. Hasta c. Sin
2. Una computadora como ésta puede costar _____ tres mil dólares.
   a. hasta b. sin c. en
3. El avión va a aterrizar _____ el aeropuerto de Lima.
   a. de b. en c. sin
4. Nos vemos a las once en la oficina _____ la senadora.
   a. entre b. de c. desde
5. _____ mi ventana veo el mar.
   a. Desde b. En c. Hasta
6. Este secreto debe quedar sólo _____ tú y yo.
   a. entre b. de c. desde

2 **El poder del Sol** Completa este artículo con las preposiciones **de(l)**, **desde** o **en**.

(1) _____ la Tierra se pueden ver hasta 3.000 estrellas. La estrella que está más cerca (2) _____ la Tierra es el Sol. (3) _____ el Sol hasta la Tierra hay 149 millones (4) _____ kilómetros.

¿Sabías que (5) _____ los inicios de la humanidad los hombres creen que el Sol es una pelota (6) _____ fuego? Los chinos, por ejemplo, pensaban que el Sol había salido (7) _____ la boca (8) _____ un dragón. Además, el Sol fue descrito (9) _____ los antiguos textos sagrados (10) _____ varias civilizaciones como un dios, con el poder (11) _____ influir (12) _____ la vida humana.

(13) _____ cierta manera, tenían razón, pues hoy (14) _____ día, los agujeros (15) _____ la capa (16) _____ ozono y el calentamiento global se estudian con el mismo fervor. ¿Las civilizaciones (17) _____ hoy serán capaces de hacer los sacrificios necesarios para protegernos (18) _____ poder (19) _____ Sol?

3 **Viajero perdido**

A. **Juan ha ido a Jerusalén a visitar los templos más importantes de la ciudad, pero se ha perdido. Completa las oraciones con las preposiciones entre, hasta o sin.**

1. Perdón, estoy _____ mapa. ¿Me podría explicar cómo llegar al templo?
2. Sé que la sinagoga está _____ una avenida y un parque, pero no la encuentro...
3. Disculpe, señora... un señor me dijo que caminara _____ la próxima cuadra, y aquí estoy, pero no veo ninguna mezquita por aquí...
4. ¿Usted también anda perdida? Pues, _____ los dos encontraremos la iglesia.
5. Pensé que por lo menos podría encontrar una pirámide _____ pedir ayuda, pero ¡ando más perdido que nunca!
6. Gracias por la ayuda, pero mejor busco un mapa. ¡_____ luego!

B. **En parejas, elijan una de las oraciones y dramaticen la conversación completa entre Juan y el/la residente local. Utilicen las preposiciones de, desde, en, entre, hasta y sin.**

Comunicación

4 **A contar historias** En parejas, elijan una de las frases e inventen una historia con ella. Utilicen por lo menos cuatro de estas preposiciones: **de**, **desde**, **en**, **entre**, **hasta**, **sin**.

1. Juan está esperando en su jardín...
2. El libro de cocina estaba abierto...
3. Estaba observándolo desde la ventana...
4. Hasta ese momento, nunca me había dado cuenta de que...
5. Sin ella, su vida no tenía sentido...
6. Entre las sombras, veía la figura de...

5 **Síntesis**

A. Cada vez que quería tomar decisiones importantes, el rey Arturo se reunía con los Caballeros de la Mesa Redonda. En parejas, estudien las pistas (*clues*) para descubrir quién es quién.

Datos:

- Parsifal caminó hasta la puerta. Le prohíbe pasar a la reina Ginebra.
- Galahad tiene entre 18 y 20 años. Es el caballero más joven del grupo.
- Bedivere se hizo caballero entre los años 450 y 452. Es el caballero más viejo de la mesa.
- Kay es un típico guerrero. Lleva su espada hasta a las reuniones con el rey.
- Erec está sentado entre Kay y Lancelot.
- El rey Arturo está entre Gawain y la silla vacía de Parsifal.

B. Ahora, escriban un resumen de su reunión. ¿Qué cosas fueron decididas? ¿Discutieron entre ellos? ¿De qué se habló en la reunión? Utilicen por los menos tres oraciones en voz pasiva, tres construcciones con **se** y cinco preposiciones de **Estructura 5.3**. Compartan su historia con la clase.

Antes de ver el corto

HIYAB

país España
duración 8 minutos
director Xavi Sala
protagonistas Belén, Fátima, profesor, estudiantes

Vocabulario

el/la alumno/a *pupil, student*
el/la chaval(a) *kid, youngster*
confiar *to trust*
el instituto *high school*
laico/a *secular, lay*
el pañuelo *headscarf*
pegar *to hit*
raro/a *weird*
el rato *a while*
la regla *rule*

1 **Vocabulario** Empareja cada palabra de la columna B con la definición correspondiente de la columna A. Después, escribe tres oraciones usando las palabras.

A	B
____ 1. No afiliado a una religión	a. ceder
____ 2. Tener fe en la discreción e intenciones de alguien	b. chaval
____ 3. Tener una opinión distinta	c. confiar
____ 4. Muchas musulmanas lo llevan en la cabeza	d. disentir
____ 5. Abandonar, renunciar	e. pañuelo
____ 6. Niño o joven	f. laico

2 **Preparación** En parejas, contesten estas preguntas.

1. ¿Qué es lo primero que notan al ver a una persona?
2. Consideren este dicho: "La primera impresión es lo que cuenta". ¿Les parece que es verdad? ¿Por qué?
3. ¿Alguna vez se formaron una impresión equivocada de una persona a partir de su aspecto físico? Expliquen.
4. ¿Cómo deciden cada día qué ropa se van a poner? ¿Qué factores influyen en la selección?

3 **Fotograma** En parejas, observen el fotograma y contesten las preguntas.

1. ¿De dónde es la joven? ¿En qué país vive?
2. ¿Cuál es su estado de ánimo (*mood*)? ¿Qué está pensando?
3. ¿Quién es la mujer? ¿Qué relación tiene con la joven?
4. ¿Dónde se encuentran? ¿De qué hablan?

Nominado al
Premio Goya
2006
Hiyab
Guion, dirección y producción ejecutiva XAVI SALA Jefa de producción NAGORE OLCOZ AYTE
Director de fotografía IGNACIO GIMÉNEZ-RICO Montaje NINO MARTÍNEZ SOSA Director de arte LUIS E. PARÉS
Sonido ALEX F. CAPILLA Asistente de dirección TOMÁS SILBERMAN Música COKE RIOBÓO
Peluquería, maquillaje ÁFRICA DE LA LLAVE Vestuario SOUMIA DADI Diseño gráfico MIREILLE AZNAR
Actores ANA WAGENER, LORENA ROSADO, JOSÉ LUIS TORRIJO

Escenas

ARGUMENTO La directora de un instituto intenta convencer a una nueva alumna de que se quite el hiyab. La joven se resiste.

BELÉN Fátima, lo que intento explicarte es que ésta es una escuela laica y todos somos iguales. No queremos diferencias entre los alumnos, ¿entiendes?

BELÉN El pañuelo está bien para la calle, para tu casa, pero para aquí no.
FÁTIMA Pero en casa me lo quito...
BELÉN Y aquí también tienes que hacerlo.

BELÉN ¿Qué pasa, que tus padres te pegan si no lo llevas?
FÁTIMA Ellos también quieren que me lo quite.

BELÉN Estarías muy guapa si te lo quitas.
FÁTIMA Pero a mí me gusta llevarlo.
BELÉN Y me parece muy bien, cariño[1], pero para cuando salgas del instituto.

BELÉN ¿Tú has visto a alguien aquí que lo lleve? Pues por eso. Venga, Fátima, confía en mí.

PROFESOR Ésta es Fátima, es nueva y quiero que la tratéis como a una más de la clase. ¿Está claro?

[1] *sweetheart*

Después de ver el corto

1 **Comprensión** Contesta las preguntas con oraciones completas.

1. ¿Quiénes son Fátima y Belén?
2. ¿De qué hablan la joven y la directora?
3. ¿Qué quiere la directora que haga Fátima?
4. ¿Qué piensan los padres de Fátima del hiyab?
5. ¿Por qué lleva Fátima hiyab?
6. ¿Qué argumentos utiliza Belén para convencer a Fátima? Menciona dos.
7. ¿Qué les dice el profesor a sus alumnos cuando les presenta a Fátima?
8. ¿Cómo se visten los compañeros de clase?

2 **Contextos** En parejas, comenten estas citas extraídas del cortometraje. Expliquen la importancia que tiene cada una dentro de la historia.

> **“Pues que la libertad de culto, pensamiento y todo eso se nos iría a la basura”.** DIRECTORA

> **“Ellos también quieren que me lo quite”.** FÁTIMA

> **“Pero a mí me gusta llevarlo”.** FÁTIMA

> **“... ésta es Fátima, es nueva y quiero que la tratéis como a una más de la clase”.** PROFESOR

3 **La obediencia y la autoridad** En grupos de cuatro, contesten las preguntas.

1. “Las reglas son las reglas”. ¿Piensan que una figura de autoridad tiene poder de decisión frente a las reglas?
2. ¿Alguna vez tuvieron problemas en la escuela, una institución religiosa u otro lugar público por algo que llevaban o que habían hecho? ¿Cómo reaccionaron? ¿Les parece que hicieron lo correcto? ¿Por qué?
3. ¿Qué es más importante: obedecer o mantenerse fiel a sus propios principios? ¿Dónde está el límite? ¿Hasta qué punto es necesario confiar en la autoridad de los superiores?
4. ¿Qué tipo de desobediencia les parece aceptable?

4 **Obediencia** En parejas, elijan un personaje que haya desobedecido un mandato del orden establecido, como Gandhi, Nelson Mandela o Rosa Parks. Improvisen un diálogo entre ese personaje y otro que represente la autoridad. Expongan ambos puntos de vista, incluyendo las razones y el precio de la desobediencia. Representen su diálogo ante la clase.

San Antonio de Oriente, 1957
José Antonio Velásquez, Honduras

"Yo no sé si Dios existe, pero si existe, sé que no le va a molestar mi duda."

— Mario Benedetti

Antes de leer

La noche de Tlatelolco (fragmento)

Sobre la autora

Elena Poniatowska nació en París en 1932. Su padre era un aristócrata polaco y su madre era mexicana. Llegó a los nueve años a México, país donde ha vivido la mayor parte de su vida dedicada al periodismo y a la literatura, dos disciplinas que con frecuencia se mezclan en su obra. *La noche de Tlatelolco*, por ejemplo, es una recreación literaria de lo ocurrido el 2 de octubre de 1968, cuando el ejército mexicano abrió fuego contra estudiantes, profesores, obreros, padres y madres de familia que se manifestaban pacíficamente en la Plaza de las Tres Culturas. En 2013 recibe el Premio Cervantes, el mayor reconocimiento literario en español.

Vocabulario

la alegría *joy*
apuntar *to aim*
boquiabierto/a *openmouthed; stunned*
despreocupado/a *carefree*
disparar *to shoot*
el ejército *army*
el estallido *explosion*
el fusil *rifle*
la sangre *blood*
unirse *to join*

Vocabulario Completa las oraciones.

1. El general Zapata fue un líder histórico del __________ mexicano.
2. Amelia estaba en la playa, tranquila y __________.
3. ¡Qué __________! Por fin llegaron las vacaciones.
4. José quiere __________ a la organización que cuida el medio ambiente.
5. Alejandro se quedó __________; ¡nunca había visto nada igual!
6. Se escuchó un fuerte __________, pero todo fue una falsa alarma.

Conexión personal ¿Cómo vives tú la política? ¿Participas de alguna manera en la política de tu ciudad, de tu estado o de tu país? ¿Qué piensas de las manifestaciones pacíficas? ¿Participarías en una? ¿Lo has hecho alguna vez? ¿Cómo fue la experiencia?

Análisis literario: El nuevo periodismo

En la década de 1960 se cuestionó la capacidad de la prensa tradicional, neutral y objetiva, para retratar las dictaduras y los abusos contra los derechos humanos. Inspirado en la obra de Truman Capote *In Cold Blood,* nació el llamado **nuevo periodismo** hispanoamericano. En el fragmento de *La noche de Tlatelolco* que vas a leer, Elena Poniatowska utiliza este nuevo enfoque de la realidad para denunciar la brutalidad del gobierno mexicano de la época. En esta obra, la autora describe la matanza de estudiantes en una manifestación pacífica como una barraca de tiro al blanco (*shooting stall*) en una feria. Por medio de esta metáfora extendida, Poniatowska representa una idea con otra y mantiene la comparación a lo largo del texto.

La noche de Tlatelolco

(fragmento)

Elena Poniatowska

Son muchos. Vienen a pie, vienen riendo. Bajaron por Melchor Ocampo, la Reforma, Juárez, Cinco de Mayo, muchachos y muchachas estudiantes que van del brazo° en la manifestación con la misma alegría con que hace apenas unos días iban a la feria; jóvenes despreocupados que no saben que mañana, dentro de dos días, dentro de cuatro estarán allí hinchándose° bajo la lluvia, tiro al blanco° lo serán ellos, niños-blanco, niños que todo lo maravillan, niños para quienes todos los días son día-de-fiesta, hasta que el dueño de la barraca del tiro al blanco les dijo que se formaran así el uno junto al otro como la tira de pollitos plateados° que avanza en los juegos, click, click, click, click y pasa a la altura de los ojos, ¡Apunten, fuego!, y se doblan para atrás rozando la cortina

arm in arm
becoming bloated

target shooting
silver

El dueño de la barraca les dio los fusiles a los cuícos°, a los del ejército, y les ordenó que dispararan, que dieran en el blanco y allí estaban los monitos plateados con el azoro° en los ojos, boquiabiertos ante el cañón de los fusiles. ¡Fuego! El relámpago verde de una luz de bengala°. ¡Fuego! Cayeron pero ya no se levantaban de golpe impulsados° por un resorte° para que los volvieran a tirar al turno siguiente; la mecánica de la feria era otra; los resortes no eran de alambre sino de sangre; una sangre lenta y espesa° que se encharcaba°, sangre joven pisoteada° en este reventar de vidas por toda la Plaza de las Tres Culturas.

Aquí vienen los muchachos, vienen hacia mí, son muchos, ninguno lleva las manos en alto, ninguno trae los pantalones caídos entre los pies mientras los desnudan para cachearlos°, no hay puñetazos° sorpresivos ni macanazos°, ni vejaciones°, ni vómitos por las torturas, ni zapatos amontonados°, respiran hondo, caminan seguros, pisando fuerte, obstinados; vienen cercando la Plaza de las Tres Culturas y se detienen junto al borde donde la Plaza cae a pico dos o tres metros para que se vean las ruinas prehispánicas; reanudan° la marcha, son muchos, vienen hacia mí con sus manos que levantan la pancarta°, manos aniñadas° porque la muerte aniña las manos; todos vienen en filas apretadas, felices, andan felices, pálidos, sí, y un poco borroneados° pero felices; ya no hay muros de bayonetas que los rechacen violentamente, ya no hay violencia; los miro a través de una cortina de lluvia, o será de lágrimas, igual a la de Tlatelolco; no alcanzo a distinguir sus heridas, qué bueno, ya no hay orificios°, ni bayonetazos, ni balas° expansivas; los veo nublados° pero sí oigo sus voces, oigo sus pasos, pas, pas, pas, paaaaas, paaaaaas, como en la manifestación del silencio, toda la vida oiré esos pasos que avanzan; muchachas de mini° con sus jóvenes piernas quemadas por el sol, maestros sin corbata, muchachos con el suéter amarrado° a la cintura, al cuello, vienen a pie, vienen riendo, son muchos, vienen con esa loca alegría que se siente al caminar juntos en esta calle, nuestra calle, rumbo° al Zócalo, nuestro Zócalo; aquí vienen; 5 de agosto, 13 de agosto, 27 de agosto, 13 de septiembre, el padre Jesús Pérez echó a vuelo las campanas de la catedral para recibirlos, toda la Plaza de la Constitución está iluminada; constelada° con millares de cempazúchitl°, millares de veladoras; los muchachos están en el corazón de una naranja, son el estallido más alto del fuego de artificio°, ¿no que México era triste? Yo lo veo alegre, qué loca alegría; suben por Cinco de Mayo, Juárez, cuántos aplausos, la Reforma, se les unen trescientas mil personas que nadie acarrea°, Melchor Ocampo, Las Lomas, se remontan a la sierra, los bosques, las montañas, Mé-xi-co, Li-ber-tad, Mé-xi-co, Li-ber-tad, Mé-xi-co, Li-bertad, Mé-xi-co, Li-ber-tad, Mé-xi-co, Li-ber-tad. ■

> **“... reanudan la marcha, son muchos, vienen hacia mí con sus manos que levantan la pancarta, manos aniñadas porque la muerte aniña las manos; todos vienen en filas apretadas, felices, andan felices, pálidos, sí, y un poco borroneados pero felices...”**

cuícos: police (Mex.); azoro: fear; bengala: flare; impulsados: propelled; resorte: spring; espesa / se encharcaba: thick / puddled; pisoteada: stepped on; cachearlos: to frisk them; puñetazos: punches; macanazos: blows; vejaciones: humilliations; amontonados: piled up; reanudan: resume; pancarta / aniñadas: sign / childlike; borroneados: smudged; orificios / balas: holes / bullets; nublados: blurry; mini: mini skirt; amarrado: tied; rumbo: in the direction of; constelada: starry; cempazúchitl: marigolds (náhuatl); fuego de artificio: fireworks; acarrea: carries

Después de leer

La noche de Tlatelolco (fragmento)

Elena Poniatowska

1 **Comprensión** Indica si las oraciones son **ciertas** o **falsas**. Corrige las falsas.

1. La manifestación empezó siendo alegre y acabó en tragedia.
2. Los estudiantes se manifestaron en una feria.
3. Los soldados dispararon contra los estudiantes.
4. Los estudiantes pudieron esconderse y no hubo víctimas.
5. Los estudiantes se manifestaban por la calle pacíficamente.
6. Muy pocas personas participaron en la manifestación.
7. En la manifestación participaron solamente ancianos y madres de estudiantes.

2 **Interpretación** Contesta las preguntas con oraciones completas.

1. Según el texto, ¿qué pasó en la Plaza de las Tres Culturas?
2. ¿Por qué crees que los jóvenes llegan felices a la marcha?
3. ¿A quién se refiere la autora con "el dueño de la barraca"?
4. ¿Cómo describirías la reacción de los estudiantes ante los disparos de los soldados?
5. ¿A qué crees que se refiere la autora cuando dice que los manifestantes andan "pálidos y un poco borroneados"?
6. ¿Qué crees que evoca la repetición "Mé-xi-co, Li-ber-tad" que finaliza el texto?
7. ¿Cómo interpretas tú el final del texto? ¿Te parece realidad o ficción? ¿Por qué?

3 **Análisis** En parejas, respondan a las preguntas.

1. ¿Cuál es la "mecánica de la feria"? ¿A qué hace alusión?
2. ¿Por qué crees que la autora decide comparar a los estudiantes con figuras en una barraca de tiro al blanco?
3. ¿Qué elementos de periodismo tiene este texto? ¿Qué elementos tiene de ficción literaria?

4  **Ampliación** Diez días después de los hechos narrados en *La noche de Tlatelolco*, se inauguraron los Juegos Olímpicos en México. Un periódico citó a un atleta italiano que dijo: "Ninguna Olimpiada, ni todas juntas, valen la vida de un estudiante". En grupos, comenten si los Juegos Olímpicos de México debieron haberse realizado o no.

5 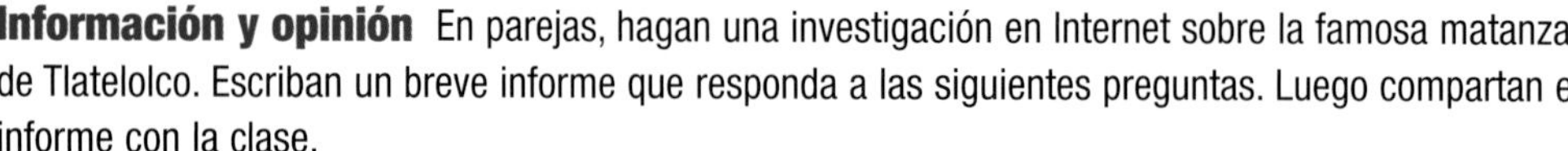 **Información y opinión** En parejas, hagan una investigación en Internet sobre la famosa matanza de Tlatelolco. Escriban un breve informe que responda a las siguientes preguntas. Luego compartan el informe con la clase.

- ¿quién?
- ¿cuándo?
- ¿dónde?

Antes de leer

Vocabulario

el altiplano *high plateau*	**el límite** *border*
árido/a *arid*	**la pérdida** *loss*
la armada *navy*	**reclamar** *to claim; to demand*
ceder *to give up*	**el territorio** *territory*

El salar de Uyuni Completa el párrafo con el vocabulario de la tabla.

El salar de Uyuni, uno de los lugares más impresionantes de Bolivia, se encuentra a una altura de 3.650 metros (11.975 pies) en un (1) ________ en el suroeste de Bolivia, no muy lejos del (2) ________ con Chile. Es un lugar (3) ________, de poca lluvia, donde se secó un lago prehistórico. Este (4) ________ tan blanco impresiona a los turistas porque parece nieve. El salar de Uyuni es un desierto de sal, en vez de arena.

Conexión personal ¿Has perdido alguna vez una cosa que significaba muchísimo para ti? Explica lo que ocurrió y cómo reaccionaste.

Contexto cultural

El **desierto de Atacama** está ubicado en un altiplano al borde del océano Pacífico. Es uno de los desiertos más áridos del mundo: sólo recibe tres milímetros de lluvia al año. El paisaje de Atacama es tan impresionante y peculiar que la revista estadounidense *Science* lo ha comparado con el planeta Marte. Parece vacío (*empty*), pero Atacama es muy rico en algunos minerales que dependen de la sequía. En el siglo XIX se descubrió que en el territorio había abundante salitre y guano. El salitre (o nitrato de sodio) es un tipo de sal, y el guano (del quechua *wanu*) consiste en excrementos de pájaros marinos y murciélagos (*bats*). Ambos comparten la característica principal de ser ingredientes para fertilizantes y explosivos. Estos recursos naturales, tan atractivos por su precio en el mercado internacional de la época, hicieron del desierto un oasis económico.

Cómo Bolivia perdió su mar

Mapa antiguo de Bolivia.

Lago Titicaca, Bolivia

Hay países que se asocian indiscutiblemente° con un paisaje natural. Algunos son Nepal con las montañas blancas del Himalaya, Arabia Saudita con el desierto, y Bolivia con... ¿el mar? Así debería ser, piensan muchos bolivianos con nostalgia y mucho anhelo° desde que Bolivia —durante la Guerra del Pacífico (1879–1883)— cedió a Chile el desierto de Atacama con su costa, el único acceso al océano que tenían los bolivianos.

indisputably

longing

La guerra no surgió° por el acceso al mar, sino por cuestiones económicas y por el control de los depósitos de minerales en el desierto de Atacama. Sin embargo, es la desaparición de la salida al mar lo que ha dejado una cicatriz° profunda. Cuenta el escritor peruano Mario Vargas Llosa, quien vivió de niño en la ciudad boliviana de Cochabamba, que todas las semanas los estudiantes de su escuela cantaban un himno reclamando el mar. Muchos bolivianos siguen sin aceptar la pérdida de hace más de cien años. Se sienten mutilados porque se creen legítimamente un país marítimo. Así lo había decidido su fundador, Simón Bolívar, al fijar los límites del país en 1825.

didn't arise

scar

"Se sienten mutilados porque se creen legítimamente un país marítimo. Así lo había decidido su fundador, Simón Bolívar..."

Cuando Simón Bolívar estableció las fronteras de Bolivia, incluyó parte del desierto de Atacama, que llegaba hasta el mar. Chile tenía ya el control económico de la región y, a pesar de los deseos de Bolívar, lo siguió manteniendo. Cuando se descubrieron los ricos recursos naturales del desierto de Atacama, Chile comenzó a explotar las minas de salitre y guano. La tensión sobre las exportaciones chilenas y los impuestos que Bolivia quería cobrar por la extracción de estos productos provocó un conflicto inevitable en 1878. Las fuerzas armadas de Bolivia —a pesar de la ayuda de su aliado, el Perú— no pudieron contender ni en tierra ni en mar con la moderna armada chilena. La guerra terminó en 1883 con la concesión de varios territorios a Chile. En 1904, Bolivia abandonó permanentemente el control del desierto de Atacama, con sus depósitos de minerales y su única salida al Pacífico. A cambio, Chile construyó un ferrocarril° para que Bolivia tuviera acceso al mar.

railroad

No obstante, Bolivia no dio por finalizada la cuestión°. En el centenario de 2004, el presidente Carlos Mesa pidió de nuevo el acceso marítimo durante una reunión en la Cumbre de las Américas. Aunque le fue negado en aquella ocasión, en julio de 2006 los dos países decidieron reanudar las negociaciones°. Sea cual sea el resultado de las negociaciones, algo está claro: los bolivianos quieren su mar y su costa, no un viaje en tren. ■

did not think that the matter was over

to resume talks

La batalla de Arica

La batalla de Arica de 1880 fue una de las más duras para los dos bandos. Las tropas chilenas subieron a una colina escarpada (*steep hill*), el Morro de Arica, para atacar al enemigo que esperaba. Los dos lados perdieron muchas vidas, incluyendo un coronel peruano que se tiró al mar desde un acantilado (*cliff*) con su caballo en un intento fallido (*failed*) de engañar a las tropas chilenas, invitándolas a caer al Pacífico.

¿Una armada en Bolivia?

A pesar de su distancia con el Pacífico, Bolivia mantiene una armada desde 1963 a la espera del día en que vuelvan a tener salida al mar. La Fuerza Naval Boliviana cuenta con doscientas embarcaciones (*boats*) y un buque de guerra (*warship*). Se entrena en el agua dulce del inmenso lago Titicaca.

Después de leer

Cómo Bolivia perdió su mar

1 **Comprensión** Después de leer el texto, decide si las oraciones son **ciertas** o **falsas**. Corrige las falsas.

1. No hay ningún recurso natural de valor en el desierto de Atacama.
2. Bolivia no ha tenido nunca acceso al mar.
3. La causa de la guerra fue el conflicto económico relacionado con el control de los depósitos de minerales.
4. La armada chilena era más potente que las fuerzas de Bolivia y su aliado, Perú.
5. Después de la guerra, Bolivia construyó un ferrocarril para tener acceso al mar.
6. Bolivia ya no tiene armada.
7. Cuando Simón Bolívar estableció sus planes para las fronteras de Bolivia, había incluido acceso al mar.
8. La armada boliviana hoy en día entrena en el lago Titicaca.

2 **Interpretación** Contesta las preguntas con oraciones completas.

1. ¿Qué valor tenía el desierto de Atacama para Chile? ¿Y para Bolivia?
2. ¿Por qué sienten muchos ciudadanos que Bolivia es legítimamente un país marítimo? ¿Crees que tienen razón?
3. ¿De qué maneras muestran algunos bolivianos su deseo de volver a tener salida al mar?
4. ¿Crees que es importante tener salida directa al mar? ¿Por qué?
5. ¿Ha traído el ferrocarril tranquilidad a los bolivianos?

3 **Discurso** En parejas, preparen un discurso para ser leído por una de estas personas. Luego, represéntenlo ante la clase.

- Un descendiente de una tribu indígena quiere reclamar la tierra de sus antepasados, ahora convertida en un centro comercial.
- Una anciana mexicana reclama el terreno donde nacieron sus abuelos. El terreno se encuentra ahora en tierras estadounidenses.
- Un excéntrico historiador asegura ser descendiente de un rey inca y reclama que le entreguen Machu Picchu.

4 **Opiniones** Imagina que recientemente los periódicos han publicado artículos acerca de las negociaciones entre Chile y Bolivia sobre una salida al Pacífico para Bolivia. Elige una de las dos situaciones y escribe una carta a un periódico para dar tu opinión. Usa la voz pasiva.

1. Eres boliviano/a, pero crees que, como Bolivia perdió la guerra, ya no tiene derecho a la salida al mar. En tu opinión, Chile es el dueño legítimo del desierto de Atacama.
2. Eres chileno/a, pero crees que Chile se está apoderando de tierras que no le corresponden. Crees que la decisión de Simón Bolívar debe respetarse y que parte del desierto de Atacama, con salida al mar, debe pertenecer a Bolivia.

Atando cabos

¡A conversar!

¿Qué opinas de las religiones?

A. La revista *Opinión Abierta* ha dedicado un número (*issue*) al tema de la religión. En una página se han publicado las cartas de los lectores. Lee estas cartas y selecciona una que exprese una opinión diferente a la tuya.

Estimado director de *Opinión Abierta*:

Les daré mi opinión sobre el tema. No sólo creo que Dios existe, sino que también creo que hay muchas religiones para elegir. Además, pienso que todas las religiones son buenas. En todas se habla del bien y se dice que debemos amar y perdonar a los demás.

Muchas gracias por permitirme opinar.
Gustavo

Queridos amigos de *Opinión Abierta*:

Algunos dicen que hay muchas religiones verdaderas, pero esto es falso. Hay una sola religión verdadera, porque enseña los verdaderos valores morales. Los ateos no son felices. Tampoco son felices quienes tienen fe en religiones falsas. Sólo son felices quienes tienen fe en mis creencias.

Muchas gracias por publicar mi carta.
José Luis

Editores de *Opinión Abierta*:

Estoy sorprendida de que se discuta este tema en el siglo XXI. No hay duda de que las religiones no sirven. No sólo nos hablan del pecado (*sin*), sino que también nos hacen tener miedo. La gente elige hacer el bien porque tiene miedo. Las personas somos tratadas por las religiones como niños miedosos.
Andrea

Sr. Director de *Opinión Abierta*:

Yo creo en Dios, pero no creo en las religiones. Todas tienen gente que manda y gente que obedece. Eso no es bueno. Todos somos iguales para Dios: tenemos conciencia y valores morales. Todos sabemos lo que es bueno y lo que es malo.

Felicitaciones por su revista.
Ana María

B. Reúnete con los/las compañeros/as que seleccionaron la misma carta. En el grupo, relean la carta. Luego debatan: ¿Qué le dirían a la persona que escribió esa carta? Pueden buscar ideas en las otras cartas. Después, compartan sus ideas con la clase.

MODELO Andrea dice que las religiones no sirven, pero nosotros creemos que…

¡A escribir!

Nuevos votantes Imagina que trabajas para la alcaldía (*mayor's office*) de tu ciudad. Te han encargado que prepares un folleto para explicar el proceso electoral a una nueva generación de votantes. Debes explicarles cómo inscribirse para votar y qué deben hacer el día de la votación. Escribe las explicaciones y las instrucciones principales que vas a incluir en tu folleto. Incluye por lo menos dos ejemplos de voz pasiva y dos usos de **se**.

MODELO La inscripción para votar es realizada varios meses antes de las elecciones. Se debe completar un formulario para inscribirse…

La religión

la creencia	*belief*
el/la creyente	*believer*
Dios	*God*
la fe	*faith*
la iglesia	*church*
la mezquita	*mosque*
la sinagoga	*synagogue*
el templo	*temple*
bendecir (e:i)	*to bless*
creer en	*to believe in*
meditar	*to meditate*
rechazar	*to reject*
rezar	*to pray*
espiritual	*spiritual*
(in)moral	*(im)moral*
religioso/a	*religious*
sagrado/a	*sacred; holy*

Las creencias religiosas

agnóstico/a	*agnostic*
ateo/a	*atheist*
budista	*Buddhist*
católico/a	*Catholic*
cristiano/a	*Christian*
hindú	*Hindu*
judío/a	*Jewish*
musulmán/ musulmana	*Muslim*

Los cargos públicos

el alcalde/ la alcaldesa	*mayor*
el/la diputado/a	*representative*
el/la embajador(a)	*ambassador*
el/la gobernador(a)	*governor*
el/la juez(a)	*judge*
el/la primer(a) ministro/a	*prime minister*
el/la senador(a)	*senator*

La política

el/la activista	*activist*
la campaña	*campaign*
el/la candidato/a	*candidate*
el/la ciudadano/a	*citizen*
los derechos (humanos/civiles)	*(human/civil) rights*
el exilio político	*political exile*
la guerra (civil/mundial)	*(civil/world) war*
la ideología	*ideology*
la inmigración	*immigration*
la libertad	*freedom*
el/la líder	*leader*
la manifestación	*protest*
la mayoría	*majority*
la minoría	*minority*
el partido político	*political party*
la polémica	*controversy*
el/la político/a	*politician*
el proyecto de ley	*bill*
el terrorismo	*terrorism*
aprobar (o:ue) una ley	*to pass a law*
elegir (e:i)	*to elect*
emigrar	*to emigrate*
ganar/perder (e:ie) las elecciones	*to win/lose an election*
gobernar (e:ie)	*to govern*
inscribirse	*to register*
luchar	*to fight*
pronunciar un discurso	*to give a speech*
protestar	*to protest*
votar	*to vote*
conservador(a)	*conservative*
(des)igual	*(un)equal*
(in)justo/a	*(un)just*
liberal	*liberal*

En pantalla

el/la alumno/a	*pupil, student*
el/la chaval(a)	*kid, youngster*
el instituto	*high school*
el pañuelo	*headscarf*
el rato	*a while*
la regla	*rule*
confiar	*to trust*
pegar	*to hit*
laico/a	*secular, lay*
raro/a	*weird*

Literatura

la alegría	*joy*
el ejército	*army*
el estallido	*explosion*
el fusil	*rifle*
la sangre	*blood*
apuntar	*to aim*
disparar	*to shoot*
unirse	*to join*
boquiabierto/a	*openmouthed; stunned*
despreocupado/a	*carefree*

Cultura

el altiplano	*high plateau*
la armada	*navy*
el límite	*border*
la pérdida	*loss*
el territorio	*territory*
ceder	*to give up*
reclamar	*to claim; to demand*
árido/a	*arid*

Más vocabulario

Expresiones útiles	*Ver p. 169*
Estructura	*Ver pp. 176, 178–179 y 182–183*

La historia y la civilización 6

Contextos

Fotonovela

El mundo hispano

Estructura

En pantalla

Lecturas

Communicative Goals

You will expand your ability to…

- use verbs in their infinitive forms
- express ideas about the past, the present, and the future
- determine when and how to use the indicative and the subjunctive

La historia y la civilización

La historia y la civilización

De la **antigua** ciudad de Quilmes, en el norte de Argentina, sólo quedan ruinas. En el **siglo** XVII, los **habitantes** fueron obligados a **establecerse** cerca de Buenos Aires.

la civilización *civilization*
la década *decade*
la época *era*
el/la habitante *inhabitant*
la historia *history*
el/la historiador(a) *historian*
la humanidad *humankind*
el imperio *empire*
el reino *kingdom*
el siglo *century*

establecer(se) *to establish (oneself)*
habitar *to inhabit*
integrarse (a) *to become part (of)*
pertenecer (a) *to belong (to)*
poblar (o:ue) *to settle; to populate*

antiguo/a *ancient*
(pre)histórico/a *(pre)historic*

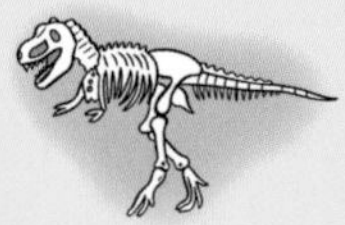

Los conceptos

el aprendizaje *learning*
el conocimiento *knowledge*
la enseñanza *teaching*
la herencia (cultural) *(cultural) heritage*
la (in)certidumbre *(un)certainty*
la (in)estabilidad *(in)stability*
la sabiduría *wisdom*

Las características

adelantado/a *advanced*
culto/a *cultured; educated*
derrotado/a *defeated*
desarrollado/a *developed*
forzado/a *forced*

pacífico/a *peaceful*
poderoso/a *powerful*
victorioso/a *victorious*

Los gobernantes

el/la cacique *tribal chief*
el/la conquistador(a) *conqueror*
el/la dictador(a) *dictator*
el emperador/la emperatriz *emperor/empress*
el/la gobernante *ruler*
el/la monarca *monarch*
el rey/la reina *king/queen*
el/la soberano/a *sovereign; ruler*

Variación léxica

integrarse ←→ *incorporarse*
la herencia ←→ *el legado*
la cacique ←→ *la cacica*

La conquista y la independencia

Con la abolición de la **esclavitud** en 1810 por decisión de Miguel Hidalgo, México **encabeza** la lista de naciones americanas que **suprimieron** esta práctica y **liberaron** a los **esclavos**.

la batalla *battle*
la colonia *colony*
la conquista *conquest*
el ejército *army*
la esclavitud *slavery*
el/la esclavo/a *slave*
las fuerzas armadas *armed forces*
el/la guerrero/a *warrior*
la independencia *independence*
la soberanía *sovereignty*
el/la soldado *soldier*
la tribu *tribe*

colonizar *to colonize*
conquistar *to conquer*
derribar/derrocar *to overthrow*
derrotar *to defeat*
encabezar *to lead*
explotar *to exploit*
expulsar *to expel*
invadir *to invade*
liberar *to liberate*
oprimir *to oppress*
rendirse (e:i) *to surrender*
suprimir *to abolish; to suppress*

Práctica

1 **Escuchar**

A. Escucha la conversación entre dos historiadores y completa las oraciones con la opción correcta.

1. La especialidad de Mónica es ____.
   a. la época colonial de Hispanoamérica
   b. la guerra de la Independencia
2. A Mónica le interesa mucho ____.
   a. la conquista b. la monarquía
3. El artículo que le gustó a Franco trataba de ____.
   a. civilizaciones prehistóricas
   b. antiguas colonias
4. Franco, en sus clases, cuenta historias personales de ____.
   a. reyes y guerreros b. reyes y gobernantes

B. Escucha parte de una de las clases de Mónica y después contesta las preguntas.

1. ¿Quién era Álvar Núñez Cabeza de Vaca?
2. ¿A qué lugar lo llevaron las tormentas?
3. ¿Qué ocurrió durante los años que Cabeza de Vaca vivió con los indígenas?
4. ¿En qué se tranformó Cabeza de Vaca después de ser soldado?
5. ¿Qué hizo después de habitar diez años en América?
6. ¿En qué se basaba el gobierno que intentó establecer en el Paraguay?

2 **Definiciones** Escribe la palabra adecuada para cada definición.

1. pensamiento expresado con palabras ________
2. persona que sube al poder y elimina los derechos democráticos de los ciudadanos ________
3. gobernante de un imperio ________
4. cien años ________
5. persona que forma parte de las fuerzas armadas ________
6. tranquilo; que busca la paz ________
7. vivir en un lugar ________
8. conocimiento profundo ________

Práctica

3 **Sinónimos y antónimos** Completa cada cuadro con las palabras de la lista.

adelantado	derrotado	liberar
antiguo	esclavitud	poderoso
culto	habitar	rey

Sinónimos	Antónimos
1. fuerte: ________	5. libertad: ________
2. avanzado: ________	6. victorioso: ________
3. monarca: ________	7. moderno: ________
4. educado: ________	8. oprimir: ________

4 **Latinoamérica** Completa la conversación con las palabras de la lista.

batallas	emperadores	herencia cultural
colonias	época	independencia
conquista	habitantes	reyes

IGNACIO Después de que Cristóbal Colón llegara a América, ¿ordenaron los (1) ________ de España la colonización de "Las Indias"?

PROFESORA Sí, y así se inició la (2) ________ de los pueblos indígenas, los (3) ________ nativos de los territorios.

IGNACIO Siglos más tarde, las (4) ________ lucharon contra España por su (5) ________. ¿Correcto?

PROFESORA Sí, Ignacio. Hoy en día, la (6) ________ de Latinoamérica refleja la mezcla de costumbres españolas e indígenas.

5 **Preguntas** Responde a las preguntas con oraciones completas. Luego, comparte tus opiniones con las de un(a) compañero/a.

1. ¿Te interesa la historia mundial? ¿Qué época te interesa más? ¿Por qué?
2. ¿Es posible contar la historia sin expresar una opinión? ¿Por qué?
3. Según tu opinión, ¿cuáles fueron las civilizaciones antiguas más adelantadas?
4. ¿Qué gobernante famoso te hubiera gustado ser? ¿Por qué?
5. Espartaco, un esclavo y gladiador del Imperio romano, supuestamente dijo: "No hay peor esclavo que el que ignora que lo es." ¿Qué quiere decir esta cita?
6. ¿Qué papel deben tener los ejércitos en las sociedades modernas?
7. ¿A qué das más valor de tu herencia cultural?
8. ¿Crees que la humanidad ha progresado en el transcurso de la historia? ¿Estamos más adelantados que nuestros antepasados? ¿Somos más cultos? ¿Más pacíficos?

Comunicación

6 **De historia**

A. En parejas, escojan una novela o película histórica que conozcan y escriban un breve resumen de la obra. Incluyan una descripción del período histórico, los personajes y el argumento.

B. Ahora, imaginen que tienen la oportunidad de rodar su propia película histórica. ¿De qué tema tratará? Escriban una descripción de la película. Pueden escoger entre los elementos de la lista o inventar sus propios detalles.

Contexto	• período de la conquista • lucha por la independencia • dictadura	la historia tiene lugar en una época de inestabilidad política
Protagonistas	• soberano/a • esclavo/a • soldado	deben tener un papel importante en el desarrollo del conflicto
Argumento	• derrotar • encabezar • integrarse	la historia tiene que ver con una de estas acciones

7 **Discusión** En grupos de tres, lean las citas y comenten su significado. ¿Están de acuerdo con lo que dicen?

"En la pelea, se conoce al soldado; sólo en la victoria, se conoce al caballero." ***Jacinto Benavente***

"Puede juzgarse el grado de civilización de un pueblo por la posición social de la mujer." ***Domingo Faustino Sarmiento***

"No hay hombre tan cobarde a quien el amor no haga valiente y transforme en héroe." ***Platón***

"Así como de la noche nace el claro del día, de la opresión nace la libertad." ***Benito Pérez Galdós***

8 **La reacción de los indígenas** En parejas, imaginen que son dos de los indígenas que vieron llegar a los conquistadores a América. ¿Qué habrían pensado de aquellos hombres? ¿Cómo habrían reaccionado? Compartan sus opiniones utilizando el vocabulario de **Contextos**.

El equipo de *Facetas* va a asistir a la ceremonia de premios para los mejores periodistas del año.

MARIELA ¿Qué haces vestido así tan temprano?

DIANA La ceremonia no comienza hasta las siete.

JOHNNY Tengo que practicar con el traje puesto.

AGUAYO ¿Practicar qué?

JOHNNY Ponerme de pie, subir las escaleras, sentarme, saludar y todo eso. Imagínense…

Johnny imagina que recibe un premio...

JOHNNY Quisiera dar las gracias a mis amigos, a mis padres, a mi compadre, a mis familiares, a Dios por este premio que me han dado. De verdad, muchas gracias, los quiero a todos. ¡Muchas gracias! ¡Gracias!

Aguayo sale corriendo de su oficina.

AGUAYO ¡Llegó la lista! ¡Llegó la lista! (*Lee.*) "En la categoría de mejor serie de fotos, por las fotos de las pirámides de Teotihuacán, Éric Vargas."

JOHNNY Felicidades.

AGUAYO (*Lee.*) "En la categoría de mejor diseño de revista, por la revista *Facetas*, Mariela Burgos."

MARIELA Gracias.

Al mismo tiempo, en la cocina...

JOHNNY ¿Con quién vas a ir esta noche?

ÉRIC ¿Estás loco? Entre boletos, comida y todo lo demás, me arruinaría. Mejor voy solo.

JOHNNY No creo que debas ir solo. ¿Y qué tal si invitas a alguien que *ya* tiene boleto?

ÉRIC ¿A quién?

JOHNNY A Mariela.

ÉRIC ¿A Mariela?

JOHNNY Éric, es esta noche o nunca. ¿En qué otra ocasión te va a ver vestido con traje? Además, tienes que aprovechar que ella está de buen humor. Creo que antes te estaba mirando de una manera diferente…

ÉRIC No sé…

Más tarde, en el escritorio de Mariela...

ÉRIC ¿Qué tal?

MARIELA Todo bien.

ÉRIC Muy bonitos zapatos.

MARIELA Gracias.

ÉRIC Y MARIELA (*al mismo tiempo*) Quería preguntarte si…

ÉRIC Disculpa, tú primero…

MARIELA No, tú primero…

Personajes

AGUAYO

DIANA

ÉRIC

FABIOLA

JOHNNY

MARIELA

4

AGUAYO (*Lee.*) "En la categoría de mejor artículo, por 'Historia y civilización en América Latina', José Raúl Aguayo." No lo puedo creer. ¡Tres nominaciones!

Todos están muy contentos, pero Johnny tiene cara de triste.

DIANA Johnny, ¿cómo te van a nominar para un premio?... ¡si no presentaste ningún trabajo!

JOHNNY (*riéndose*) Claro... pues, es verdad.

5

Más tarde, en el escritorio de Mariela...

MARIELA Mira qué zapatos tan bonitos voy a llevar esta noche.

FABIOLA Pero... ¿tú sabes andar con eso?

MARIELA ¡Llevo toda mi vida andando con tacón alto!

FABIOLA Mira, de todas formas, te aconsejo que no te los pongas sin probártelos antes.

9

Esa noche...

DIANA ¡Qué nervios!

FABIOLA ¿Qué fue eso?

JOHNNY (*con una herradura en la mano*) Es todo lo que necesitamos esta noche.

10

Éric y Mariela hablan a solas.

ÉRIC ¿Estás preparada para la gran noche?

MARIELA Lista.

Todos entran al ascensor, esperando a Aguayo.

ÉRIC (*Grita.*) ¡Jefe!

Aguayo se queda solo, mirando la oficina emocionado. Por fin, apaga la luz, entra al ascensor y todos se van.

Expresiones útiles

Degrees of formality in expressing wishes

Direct

Quiero invitarte a venir conmigo a la ceremonia.
I want to ask you to come with me to the ceremony.

More formal

Quería invitarte a venir conmigo a la ceremonia.
I wanted to ask you to come with me to the ceremony.

Most formal

Quisiera invitarte a venir conmigo a la ceremonia.
I would like to invite you to come with me to the ceremony.

Expressing anticipation and excitement

¿Estás preparado/a para la gran noche?
Are you ready for the big night?

¡Qué nervios!/¡Qué emoción!
I'm so nervous!/I'm so excited!

Es hoy o nunca.
It's now or never.

¡No lo puedo creer!
I can't believe it!

Additional vocabulary

arruinarse *to go bankrupt*
de todas formas *in any case*
la herradura *horseshoe*
la nominación *nomination*
ponerse de pie *to stand up*
el premio *award; prize*
el tacón (alto) *(high) heel*

Comprensión

1

La trama Primero, indica con una **X** los hechos que no ocurrieron en este episodio. Después, indica con números el orden correcto de los hechos que sí ocurrieron.

____ a. Diana le explica a Johnny por qué no fue nominado.
____ b. Aguayo va con su esposa y le aconseja a Éric que invite a Mariela.
____ c. Cuando llega la lista, el equipo de *Facetas* descubre que los nominados son Aguayo, Mariela y Éric.
____ d. Mariela quiere ir a la ceremonia con tacón alto.
____ e. Fabiola no va a ir a la ceremonia.
____ f. Éric y Mariela hablan.
____ g. Johnny va al trabajo vestido elegantemente.
____ h. Johnny gana un premio.

2

Preguntas Responde a las preguntas con oraciones completas.

1. ¿Adónde iba a ir el equipo de *Facetas* esa noche?
2. ¿Por qué se vistió Johnny con un traje elegante tan temprano?
3. ¿Por qué no fue nominado Johnny?
4. ¿Por qué cree Johnny que Éric debe invitar a Mariela?
5. ¿Crees que Mariela y Éric serán novios? ¿Por qué?

3

La ceremonia En parejas, piensen en lo que va a pasar en la ceremonia. Escriban cuatro oraciones con sus predicciones. Luego, compartan sus ideas con la clase. Utilicen por lo menos tres palabras de la lista.

emoción	**ponerse de pie**
nervios	**premio**
nominación	**preparado/a**

4

Gracias, muchas gracias En las ceremonias de entregas de premios, los ganadores dicen unas palabras. En grupos de tres, preparen los posibles discursos de Éric, Aguayo y Mariela. El discurso de Aguayo debe ser adecuado y formal. El discurso de Éric, aburrido y nervioso. El de Mariela, gracioso e informal. Luego representen la situación ante la clase.

MODELO

Acepto este premio de parte de la revista Facetas *y todos sus empleados. Primero, me gustaría agradecer a…*

Ampliación

5 **Éric y Mariela** La **Fotonovela** tiene un final abierto porque es casi al final cuando Éric y Mariela tratan de invitarse el uno al otro para ir a la ceremonia de gala. En parejas, preparen la continuación de la conversación entre Éric y Mariela, y representen la situación.

6 **El futuro de *Facetas*** En parejas, imaginen cómo será la vida de cada uno de los personajes de la **Fotonovela** dentro de veinte años.

AGUAYO

DIANA

ÉRIC

FABIOLA

JOHNNY

MARIELA

7 **Apuntes culturales** En parejas, lean los párrafos y contesten las preguntas.

Teotihuacán vs. Walmart

Éric ha sido nominado por sus fotos de las pirámides de **Teotihuacán**. Este complejo arquitectónico de más de 2.000 años de antigüedad es el legado (*heritage*) histórico y cultural más preciado de los mexicanos. En 2005, la cadena de supermercados **Walmart** generó una gran controversia cuando se instaló muy cerca de allí, a la vista de los visitantes.

Escritor, periodista y político

¡Bravo, Aguayo, por la nominación! Otro escritor destacado en literatura y periodismo es el peruano **Mario Vargas Llosa**, quien ha realizado una prolífica carrera como escritor, periodista, profesor y político. Llegó a ser candidato a presidente. Colabora con el diario *El País* y entre sus novelas se destaca *La fiesta del chivo*. ¿Se dedicará Aguayo a la política?

El mejor periodista

Johnny se entristeció cuando se enteró de que no recibiría ningún premio. Un periodista que sí ha obtenido muchos es el mexicano **Claudio Sánchez** de *NPR* (*National Public Radio*). El premio más prestigioso fue el *Alfred I. duPont-Columbia University*, uno de los más altos honores periodísticos. ¡Todavía hay esperanza, Johnny!

1. ¿Qué opinas sobre la apertura de *Walmart* en Teotihuacán? ¿Te parece un hecho positivo para la economía de México o es una ofensa a su cultura?
2. ¿Cuáles son los sitios históricos más antiguos o importantes de tu comunidad? ¿Ha habido alguna controversia acerca de su preservación? ¿Cómo se resolvió?
3. El diario español *El País* es uno de los más importantes del mundo hispanohablante. ¿Cuáles son los diarios más importantes de tu país? ¿Los lees tú?
4. ¿Conoces a otros periodistas hispanos famosos? ¿En qué medios trabajan?

En detalle

PERÚ Y ECUADOR

La herencia de los incas

El Imperio inca duró sólo trescientos años (del siglo XIII al XVI). Esta civilización nunca conoció la rueda°, el hierro° o el caballo, elementos que en otras culturas estuvieron directamente relacionados con el progreso. Sin embargo, los incas dejaron huellas° indelebles° en la lengua, la cultura, la agricultura, la ingeniería, la planificación urbana y la industria textil en Perú, Ecuador y el resto de la región andina.

El centro del Imperio inca era la ciudad de Cuzco, en el actual Perú. La red° de caminos establecida por los incas tenía una extensión de aproximadamente 20.000 kilómetros (12.500 millas), y recorría el territorio que ahora ocupan seis países: Argentina, Bolivia, Chile, Colombia, Ecuador y Perú. La ruta principal, de unos 5.000 kilómetros de extensión, recorría los Andes desde el norte de Ecuador hasta el centro de Chile. No se trataba de simples caminos de tierra°: muchos eran caminos empedrados° y a veces incluían puentes colgantes° o flotantes°, puentes de piedra o terraplenes°. Miles de turistas de todo el mundo recorren el tramo más conocido de este sistema de rutas: el Camino del Inca, que llega a Machu Picchu; mientras que millones de suramericanos recorren —quizás sin saberlo— viejos caminos incas, ya que muchas rutas de Suramérica siguen el mismo trazado° marcado por los incas hace seiscientos años.

Los incas se destacaron por el uso de la ingeniería agrícola°. Convirtieron zonas montañosas en áreas productivas a través de la construcción de sistemas de terrazas de cultivo. También construyeron canales que llevaban agua para regar° plantaciones en zonas desérticas. Algunas de estas innovaciones tecnológicas siguen en uso actualmente.

El principal legado° cultural del Imperio inca son sus dos lenguas: el aymara y el quechua. La presencia inca también se percibe en la vida cotidiana: costumbres y tradiciones que pasan de generación en generación. Su expresión más visible es la industria textil tradicional, que sigue usando las mismas técnicas de antaño°. ■

El correo inca

Un avanzado sistema de rutas no sería de mucha utilidad sin un sistema de comunicación eficiente. Los incas usaban un sistema de **chasquis**, o mensajeros, para llevar órdenes y noticias por todo el imperio. El sistema utilizado por los chasquis era similar al de las carreras de relevos°. Se dice que fue el sistema de mensajería más rápido hasta la invención del telégrafo. Los chasquis podían llevar un mensaje de Quito a Cuzco (aproximadamente 2.000 kilómetros) en unos cinco o seis días.

rueda *wheel* **hierro** *iron* **huellas** *marks* **indelebles** *permanent* **red** *network* **caminos de tierra** *dirt roads* **empedrados** *cobbled* **colgantes** *suspension* **flotantes** *floating* **terraplenes** *embankments* **trazado** *route* **agrícola** *agricultural* **regar** *to water* **legado** *legacy* **de antaño** *from the past* **carreras de relevos** *relay races*

ASÍ LO DECIMOS

Palabras de lenguas indígenas

el cacao (náhuatl) *cacao; cocoa*
el charqui (quechua) *jerky*
el chicle (náhuatl) *gum*
el chocolate (náhuatl) *chocolate*
el cóndor (quechua) *condor*
el coyote (náhuatl) *coyote*
la guagua (quechua) *baby boy/girl*
el huracán (taíno) *hurricane*
la llama (quechua) *llama*
el poncho (mapuche) *poncho*
el puma (quechua) *cougar*

EL MUNDO HISPANOHABLANTE

Curiosidades

Situada en el istmo de Tehuantepec, en México, **Juchitán** es una comunidad mayoritariamente indígena cuyos mitos y creencias resisten la influencia del exterior. Se dice que aquí todavía subsiste el **matriarcado°** porque las mujeres tienen una presencia vital en la economía y en la sociedad.

La **Catedral de Sal** en Zipaquirá, cerca de Bogotá, Colombia, es una obra única de ingeniería y arte. Esta construcción subterránea fue realizada en una mina de sal que los **indígenas muiscas** de esa zona ya explotaban° antes de la llegada de los españoles al continente americano.

La sociedad **Rapa Nui**, desarrollada en condiciones de aislamiento° extremo en la Isla de Pascua, Chile, presenta numerosos interrogantes° que se resisten a ser descifrados. Sus famosas esculturas monolíticas, o moáis, sus altares megalíticos y su escritura jeroglífica siguen siendo un misterio para los investigadores.

PERFIL

MACHU PICCHU

La ciudad de Machu Picchu es el ejemplo más famoso de las sofisticadas técnicas arquitectónicas de la civilización inca. Las ruinas están a unos 112 kilómetros (70 millas) de Cuzco, Perú, en una zona montañosa desde la que se pueden disfrutar unas vistas espectaculares del valle del Urubamba. En el corazón de Machu Picchu está la plaza central, en la que se pueden ver los templos y los edificios del gobierno. Uno de los monumentos más famosos es el *intihuatana*, un observatorio astronómico inca, utilizado para observar el Sol, y para medir° las estaciones del año y el transcurso del tiempo. También se realizaban allí ceremonias en honor al Sol, y la elevación del terreno permitía que todos los habitantes las presenciaran.

"Una cosa es continuar la historia y otra repetirla." (Jacinto Benavente, dramaturgo español)

Conexión Internet

¿Cómo funcionaba el sistema de los chasquis?

Investiga sobre este tema en Internet.

medir *to measure* **matriarcado** *matriarchy* **explotaban** *operated* **aislamiento** *isolation* **interrogantes** *mysteries*

¿Qué aprendiste?

1 **¿Cierto o falso?** Indica si las oraciones son **ciertas** o **falsas**. Corrige las falsas.

1. El Imperio inca alcanzó su auge después de la llegada de los españoles.
2. El Imperio inca se extendía hasta Panamá.
3. La principal ruta inca recorría la costa atlántica de Suramérica.
4. Algunos caminos actuales siguen el trazado de viejas rutas incas.
5. Los incas cultivaban los desiertos con un sistema de terrazas.
6. Todavía se siguen utilizando algunas de las técnicas agrícolas de los incas.
7. Todavía se usan las dos lenguas habladas por los incas.
8. Un solo chasqui se encargaba de llevar los mensajes de Quito a Cuzco.

2 **Oraciones incompletas** Elige la opción correcta.

1. Machu Picchu es (el templo inca más famoso / el ejemplo más famoso de arquitectura inca).
2. El *intihuatana* era un (templo / observatorio).
3. El charqui es (una comida / un tipo de poncho).
4. La palabra *llama* viene de la lengua (mapuche / quechua).

3 **Preguntas** Contesta las preguntas con oraciones completas.

1. ¿Dónde está Juchitán?
2. ¿Por qué se dice que en Juchitán subsiste el matriarcado?
3. ¿Dónde se construyó la Catedral de Sal de Zipaquirá?
4. ¿Qué grupo indígena explotaba la mina de sal de Zipaquirá?
5. ¿Qué isla chilena tiene esculturas monolíticas?

4 **Opiniones** En parejas, hablen de la importancia de mantener los usos y las costumbres tradicionales, y del posible efecto de las tradiciones en el desarrollo económico de las sociedades. Usen las preguntas como guía:

- ¿Es importante mantener las tradiciones? ¿Por qué?
- ¿Qué tradiciones conocen que tengan un impacto económico positivo para la comunidad?
- ¿Creen que las tradiciones pierden su significado si se explota su potencial económico?
- ¿Hay tradiciones que es mejor no mantener? ¿Cuáles?

Contesten las preguntas, den ejemplos de sus puntos de vista y, después, compartan su opinión con la clase.

PROYECTO

Monolitos, Isla de Pascua

Monumentos antiguos

Elige uno de los lugares de la lista u otra construcción antigua importante en un país de habla hispana. Busca información sobre el lugar y prepara una presentación para tus compañeros. No olvides incluir información sobre la época en la que se construyó, quién lo hizo y, si se sabe, con qué objetivo. Incluye una fotografía o una ilustración de la obra o construcción.

- Monolitos de la Isla de Pascua
- Líneas de Nazca
- Catedral de Sal
- Monte Albán

Machu Picchu: encanto y misterio

Ya has leído sobre la maravillosa herencia de los incas en Suramérica. Este episodio de **Flash Cultura** te lleva a conocer las ruinas de Machu Picchu en Perú para descubrir sus misterios y saber qué piensan de ellas los visitantes de todo el mundo.

VOCABULARIO ÚTIL

el borde *edge*	**el depósito** *warehouse*
la bruma *mist*	**evitar** *to prevent*
la ciudadela *citadel*	**la intrepidez** *fearlessness*
la cordillera *mountain range*	**tallado/a** *carved*

Comprensión Indica si estas afirmaciones son **ciertas** o **falsas**. Después, corrige las falsas.

1. Machu Picchu se encuentra en un lugar muy accesible a los turistas.
2. Se sabe que Miguel Ángel vivió en la ciudadela.
3. Las ruinas fueron descubiertas por un explorador estadounidense.
4. Cada una de las piedras de Machu Picchu fue cuidadosamente tallada.
5. Las terrazas servían como almacén de alimentos.
6. La ubicación geográfica de Machu Picchu evitó que la ciudadela fuera invadida por la conquista española.

Expansión En parejas, contesten estas preguntas.

- Si visitaran las ruinas, ¿contratarían un(a) guía local? ¿Les parece que sería importante conversar con un(a) heredero/a de la cultura andina? ¿Por qué?
- A Machu Picchu se puede llegar a pie o, en mucho menos tiempo, en tren. ¿Qué opción elegirían? ¿Por qué?
- ¿Qué les atrae más de Machu Picchu: el misterio, el entorno de la naturaleza, la maravilla de su construcción o su importancia histórica? Expliquen su elección.

¿Y tú? ¿Te interesan las antiguas civilizaciones? ¿Te parece que es mejor visitar un lugar histórico que leer sobre él? ¿Estarías dispuesto/a a hacer un viaje de aventura a un país lejano? ¿Qué cosas pueden ser difíciles o peligrosas en un viaje así?

Corresponsal: Omar Fuentes
País: Perú

Un lugar remoto, sagrado y misterioso que fue descubierto apenas hace cien años.

Para cuando los españoles obtuvieron el control del Perú en 1532, todos los habitantes de Machu Picchu habían desaparecido.

Esta cultura quechua hizo muchas grandes obras y, actualmente, podemos ver esta maravilla del mundo que es Machu Picchu.

6.1 Uses of the infinitive

TALLER DE CONSULTA

MANUAL DE GRAMÁTICA
Más práctica

6.1 Uses of the infinitive, p. A29
6.2 Summary of the indicative, p. A30
6.3 Summary of the subjunctive, p. A31

Gramática adicional

6.4 **Pedir/preguntar** and **conocer/saber**, p. A32

¡ATENCIÓN!

An infinitive is the unconjugated form of a verb and ends in **-ar**, **-er**, or **-ir.**

¡ATENCIÓN!

The gerund form may also be used after verbs of perception.

Te escuché hablando con él.
I heard you talking to him.

- The infinitive (**el infinitivo**) is commonly used after other conjugated verbs, especially when there is no change of subject. **Deber**, **decidir**, **desear**, **necesitar**, **pensar**, **poder**, **preferir**, **querer**, and **saber** are all frequently followed by infinitives.

Después de tres décadas de guerra, el rey **decidió rendirse**.
After three decades of war, the king decided to surrender.

No **quisimos viajar** a esa región durante este período de inestabilidad.
We did not want to travel to that region during this period of instability.

- Use the infinitive after verbs of perception, such as **escuchar**, **mirar**, **oír**, **sentir**, and **ver**, even if there is a change of subject. The use of an object pronoun with the conjugated verb distinguishes the two subjects and eliminates the need for a subordinate clause.

Te **oigo hablar**, ¡pero no entiendo nada!
I hear you speaking, but I don't understand anything!

Si la **ven salir**, avísenme enseguida, por favor.
If you see her leave, please let me know immediately.

- Many verbs of influence, such as **dejar**, **hacer**, **mandar**, **pedir**, **permitir**, and **prohibir**, may also be followed by the infinitive. As with verbs of perception, the object pronoun makes a subordinate clause unnecessary.

La profesora **nos hizo leer** artículos sobre la conquista.
The teacher made us read articles about the conquest.

El comité **me ha dejado continuar** con las investigaciones.
The committee has allowed me to continue with my research.

- The infinitive may be used with impersonal expressions, such as **es importante**, **es fácil**, and **es bueno**. It is required after **hay que** and **tener que**.

Es importante celebrar nuestra herencia cultural.
It's important to celebrate our cultural heritage.

Hay que hacer todo lo posible para lograr una solución pacífica.
We must do everything possible to reach a peaceful solution.

- After prepositions, the infinitive is used.

Se cree que las estatuas fueron construidas **para proteger** al templo.
It is believed that the statues were built in order to protect the temple.

El arqueólogo las miró con cuidado, **sin decir** nada.
The archeologist looked at them carefully, without saying a word.

- Many Spanish verbs follow the pattern of [*conjugated verb*] + [*preposition*] + [*infinitive*]. The prepositions for this pattern are **de**, **a**, **con**, or **en**.

acabar de *to have just (done something)*	**enseñar a** *to teach (to)*
aprender a *to learn (to)*	**quedar en** *to agree (to)*
contentarse con *to be happy with*	**tardar en** *to take time (to)*
dejar de *to stop (doing something)*	**tratar de** *to try (to)*

Acabo de hablar con el profesor López.
I have just spoken with Professor López.

Trato de estudiar todos los días.
I try to study every day.

Su computadora **tarda mucho en encenderse.**
His computer takes a while to start.

Quedamos en hacerlo.
We agreed to do it.

- While **deber** + [*infinitive*] suggests obligation, **deber** + **de** + [*infinitive*] suggests probability.

El pueblo **debe saber** la verdad.
The people need to know the truth.

El pueblo **debe de saber** la verdad.
The people probably know the truth.

- In Spanish, unlike in English, the gerund form of a verb (*talking, working,* etc.) may not be used as a noun or in giving instructions. The infinitive form is used instead.

Ver es creer.
Seeing is believing.

No **fumar**.
No smoking.

El arte de **mirar**.
The art of seeing.

- The perfect infinitive is formed by combining the infinitive **haber** and a past participle. It expresses an action completed before the action of the main verb.

Después de **haber terminado** sus negociaciones con Austria, Napoleón regresó a París.
After having concluded his negotiations with Austria, Napoleon returned to Paris.

Los mexicanos estaban orgullosos de **haber conseguido** la independencia de España.
Mexicans were proud of having gained their independence from Spain.

Práctica

TALLER DE CONSULTA

MANUAL DE GRAMÁTICA
Más práctica

6.1 Uses of the infinitive, p. A29

1 **Oraciones** Forma oraciones completas con los elementos dados. Sigue el modelo y añade preposiciones cuando sea necesario.

> MODELO **la arqueóloga / esperar / descubrir / tesoros antiguos**
> La arqueóloga espera descubrir tesoros antiguos.

1. Luis / pensar / ser / historiador
2. él / querer / especializarse / la historia suramericana
3. el profesor Sánchez / le /enseñar / hablar / lenguas indígenas
4. sus padres / le / aconsejar / estudiar / extranjero
5. Luis / acabar / pedir información / programa en el Ecuador

2 **Mi abuelo** Completa las oraciones con el infinitivo perfecto.

1. Después de ________ (luchar) en la guerra, mi abuelo emigró a Argentina.
2. Tras ________ (cruzar) el Atlántico, llegó al puerto de Buenos Aires.
3. Cansado de ________ (vivir) siempre en el campo, se instaló en la ciudad.
4. A los pocos días de ________ (llegar) a Buenos Aires, conoció a su futura esposa, mi abuela.
5. Al poco tiempo de ________ (nacer) mi padre, mi abuelo construyó una casa más grande.
6. A pesar de ________ (tener) que trabajar mucho, mi abuelo siempre tuvo tiempo para dedicarse a su pasatiempo favorito: la pintura.
7. Con el tiempo, se convirtió en un pintor famoso a pesar de no ________ (realizar) estudios formales de arte.
8. Con el dinero que ganó en Argentina, mi abuelo podría ________ (volver) a España, pero prefirió quedarse en Buenos Aires.

3 **Una profesora exigente** Hay una nueva profesora de historia en la escuela. Lee las instrucciones que ella dio a su clase. Luego, escribe oraciones completas desde el punto de vista de los estudiantes, y describe lo que ella les pidió. Sigue el modelo.

> MODELO **Lean cien páginas del texto para mañana. (hacer)**
> Nos hizo leer cien páginas del texto para mañana.

1. Escriban un trabajo de cincuenta páginas. (obligar a)
2. No coman en clase. (prohibir)
3. Busquen diez libros sobre el tema. (hacer)
4. Vayan hoy mismo al museo para ver la exhibición africana. (mandar)
5. No vengan a clase sin leer el material. (no permitir)
6. Utilicen el libro para hacer su examen. (dejar)

Comunicación

4 **Documental** En parejas, lean las preguntas de esta entrevista con Fabián Mateos, director del documental histórico *Bolívar*. Luego, inventen sus respuestas. Contesten con oraciones completas y utilicen verbos en infinitivo (simple o perfecto). Después, representen la entrevista frente a la clase.

REPORTERO Me dijeron que la filmación acaba de terminar. ¿Es así?

FABIÁN (1) ______________________________

REPORTERO ¿Te acostumbraste a vivir en Suramérica? ¿Piensas volver?

FABIÁN (2) ______________________________

REPORTERO ¿Crees que el documental nos hará cambiar de idea sobre los héroes de la independencia suramericana?

FABIÁN (3) ______________________________

REPORTERO ¿Fue difícil escoger al actor que representa a Simón Bolívar?

FABIÁN (4) ______________________________

REPORTERO ¿Piensas hacer otro documental histórico? ¿Hay otro tema histórico que te gustaría explorar?

FABIAN (5) ______________________________

5 **Recomendaciones** En parejas, háganse estas preguntas sobre sus planes para el futuro. Luego, túrnense para hacerse cinco recomendaciones para lograr sus metas. Utilicen las frases de la lista y el infinitivo, y añadan sus propias ideas.

1. ¿Qué clases quieres tomar?
2. ¿Qué profesión deseas tener?
3. ¿Esperas viajar a otros países? ¿Cuáles?
4. ¿Qué cosas nuevas quieres aprender a hacer?
5. ¿Qué metas deseas alcanzar?

es bueno	tener que
es fácil	estudiar
es importante	explorar
hay que	viajar

6 **Viajes maravillosos**

A. En grupos de cuatro, imaginen que ustedes son científicos/as y han creado una máquina para viajar en el tiempo. Quieren comenzar un negocio con su invento, vendiendo pasajes y siendo guías históricos. Escriban un anuncio breve, utilizando por lo menos seis frases de la lista.

acabar de	quedar en
aprender a	querer
es fácil	tardar en
es increíble	tratar de

B. Ahora, imaginen que son los/las turistas que compraron pasajes y que acaban de volver de su primer viaje al pasado. Escojan un período histórico y luego escriban una descripción de lo que vieron e hicieron, utilizando por lo menos seis verbos en infinitivo. Sigan el modelo.

MODELO Acabamos de regresar de nuestro primer viaje al pasado. ¡Aún no podemos creer que anduviéramos con los dinosaurios! El primer día...

6.2 Summary of the indicative

Indicative verb forms

- This chart provides a summary of indicative verb forms for regular **-ar**, **-er**, and **-ir** verbs.

Indicative verb forms

-ar verbs		-er verbs		-ir verbs	
		PRESENT			
canto	cantamos	bebo	bebemos	recibo	recibimos
cantas	cantáis	bebes	bebéis	recibes	recibís
canta	cantan	bebe	beben	recibe	reciben
		PRETERITE			
canté	cantamos	bebí	bebimos	recibí	recibimos
cantaste	cantasteis	bebiste	bebisteis	recibiste	recibisteis
cantó	cantaron	bebió	bebieron	recibió	recibieron
		IMPERFECT			
cantaba	cantábamos	bebía	bebíamos	recibía	recibíamos
cantabas	cantabais	bebías	bebíais	recibías	recibíais
cantaba	cantaban	bebía	bebían	recibía	recibían
		FUTURE			
cantaré	cantaremos	beberé	beberemos	recibiré	recibiremos
cantarás	cantaréis	beberás	beberéis	recibirás	recibiréis
cantará	cantarán	beberá	beberán	recibirá	recibirán
		CONDITIONAL			
cantaría	cantaríamos	bebería	beberíamos	recibiría	recibiríamos
cantarías	cantaríais	beberías	beberíais	recibirías	recibiríais
cantaría	cantarían	bebería	beberían	recibiría	recibirían

PRESENT PERFECT	PAST PERFECT	FUTURE PERFECT	CONDITIONAL PERFECT
he	había	habré	habría
has	habías	habrás	habrías
ha	había	habrá	habría
hemos	habíamos	habremos	habríamos
habéis	habíais	habréis	habríais
han	habían	habrán	habrían
+ cantado / bebido / recibido	+ cantado / bebido / recibido	+ cantado / bebido / recibido	+ cantado / bebido / recibido

Uses of indicative verb tenses

- This chart explains when each of the indicative verb tenses is appropriate.

Uses of indicative verb tenses

PRESENT

• timeless events:	La gente **quiere** vivir en paz.
• habitual events that still occur:	Mi madre **sale** del trabajo a las cinco.
• events happening right now:	Ellos **están** enojados.
• future events expected to happen:	Te **llamo** este fin de semana.

PRETERITE

• actions or states beginning/ending at a definite point in the past:	Ayer **firmamos** el contrato.

IMPERFECT

• past events without focus on beginning, end, or completeness:	Yo **leía** mientras ella **estudiaba**.
• habitual past actions:	Ana siempre **iba** a ese restaurante.
• mental, physical, and emotional states:	Mi abuelo **era** alto y fuerte.

FUTURE

• future events:	**Iré** a Madrid en dos semanas.
• probability about the present:	¿**Estará** en su oficina ahora?

CONDITIONAL

• what would happen:	Él **lucharía** por sus ideales.
• future events in past-tense narration:	Me dijo que lo **haría** él mismo.
• conjecture about the past:	¿Qué hora **sería** cuando regresaron?

PRESENT PERFECT

• what has occurred:	**Han cruzado** la frontera.

PAST PERFECT

• what had occurred:	Lo **habían hablado** hace tiempo.

FUTURE PERFECT

• what will have occurred:	Para la próxima semana, ya **se habrá estrenado** la película.

CONDITIONAL PERFECT

• what would have occurred:	Juan **habría sido** un gran atleta.

¡ATENCIÓN!

Use the progressive forms to narrate an action in progress. These are the main progressive forms.

PRESENT
Emilia **está estudiando** historia.

PAST (IMPERFECT)
Emilia **estaba estudiando** historia cuando sonó el teléfono.

PAST (PRETERITE)
Ayer Emilia **estuvo estudiando** historia.

FUTURE
Cuando regreses a casa, Emilia **estará estudiando** historia.

CONDITIONAL
Si no estuviera de vacaciones, **estaría estudiando** historia.

Práctica

TALLER DE CONSULTA

Manual de gramática
Más práctica

6.2 Summary of the indicative, p. A30

1 **Declaración** En 1948, la ONU (Organización de las Naciones Unidas) aprobó la *Declaración Universal de los Derechos Humanos*. A continuación se presentan algunos de los derechos básicos del hombre. Selecciona la forma adecuada del verbo entre paréntesis.

1. Todas las personas (nacen / nacían) libres e iguales.
2. No se (discriminó / discriminará) por ninguna razón: ni nacionalidad, ni raza, ni ideas políticas, ni sexo, ni edad, ni otras.
3. Todas las personas (tendrían / tendrán) derecho a la vida y a la libertad.
4. No (habría / habrá) esclavos.
5. Toda persona (tiene / tendría) derecho a una nacionalidad.
6. Nadie (sufre / sufrirá) torturas ni tratos crueles.
7. Todos (son / eran) iguales ante la ley y (tienen / tuvieron) los mismos derechos legales.
8. La discriminación (era / será) castigada.
9. Nadie (va / irá) a la cárcel sin motivo.
10. Se (juzga / juzgará) de una manera justa a todos los presos.

2 **Pasado, presente y futuro** David y Sandra son novios. Antes de conocerse tenían vidas muy distintas. Escribe diez oraciones completas sobre el pasado, el presente y el futuro de esta pareja. Utiliza las ideas de la lista o inventa tus propios detalles.

PASADO	PRESENTE	FUTURO
vivir en la ciudad/campo	estudiar en la universidad	trabajar
viajar con la familia	salir con amigos	casarse
hacer deportes	ir al cine	tener hijos
divertirse	viajar	vivir en los suburbios

3 **Rey por un día** Hoy, por un sólo día, te has convertido en rey/reina de un dominio extenso. Primero, lee la descripción e identifica el tiempo verbal de cada verbo en indicativo. Luego, contesta las preguntas con oraciones completas.

8:00 Te despiertas en el palacio. ¿Qué te gustaría hacer? ¿Disfrutarás del lujo?

12:00 Tus asesores te dicen que las fuerzas armadas del enemigo han invadido y que habrán llegado hasta el palacio antes de las cuatro. ¿Qué haces?

4:00 Cuando tus soldados por fin llegaron al palacio, las fuerzas enemigas ya habían entrado. Te han secuestrado y están exigiendo la mitad de tu reino. ¿Qué les dices?

6:00 ¿Lograste resolver el conflicto? ¿Habrías preferido convertirte en otra cosa?

Comunicación

4 

La historia En parejas, háganse estas preguntas sobre la historia.

1. ¿Crees que la vida era mejor hace cincuenta años? ¿Crees que será mejor o peor en el futuro?
2. ¿Cuál fue el acontecimiento más importante de toda la historia de la humanidad?
3. ¿Qué suceso histórico te habría gustado cambiar?
4. ¿Qué habrá pasado en el mundo en cincuenta años?
5. ¿Crees que hemos aprendido de los errores humanos del pasado?

5 **¿Quién es?** En parejas, escojan una persona famosa. Escriban una lista de los acontecimientos de su vida (pasados, presentes y los que puedan ocurrir en el futuro). Cuando hayan terminado, lean en voz alta la lista y el resto de la clase tendrá que adivinar de quién se trata.

6 

Historias extrañas En grupos de tres, lean las historias y contesten las preguntas. Luego, compartan sus respuestas con la clase.

1. Un rey regresó victorioso a su reino. Había conquistado enormes territorios y había traído muchas riquezas. Dos días después, desapareció.
   - ¿Qué le pasó?
2. Un emperador guerrero y poderoso derrotó a los integrantes de una tribu indígena. Durante años los explotó cruelmente como esclavos. Un buen día, les dio a todos la libertad.
   - ¿Por qué habrá liberado el emperador a los esclavos?

7 **Acontecimientos** Lee la lista de acontecimientos históricos y ordénalos según su importancia. Luego, en parejas, expliquen por qué ordenaron los acontecimientos de esa manera. Compartan sus ideas con la clase.

_______ la independencia de los Estados Unidos
_______ la llegada de Cristóbal Colón al continente americano
_______ la invención del automóvil
_______ la invención del teléfono
_______ la Segunda Guerra Mundial
_______ la llegada del hombre a la Luna
_______ la caída del muro de Berlín
_______ la invención de Internet
_______ el descubrimiento de la penicilina
_______ la invención de la computadora

6.3 Summary of the subjunctive

Subjunctive verb forms

- This chart provides a summary of subjunctive verb forms for regular **-ar**, **-er**, and **-ir** verbs.

Subjunctive verb forms

-ar verbs		-er verbs		-ir verbs	
PRESENT SUBJUNCTIVE					
hable	hablemos	beba	bebamos	viva	vivamos
hables	habléis	bebas	bebáis	vivas	viváis
hable	hablen	beba	beban	viva	vivan
PAST SUBJUNCTIVE					
hablara	habláramos	bebiera	bebiéramos	viviera	viviéramos
hablaras	hablarais	bebieras	bebierais	vivieras	vivierais
hablara	hablaran	bebiera	bebieran	viviera	vivieran

-ar verbs	-er verbs	-ir verbs
PRESENT PERFECT SUBJUNCTIVE		
haya hablado	haya bebido	haya vivido
hayas hablado	hayas bebido	hayas vivido
haya hablado	haya bebido	haya vivido
hayamos hablado	hayamos bebido	hayamos vivido
hayáis hablado	hayáis bebido	hayáis vivido
hayan hablado	hayan bebido	hayan vivido
PAST PERFECT SUBJUNCTIVE		
hubiera hablado	hubiera bebido	hubiera vivido
hubieras hablado	hubieras bebido	hubieras vivido
hubiera hablado	hubiera bebido	hubiera vivido
hubiéramos hablado	hubiéramos bebido	hubiéramos vivido
hubierais hablado	hubierais bebido	hubierais vivido
hubieran hablado	hubieran bebido	hubieran vivido

Uses of subjunctive verb tenses

- The subjunctive is used mainly in multiple clause sentences. This chart explains when each of the subjunctive verb tenses is appropriate.

Uses of subjunctive verb tenses

PRESENT	
• main clause is in the present:	Quiero que **hagas** un esfuerzo.
• main clause is in the future:	Ganará las elecciones a menos que **cometa** algún error.
PAST	
• main clause is in the past:	Esperaba que **vinieras**.
• hypothetical statements about the present:	Si **tuviéramos** boletos, iríamos al concierto.
PRESENT PERFECT	
• main clause is in the present while subordinate clause is in the past:	¡Es imposible que te **hayan despedido** de tu trabajo!
PAST PERFECT	
• main clause is in the past and subordinate clause refers to earlier event:	Me molestó que mi madre me **hubiera despertado** tan temprano.
• hypothetical statements about the past:	Si me **hubieras llamado**, habría salido contigo anoche.

Es importante que **estudiemos** nuestra propia historia.
It is important that we study our own history.

Los indígenas querían que los conquistadores **abandonaran** sus tierras.
The indigenous people wanted the conquistadors to abandon their lands.

Cristóbal Colón no **hubiera llegado** a América sin el apoyo de la reina.
Christopher Columbus wouldn't have arrived in America without the queen's support.

Es increíble que el arqueólogo **haya descubierto** tantas ruinas.
It's incredible that the archeologist has discovered so many ruins.

The subjunctive vs. the indicative and the infinitive

- This chart contrasts the uses of the subjunctive with those of the indicative or infinitive.

Subjunctive	Indicative or infinitive
• after expressions of will and influence when there are two different subjects: Quieren que **vuelvas** temprano.	• after expressions of will and influence when there is only one subject (infinitive): Quieren **volver** temprano.
• after expressions of emotion when there are two different subjects: La profesora temía que sus estudiantes no **aprobaran** el examen.	• after expressions of emotion when there is only one subject (infinitive): Los estudiantes temían no **aprobar** el examen.
• after expressions of doubt, disbelief, or denial when there are two different subjects: Es imposible que Javier **haya salido** por esa puerta.	• after expressions of doubt, disbelief, or denial when there is only one subject (infinitive): Es imposible **salir** por esa puerta; siempre está cerrada.
• when the person or thing in the main clause is uncertain or indefinite: Buscan un empleado que **haya estudiado** administración de empresas.	• when the person or thing in the main clause is certain or definite (indicative): Contrataron a un empleado que **estudió** administración de empresas.
• after **a menos que, antes (de) que, con tal (de) que, en caso (de) que, para que,** and **sin que**: El abogado hizo todo lo posible para que su cliente no **fuera** a la cárcel.	• after **a menos de, antes de, con tal de, en caso de, para**, and **sin** when there is no change in subject (infinitive): El abogado hizo todo lo posible para **defender** a su cliente.
• after the conjuctions **cuando, después (de) que, en cuanto, hasta que**, and **tan pronto como** when they refer to future actions: Compraré otro teléfono celular cuando me **ofrezcan** un plan adecuado a mis necesidades.	• after the conjuctions **cuando, después (de) que, en cuanto, hasta que**, and **tan pronto como** when they do not refer to future actions (indicative): Compré otro teléfono celular en cuanto me **ofrecieron** un plan adecuado a mis necesidades.
• after **si** in hypothetical or contrary-to-fact statements about the present: Si **tuviera** tiempo, iría al cine.	• after **si** in hypothetical statements about possible or probable future events (indicative): Si **tengo** tiempo, iré al cine.
• after **si** in hypothetical or contrary-to-fact statements about the past: Si **hubiera tenido** tiempo, habría ido al cine.	• after **si** in statements that express habitual past actions (indicative): Si **tenía tiempo**, siempre iba al cine.

¡ATENCIÓN!

Ojalá (que) is always followed by the subjunctive.

Ojalá (que) se mejore pronto.

Impersonal expressions of will, emotion, or uncertainty are followed by the subjunctive unless there is no change of subject.

Es terrible que te enfermes.
Es terrible enfermarse.

Práctica

1 **Oraciones incompletas** Empareja las frases para formar oraciones lógicas.

____ 1. Gabi no irá a la fiesta a menos que...	a. limpiara mi cuarto.
____ 2. Habríamos llegado antes si...	b. me hayan comprado algo bonito.
____ 3. Hoy es mi cumpleaños. Espero que mis padres...	c. no hubieras manejado tan lento.
____ 4. Iría a Europa si...	d. termine de hacer su tarea.
____ 5. Mis padres siempre exigían que...	e. tuviera más tiempo.

TALLER DE CONSULTA

Manual de gramática
Más práctica

6.3 Summary of the subjunctive, p. A31

2 **Cita perdida** Selecciona la forma adecuada del verbo entre paréntesis para completar la conversación.

ROSA Viajes Albatros, ¿en qué le puedo ayudar?

EMA Buenos días. Me gustaría hablar con Miguel Pérez. Tengo una entrevista telefónica con él.

ROSA Qué lástima que ya (1) ________ (salga / haya salido / hubiera salido). No creo que (2) ________ (vuelva / volviera / haya vuelto) hasta las cuatro.

EMA Le había dicho que yo llamaría el martes, pero él me dijo que lo (3) ________ (llamara / haya llamado / hubiera llamado) hoy.

ROSA No veo nada en su agenda. Y no creo que al señor Pérez se le (4) ________ (olvide / haya olvidado / hubiera olvidado) la entrevista. Si él le (5) ________ (pida / haya pedido / hubiera pedido) una entrevista, me lo habría mencionado. Si quiere, le digo que la (6) ________ (llame / llamara / haya llamado) tan pronto como (7) ________ (llegue / llegara / hubiera llegado). A menos que usted (8) ________ (quiera / haya querido / hubiera querido) llamarlo al celular...

3 **¿En qué tiempo?** Completa las oraciones con el subjuntivo (presente, imperfecto, pretérito perfecto o pluscuamperfecto) de los verbos entre paréntesis.

1. Antes de que los primeros españoles ________ (pisar) suelo americano, los vikingos ya habían viajado a América.
2. El profesor Gómez viajará al Amazonas. Cuando ________ (llegar) allí, investigará algunas tribus aisladas.
3. Siempre que ________ (haber) democracia, habrá libertad de prensa.
4. No habrá progreso hasta que ________ (terminar) la guerra civil.
5. El cacique les habló a sus guerreros para que ________ (luchar) sin miedo.
6. La historia del país habría sido muy distinta si la monarquía no ________ (caer).
7. La fundación humanitaria prefiere contratar a personas que ya ________ (viajar) al país donde trabajarán.
8. Si el general lo ________ (saber) antes, no habría empezado la batalla.

Práctica

4 **Los pueblos americanos** Selecciona la forma adecuada de los verbos entre paréntesis.

1. La ley venezolana les prohibía a los militares que (votaron / votaran / votar) en las elecciones presidenciales.
2. Te recomiendo que (estudias / estudies / estudiar) los cambios políticos en el Perú.
3. Me gustaría (lucho / luche / luchar) por los derechos de los indígenas.
4. Los primeros hombres que (poblaron / poblaran / poblar) América llegaron desde Asia.
5. Es una lástima que los conquistadores (destruyeron / destruyeran / destruir) algunas culturas americanas.
6. No es cierto que todos los indígenas americanos (se han rendido / se hayan rendido / rendirse) pacíficamente.
7. Sé que la dictadura (es / sea / ser) la peor forma de gobierno.
8. ¡Ojalá los pueblos americanos (habían luchado / hubieran luchado / luchar) más por sus derechos!

5 **Las formas verbales** Conecta las frases de las columnas. Usa las formas y los tiempos verbales apropiados.

A.
1. El historiador busca el libro que
2. El historiador busca un libro que
3. El historiador buscó un libro que

a. explicara los últimos cambios políticos.
b. explique los últimos cambios políticos.
c. explica los últimos cambios políticos.

B.
1. En su viaje, el historiador no conoció a ningún indígena que
2. En su viaje, el historiador había conocido a un solo indígena que
3. En su viaje, el historiador conoció a un solo indígena que

a. tenía contacto con tribus vecinas.
b. había tenido contacto con tribus vecinas.
c. tuviera contacto con tribus vecinas.

C.
1. Eva no conocía a nadie que
2. Eva conocía a un solo profesor que
3. Eva conoce a un solo profesor que

a. había estudiado la cultura china.
b. ha estudiado la cultura china.
c. hubiera estudiado la cultura china.

6 **¿Indicativo o subjuntivo?** Completa las oraciones con verbos en subjuntivo o en indicativo.

1. Me gustaría que mis hijos ________ (tener) más tiempo para leer los diarios que escribió mi abuelo al emigrar.
2. El profesor me recomendó que yo ________ (preservar) mi herencia cultural.
3. Me molestaba que ella ________ (hablar) de esa manera sobre los inmigrantes.
4. Mi abuela hizo todo lo posible para que todos nosotros ________ (visitar) su país de origen.
5. Cada día ________ (llegar) al país nuevos inmigrantes llenos de sueños.
6. La situación ________ (cambiar) en los últimos años porque los habitantes de mi país ya no emigran tanto como en el pasado.

Comunicación

7 **La historia**

A. En parejas, inventen una conversación entre dos personas de una de estas épocas, utilizando todos los tiempos verbales del indicativo y subjuntivo que sean apropiados. Recuerden que la conversación debe reflejar el contexto sociopolítico de aquella época.

Períodos históricos

La Prehistoria	La guerra de la Independencia
La Edad Media	La primera mitad del siglo XX
La época de la colonia	El nuevo milenio

B. Ahora, representen su conversación a otra pareja para que adivine el período histórico en que viven los personajes.

8 **Personajes históricos** En parejas, escriban diez oraciones sobre un personaje histórico famoso, sin decir el nombre. Cinco oraciones deben usar el indicativo y cinco el subjuntivo. Luego, lean las oraciones a la clase para que sus compañeros/as adivinen quién es esa persona. Utilicen las expresiones de la lista u otras.

A menos que...	Tan pronto como...
Después de que...	Para...
Leí que...	Si...
No sabía que...	Sin...

9 **Síntesis**

A. En grupos de cuatro, lean la lista de temas. ¿Cuáles eran sus pensamientos, deseos y opiniones acerca de estos temas cuando eran niños/as? ¿Qué piensan ahora? Después de esta clase, ¿siguen teniendo las mismas ideas y opiniones? ¿Creen que sus pensamientos cambiarán en el futuro?

la historia y la civilización	la naturaleza
la política y la religión	los viajes
la literatura y el arte	la salud y el bienestar
la cultura popular y los medios de comunicación	la vida diaria
la economía y el trabajo	las diversiones
la tecnología y la ciencia	las relaciones personales

B. Ahora, escojan uno de los temas de la lista y escriban un breve resumen de sus respuestas a las preguntas de la parte A. Utilicen por lo menos tres tiempos verbales en indicativo, tres en subjuntivo y tres verbos en infinitivo. Compartan sus pensamientos con la clase.

Antes de ver el corto

RAMONA

país México
duración 15 minutos
directora Giovanna Zacarías

protagonistas Ramona, Carmelo, la nuera, vecinos y vecinas

Vocabulario

el bocado *bite, mouthful*
la caja *coffin*
enterrar *to bury*
fallecer *to die*
la golpiza *beating*
harto (tiempo) *for a long time*
la milpa *vegetable garden*
el petate *straw mat*
el recado *message*
regar las plantas *to water the garden*
resucitar *to resuscitate, (to revive)*
¡sarta de chismosos! *bunch of gossips!*
toparse con *to run into (somebody)*
velar (a un muerto) *to hold a vigil/wake*

1 **Vocabulario** Escribe la palabra apropiada para cada definición.

1. tejido delgado hecho con fibras vegetales: ________
2. encontrarse con alguien por casualidad: ________
3. volver a la vida: ________
4. pequeño cultivo de vegetales: ________
5. dejar de existir; morir: ________
6. porción de comida que se lleva a la boca: ________

2  **Preguntas** En grupos pequeños, contesten estas preguntas. Luego, compartan sus respuestas con la clase.

1. Las culturas antiguas, como los egipcios, los mayas o los aztecas, realizaban diferentes rituales funerarios. ¿Qué sabes de estos rituales? ¿Se parecen a los rituales en la actualidad? ¿De qué manera se asemejan o se diferencian?
2. ¿Cuál es tu opinión sobre la muerte? ¿Crees que es algo trágico y triste? ¿Piensas que es algo natural y que puede recibirse con tranquilidad?
3. ¿Qué costumbres hay en tu comunidad cuando una persona muere?

3  **¿Quiénes son?** En parejas, miren el fotograma y discutan quiénes creen que son las personas que aparecen allí. ¿Cuál es la relación entre estas cuatro personas? ¿Qué están haciendo? ¿De qué pueden estar hablando?

Columba Domínguez es
RAMONA
Un cortometraje de
Giovanna Zacarías
Premio Ariel de Plata
al mejor cortometraje de ficción 2015, México
Premio La Palmita
al mejor corto mexicano en el 18° Tour de Cine Francés 2014, México
Una producción de CONACULTA/IMCINE/MIL NUBES·CINE/INDIA HERMOSA PRODUCCIONES
Producción ROBERTO FIESCO Producción ejecutiva HUGO ESPINOSA, ERNESTO MARTÍNEZ ARÉVALO, ILIANA REYES Guion GIOVANNA ZACARÍAS, ANA DÍAZ SESMA
Dirección GIOVANNA ZACARÍAS Dirección de arte JESÚS TORRES TORRES Edición ÓSCAR FIGUEROA Fotografía ALEJANDRO CANTÚ Música LEO HEIBLUM, JACOBO LIEBERMAN
Sonido MIGUEL HERNÁNDEZ MONTERO, ARMANDO NARVÁEZ DEL VALLE
Actores COLUMBA DOMÍNGUEZ, ÁNGELES CRUZ, GERARDO TERACENA, GUSTAVO TERRAZAS, MÓNICA DEL CARMEN, ROBERTO SOSA, XOCHIQUETZATL RODRÍGUEZ Y MAYAHUEL DEL MONTE

Escenas

ARGUMENTO Una anciana decide que es hora de morir y se lo anuncia a su familia y a sus vecinos. Al despedirse de ella, los vecinos aprovechan para enviar mensajes a sus familiares muertos. Al final, todos se llevarán una gran sorpresa.

RAMONA ¡Yo ya estoy lista para morir!
CARMELO Está bueno. Sólo denos unas semanas para conseguir lo de su caja.

VECINA Pues yo sólo venía a dejarle esta carta para mi madrecita santa, que en paz descanse. Y esta gallinita, por el favor.

CARMELO Con esto no nos alcanza° ni para enterrarla en un petate.
NUERA Pues entonces mañana antes de irte a la milpa pasas a la casa del Rosendo y le pides un prestadito°.

NUERA Pues, bueno… ¿cuándo piensa dejarnos?
CARMELO Es que… la caja ya lleva harto ahí. Además, todos los del pueblo ya vinieron a despedirse.

VECINA 5 ¿Cuándo se va a llevar los recados? ¡Ya que se muera!

NUERA ¡Que Dios la tenga en su santa gloria!
NIETO ¡Ya tengo cama!

no nos alcanza *it is not enough* **el prestadito** *a loan*

Después de ver el corto

1 **Comprensión** Contesta las preguntas con oraciones completas.

1. ¿Por qué Ramona ya no quiere comer?
2. ¿Para qué Carmelo necesita un poco más de tiempo?
3. ¿Por qué una de las vecinas le da una gallina a Ramona?
4. La esposa de Carmelo le dice que él debe pedir un préstamo. ¿Para qué necesitan el dinero?
5. ¿Por qué Ramona le pidió a su nieto que llevara papel y lápiz?

2 **Interpretación** En parejas, contesten las preguntas.

1. ¿Cuáles son los sentimientos de Ramona al comienzo del corto?
2. Los vecinos de Ramona le entregan mensajes para sus seres queridos. ¿Qué indica este hecho sobre la concepción de los personajes sobre la vida y la muerte?
3. Cuando Ramona "resucita", pide que pongan música y que comience la fiesta. ¿Por qué? ¿Qué relación tiene esto con el Día de Muertos?
4. ¿Cuáles son los sentimientos de Ramona al final del corto? Comparen las dos imágenes y describan los cambios entre el principio y el final.

3 **Intenciones** Responde a estas preguntas. Luego, discute tus respuestas con un(a) compañero/a.

1. ¿Qué quería la nuera de Ramona? ¿Cómo se siente al final, cuando Ramona "resucita"?
2. ¿Qué quería el hombre que le dio flores a Ramona? ¿Cómo se siente al final?
3. ¿Por qué Ramona se ríe alegremente al final del corto?
4. ¿Cuál crees que fue la intención de la directora con este corto? ¿Qué mensaje quería transmitir?

4 **El final** ¿Qué crees que pasará con los personajes después de la "resurrección" de Ramona? Describe las imágenes que en tu opinión tendría una segunda parte del corto y comparte tus descripciones con la clase. Sigue el modelo.

MODELO **La nuera: habla con Carmelo y le dice que está cansada de que su suegra no haga lo que ha prometido.**

1. Carmelo
2. el nieto de Ramona
3. el hombre que le da flores a Ramona
4. Ramona

El indio alcalde de Chincheros: Varayoc, 1925
José Sabogal, Perú

"Los que no creen en la inmortalidad creen en la historia."

— José Martí

Antes de leer

El milagro secreto

Sobre el autor

Jorge Luis Borges nació en Buenos Aires en 1899. En 1923 publicó su libro de poemas *Fervor de Buenos Aires*, al que seguiría una importante obra de cuentos y ensayos breves; nunca escribió una novela. Alguna vez afirmó: "El hecho central de mi vida ha sido la existencia de las palabras y la posibilidad de entretejer *(interweave)* y transformar las palabras en poesía". Sus obras fundamentales son *Ficciones* (1944) y *El Aleph* (1949), que le ganaron fama mundial. Sus temas principales son la muerte, el tiempo, el "yo", el mundo como sueño y Buenos Aires. Sus símbolos recurrentes son el laberinto, la biblioteca, los libros, los espejos, el azar y el ajedrez. En 1961 compartió el Premio del Congreso Internacional de Escritores con Samuel Beckett y, en 1980, recibió el prestigioso Premio Cervantes. Viajó extensamente por Europa y murió en Ginebra en 1986. Es considerado uno de los escritores más importantes del siglo XX.

Vocabulario

el ajedrez *chess*	**disputar** *to play against*	**la jugada** *move*
el azar *chance*	**fusilar** *to execute by firing squad*	**la partida** *game*
la biblioteca *library*	**impostergable** *impossible to postpone*	**el reloj** *clock*
la demora *delay*	**inconcluso/a** *unfinished*	**el tablero** *chessboard*

Completar Completa las oraciones con el vocabulario.

A. Cuando el campeón ruso inició la (1) ________, las miradas de todos los espectadores quedaron fijas en el (2) ________. El (3) ________ que marcaba el tiempo mientras la (4) ________ que habían (5) ________ durante muchas horas se acercaba a su fin. El que ganara, sería el nuevo campeón del mundo de (6) ________.

B. El terrible incendio significó la pérdida de muchos libros valiosos. Los diarios le echaron la culpa a la (7) ________ de los bomberos. Otras personas, más poéticas o más trágicas, culparon al (8) ________ de haber jugado en contra de la (9) ________.

Conexión personal ¿Alguna vez soñaste algo que luego te ocurrió en la vida real? ¿Crees que los sueños tienen el poder para revelarnos cosas? ¿Por qué?

Análisis literario: la metáfora

La metáfora consiste en nombrar una cosa con el nombre de otra, más expresiva, con la que tiene semejanza real o ficticia. En la metáfora, una cosa se equipara con otra sin usar la palabra **como:** "tus labios son como rubíes" es una comparación, pero "tus labios son rubíes" es una metáfora. Éste es un recurso que Borges usa a menudo; sus metáforas a veces tienen connotaciones religiosas y mágicas. Cuando leas el cuento, presta atención para buscar ejemplos.

El milagro *secreto*

Jorge Luis Borges

Y Dios lo hizo morir durante cien años
y luego lo animó y le dijo:
—¿Cuánto tiempo has estado aquí?
—Un día o parte de un día, respondió.
Alcorán, II, 261

La noche del catorce de marzo de 1939, en un departamento de la Zeltnergasse de Praga, Jaromir Hladík, autor de la inconclusa tragedia *Los enemigos*, de una *Vindicación de la eternidad* y de un examen de las indirectas fuentes° judías de Jakob Boehme, soñó con un largo ajedrez. No lo disputaban dos individuos sino dos familias ilustres; la partida había sido entablada° hace muchos siglos; nadie era capaz de nombrar el olvidado premio, pero se murmuraba que era enorme y quizá infinito; las piezas y el tablero estaban en una torre secreta; Jaromir (en el sueño) era el primogénito° de una de las familias hostiles; en los relojes resonaba la hora de la impostergable jugada; el soñador corría por las arenas de un desierto lluvioso y no lograba recordar las figuras ni las leyes del ajedrez. En ese punto, se despertó. Cesaron los estruendos° de la lluvia y de los terribles relojes. Un ruido acompasado° y unánime, cortado por algunas voces de mando, subía de la Zeltnergasse. Era el amanecer, las blindadas° vanguardias del Tercer Reich entraban en Praga.

El diecinueve, las autoridades recibieron una denuncia°; el mismo diecinueve, al atardecer, Jaromir Hladík fue arrestado. Lo condujeron a un cuartel° aséptico y blanco, en la ribera° opuesta del Moldau. No pudo levantar uno solo de los cargos de la Gestapo: su apellido materno era Jaroslavski, su sangre era judía, su estudio sobre Boehme era judaizante, su firma delataba el censo final de una protesta contra el Anschluss. En 1928, había traducido el *Sepher Yezirah* para la editorial Hermann Barsdorf; el efusivo catálogo de esa casa había exagerado comercialmente el renombre del traductor; ese catálogo fue hojeado° por Julius Rothe, uno de los jefes en cuyas manos estaba la suerte de Hladík. No hay hombre que, fuera de su especialidad, no sea crédulo; dos o tres adjetivos en letra gótica bastaron para que Julius Rothe admitiera la preeminencia de Hladík y dispusiera que lo condenaran a

sources
set up
firstborn child
thunder
rhythmic
armored
official complaint
barracks
riverside

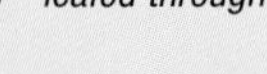

muerte, *pour encourager les autres*°. Se fijó el día veintinueve de marzo, a las nueve a.m. Esa demora (cuya importancia apreciará después el lector) se debía al deseo administrativo de obrar impersonal y pausadamente, como los vegetales y los planetas.

El primer sentimiento de Hladík fue de mero terror. Pensó que no lo hubieran arredrado° la horca°, la decapitación o el degüello°, pero que morir fusilado era intolerable. En vano se redijo que el acto puro y general de morir era lo temible, no las circunstancias concretas. No se cansaba de imaginar esas circunstancias: absurdamente procuraba agotar° todas las variaciones. Anticipaba infinitamente el proceso, desde el insomne amanecer hasta la misteriosa descarga. Antes del día prefijado por Julius Rothe, murió centenares de muertes, en patios cuyas formas y cuyos ángulos fatigaban la geometría, ametrallado° por soldados variables, en número cambiante, que a veces lo ultimaban° desde lejos; otras, desde muy cerca. Afrontaba con verdadero temor (quizá con verdadero coraje) esas ejecuciones imaginarias; cada simulacro° duraba unos pocos segundos; cerrado el círculo, Jaromir interminablemente volvía a las trémulas° vísperas de su muerte. Luego reflexionó que la realidad no suele coincidir con las previsiones°; con lógica perversa infirió que prever° un detalle circunstancial es impedir que éste suceda. Fiel a esa débil magia, inventaba, *para que no sucedieran*, rasgos atroces; naturalmente, acabó por temer que esos rasgos fueran proféticos. Miserable en la noche, procuraba afirmarse de algún modo en la sustancia fugitiva del tiempo. Sabía que éste se precipitaba hacia el alba del día veintinueve; razonaba en voz alta: *Ahora estoy en la noche del veintidós; mientras dure esta noche (y seis noches más) soy invulnerable, inmortal.* Pensaba que las noches de sueño eran piletas° hondas y oscuras en las que podía sumergirse. A veces anhelaba° con impaciencia la definitiva descarga, que lo redimiría, mal o bien, de su vana tarea de imaginar. El veintiocho, cuando el último ocaso° reverberaba en los altos barrotes°, lo desvió de esas consideraciones abyectas la imagen de su drama *Los enemigos*.

“Miserable en la noche, procuraba afirmarse de algún modo en la sustancia fugitiva del tiempo.”

Hladík había rebasado° los cuarenta años. Fuera de algunas amistades y de muchas costumbres, el problemático ejercicio de la literatura constituía su vida; como todo escritor, medía las virtudes de los otros por lo ejecutado por ellos y pedía que los otros lo midieran por lo que vislumbraba o planeaba. Todos los libros que había dado a la estampa° le infundían un complejo arrepentimiento°. En sus exámenes de la obra de Boehme, de Abnesra y de Flood, había intervenido esencialmente la mera aplicación; en su traducción del *Sepher Yezirah*, la negligencia, la fatiga y la conjetura. Juzgaba menos deficiente, tal vez, la *Vindicación de la eternidad*: el primer volumen historia las diversas eternidades que han ideado los hombres, desde el inmóvil Ser de Parménides hasta el pasado modificable de Hinton; el

(French) to encourage others
frightened/gallows
throat slitting
to exhaust
executed by machine gun
they killed him
simulation
trembling
predictions
to foresee
swimming pools
he yearned (for)
sunset/ bars (of a cell)
surpassed
printer
regret

segundo niega (con Francis Bradley) que todos los hechos del universo integran una serie temporal. Arguye que no es infinita la cifra de las posibles experiencias del hombre y que basta una sola "repetición" para demostrar que el tiempo es una falacia... Desdichadamente, no son menos falaces los argumentos que demuestran esa falacia; Hladík solía recorrerlos con cierta desdeñosa° perplejidad. También había redactado una serie de poemas expresionistas; éstos, para confusión del poeta, figuraron en una antología de 1924 y no hubo antología posterior que no los heredara. De todo ese pasado equívoco y lánguido quería redimirse Hladík con el drama en verso *Los enemigos*. (Hladík preconizaba el verso, porque impide que los espectadores olviden la irrealidad, que es condición del arte.)

Este drama observaba las unidades de tiempo, de lugar y de acción; transcurría en Hradcany, en la biblioteca del barón de Roemerstadt, en una de las últimas tardes del siglo diecinueve. En la primera escena del primer acto, un desconocido visita a Roemerstadt. (Un reloj da las siete, una vehemencia de último sol exalta los cristales, el aire trae una arrebatada y reconocible música húngara.) A esta visita siguen otras; Roemerstadt no conoce las personas que lo importunan, pero tiene la incómoda impresión de haberlos visto ya, tal vez en un sueño. Todos exageradamente lo halagan°, pero es notorio —primero para los espectadores del drama, luego para el mismo barón— que son enemigos secretos, conjurados° para perderlo. Roemerstadt logra detener o burlar sus complejas intrigas; en el diálogo, aluden a su novia, Julia de Weidenau, y a un tal Jaroslav Kubin, que alguna vez la importunó° con su amor. Éste, ahora, se ha enloquecido y cree ser Roemerstadt... Los peligros arrecian°; Roemerstadt, al cabo del segundo acto, se ve en la obligación de matar a un conspirador. Empieza el tercer acto, el último. Crecen gradualmente las incoherencias: vuelven actores que parecían descartados° ya de la trama; vuelve, por un instante, el hombre matado por Roemerstadt. Alguien hace notar que no ha atardecido: el reloj da las siete, en los altos cristales reverbera el sol occidental, el aire trae la arrebatada música húngara. Aparece el primer interlocutor° y repite las palabras que pronunció en la primera escena del primer acto. Roemerstadt le habla sin asombro; el espectador entiende que Roemerstadt es el miserable Jaroslav Kubin. El drama no ha ocurrido: es el delirio circular que interminablemente vive y revive Kubin.

Nunca se había preguntado Hladík si esa tragicomedia de errores era baladí° o admirable, rigurosa o casual. En el argumento que he bosquejado° intuía la invención más apta para disimular sus defectos y para ejercitar sus felicidades, la posibilidad de

> **"Para llevar a término ese drama, que puede justificarme y justificarte, requiero un año más. Otórgame esos días, Tú de Quien son los siglos y el tiempo."**

desdeñosa° *disdainful*
halagan° *flatter*
conjurados° *conspired*
importunó° *bothered*
arrecian° *get worse*
descartados° *eliminated*
interlocutor° *speaker*
baladí° *trivial*
bosquejado° *outlined*

rescatar° (de manera simbólica) lo fundamental de su vida. Había terminado ya el primer acto y alguna escena del tercero; el carácter métrico de la obra le permitía examinarla continuamente, rectificando los hexámetros, sin el manuscrito a la vista. Pensó que aun le faltaban dos actos y que muy pronto iba a morir. Habló con Dios en la oscuridad. *Si de algún modo existo, si no soy una de tus repeticiones y erratas, existo como autor de* Los enemigos. *Para llevar a término ese drama, que puede justificarme y justificarte, requiero un año más. Otórgame esos días, Tú de Quien son los siglos y el tiempo.* Era la última noche, la más atroz, pero diez minutos después el sueño lo anegó como un agua oscura.

to salvage

Hacia el alba, soñó que se había ocultado en una de las naves de la biblioteca del Clementinum. Un bibliotecario de gafas negras le preguntó: ¿Qué busca? Hladík le replicó: *Busco a Dios.* El bibliotecario le dijo: *Dios está en una de las letras de una de las páginas de uno de los cuatrocientos mil tomos del Clementinum. Mis padres y los padres de mis padres han buscado esa letra; yo me he quedado ciego, buscándola.* Se quitó las gafas y Hladík vio los ojos, que estaban muertos. Un lector entró a devolver un atlas. Este atlas es inútil, dijo, y se lo dio a Hladík. Éste lo abrió al azar. Vio un mapa de la India, vertiginoso. Bruscamente seguro, tocó una de las mínimas letras. Una voz ubicua le dijo: *El tiempo de tu labor ha sido otorgado*. Aquí Hladík se despertó.

> **“Una voz ubicua le dijo: *El tiempo de tu labor ha sido otorgado.*”**

Recordó que los sueños de los hombres pertenecen a Dios y que Maimónides ha escrito que son divinas las palabras de un sueño, cuando son distintas y claras y no se puede ver quien las dijo. Se vistió; dos soldados entraron en la celda y le ordenaron que los siguiera.

Del otro lado de la puerta, Hladík había previsto un laberinto de galerías, escaleras y pabellones°. La realidad fue menos rica: bajaron a un traspatio por una sola escalera de fierro°. Varios soldados —alguno de uniforme desabrochado°— revisaban una motocicleta y la discutían. El sargento miró el reloj: eran las ocho y cuarenta y cuatro minutos. Había que esperar que dieran las nueve. Hladík, más insignificante que desdichado°, se sentó en un montón de leña. Advirtió° que los ojos de los soldados rehuían° los suyos. Para aliviar la espera, el sargento le entregó un cigarrillo. Hladík no fumaba; lo aceptó por cortesía o por humildad. Al encenderlo, vio que le temblaban las manos. El día se nubló; los soldados hablaban en voz baja como si él ya estuviera muerto. Vanamente, procuró recordar a la mujer cuyo símbolo era Julia de Weidenau...

pavilions
iron
undone
unhappy
He noticed
avoided

El piquete° se formó, se cuadró. Hladík, de pie contra la pared del cuartel, esperó la descarga. Alguien temió que la pared quedara maculada° de sangre; entonces le ordenaron al reo° que avanzara unos pasos. Hladík, absurdamente, recordó las vacilaciones preliminares de los fotógrafos. Una pesada gota de lluvia rozó° una de las sienes° de Hladík y rodó lentamente por su mejilla; el sargento vociferó la orden final.

squad
stained
convict
grazed/temples

El universo físico se detuvo.

Las armas convergían sobre Hladík, pero los hombres que iban a matarlo estaban inmóviles. El brazo del sargento eternizaba un ademán° inconcluso. En una baldosa del patio una abeja proyectaba una sombra° fija. El viento había cesado, como en un cuadro. Hladík ensayó un grito, una sílaba, la torsión de una mano. Comprendió que estaba paralizado. No le llegaba ni el más tenue rumor del impedido mundo. Pensó *estoy en el infierno, estoy muerto*. Pensó *estoy loco*. Pensó *el tiempo se ha detenido*. Luego reflexionó que en tal caso, también se hubiera detenido su pensamiento. Quiso ponerlo a prueba: repitió (sin mover los labios) la misteriosa cuarta égloga de Virgilio. Imaginó que los ya remotos soldados compartían su angustia°: anheló comunicarse con ellos. Le asombró no sentir ninguna fatiga, ni siquiera el vértigo de su larga inmovilidad. Durmió, al cabo de un plazo indeterminado. Al despertar, el mundo seguía inmóvil y sordo. En su mejilla perduraba la gota de agua; en el patio, la sombra de la abeja; el humo° del cigarrillo que había tirado no acababa nunca de dispersarse. Otro "día" pasó, antes que Hladík entendiera.

Un año entero había solicitado de Dios para terminar su labor: un año le otorgaba su omnipotencia. Dios operaba para él un milagro secreto: lo mataría el plomo° alemán, en la hora determinada, pero en su mente un año transcurría entre la orden y la ejecución de la orden. De la perplejidad pasó al estupor, del estupor a la resignación, de la resignación a la súbita° gratitud.

No disponía de otro documento que la memoria; el aprendizaje de cada hexámetro que agregaba le impuso un afortunado rigor que no sospechan quienes aventuran y olvidan párrafos interinos y vagos. No trabajó para la posteridad ni aun para Dios, de cuyas preferencias literarias poco sabía. Minucioso°, inmóvil, secreto, urdió° en el tiempo su alto laberinto invisible. Rehizo el tercer acto dos veces. Borró algún símbolo demasiado evidente: las repetidas campanadas, la música. Ninguna circunstancia lo importunaba. Omitió, abrevió, amplificó; en algún caso, optó por la versión primitiva. Llegó a querer el patio, el cuartel; uno de los rostros que lo enfrentaban modificó su concepción del carácter de Roemerstadt. Descubrió que las arduas cacofonías que alarmaron tanto a Flaubert son meras supersticiones visuales: debilidades y molestias de la palabra escrita, no de la palabra sonora... Dio término a su drama: no le faltaba ya resolver sino un solo epíteto. Lo encontró; la gota de agua resbaló° en su mejilla. Inició un grito enloquecido, movió la cara, la cuádruple descarga lo derribó.

Jaromir Hladík murió el veintinueve de marzo, a las nueve y dos minutos de la mañana. ■

gesture · *shadow* · *anguish* · *smoke* · *lead* · *sudden* · *Meticulous/ he devised* · *slid*

Después de leer

El milagro secreto

Jorge Luis Borges

1 **Comprensión** Ordena los acontecimientos del cuento.

_____ a. Hladík es arrestado por la Gestapo y condenado a muerte.
_____ b. El tiempo se detiene.
_____ c. Hladík sueña que encuentra la letra donde está Dios, quien le dice que su deseo le será concedido.
_____ d. Hladík es ejecutado.
_____ e. Hladík es llevado al patio del cuartel para ser fusilado.
_____ f. Hladík termina de componer su obra.
_____ g. El ejército del Tercer Reich entra en Praga.
_____ h. Hladík imagina muchas veces su muerte.
_____ i. Hladík sueña con una enorme partida de ajedrez entre dos familias.
_____ j. Hladík le pide a Dios que le conceda el tiempo para terminar su obra *Los enemigos*.

2 **Análisis** Responde a las preguntas.

1. ¿Qué sabemos sobre Jaromir Hladík por el relato? ¿A qué le teme más? ¿Por qué?
2. ¿Cuáles son las razones para condenarlo a muerte? ¿Ha cometido algún crimen contra la ley?
3. ¿Qué intenta hacer Hladík con cada simulacro imaginado de su ejecución? ¿Lo logra? ¿Por qué?
4. Para Borges la literatura es "uno de los muchos destinos del ser humano". ¿Cómo representa esto su personaje?
5. ¿Por qué es secreto el milagro del título? ¿Sirve ese milagro para salvar a Hladík?

3 **Interpretación** En parejas, respondan a las preguntas.

1. ¿Cuántos de los temas recurrentes de Borges se pueden encontrar en *El milagro secreto?*
2. La frase final del segundo párrafo dice: "Esa demora se debía al deseo administrativo de obrar impersonal y pausadamente, como los vegetales o los planetas". ¿Por qué dirías que los vegetales y los planetas actúan de esa manera?
3. ¿Qué piensas que significa la metáfora "las noches de sueño eran piletas hondas y oscuras en las que podía sumergirse"? ¿Reaparece la misma imagen en alguna otra parte del cuento?
4. En el cuento hay muchas referencias al tiempo, como relojes, fechas, etc. ¿Qué indican? ¿Por qué son importantes?

4 **Escribir** Escribe un obituario de Jaromir Hladík para un periódico; incluye una breve biografía.

Antes de leer

Vocabulario

aristocrático/a *aristocratic*	**el/la mestizo/a** *person of mixed ethnicity (part indigenous)*
el/la descendiente *descendant*	**el puente** *bridge*
el dominio *rule*	**la traición** *betrayal*
erudito/a *scholarly*	**el/la traidor(a)** *traitor*
heroico/a *heroic*	
la lealtad *loyalty*	

Un viaje épico Completa el párrafo con el vocabulario de la tabla.

Álvar Núñez Cabeza de Vaca era un español (1) ________ de una familia (2) ________ de la nobleza española. Demostró su (3) ________ al Rey luchando con el ejército español contra Francia y otros enemigos de la Corona. Según los (4) ________ de la Conquista, la aventura de Cabeza de Vaca al sur de Norteamérica fue verdaderamente (5) ________. Cabeza de Vaca salió para América en 1527, pero su barco se hundió en las costas de Florida. El conquistador y los demás sobrevivientes entraron en territorios bajo el (6) ________ de reinos indígenas. Durante ocho años sufrieron hambre, sed y una terrible soledad. Finalmente, Cabeza de Vaca entró en contacto con los españoles en el norte de México. Cuando desapareció, algunos lo acusaron de (7) ________, pero regresó a España con valiosa información, demostrando así su lealtad.

Conexión personal ¿Cuáles son las mayores influencias en tu vida? ¿Tus padres, tus amigos/as, tu comunidad? ¿Un(a) político/a o alguien de la cultura popular? ¿Qué efecto han tenido otras personas en tus grandes decisiones y en tu forma de ver la vida?

Contexto cultural

En 1532, el conquistador español **Francisco Pizarro** llegó a Cajamarca, en el norte de Perú, con unos veinticinco caballos y menos de 200 soldados para reunirse con Atahualpa, el emperador inca. Hijo del anterior emperador Huayna Cápac, Atahualpa había alcanzado el poder del Imperio inca tras una guerra civil contra su hermano Huáscar. Pizarro y los españoles trataron de convertir al nuevo emperador al cristianismo, pero cuando Atahualpa se negó, tirando una Biblia al suelo, Pizarro le declaró la guerra. Pizarro condenó a Atahualpa a muerte. Luego, Atahualpa quiso comprar su libertad: le prometió a Pizarro que si lo dejaba libre llenaría dos habitaciones de oro y plata. Pizarro aceptó y el emperador mandó traer oro de todo el imperio. Después de cumplir su palabra, Pizarro lo mandó ejecutar. Muchos poetas han escrito sobre la terrible traición de Pizarro al emperador de los incas. Según los eruditos, es uno de los episodios más oscuros de la Conquista.

El Inca Garcilaso: un puente entre dos imperios

Durante esta época de conquista y choque de culturas, existía una persona con un pie en cada mundo, un miembro de dos familias aristocráticas pero muy distintas, una figura dividida. Brillante escritor, el Inca Garcilaso de la Vega nació en 1539 con el nombre de Gómez Suárez de Figueroa. Era hijo ilegítimo del capitán Sebastián Garcilaso de la Vega, conquistador español de sangre noble de la facción de Pizarro, y de la princesa inca Isabel Chimpu Ocllo.

El Inca Garcilaso de la Vega, como quiso llamarse más tarde, combinando en su nombre sus dos vínculos°, fue miembro de la primera generación de mestizos del Perú. Aprendió a hablar primero en quechua y después en español. Sintió un gran amor por la cultura y la herencia de los incas, ya que se crio entre descendientes de los emperadores, escuchando sus relatos y fábulas°. Su madre era nieta del emperador Huayna Cápac.

> **"El Inca Garcilaso sirvió de puente entre las dos culturas, la materna y la paterna, y de modelo para gran parte de la generación que le siguió."**

Su libro más famoso, los *Comentarios reales*, tiene la intención de corregir a los historiadores españoles en muchos puntos. Desde su posición privilegiada, el Inca Garcilaso aprovechó° su conocimiento íntimo para aclarar° cuestiones sobre la lengua y cultura de los incas. El orgullo° y la inteligencia del Inca, y su identificación cultural, se revelan abiertamente en esta obra, donde hace referencia a sí mismo diciendo "como indio que soy".

vínculos°: family ties; fábulas°: tales and legends; aprovechó°: used; aclarar°: to clarify; orgullo°: pride

Figura literaria

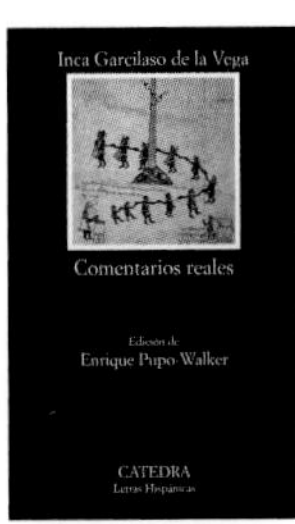

La obra del Inca es diversa y enormemente erudita. Consiste en tres libros mayores: una traducción de los *Diálogos de amor* de León Hebreo, que el Inca tradujo del italiano al español (1590); *La Florida* (1605), que relata las exploraciones españolas en el sureste de América del Norte, principalmente la expedición de Hernando de Soto; y los *Comentarios reales,* una descripción minuciosa del imperio y de la cultura de los incas, y también de la conquista española del Perú (1609, 1617).

No obstante, el Inca fue marcado° por no una, sino dos familias. La cultura de su madre forma sólo una parte, muy significativa por cierto, de la identidad compleja del hombre, que también sentía una enorme lealtad hacia su padre. A pesar de describir y explicar las creencias de los incas cuidadosamente, el Inca Garcilaso fue un ferviente católico que llamaba "vana religión" a aquellas creencias. También consideraba a los conquistadores españoles valientes y heroicos. A los veintiún años, salió para España para continuar sus estudios y se hizo° militar. Participó en la guerra de las Alpujarras contra los musulmanes y llegó a ser capitán como su padre. En España escribió obras literarias de gran mérito. También se presentó en la Corte del Rey para defender el nombre y el honor de su padre ante las acusaciones de que era un traidor.

Sus puntos de vista y acciones hacen del Inca un sujeto contradictorio e inusual en su época. Comprendía muy bien que los incas habían perdido su dominio y que padecían° profunda nostalgia. Cuenta que algunos de sus parientes decían con lágrimas° en los ojos: "trocósenos el reinar en vasallaje"°. Sin embargo, el Inca Garcilaso también aceptaba como suya la cultura española. La segunda parte de los *Comentarios reales*, conocida como *Historia general del Perú*, está dedicada a la Virgen María.

No ha quedado evidencia de las dificultades personales que su doble lealtad le pudo costar o de una preferencia íntima por una de ellas. El Inca Garcilaso sirvió de puente entre las dos culturas, la materna y la paterna, y de modelo para gran parte de la generación que le siguió. Vivió, como él mismo declaró, "obligado a ambas° naciones". ■

marcado°: marked; se hizo°: he became; padecían°: they suffered; lágrimas°: tears; trocósenos el reinar en vasallaje°: our dominance has turned into servitude; ambas°: both

Después de leer

El Inca Garcilaso: un puente entre dos imperios

1 **Comprensión** Responde a las preguntas con oraciones completas.

1. ¿Quiénes eran los padres del Inca Garcilaso de la Vega?
2. ¿Cómo aprendió tanto el Inca Garcilaso sobre la cultura de su madre?
3. ¿Qué opinaba el Inca sobre los conquistadores españoles?
4. ¿Cuál es la intención del libro *Comentarios reales*?
5. ¿Qué temas trata el libro *Comentarios reales*?

2 **Interpretación** En parejas, respondan a las preguntas. Luego, compartan sus respuestas con la clase.

1. ¿Por qué Pizarro es considerado un traidor en la historia de la Conquista?
2. ¿Por qué prefirió Gómez Suárez de Figueroa llamarse el Inca Garcilaso de la Vega?
3. ¿Qué evidencia sugiere que el Inca se sentía miembro de dos culturas?
4. ¿Por qué es la obra literaria del Inca inusual y muy importante?
5. ¿Qué significa la frase "trocósenos el reinar en vasallaje"?

3 **Entre dos culturas** En parejas, elijan una de las dos situaciones. Imaginen que uno/a de ustedes es el Inca Garcilaso cuando tenía veintiún años y partió rumbo a (*headed for*) España para estudiar y la otra persona es la madre o la tía paterna. Preparen la conversación entre los dos personajes y represéntenla delante de la clase.

- El Inca habla con su madre para explicarle su decisión de ir a España y su lealtad a la Corte, religión y cultura españolas. Al principio, la madre no está muy segura de la decisión de su hijo y le hace muchas preguntas.
- El Inca habla con una tía paterna en España y le explica su deseo de llamarse "Inca" y su orgullo hacia la cultura de su madre. La tía no sabe nada sobre los incas y tiene muchas preguntas.

4 **Multiculturalismo** El Inca Garcilaso de la Vega vivió inmerso en dos culturas. Hoy, más que nunca, ésa es la realidad de muchas personas.

A. Prepara un borrador escrito con tus opiniones sobre las ventajas y las desventajas del multiculturalismo.

B. En parejas, debatan sus opiniones. Después del debate, resuman los puntos que tienen en común y compártanlos con la clase.

MODELO

ESTUDIANTE 1 El multiculturalismo es bueno, pero también puede tener efectos negativos. Si se mezclan demasiado las culturas, terminan desapareciendo.

ESTUDIANTE 2 No estoy totalmente de acuerdo. Cuando las culturas se mezclan, la cultura en general se enriquece.

C. Utiliza las ideas surgidas en el debate para escribir un breve artículo para el periódico estudiantil en el que describas tu experiencia personal con el multiculturalismo.

Atando cabos

¡A conversar!

La escritura y la civilización

A. ¿Qué pasaría si no hubiera escritura? En grupos, intercambien opiniones sobre estas preguntas.

- ¿Qué efecto ha tenido la escritura en la humanidad?
- ¿Qué cosas no podríamos hacer sin escritura?

B. Imaginen que la siguiente situación ocurre en la Edad Media. Coméntenla con sus compañeros/as y contesten las preguntas.

Un hombre tiene una vaca y un vecino se la pide por un mes. Cuando el primer hombre le pide que se la devuelva, el vecino no quiere, e insiste en que él se la había regalado.

- ¿Cómo solucionarían ustedes el problema?
- ¿Cómo habría sido la situación si el acuerdo (*agreement*) se hubiera hecho por escrito?

C. En grupos pequeños, imaginen otras dos situaciones en las que no se pueda solucionar un problema por la falta de escritura. Intercambien las nuevas situaciones con otros grupos y compartan las soluciones a los problemas planteados.

¡A escribir!

Testamento cultural Imagina que debes escribir un testamento (*will*) en el que dejas cinco elementos de tu cultura para las futuras generaciones. Usa las preguntas como guía:

- ¿Qué características de tu cultura y de tu comunidad vale la pena preservar?
- ¿Qué elementos prefieres no dejar como legado?

Para cada elemento, explica por qué has decidido dejarlo como legado.

MODELO Les dejo la tradición de mi barrio de hacer fiestas en la calle una vez por año. Esta tradición ayuda a que los vecinos se conozcan...

6 VOCABULARIO

La historia y la civilización

la civilización	*civilization*
la década	*decade*
la época	*era; epoch*
el/la habitante	*inhabitant*
la historia	*history*
el/la historiador(a)	*historian*
la humanidad	*humankind*
el imperio	*empire*
el reino	*kingdom*
el siglo	*century*
establecer(se)	*to establish (oneself)*
habitar	*to inhabit*
integrarse (a)	*to become part (of)*
pertenecer (a)	*to belong (to)*
poblar (o:ue)	*to settle; to populate*
antiguo/a	*ancient*
(pre)histórico/a	*(pre)historic*

Los conceptos

el aprendizaje	*learning*
el conocimiento	*knowledge*
la enseñanza	*teaching*
la herencia (cultural)	*(cultural) heritage*
la (in)certidumbre	*(un)certainty*
la (in)estabilidad	*(in)stability*
la sabiduría	*wisdom*

Las características

adelantado/a	*advanced*
culto/a	*cultured; educated*
derrotado/a	*defeated*
desarrollado/a	*developed*
forzado/a	*forced*
pacífico/a	*peaceful*
poderoso/a	*powerful*
victorioso/a	*victorious*

Los gobernantes

el/la cacique	*tribal chief*
el/la conquistador(a)	*conqueror*
el/la dictador(a)	*dictator*
el emperador/ la emperatriz	*emperor/empress*
el/la gobernante	*ruler*
el/la monarca	*monarch*
el rey/la reina	*king/queen*
el/la soberano/a	*sovereign; ruler*

La conquista y la independencia

la batalla	*battle*
la colonia	*colony*
la conquista	*conquest*
el ejército	*army*
la esclavitud	*slavery*
el/la esclavo/a	*slave*
las fuerzas armadas	*armed forces*
el/la guerrero/a	*warrior*
la independencia	*independence*
la soberanía	*sovereignty*
el/la soldado	*soldier*
la tribu	*tribe*
colonizar	*to colonize*
conquistar	*to conquer*
derribar/derrocar	*to overthrow*
derrotar	*to defeat*
encabezar	*to lead*
explotar	*to exploit*
expulsar	*to expel*
invadir	*to invade*
liberar	*to liberate*
oprimir	*to oppress*
rendirse (e:i)	*to surrender*
suprimir	*to abolish; to suppress*

Más vocabulario

Expresiones útiles	*Ver p. 207*
Estructura	*Ver pp. 214–215, 218–219 y 222–224*

En pantalla

el bocado	*bite, mouthful*
la caja	*coffin*
la golpiza	*beating*
la milpa	*vegetable garden*
el petate	*straw mat*
el recado	*message*
¡sarta de chismosos!	*bunch of gossips!*
enterrar	*to bury*
fallecer	*to die*
regar las plantas	*water the garden*
resucitar	*to resuscitate, to revive*
toparse con	*to run into (somebody)*
velar (a un muerto)	*to hold a vigil/wake*
harto (tiempo)	*for a long time*

Literatura

el ajedrez	*chess*
el azar	*chance*
la biblioteca	*library*
la demora	*delay*
la jugada	*move*
la partida	*game*
el reloj	*clock*
el tablero	*chessboard*
disputar	*to play against*
fusilar	*to execute by firing squad*
impostergable	*impossible to postpone*
inconcluso/a	*unfinished*

Cultura

el/la descendiente	*descendant*
el dominio	*rule*
la lealtad	*loyalty*
el/la mestizo/a	*person of mixed ethnicity (part indigenous)*
el puente	*bridge*
la traición	*betrayal*
el/la traidor(a)	*traitor*
aristocrático/a	*aristocratic*
erudito/a	*scholarly*
heroico/a	*heroic*

Manual de gramática

Supplementary Grammar Coverage

The **Manual de gramática** is an invaluable tool for both students and teachers. For each lesson of **Senderos 5**, the **Manual** provides additional practice of the three core grammar concepts, as well as supplementary grammar instruction and practice.

The **Más práctica** pages of the **Manual** contain additional practice activities for every grammar point in **Senderos 5**. The **Gramática adicional** pages present supplementary grammar concepts and practice. Both sections of the **Manual** are correlated to the core grammar points in **Estructura** by means of **Taller de consulta** sidebars, which provide the exact page numbers for additional practice and supplementary coverage.

This special supplement allows for great flexibility in planning and tailoring this program to suit the needs of all students. It also serves as a useful and convenient reference tool for students who wish to review previously learned material.

Contenido

Más práctica

Gramática adicional

Más práctica

TALLER DE CONSULTA

MÁS PRÁCTICA
To see the explanation corresponding to this additional practice, see p. 26.

1.1 The present perfect

1 **Cambiar** Cambia las oraciones del pretérito al pretérito perfecto.

1. Juan y yo vimos una estrella fugaz.
2. Yo hice la tarea en el laboratorio.
3. La científica le dijo la verdad a su colega.
4. El astronauta volvió de su viaje.
5. Ustedes encontraron la solución al problema.
6. Nosotros clonamos unas células.
7. Vendiste tu computadora portátil.
8. Comprobaron la teoría.

2 **Primer día** Es el primer día de la clase de informática y la profesora expone las reglas del curso. Contéstale usando el pretérito perfecto.

MODELO **Abran el sitio web de la clase.**
Ya lo hemos abierto.

1. Apaguen los teléfonos celulares.
2. Inventen una contraseña para su trabajo.
3. Descarguen el programa de Internet que vamos a usar.
4. Guarden todo su trabajo en su archivo personal.
5. Añadan sus direcciones de correo electrónico a la lista de la clase.
6. Antes de entregar su trabajo, revísenlo con el corrector ortográfico.

3 **Viaje** Imaginen que uno/a de ustedes es un(a) astronauta que acaba de volver de su primer viaje a otro planeta. El/La otro/a es reportero/a y hace preguntas sobre lo que ha visto y lo que ha hecho el/la astronauta en el viaje. Utilicen el pretérito perfecto de los verbos del recuadro.

MODELO **REPORTERO/A** ¿Que ha aprendido de la cultura de los extraterrestres?
ASTRONAUTA He aprendido que…

aprender	explorar
comer	hacer
descubrir	ver

4 **Extraterrestres** En grupos de tres, imaginen que son unos extraterrestres que acaban de visitar el planeta Tierra. Escriban lo que han descubierto sobre los seres humanos y sus teorías sobre esta especie. Usen el pretérito perfecto y sean creativos.

MODELO Hemos averiguado que los seres humanos se sientan enfrente de pantallas gigantes todo el día. Pensamos que es una forma de comunicarse con los espíritus de otro mundo…

Más práctica

1.2 The past perfect

TALLER DE CONSULTA

MÁS PRÁCTICA
To see the explanation corresponding to this additional practice, see p. 30.

1 **Blog del futuro** Ésta es la entrada de un blog que Rubén escribe en el año 4000. Completa su blog usando el pluscuamperfecto y escribe dos datos adicionales.

Hola, queridos amigos:

Soy Rubén, un apasionado historiador. He descubierto que antes del año 2050, los científicos ya (1) ___________ (clonar) al ser humano. Antes de 2060, los inventores ya (2) ___________ (fabricar) un automóvil volador. Antes de 2070, los investigadores ya (3) ___________ (descubrir) una cura para todo tipo de enfermedad. Antes de 2080, un biólogo extraordinario ya (4) ___________ (inventar) una semilla (*seed*) resistente a todo tipo de insecto y que no necesita ni agua ni tierra para crecer. Antes de 2090, nuestro presidente ya (5) ___________ (crear) un sistema de gobierno justo que funciona para el bien de todos. Antes del año 3000, ya (nosotros) (6) ___________ (investigar) los orígenes del universo. Antes de 3005, ya (nosotros) (7) ___________ (terminar) con las guerras en la Tierra. Antes de 3010, ya (nosotros) (8) ___________ (comprobar) que sí hay vida en otros planetas...

2 **¿Qué hiciste ayer?** Seguro que tienes una vida muy ocupada. Escribe oraciones completas para contar lo que ya habías hecho ayer antes de las situaciones indicadas. Utiliza el pluscuamperfecto.

MODELO **antes del desayuno**
Antes del desayuno, ya me había arreglado.

1. antes del desayuno
2. antes de ir a clase
3. antes del almuerzo
4. antes de la cena
5. antes de acostarte

3 **Tus logros** Piensa en cuatro cosas que ya habías logrado antes de comenzar este año académico y cuéntaselas a tu compañero/a. También debes preguntarle por sus logros (*achievements*).

MODELO Antes de comenzar este año académico, ya había participado en un torneo de fútbol. ¿Y tú?

Más práctica

TALLER DE CONSULTA

MÁS PRÁCTICA
To see the explanation corresponding to this additional practice, see p. 32.

1.3 Diminutives and augmentatives

1 **Diminutivos** Carlos siempre habla usando diminutivos. Completa sus descripciones con el diminutivo (**-ito/a**) de las palabras entre paréntesis.

Ayer fui al (1) __________ (mercado) de antigüedades que está muy (2) __________ (cerca) de mi (3) __________ (casa) y compré algunas (4) __________ (cosas) muy valiosas. En el primer puesto, un (5) __________ (hombre) muy simpático me aconsejó comprar un (6) __________ (libro) viejo y muy bonito. Cuando regresé a casa, tenía mucho frío y me tomé un (7) __________ (café) para calentarme. Me senté en mi (8) __________ (silla) favorita y empecé a leer. Fue una mañana muy divertida.

2 **Los cuentos infantiles**

A. El señor Ordóñez odia los diminutivos. Por eso ha cambiado todos los títulos en el libro de cuentos infantiles que le lee a su hijo. Lee el índice y escribe los títulos en su forma original. Usa el diminutivo (**-ito/a**).

Cuentos Infantiles

1. Blancanieves (*Snow White*) y los siete enanos (*dwarves*)........2
2. Caperuza (*Little Hood*) Roja........8
3. La gallina (*little hen*) colorada........16
4. El pato (*duckling*) feo........22
5. La sirena (*little mermaid*)........26
6. Los tres cerdos (*little pigs*)........34
7. El soldado de plomo (*tin soldier*)........40
8. Pulgar (*Thumb*)........46

1. __________ 3. __________ 5. __________ 7. __________
2. __________ 4. __________ 6. __________ 8. __________

B. Ahora, en parejas, escriban las primeras diez oraciones de un cuento infantil. Pueden narrar alguno de los cuentos tradicionales o inventar uno. Incluyan el mayor número posible de aumentativos y diminutivos.

3 **Opiniones** En parejas, imaginen que uno/a de ustedes cree en los ovnis. Discutan el tema. Usen aumentativos y diminutivos.

MODELO
—Sé que los ovnis existen porque una noche vi unas lucecitas extrañas...
—Estás un poco loquito. Seguramente viste lucecitas en tu cabezota.

1.4 Expressions of time with *hacer*

- In Spanish, the verb **hacer** is used to describe how long something has been happening or how long ago an event occurred.

Time expressions with *hacer*	
present	**hace** + [*period of time*] + **que** + [*verb in present tense*] **Hace tres semanas que busco otro apartamento.** *I've been looking for another apartment for three weeks.*
preterite	**Hace** + [*period of time*] + **que** + [*verb in the preterite*] **Hace seis meses que fueron a Buenos Aires.** *They went to Buenos Aires six months ago.*
imperfect	**hacía** + [*period of time*] + **que** + [*verb in the imperfect*] **Hacía treinta años que trabajaba con nosotros cuando por fin se jubiló.** *He had been working with us for thirty years when he finally retired.*

- To express the duration of an event that continues into the present, Spanish uses the construction **hace** + [*period of time*] + **que** + [*present tense verb*]. Note that **hace** does not change form.

¿Cuánto tiempo **hace que vives** en Buenos Aires?
How long have you lived in Buenos Aires?

Hace siete años **que vivo** en Buenos Aires.
I've lived in Buenos Aires for seven years.

- To make a sentence negative, add **no** before the conjugated verb. Negative time expressions with **hacer** often translate as *since* in English.

¿**Hace** mucho tiempo que **no** actualiza su página web?
Has it been a long time since you updated your web page?

¡Uy, **hace** años que **no** consulto mi página web!
It's been years since I checked my web page!

- To tell how long ago an event occurred, use **hace** + [*period of time*] + **que** + [*preterite tense verb*].

¿Cuánto tiempo **hace** que me **mandaste** el mensaje de texto?
How long ago did you send me the text message?

Hace cuatro días que te **mandé** el mensaje.
I sent you the message four days ago.

- **Hacer** is occasionally used in the imperfect to describe how long an event had been happening before another event occurred. Note that both **hacer** and the conjugated verb in the **hacer** construction use the imperfect.

Hacía dos años que no **estudiaba** español cuando decidió tomar otra clase.
She hadn't studied Spanish for two years when she decided to take another class.

MÁS GRAMÁTICA

This is an additional grammar point for **Lección 1 Estructura.** You may use it for review or as required by your teacher.

¡ATENCIÓN!

The construction [*present tense verb*] + **desde hace** + [*period of time*] may also be used. **Desde** can be omitted.

Estudia español (desde) hace un año.
He's been studying Spanish for a year.

No come chocolate (desde) hace un mes.
It's been a month since he ate chocolate.

¡ATENCIÓN!

Expressions of time with **hacer** can also be used without **que**.

¿Hace cuánto (tiempo) me llamó Carlos?

Te llamó hace dos horas.

Práctica

TALLER DE CONSULTA

These activities correspond to the additional grammar point on the preceding page.

1.4 Expressions of time with *hacer*

1 **Oraciones** Escribe oraciones utilizando expresiones de tiempo con **hacer**. Usa el presente en las oraciones 1 a 3 y el pretérito en las oraciones 4 y 5.

MODELO **Ana / hablar por teléfono / veinte minutos**
Hace veinte minutos que Ana habla por teléfono. /
Ana habla por teléfono (desde) hace veinte minutos.

1. Roberto y Miguel / estudiar / tres horas
____
2. nosotros / estar enfermos / una semana
____
3. tú / trabajar en el centro / seis meses
____
4. Sergio / visitar a sus abuelos / un mes
____
5. yo / ir a la Patagonia / un año
____

2 **Conversaciones** Completa las conversaciones con las palabras adecuadas.

1. **GRACIELA** ¿_____ tiempo hace que vives en esta ciudad?
SUSANA Mmm... _____ dos años que _____ aquí.
2. **GUSTAVO** Hacía veinte años que _____ con nosotros cuando Miguel decidió jubilarse (*to retire*), ¿verdad?
ARMANDO No, _____ quince años que trabajaba con nosotros cuando se jubiló.
3. **MARÍA** _____ a visitar a tu novia hace dos meses, ¿no?
PEDRO Sí, _____ dos meses que fui a visitar a mi novia. ¡La extraño mucho!
4. **PACO** ¿Cuánto tiempo _____ que _____ español?
ANA Estudio español _____ hace tres años.

3 **Preguntas** Responde a las preguntas con oraciones completas. Utiliza las palabras entre paréntesis.

1. ¿Cuánto tiempo hace que fuiste de vacaciones a la playa? (cinco años)
____
2. ¿Hace cuánto tiempo que tomas clases de natación? (dos semanas)
____
3. ¿Cuánto tiempo hace que rompiste con Nicolás? (un mes)
____
4. ¿Cuánto tiempo hace que Irene y Natalia llegaron? (una hora)
____
5. ¿Hace cuánto tiempo que ustedes viven aquí? (cuatro días)
____

Más práctica

2.1 The conditional

TALLER DE CONSULTA

MÁS PRÁCTICA
To see the explanation corresponding to this additional practice, see p. 64.

1 **Oraciones incompletas** Completa las oraciones con el condicional del verbo entre paréntesis.

1. María ___________ (salir) con Juan porque le cae muy bien.
2. Si no llevara tantos libros, todo ___________ (caber) en una sola maleta.
3. La comida no tiene sabor. Nosotros le ___________ (poner) un poco más de sal.
4. No sé cuál ___________ (ser) el mejor momento para llamar al gerente.
5. Le pregunté al médico cuánto ___________ (valer) los medicamentos para la tos que él me recetó la semana pasada.

2 **El futuro en el pasado** Usa el condicional para expresar el pasado de cada oración. Usa el pretérito o el imperfecto en las cláusulas principales. Sigue el modelo.

MODELO **Juan dice que llegará pronto.**
Juan dijo que llegaría pronto.

1. Los empleados creen que recibirán un aumento el mes que viene.
2. El gerente afirma que la reunión será muy breve.
3. Carlos dice que nevará mañana y que suspenderán el viaje de negocios.
4. María nos cuenta que ella se jubilará dentro de cinco años.
5. Muchas personas piensan que la globalización crecerá en el futuro próximo.
6. Los vendedores están seguros de que venderán el doble este año.

3 **Bien educado** ¿Cómo pedirías algo de manera educada en estas situaciones? Escribe una pregunta apropiada para cada situación usando el condicional.

1. Estás en un restaurante y te das cuenta de que no tienes servilleta.
2. Eres un(a) turista en Caracas y no sabes cómo llegar a la Plaza Venezuela.
3. Quieres que tu profesor(a) te diga cuál es tu nota en su clase.
4. Tienes un billete de $5 y necesitas monedas para hacer una llamada telefónica.
5. Estás en la biblioteca y no puedes encontrar el libro que necesitas. Le pides ayuda al bibliotecario.

4 **Profesiones** Elige tres profesiones interesantes. Luego, reúnete con tres compañeros/as y, sin mencionar cuáles son, diles lo que harías hoy si trabajaras en cada una de esas profesiones. Tus compañeros/as deben adivinar cuáles elegiste.

MODELO **ESTUDIANTE 1** Hoy me levantaría temprano y después desayunaría con mi esposa. Por la mañana trabajaría en mi oficina y almorzaría con el presidente de Francia. Por la tarde asistiría a una sesión de la Cámara de Representantes... ¿Quién soy?
ESTUDIANTE 2 Eres el presidente de los Estados Unidos.

TALLER DE CONSULTA

MÁS PRÁCTICA
To see the explanation corresponding to this additional practice, see p. 68.

2.2 The past subjunctive

1

Un robo Tu amiga Francisca acaba de volver del banco y te cuenta lo que le pasó: ¡alguien intentó atracar el banco! Completa su historia con el imperfecto del subjuntivo de los verbos entre paréntesis.

Un hombre que llevaba una máscara entró al banco y nos dijo a todos que (1) __________ (ponerse) las manos sobre la cabeza. Después les ordenó a todos los empleados que (2) __________ (sacar) todo el dinero de la caja y que lo (3) __________ (meter) en una mochila. El gerente vino en ese momento y le pidió al ladrón que (4) __________ (irse) del banco sin hacerle daño a nadie. El hombre empezó a gritar e insistió en que todos nosotros le (5) __________ (prestar) atención. Nos prohibió que (6) __________ (hablar) entre nosotros. Empezó a quitarnos los relojes y las joyas, y nos exigió que (7) __________ (quedarse) en el piso. De repente, una mujer se paró y regañó (*scolded*) al ladrón como si él (8) __________ (ser) su propio hijo. El hombre dejó caer todo lo que tenía en la mochila y se fue para la salida. Nos sorprendió que esa mujer (9) __________ (tener) tanto valor. ¡Ella dijo que dudaba que su hijo (10) __________ (volver) a robar de nuevo y que ella misma se encargaría de llevarlo ante un juez!

2

Oraciones Completa las oraciones de manera lógica. En algunos casos, tendrás que usar el imperfecto del subjuntivo.

1. Yo sabía que el gerente ______________________________.
2. Era imposible que yo ______________________________.
3. María y Penélope hicieron todo para que la reunión ______________________________.
4. La empresa buscaba una persona que ______________________________.
5. El vendedor estaba seguro de que el cliente ______________________________.
6. En la conferencia, conociste a alguien que ______________________________.
7. Sentí mucho que ustedes ______________________________.
8. La empresa prohibió que sus empleados ______________________________.

3

La reunión En parejas, imaginen que trabajan para la misma empresa. Uno/a de sus colegas no estuvo ayer y no asistió a una reunión muy importante. Túrnense para contarle lo que se dijo en la reunión. Utilicen los verbos de la lista y el imperfecto del subjuntivo.

aconsejar	pedir
estar seguro/a	proponer
exigir	recomendar
insistir en	sugerir

Más práctica

2.3 *Si* clauses with simple tenses

TALLER DE CONSULTA

MÁS PRÁCTICA
To see the explanation corresponding to this additional practice, see p. 72.

1 **Muy mandona** Tu jefa es muy mandona (*bossy*). Elige el tiempo verbal correcto para completar sus órdenes.

1. Si usted no __________ (termina / terminaría) este reportaje antes de las dos, no va a cobrar su sueldo este mes.
2. Si yo no tengo en mis manos el archivo hoy mismo, usted __________ (quedará / quedaría) despedido/a.
3. Si usted __________ (trabajara / trabajaría) un poco más y __________ (hablara / hablaría) menos, terminaría su trabajo antes de Año Nuevo.
4. Si no __________ (estaba / estuviera) tan atrasado/a, tendría más tiempo para salir a festejar su cumpleaños esta noche.
5. Si usted no __________ (limpia / limpiara) su oficina, va a trabajar en el pasillo.
6. Si usted tiene algún problema con alguien en la oficina, no me __________ (dice / diga) nada, pues no tengo tiempo.

2 **Volver a vivir** Imagina que puedes volver a vivir un año de tu vida. Decide qué año quieres repetir y contesta las preguntas con oraciones completas.

1. Si pudieras elegir un año para vivirlo de nuevo, ¿qué año elegirías?
2. Si tuvieras que cambiar algo de ese año, ¿qué cambios harías?
3. Si pudieras llevar a alguien contigo, ¿a quién llevarías?
4. Si pudieras hacer algo que antes no pudiste hacer, ¿qué te gustaría hacer?
5. Si pudieras decirle a alguien lo que pasaría en el futuro, ¿qué le dirías?

3 **Consejos** Trabajen en grupos de cuatro. Cada uno debe escoger una de estas difíciles situaciones y luego explicar su problema al grupo. Los demás deben darle al menos cinco consejos para solucionar el problema. Utilicen oraciones con **si**.

“No tengo trabajo, pero sí tengo muchas deudas. Soy muy joven para tener tantos problemas. Estoy dispuesto/a a aceptar cualquier puesto. ¿Qué puedo hacer?”

“Estoy cansado/a de trabajar más horas que un reloj y cobrar el sueldo mínimo. Tengo tres hijos pequeños. Mi esposo/a es ejecutivo/a y gana mucho dinero, pero siempre está fuera de casa. ¡Estoy muy agotado/a!”

“Soy un(a) vendedor(a) exitoso/a, pero mi trabajo consiste en vender un producto defectuoso. Odio tener que mentir a los clientes. Quiero renunciar, pero temo no poder ganarme la vida en otro trabajo.”

“Ayer fui al cajero automático y me di cuenta de que todos mis ahorros habían desaparecido. Creo que alguien robó mi identidad. ¡Me iré a la bancarrota!”

MÁS GRAMÁTICA

This is an additional grammar point for **Lección 2 Estructura.** You may use it for review or as required by your teacher.

2.4 Transitional expressions

- Transitional words and phrases express the connections between ideas and details.

- Many transitional expressions function to narrate time and sequence.

al final *at the end; in the end*	**hoy** *today*
al mismo tiempo *at the same time*	**luego** *then; next*
al principio *in the beginning*	**mañana** *tomorrow*
anteayer *the day before yesterday*	**mientras** *while*
antes (de) *before*	**pasado mañana** *the day after tomorrow*
ayer *yesterday*	**por fin** *finally*
después (de) *after; afterward*	**primero** *first*
entonces *then; at that time*	**segundo** *second*
finalmente *finally*	**siempre** *always*

- Several other transitional expressions compare or contrast ideas and details.

además *furthermore*	**ni... ni** *neither... nor*
al contrario *on the contrary*	**o... o** *either... or*
al mismo tiempo *at the same time*	**por otra parte / otro lado** *on the other hand*
aunque *although*	**por un lado... por el otro...** *on one hand. . . on the other. . .*
con excepción de *with the exception of*	**por una parte... por la otra...** *on one hand. . . on the other. . .*
de la misma manera *similarly*	**sin embargo** *however; yet*
del mismo modo *similarly*	**también** *also*
igualmente *likewise*	
mientras que *meanwhile; whereas*	

- Transitional expressions are also used to express cause and effect relationships.

así que *so; therefore*	**por consiguiente** *therefore*
como *since*	**por eso** *therefore*
como resultado (de) *as a result (of)*	**por esta razón** *for this reason*
dado que *since*	**por lo tanto** *therefore*
debido a *due to*	**porque** *because*

Práctica

2.4 Transitional expressions

TALLER DE CONSULTA

These activities correspond to the additional grammar point on the preceding page.

1 **Ordena los hechos** Ordena cronológicamente estas seis acciones. Escribe el número correspondiente al lado de cada una. Ten en cuenta las expresiones de transición.

_____ a. Primero envié mi currículum por correo.
_____ b. Después de la entrevista, el gerente se despidió muy contento.
_____ c. Antes de la entrevista, tuve que escribir una carta de presentación.
_____ d. Durante la entrevista, él leyó la carta.
_____ e. Mañana empiezo a trabajar.
_____ f. Dos semanas después, me citaron para una entrevista con el gerente.

2 **Escoger** Completa las oraciones con una de las opciones entre paréntesis.

1. Tenía una entrevista de trabajo hoy, pero no llegué a la hora indicada y _____________ (sin embargo / por eso) no me escogieron.
2. Eres muy trabajador y, _____________, (por esta razón / por otra parte) no te importa quedarte en la oficina hasta las once de la noche.
3. Yo prefiero poder jubilarme antes de los cincuenta años; _____________ (mientras que / por consiguiente) mi padre quiere seguir trabajando hasta los ochenta.
4. Me despidieron _____________ (como resultado / con excepción) de mi actitud.
5. Después de dos años, _____________ (como / por fin) conseguí un buen puesto.
6. Nunca terminé mis estudios y, _____________, (mientras que / por consiguiente) sólo gano el sueldo mínimo.
7. No me gusta cómo trabaja. _____________, (Además / Tampoco) no me gusta su actitud.

3 **El viaje** Marcos acaba de regresar de un viaje por Venezuela. Completa su relato con las expresiones de la lista. Puedes usar algunas expresiones más de una vez.

además	del mismo modo	por eso
al contrario	mientras que	por un lado
debido a eso	por el otro	sin embargo

Hoy estoy muy contento; (1) __________, ven en mi cara una sonrisa. ¡Hice un viaje maravilloso por Venezuela! (2) __________, no fue estresante; (3) __________, descansé mucho. Mi viaje fue muy variado; (4) __________, pasé varios días en los Andes, y (5) __________ recorrí la costa caribeña, donde hice muchos amigos. Caracas es una ciudad llena de historia, (6) __________ su carácter contemporáneo la mantiene entre las capitales más activas de Suramérica. (7) __________, todo lo que empieza tiene que acabar, y mi viaje terminó antes de lo que esperaba; (8) __________, pienso volver el próximo año.

Más práctica

TALLER DE CONSULTA

MÁS PRÁCTICA
To see the explanation corresponding to this additional practice, see p. 106.

3.1 The present perfect subjunctive

1 **La prensa sensacionalista** Completa las oraciones con la forma adecuada del verbo entre paréntesis: el presente del subjuntivo o el pretérito perfecto del subjuntivo.

1. Dudo que los actores ____________ (casarse) anoche como anuncian las revistas.
2. No es posible que ____________ (ser) un error; todo lo que se publica es verdad.
3. Estoy seguro de que muy pronto los actores negarán que ____________ (separarse).
4. No puedo creer que ustedes ____________ (comprar) esas revistas llenas de mentiras.
5. Es necesario que nosotros ____________ (mantenerse) al tanto de las noticias.
6. No pienso que las revistas ____________ (publicar) información verdadera.
7. Es poco probable que lo que sale en las revistas ____________ (pasar) en la vida real.
8. Es muy importante que todos ____________ (tener) la oportunidad de saber cómo vive la gente famosa.
9. No me gusta que ya ____________ (mostrar) fotos de los bebés de los actores.
10. Todavía no puedo creer que Brad y Angelina ____________ (divorciarse).

2 **Deseos** Escribe tres deseos para el presente o el futuro utilizando el presente del subjuntivo, y tres deseos de que algo ya haya ocurrido utilizando el pretérito perfecto del subjuntivo. Comienza tus oraciones con **Ojalá**.

MODELO Ojalá mis padres disfruten de sus vacaciones el mes que viene.
Ojalá mi cheque haya llegado ya, pues necesito el dinero cuanto antes.

3 **Noticias increíbles** En parejas, inventen cuatro noticias increíbles. Luego, léanselas a otra pareja y túrnense para expresar su sorpresa o incredulidad. Utilicen el pretérito perfecto del subjuntivo.

MODELO **PAREJA 1** En California han conseguido que un mono lea revistas.
PAREJA 2 No creemos que hayan logrado eso. Es imposible que los monos lean.

4 **Un día fatal** Piensa en el peor día que has tenido este mes. Luego, en grupos de tres, túrnense para compartir lo que les ha pasado. Deben responder a sus compañeros/as con el pretérito perfecto del subjuntivo. Utilicen frases de la lista.

Es una lástima que...	**No puedo creer que...**
Es una pena que...	**Qué terrible que...**
Espero que...	**No me digas que...**
Siento que...	**No puede ser que...**

MODELO **ESTUDIANTE 1** Hace una semana fui al dentista y me dijo que tenía que sacarme tres dientes.
ESTUDIANTE 2 ¡Qué horrible que te haya pasado eso!
ESTUDIANTE 3 Espero que no te haya dolido mucho.

Más práctica

3.2 Relative pronouns

1 En la radio Completa este informe con las palabras apropiadas.

¡Hola a todos mis radioyentes! Soy yo, Pancho, el hombre (1) ________ (el que / que) siempre está listo para ayudarlos a festejar el fin de semana. A ver... (2) ________ (El que / Los que) no conozcan a este cantante (3) ________ (cuyo / que) les voy a presentar ahora, escuchen bien. Se llama Matías Ruiz y apareció hace dos días en la revista *Moda*, en (4) ________ (la cual / el cual) supimos que es soltero y que está buscando... Chicas, ¡apúrense, que este guapo soltero no va a estar disponible para siempre! Matías, (5) ________ (el cual / cuyo) nuevo álbum se titula *Rayas*, va a actuar en vivo en la plaza central el mes que viene. No se lo pierdan. (6) ________ (Los que / Quien) no puedan ir, no se preocupen, porque sin duda este cantante volverá. Y ahora, vamos a escuchar la canción *Azul* de su nuevo álbum, (7) ________ (quienes / del cual) ya se han vendido ¡un millón de copias!

2 Conexiones Escribe cinco oraciones combinando elementos de las tres columnas y los pronombres relativos necesarios.

el periodista	que	hablar conmigo
el lector	en la que	es ciego
el público	el cual	no tiene mucha información
la sección deportiva	en el que	no sabe nada
la crítica de cine	la cual	me molesta

3 Descripciones Piensa en una persona famosa y descríbela para que tu compañero/a adivine de quién se trata. Usa pronombres relativos en tu descripción.

MODELO —Es una mujer que es muy popular en el mundo de los deportes. Su hermana, con quien ella practica un deporte, es también muy famosa. Ella es la mayor de las dos. Su padre, quien es su entrenador (*coach*), es un hombre bastante controvertido. Los torneos que ella ha ganado son muy importantes. ¿Quién es?
—Es Venus Williams.

4 Estoy buscando Entrevista a tus compañeros/as de clase y anota los nombres de los que respondan que sí a estas preguntas. Introduce cada pregunta con una oración que incluya pronombres relativos. Sigue el modelo. Al finalizar, presenta los resultados a la clase.

MODELO **¿Tus padres son extranjeros?**
Estoy buscando a alguien cuyos padres sean extranjeros/que tenga padres extranjeros. ¿Tus padres son extranjeros?

- ¿Viajaste al extranjero recientemente?
- ¿Te gusta el cine en español?
- ¿Te gustan las películas de terror?
- ¿Te gustan los documentales?
- ¿Conoces a alguna persona famosa?
- ¿Tus hermanos/as escuchan hip hop?

TALLER DE CONSULTA

MÁS PRÁCTICA
To see the explanation corresponding to this additional practice, see p. 108.

Más práctica

TALLER DE CONSULTA

MÁS PRÁCTICA
To see the explanation corresponding to this additional practice, see p. 112.

3.3 The neuter *lo*

1 **Completar** Dos fanáticas de Fabio, un famoso actor de telenovelas, hablan de su nuevo corte de pelo. Completa la conversación usando expresiones con lo. Puedes usar las opciones más de una vez.

lo bonito	lo peor
lo difícil	lo que
lo feo	lo ridículo

INÉS ¿Has leído las noticias hoy? No vas a creer (1) ________ hizo Fabio.
ANGELINA Bueno, ¡cuéntame! (2) ________ es ser la última en saber.
INÉS ¿Recuerdas (3) ________ que tenía el pelo? Ahora...
ANGELINA ¿Qué hizo? (4) ________ no soporto es un hombre rapado (*shaved*)...
INÉS Sí, lo adivinaste. Y, para colmo, ahora no sabes (5) ________ que es reconocerlo en las fotos.
ANGELINA Su pelo era (6) ________ más me gustaba.
INÉS (7) ________ dicen en las noticias es que va a perder todos sus contratos por este corte de pelo. El pobre se va a quedar sin trabajo.
ANGELINA El mundo del espectáculo... Siempre me asombra (8) ________ que es. ¿No saben acaso que el pelo crece enseguida?
INÉS Me pregunto si (9) ________ esto significa es que nosotras también somos unas ridículas por preocuparnos por estas cosas.

2 **Positivo y negativo** Escribe un aspecto positivo y otro negativo de cada uno de los elementos de la lista. Usa expresiones con **lo**.

la vida estudiantil	mi mejor amigo/a
el trabajo	la comida de la cafetería
mis padres	mis clases

MODELO Lo mejor de la vida estudiantil es que los estudiantes son muy simpáticos, pero lo peor es la tarea.

3 **Comentarios** En grupos de tres, preparen una lista de seis situaciones o acontecimientos que ustedes consideran extraordinarios o increíbles. Después, cada compañero/a debe reaccionar a esa situación o acontecimiento. Expresen sus opiniones usando **lo** + [*adjetivo*]. Sigan el modelo.

MODELO —Los precios de la cafetería han subido otra vez.
—Es increíble lo cara que está la comida. Vamos a hablar con el director.

3.4 *Qué* vs. *cuál*

- The interrogative words **¿qué?** and **¿cuál(es)?** can both mean *what/which*, but they are not interchangeable.
- **Qué** is used to ask for general information, explanations, or definitions.

¿**Qué** es la censura?
What is censorship?

¿**Qué** dijo?
What did she say?

- **Cuál(es)** is used to ask for specific information or to choose from a limited set of possibilities. When referring to more than one item, the plural form **cuáles** is used.

¿**Cuál** es el problema?
What is the problem?

¿**Cuál** de las dos prefieres, la radio o la televisión?
Which of these (two) do you prefer, radio or television?

¿**Cuáles** son tus revistas favoritas?
What are your favorite magazines?

¿**Cuáles** escogieron, los rojos o los azules?
Which ones did they choose, the red or the blue?

- Often, either **qué** or **cuál(es)** may be used in the same sentence, but the meaning is different.

Es hora de cenar. ¿**Qué** quieres comer primero?
It's dinner time. What would you like as a first course?

Esta noche dan *CSI* y *Law & Order*. ¿**Cuál** quieres ver?
CSI *and* Law & Order *are on tonight. Which one do you want to watch?*

- **Qué** may be used before any noun, regardless of the type of information requested.

¿**Qué** ideas tienen ustedes?
What ideas do you have?

¿**Qué** regalo te gusta más?
Which gift do you like better?

¿Peligro? ¿**Qué** peligro?
Danger? What danger?

¿**Qué** revistas son tus favoritas?
What are your favorite magazines?

- **Qué** and **cuál(es)** are sometimes used in declarative sentences that imply a question or unknown information.

Elena se pregunta **qué** pasó esta mañana.
Elena wonders what happened this morning.

Juan me preguntó **cuál** de las dos películas prefería.
Juan asked me which of the two movies I preferred.

- **Qué** is also used frequently in exclamations. In this case it means *What...!* or *How...!*

¡**Qué** niño más irresponsable!
What an irresponsible child!

¡**Qué** triste te ves!
How sad you look!

MÁS GRAMÁTICA

This is an additional grammar point for **Lección 3 Estructura.** You may use it for review or as required by your teacher.

Práctica

TALLER DE CONSULTA

These activities correspond to the additional grammar point on the preceding page.

3.4 *Qué* vs. *cuál*

1 **¿Qué o cuál?** Completa las preguntas con **¿qué?** o **¿cuál(es)?**, según el contexto.

1. ¿_____ de las dos revistas es tu favorita?
2. ¿_____ piensas de la prensa sensacionalista?
3. ¿_____ son tus canales de televisión preferidos?
4. ¿_____ haces para estar a la moda?
5. ¿_____ sección del periódico es más importante para ti?
6. ¿_____ son tus videos, los musicales o los documentales?
7. ¿_____ es tu opinión sobre la censura?
8. ¿_____ tiras cómicas lees?

2 **Completar** Completa estos anuncios de radio con **qué** o **cuál(es)**.

¿No sabe (1) _________ hacer este fin de semana? ¿Tiene que elegir entre una cena elegante y un concierto? ¿(2) _________ de los dos prefiere? La buena noticia es que no tiene que elegir. Lo invitamos a participar en una cena y un concierto inolvidables este viernes en la Sinfónica de San José.

Si tuviera que elegir entre el mar o la montaña, ¿con (3) _________ se quedaría? Visite el nuevo complejo Costa Brava, que le ofrece playas tranquilas y verdes montañas. ¡(4) _________ más se puede pedir para disfrutar de unas vacaciones inolvidables!

¿(5) _________ son sus películas favoritas? ¿Las de acción? ¿Las de misterio? ¿Las románticas? ¡Hágase socio de *La casa de las pelis* y por sólo veinte pesos al mes podrá alquilar todas las películas que quiera! ¿Y (6) _________ le parece la idea de recibir las películas a domicilio? Sólo tiene que llamarnos. ¡Garantizamos la entrega en sólo treinta minutos!

3 **Preguntas** Usa **¿qué?** o **¿cuál(es)?** para escribir la pregunta correspondiente a cada respuesta.

1. ¿_______________________________________?
   El programa que más me gusta es *American Idol.*
2. ¿_______________________________________?
   Este fin de semana quiero ir al cine.
3. ¿_______________________________________?
   Mis pasatiempos favoritos son nadar, leer revistas y salir con amigos.
4. ¿_______________________________________?
   Opino que la prensa sensacionalista no informa a los lectores.
5. ¿_______________________________________?
   Mi clase de historia es la más difícil.
6. ¿_______________________________________?
   Éstos son los libros que nos tenemos que comprar.

Más práctica

4.1 The future perfect

TALLER DE CONSULTA

MÁS PRÁCTICA
To see the explanation corresponding to this additional practice, see p. 144.

1 **Oraciones** Combina los elementos y haz los cambios necesarios para formar oraciones con el futuro perfecto. Sigue el modelo.

MODELO **septiembre / autora / publicar / novela**
Para septiembre, la autora habrá publicado su novela.

1. el año que viene / los directores / seleccionar / actor principal
2. el próximo semestre / yo / estudiar / estilo realista
3. mañana / el poeta y yo / terminar / estrofa final
4. dentro de cinco años / tú / pintar / autorretrato famoso
5. finales de este año / la escultora / esculpir / obra maestra

2 **Probabilidad** Escribe oraciones para indicar lo que pudo haber pasado en estas situaciones. Usa el futuro perfecto y la información indicada.

MODELO **Hoy cancelaron la obra de teatro. (actriz principal / sentirse enferma)**
La actriz principal se habrá sentido enferma.

1. El novelista no pudo llegar a la conferencia. (su avión / retrasarse)
2. El escultor decidió no vender la escultura. (ellos / no ofrecerle suficiente dinero)
3. La pintora estaba muy contenta. (ella / vender un cuadro)
4. Juan no quiso seguir leyendo la novela. (no interesarle el argumento)
5. Ellas se marcharon antes de que terminara la obra de teatro. (tener un problema)
6. La gente aplaudió cuando inauguraron la exposición. (gustarles la exposición)

3 **¿Qué habrás hecho?** Imagina todo lo que harás entre este año y el año 2040. ¿Qué habrá sido de tu vida? ¿Qué habrás hecho? Escribe un párrafo describiendo lo que habrás hecho para entonces. Usa el futuro perfecto de seis verbos de la lista.

MODELO Para el año 2040, habré vivido en el extranjero y habré aprendido cinco idiomas.

aprender	estar	publicar	trabajar
celebrar	ganar	ser	ver
conocer	poder	tener	vivir

4 **Predicciones** En parejas, túrnense para hacer predicciones sobre lo que su compañero/a habrá logrado en cada década (*decade*) de su vida. Luego, respondan a las predicciones. ¿Quién de los dos conoce mejor a su compañero/a?

MODELO —Para cuando cumplas treinta años, habrás recibido un título universitario en matemáticas.
—No creo. Habré recibido título universitario, pero en medicina.

Más práctica

TALLER DE CONSULTA

MÁS PRÁCTICA
To see the explanation corresponding to this additional practice, see p. 146.

4.2 The conditional perfect

1

Oraciones relacionadas Escribe los verbos de la segunda columna en el condicional perfecto para completar cada oración. Luego, empareja las oraciones de manera lógica.

_____ 1. Carmen no logró vender ni un solo cuadro.

_____ 2. Miguel ya se había ido cuando se anunció que él era el ganador del premio de poesía.

_____ 3. En la fiesta, Julia puso una música muy aburrida.

_____ 4. El videojuego era muy violento.

_____ 5. Por fin se estrenó la película.

a. El director se preguntaba si le __________ (gustar) al público.

b. De saberlo, Bárbara no se lo __________ (comprar) a su nieto.

c. Yo, en su lugar, no __________ (pedir) tanto por los cuadros.

d. Yo __________ (poner) música bailable.

e. ¡Miguel no lo __________ (creer)!

2

Pues yo... Eres una persona muy crítica. Escribe oraciones con el condicional perfecto explicando qué habrías hecho tú en cada situación. Sigue el modelo.

MODELO **El final de la novela es demasiado cómico.**
Yo habría escrito un final trágico.

1. El pintor usó colores muy oscuros. Yo...
2. La escultura es demasiado grande. Yo...
3. El cuadro no tiene mucha luz. Yo...
4. El argumento de la novela es demasiado complicado. Yo...
5. No entiendo por qué la artista pintó con acuarela. Yo...
6. Estas esculturas son surrealistas. Yo...

3

Cuidar a los niños Tu vecina te pide que cuides a sus hijos, pero primero quiere saber qué habrías hecho tú en cada una de las situaciones que tuvieron lugar con el niñero anterior. En parejas, representen una conversación. Utilicen el condicional perfecto.

MODELO **dejar / los platos sucios**
— El chico que cuidaba a los niños dejó todos los platos sucios en la cocina.
— Pues, yo los habría lavado antes de irme.

1. no darle de comer / el perro
2. perder / las llaves de la casa
3. mirar / la televisión toda la noche
4. escuchar / música muy fuerte
5. no jugar / los niños
6. cobrar / demasiado

Más práctica

4.3 The past perfect subjunctive

1 **Completar** Ignacio y Teresa acaban de salir de un museo. Completa su conversación con el pluscuamperfecto del subjuntivo.

IGNACIO Nunca me habría imaginado que Picasso (1) __________ (pintar) algo tan impresionista.

TERESA Esa obra no la hizo Picasso, Ignacio. Si (2) __________ (fijarse) con más cuidado, te habrías dado cuenta de que la pintó Monet.

IGNACIO Pues, también me sorprendió que Velázquez (3) __________ (hacer) algo tan contemporáneo.

TERESA Te equivocas de nuevo, Ignacio. Si (4) __________ (escuchar) con atención al guía del museo, habrías aprendido un poco más sobre el arte.

IGNACIO Y si tú (5) __________ (prestar) atención (*pay attention*) cuando ayer te dije que odio los museos, no estaríamos teniendo esta discusión.

TERESA Si me lo (6) __________ (decir) otra vez, me habría enterado. Ya sabes que soy muy distraída.

2 **Preocupados** Termina las oraciones de forma lógica. Utiliza el pluscuamperfecto del subjuntivo.

1. El escultor tenía miedo de que sus esculturas ______________________.
2. A la novelista le molestó que los críticos ______________________.
3. El escritor no estaba seguro de que su obra ______________________.
4. El ensayista dudaba que el manuscrito ______________________.
5. La poetisa temía que el público ______________________.
6. La artista no quería que ______________________.

3 **En otro ambiente** ¿Qué habría pasado si en vez de estudiar en esta escuela hubieras escogido otra? ¿Qué cosas habrían sido diferentes? En parejas, háganse preguntas sobre este tema. Después, compartan sus ideas con la clase. Utilicen el pluscuamperfecto del subjuntivo y el condicional perfecto.

MODELO —¿Qué habría sido distinto si no hubieras estudiado aquí?
—Si hubiera estudiado en otra escuela, no habría conocido a mi mejor amigo y no me habría divertido tanto...

TALLER DE CONSULTA

MÁS PRÁCTICA
To see the explanation corresponding to this additional practice, see p. 148.

MÁS GRAMÁTICA

This is an additional grammar point for **Lección 4 Estructura.** You may use it as expansion or as required by your teacher.

¡ATENCIÓN!

Simple tenses include present, preterite, imperfect, imperative (commands), future, conditional, and present and past subjunctive. Compound ("perfect") tenses make use of the auxiliary verb **haber**. For detailed information about **si** clauses with simple tenses, see **Estructura 2.3,** p. 72.

¡ATENCIÓN!

The **si** clause may be the first or second clause in a sentence. A comma is used only when the **si** clause comes first.

No habríamos comprado la pintura si ella no la hubiera restaurado.

4.4 *Si* clauses with compound tenses

- **Si** clauses are used with compound tenses to describe what *would have happened* if another event or condition *had occurred.* In hypothetical statements about contrary-to-fact situations in the past, the **si** clause uses the past perfect subjunctive and the main clause uses the conditional perfect.

Si Clause (Past Perfect Subjunctive)	Main Clause (Conditional Perfect)
Si ella no hubiera restaurado la pintura, *If she had not restored the painting,*	**no la habríamos comprado.** *we wouldn't have bought it.*
Si ellos hubieran conocido al autor, *If they had known the author,*	**la historia les habría parecido más interesante.** *they would have found the story more interesting.*

- The chart below is a summary of the **si** clauses you learned in **Lección 2** and in this grammar point.

Review of *si* clauses

Condition	Main clause	*Si* clause
Possible or likely **Ella compra el cuadro si no es caro.**	Present	si + present
Possible or likely **Voy a comprar el cuadro si no es caro.**	Near future (*ir* + a)	si + present
Possible or likely **Comprará el cuadro si no es caro.**	Future	si + present
Possible or likely **Por favor, compra el cuadro si no es caro.**	Command	si + present
Habitual in the past **Compraba cuadros si no eran caros.**	Imperfect	si + imperfect
Hypothetical **Compraría el cuadro si no fuera caro.**	Conditional	si + past subjunctive
Hypothetical / Contrary-to-fact **Habría comprado el cuadro si hubiera tenido dinero.**	Conditional perfect	si + past perfect subjunctive

Práctica

4.4 *Si* clauses with compound tenses

TALLER DE CONSULTA

These activities correspond to the additional grammar point on the preceding page.

1 **La actriz** Dos amigas conversan sobre la vida de una actriz famosa. Completa la conversación con el pluscuamperfecto del subjuntivo o el condicional perfecto de los verbos entre paréntesis.

MATILDE Si Ana Colmenar no (1) __________ (casarse) tan joven, (2) __________ (comenzar) a actuar mucho antes.

ANDREA Ella (3) __________ (comenzar) a actuar antes si sus padres (4) __________ (descubrir) su talento para el teatro.

MATILDE Si sus padres lo (5) __________ (querer), ella (6) __________ (ser) una estrella a los quince años.

ANDREA Ana nunca (7) __________ (tener) éxito si le (8) __________ (permitir) empezar tan joven. Actuar en el teatro requiere mucha experiencia y madurez.

MATILDE Si tú (9) __________ (estar) en su lugar, quizá también (10) __________ (tener) mucho éxito.

2 **Si el poeta...** Unos amigos se reunieron en un café después de una recepción en honor de un poeta famoso. Utiliza el pluscuamperfecto del subjuntivo o el condicional perfecto para completar sus oraciones.

1. Si Juan Carlos hubiera sabido que iban a servir comida en la recepción, ...
2. El poeta habría recitado más poemas si...
3. Si el poeta hubiera hablado más fuerte, ...
4. Yo me habría ido de la recepción antes si...
5. Si esos dos señores no hubieran hablado tanto mientras el poeta recitaba el poema, ...
6. Habría invitado a mi mejor amiga si...
7. Si hubiera sabido que la recepción era tan larga, ...
8. Si Juan Carlos hubiera venido antes, ...

3 **¿Qué habrías hecho tú?** En parejas, túrnense para hacerse preguntas sobre lo que habrían hecho si hubieran sido las personas en estos dibujos. Utilicen frases con **si**.

MODELO Si hubiera visto al ladrón huir con el dinero, le habría sacado una foto con mi celular y se la habría entregado a la policía.

Más práctica

TALLER DE CONSULTA

MÁS PRÁCTICA
To see the explanation corresponding to this additional practice, see p. 178.

5.1 The passive voice

1 **La edición de mañana** Imagina que trabajas para un periódico. Uno/a de tus colegas tenía que escribir los titulares de la edición de mañana, pero no los terminó. Completa los titulares con la voz pasiva de cada verbo entre paréntesis.

El próximo presupuesto ________ (anunciar) mañana por el ministro de economía

Una nueva ley de inmigración ________ (debatir) muy pronto

Un nuevo récord de los 800 metros ________ (establecer) el domingo pasado

La iglesia Santa María ________ (renovar) el año pasado y ahora se está derrumbando

Dos vacunas nuevas ________ (descubrir) ayer en Japón

2 **Ayer, hoy y mañana** Escribe nueve oraciones en voz pasiva. Debes añadir artículos y preposiciones en algunos casos. Debes usar distintos tiempos verbales para las oraciones en pasado, presente y futuro.

MODELO **la nueva ley / aprobar / el senado**
La nueva ley fue aprobada por el senado.

Ayer

1. el proyecto de ley / rechazar / senado
2. los informes / enviar / secretario
3. el gobernador / elegir / ciudadanos

Hoy

4. los programas / presentar / candidatos
5. el asunto / debatir / parlamento
6. el acusado / interrogar / juez

Mañana

7. la nueva iglesia / inaugurar / cura
8. las fiestas religiosas / celebrar / creyentes
9. el discurso / pronunciar / candidato a senador

3 **Titulares** En parejas, imaginen que trabajan para un periódico local y tienen que redactar los titulares para la edición de mañana. Utilicen la voz pasiva para escribir un titular para cada sección del periódico.

1. sección internacional
2. sección nacional
3. sección local
4. sección de espectáculos
5. sección deportiva
6. sección política

Más práctica

5.2 Uses of *se*

TALLER DE CONSULTA

MÁS PRÁCTICA
To see the explanation corresponding to this additional practice, see p. 180.

1 ***Se* pasivo y *se* impersonal** Elige la forma apropiada del verbo.

1. Se (estudia / estudian) varias propuestas para la reforma de la ley de empleo.
2. Se (enviará / enviarán) a un nuevo embajador a Guatemala.
3. Se (cree / creen) que la crisis económica se solucionará pronto.
4. Se (debatirá / debatirán) varias enmiendas (*amendments*) en el Senado.
5. Se (estipuló / estipularon) que no se podía fumar en edificios públicos.
6. Se (eligió / eligieron) al nuevo gobernador la semana pasada.
7. Se (vive / viven) bien en España.
8. Se (vio / vieron) que era necesario tomar medidas urgentes.

2 **Oraciones** Termina cada frase de la columna A con la frase más lógica de la columna B.

A	B
_____ 1. Se me cayó	a. las llaves de casa.
_____ 2. Se me rompieron	b. el bolígrafo que tenía en la bolsa.
_____ 3. A Juan se le perdieron	c. los anteojos.
_____ 4. Se me dañó	d. el dinero para ir a cenar.
_____ 5. Se te borraron	e. los archivos para tu reunión.
_____ 6. Se te olvidó	f. el carro nuevo.

3 **Lo que me ocurrió**

A. Escribe seis oraciones —tres verdaderas y tres ficticias— sobre sucesos inesperados que te han ocurrido. Utiliza expresiones con **se**.

MODELO Ayer se me perdieron las llaves y tuve que romper una ventana para entrar en mi casa.

B. Ahora, comparte tus oraciones con tres compañeros/as. El grupo debe adivinar cuáles son las oraciones verdaderas.

4 **Anuncios de trabajo** Estas personas e instituciones necesitan contratar personal (*personnel*). En parejas, escriban los anuncios de trabajo. Recuerden que en estos casos es muy frecuente usar tanto el **se** impersonal como el **se** pasivo.

MODELO Se buscan ingenieros industriales. Se espera que los candidatos tengan experiencia previa. Se debe enviar currículum y solicitud a…

1. El partido político *Progreso ahora* busca empleados de relaciones públicas para trabajar con la campaña de su candidato a gobernador del estado.
2. La escuela *Cervantes* busca dos profesores de ciencias políticas.
3. La señora Solís busca una persona que pueda cuidar a sus hijos por las tardes.

Más práctica

TALLER DE CONSULTA

MÁS PRÁCTICA
To see the explanation corresponding to this additional practice, see p. 184.

5.3 Prepositions: *de, desde, en, entre, hasta, sin*

1 **La política** Termina cada frase de la columna A con la frase más lógica de la columna B.

A

_____ 1. La guerra civil continuaba
_____ 2. El terrorismo seguirá
_____ 3. Los ciudadanos hablaron
_____ 4. Hubo una manifestación
_____ 5. El país ha tenido autonomía y libertad

B

a. de los obreros para protestar contra la reducción de los salarios.
b. en voz alta durante la manifestación.
c. sin parar entre el norte y el sur.
d. hasta que todos los países decidan colaborar.
e. desde que logró la independencia en 1955.

2 **Campaña** Eres un(a) estudiante nuevo/a, pero quieres ser presidente/a de tu clase. Escribe ocho oraciones completas con tus ideas para la campaña. Usa las preposiciones **de, desde, en, entre, hasta y sin**.

1. Creo que es buena idea no empezar las clases _______________.
2. Necesitamos más variedad en la comida _______________.
3. Deben contratar a profesores _______________.
4. No hay que tomar clases _______________.
5. Los carros se deben estacionar _______________.
6. Si llegas tarde, puedes entrar a clase _______________.
7. Debe haber un recreo de media hora _______________.
8. Se debe permitir comida _______________.

3 **Describir** En grupos de tres, cada estudiante debe escribir una descripción de tres miembros de la clase sin mencionar sus nombres. Una vez que hayan terminado, compartan las descripciones y los demás deben intentar adivinar de quiénes se tratan. Usen las preposiciones **de, desde, en, entre, hasta y sin**.

MODELO Esta persona siempre se sienta entre dos chicas. Le gusta sentarse cerca de la profesora y a veces hasta se sienta en primera fila. Entre los demás estudiantes tiene fama de ser una persona muy inteligente y simpática. ¿Quién es?

4 **Acontecimientos importantes** Conversa con un(a) compañero/a sobre algunos acontecimientos importantes de tu vida. Haz una lista de cinco acontecimientos que quieres compartir y trata de usar por lo menos diez preposiciones en tu conversación.

MODELO —El año pasado participé en un programa de intercambio en Guatemala.
—¿Y hasta cuándo te quedaste en Guatemala?
—Me quedé desde enero hasta abril.

5.4 Past participles used as adjectives

- Past participles are used with **haber** to form compound tenses, such as the present perfect and the past perfect, and with **ser** to express the passive voice. They are also frequently used as adjectives.

aburrido/a	**confundido/a**	**enojado/a**	**muerto/a**
(des)cansado/a	**enamorado/a**	**estresado/a**	**sorprendido/a**

- When a past participle is used as an adjective, it agrees in number and gender with the noun it modifies.

un proceso **complicado**
a complicated process
los políticos **destacados**
the prominent politicians

una campaña bien **organizada**
a well-organized campaign
las reuniones **aburridas**
the boring meetings

- Past participles are often used with the verb **estar** to express a state or condition that results from the action of another verb. They frequently express physical or emotional states.

¿Felicia, **estás despierta**?
Felicia, are you awake?

No, **estoy dormida**.
No, I'm asleep.

Marco, **estoy enojado**. ¿Por qué no depositaste los cheques?
Marco, I'm furious. Why didn't you deposit the checks?

Perdón, don Humberto. Es que el banco ya **estaba cerrado**.
I'm sorry, Don Humberto. The bank was already closed.

- Past participles may be used as adjectives with other verbs, as well.

Empezó a llover y **llegué empapada** a la reunión.
It started to rain and I arrived at the meeting soaking wet.

Ese libro **es** tan **aburrido**.
That book is so boring.

Después de las vacaciones, **nos sentimos descansados**.
After the vacation, we felt rested.

¿Los documentos? Ya los **tengo corregidos**.
The documents? I already have them corrected.

MÁS GRAMÁTICA

This is an additional grammar point for **Lección 5 Estructura.** You may use it for review or as required by your teacher.

¡ATENCIÓN!

With verbs that have two participles, such as **atender** (**atento, atendido**), the irregular forms are the ones used as adjectives. With the verbs **freír**, **imprimir,** and **proveer**, both the regular form (**freído**, **imprimido, proveído**) and the irregular form (**frito**, **impreso, provisto**) can be used as adjectives. However, the latter is more common.

Práctica

TALLER DE CONSULTA

These activities correspond to the additional grammar point on the preceding page.

5.4 Past participles used as adjectives

1 **Entrevista de trabajo** Julieta está preparando preguntas para los candidatos que va a entrevistar para un puesto en la empresa. Completa cada pregunta de Julieta con el participio pasado del verbo entre paréntesis.

1. ¿Por qué crees que estás ____________ (preparar) para este puesto?
2. ¿Estás ____________ (informar) sobre nuestros productos?
3. ¿Estás ____________ (sorprender) de todos los beneficios que ofrecemos?
4. ¿Por qué estás ____________ (interesar) en este puesto en particular?
5. ¿Trajiste tu currículum ____________ (escribir) en español y en inglés?
6. ¿Cómo manejarás el estrés cuando ya estés ____________ (contratar)?

2 **¿Cómo están ellos?** Mira las imágenes y relaciónalas con los verbos de la lista. Después, completa cada oración usando **estar** + [*participio pasado*].

cansar	enojar	sorprender
enamorar	esconder	

1. Ellos ____________.

2. Juanito ____________.

3. Eva ____________.

4. Ellos ____________.

5. Marta ____________.

3 **De otra forma** Transforma las oraciones usando **estar** y el participio pasado del verbo correspondiente. Sigue el modelo.

MODELO Los estudiantes abrieron los libros.
Los libros están abiertos.

1. El paciente murió ayer.
2. No abren la tienda los domingos.
3. Este pasaporte venció el mes pasado.
4. Los estudiantes escribieron las composiciones.
5. Ya resolvieron los problemas.
6. Hicieron los planes.
7. Ellos imprimieron sus trabajos.
8. El niño se curó de su enfermedad.

Más práctica

6.1 Uses of the infinitive

TALLER DE CONSULTA

MÁS PRÁCTICA
To see the explanation corresponding to this additional practice, see p. 220.

1 **La investigación** Completa la conversación con el infinitivo o con el presente del indicativo de los verbos entre paréntesis.

ANTONIO ¿Cómo estás, Leopoldo? Tengo muchas ganas de (1) ________ (saber) cómo va todo.

LEOPOLDO No muy bien. No sé si podremos terminar de (2) ________ (preparar) todo.

ANTONIO ¿No (3) ________ (haber) suficiente tiempo para terminar la investigación?

LEOPOLDO El problema lo (4) ________ (tener) con Amelia.

ANTONIO Dicen que ella (5) ________ (ser) muy profesional y tiene buen conocimiento de las civilizaciones antiguas.

LEOPOLDO Es muy buena en su especialidad y creo que puede llegar a (6) ________ (ser) muy importante para este proyecto. Pero no (7) ________ (tener) una buena comunicación con ella.

ANTONIO ¿Cómo puede (8) ________ (ser)? ¿Le has ofrecido tu ayuda con el proyecto?

LEOPOLDO Sí, la (9) ________ (ayudar) en todo. Le (10) ________ (dar) consejos y trato de (11) ________ (tener) una buena relación con ella, pero a ella le (12) ________ (molestar) todo lo que digo.

ANTONIO ¿Por qué no la invitas a (13) ________ (almorzar)? Quizás hablando en un ambiente informal puedan (14) ________ (encontrar) una solución.

LEOPOLDO Podría ser. Esta tarde la (15) ________ (llamar).

ANTONIO ¡Perfecto! Verás cómo se solucionan los problemas.

2 **Tu opinión** Completa las oraciones. Utiliza verbos en infinitivo y añade tus propios detalles.

MODELO Cuando tengo tiempo libre, prefiero...
Cuando tengo tiempo libre, prefiero leer el periódico.

1. Mi hermano/a siempre tarda en...
2. Ahora mismo, quiero...
3. En mi opinión, nunca es bueno...
4. No sé...
5. Para mí es fácil...
6. No me gusta...

3 **Historiadores** En parejas, escriban oraciones sobre los acontecimientos del año pasado en su escuela. Usen el infinitivo.

MODELO el club de ajedrez / querer
El club de ajedrez quería participar en el torneo de Florida, pero no pudo reunir el dinero suficiente para viajar.

1. los profesores / mandar
2. los estudiantes / querer
3. el equipo de fútbol / lograr
4. el departamento de ciencia / pedir
5. las nuevas reglas / obligar

Más práctica

TALLER DE CONSULTA

MÁS PRÁCTICA
To see the explanation corresponding to this additional practice, see p. 224.

6.2 Summary of the indicative

1 **La narración histórica**

A. Para narrar acontecimientos históricos es frecuente usar el presente del indicativo. Completa el párrafo usando el presente del indicativo de los verbos entre paréntesis.

Cuando los primeros conquistadores españoles (1) _________ (llegar) al Nuevo Mundo, (2) _________ (encontrarse) con numerosos problemas. La realidad del Nuevo Mundo (3) _________ (ser) muy distinta a la realidad que ellos (4) _________ (conocer) y pronto (5) _________ (descubrir) que no (6) _________ (tener) las palabras necesarias para designar (*to name*) esa nueva realidad. Para solucionar el problema, los españoles (7) _________ (decidir) tomar prestadas palabras que (8) _________ (escuchar) de las lenguas nativas. Es por eso que muchas de las palabras del español actual vienen del taíno, del náhuatl o del quechua.

B. Ahora, vuelve a completar el párrafo anterior, pero esta vez con el tiempo adecuado del pasado, ya sea el pretérito o el imperfecto.

2 **Los verbos perfectos** **Elige la forma apropiada (pretérito perfecto, pluscuamperfecto, futuro perfecto o condicional perfecto) para conjugar los verbos entre paréntesis.**

1. Los conquistadores ___________ (aprender) mucho de los nativos, pero todavía tenían problemas de comunicación.
2. El rey le ___________ (construir) un palacio a la reina, pero ella no lo quiso.
3. Para el año 2050, la mayoría de los gobiernos de Asia y África ___________ (convertir) en gobiernos democráticos.
4. El pueblo ___________ (derrocar) al emperador y ahora hay otro gobernante que tiene el apoyo de la gente.
5. El joven ___________ (ser) un gran guerrero si no hubiera sido por su falta de disciplina.
6. Para el mes entrante, ya ___________ (expulsar) al soldado de las fuerzas armadas.
7. ¡___________ (Liberar) al pueblo! ¡Salgamos a celebrar!
8. ___________ (Establecerse) en la costa si no fuera porque odian el calor.

3 **Eventos** **Cuéntale a un(a) compañero/a cuáles han sido los tres eventos que han marcado tu pasado, los tres que están marcando tu presente y los tres eventos que tú crees serán más importantes en tu futuro.**

MODELO **(pasado)** Fui al Perú para las vacaciones de primavera hace dos años.
(presente) Salgo con un chico de Salamanca, España.
(futuro) Trabajaré en la Ciudad de México por un año para mejorar mi español.

4 **Las noticias más importantes** **En grupos de cuatro, decidan cuáles han sido las tres noticias más importantes de los últimos 50 años. Piensen en otras tres noticias que creen que ocurrirán en los próximos 50 años. Escriban estas noticias en forma de titulares. Utilicen todos los tiempos verbales que sean apropiados.**

Más práctica

6.3 Summary of the subjunctive

TALLER DE CONSULTA

MÁS PRÁCTICA
To see the explanation corresponding to this additional practice, see p. 228.

1 **La clase de historia** **Escoge la forma adecuada del subjuntivo (presente, pretérito perfecto, imperfecto o pluscuamperfecto) o del infinitivo para completar las oraciones.**

1. Los estudiantes querían que el profesor les ______ más sobre los Incas.
   a. explicara b. explique c. hubiera explicado
2. A los chicos les gustaba ______ las historias de los conquistadores.
   a. escuchen b. escuchar c. hayan escuchado
3. Dudaba que los españoles ______ interesados únicamente en el oro de los Aztecas.
   a. estén b. estar c. hubieran estado
4. A los españoles les sorprendió que los Aztecas ______ ciudades tan sofisticadas.
   a. hubieran construido b. construyan c. construyen
5. A algunas personas les parece sorprendente que el ser humano ______ a la Luna.
   a. llegara b. llegar c. haya llegado
6. Algunas personas dudan que el ser humano ______ vivir en otros planetas.
   a. pudiera b. pueda c. haya podido
7. Era improbable que esas piedras ______ restos de una antigua civilización.
   a. sean b. fueran c. ser
8. En el futuro, será posible que algunos turistas ______ al espacio.
   a. hubieran viajado b. viajaran c. viajen
9. Carlos espera ______ a ser historiador algún día.
   a. llegar b. llegue c. llegara
10. Si el rey ______ eso, lo habría dicho.
    a. hubiera pensado b. haya pensado c. piense

2 **El mono en el espacio** **Es el año 3000. Completa esta carta que un mono escribió durante su primer viaje por el espacio. Utiliza las formas apropiadas del subjuntivo.**

No puedo creer que el espacio (1) ________ (tener) tantos planetas. Ahora voy a buscarme uno para establecer el planeta de los monos. Nadie pensaba que (2) ________ (ser) posible, pero, ahora, libres de los seres humanos, podemos desarrollar nuestra cultura. Antes, los seres humanos siempre exigían que (3) ________ (quedarse) en jaulas (*cages*). Si (4) ________ (saber) que somos criaturas pacíficas, no lo habrían hecho. Prefiero poblar un planeta nuevo con monos que ya (5) ________ (ser) vacunados porque no se sabe lo que vamos a encontrar, y quiero que nosotros (6) ________ (estar) listos para todo.

3 **Inventos y descubrimientos** **Algunos inventos y descubrimientos han sido esenciales para el desarrollo de la humanidad. En parejas, hagan una lista de los cinco inventos y descubrimientos más importantes. Después, escriban oraciones para decir qué habría ocurrido si tales inventos no se hubieran producido.**

MODELO Alexander Graham Bell inventó el teléfono. Si no hubiera inventado el teléfono, las comunicaciones serían/habrían sido mucho más complicadas.

MÁS GRAMÁTICA

This is an additional grammar point for **Lección 6 Estructura.** You may use it for review or as required by your teacher.

6.4 *Pedir/preguntar* and *conocer/saber*

- **Pedir** and **preguntar** both mean *to ask*, while **conocer** and **saber** mean *to know*. Since these verbs are frequently used in Spanish, it is important to know the circumstances in which to use them.

Pedir vs. preguntar

- **Pedir** means *to ask for/to request (something)* or *to ask (someone to do something).*

El profesor **pidió** los resultados.
The teacher asked for the results.

El director le **pide** que lo investigue.
The director asks him/her to investigate it.

- **Preguntar** means *to ask (a question).*

Los estudiantes **preguntaron** acerca de la esclavitud.
The students asked about slavery.

Le **preguntaré** a Miguel si quiere venir.
I'll ask Miguel if he wants to come.

- **Preguntar por** means *to ask about (someone)* or *to inquire (about something).*

¿**Preguntaste por** el historiador famoso?
Did you ask about the famous historian?

Pregunté por el anuncio.
I inquired about the ad.

Saber vs. conocer

- **Saber** means *to know (a fact or piece of information).*

¿**Sabías** que el Primer Ministro fue derrocado ayer?
Did you know that the Prime Minister was overthrown yesterday?

No **sé** quién es el rey de España. ¿Lo **sabes** tú?
I don't know who the king of Spain is. Do you know?

- **Saber** + [*infinitive*] means *to know how (to do something).*

Para el examen, lo importante es que **sepan analizar** las causas y efectos de la guerra.
For the exam, the important thing is that you know how to analyze the causes and effects of the war.

María Luisa sabe hacer investigaciones, pero aún no **sabe organizar** toda la información.
María Luisa knows how to do research, but she still doesn't know how to organize all the information.

- **Conocer** means *to know, to meet,* or *to be familiar/acquainted with (a person, place, or thing).*

Conocen los riesgos.
They know the risks.

Conocí al científico famoso.
I met the famous scientist.

(6.4) *Pedir/preguntar* and *conocer/saber*

TALLER DE CONSULTA

These activities correspond to the additional grammar point on the preceding page.

1 **Juan y la escuela** Completa el párrafo con la forma adecuada de **saber** y **conocer**. Presta atención a los tiempos verbales.

Juan es un estudiante nuevo en la escuela y por eso todavía no (1) __________ muy bien el campus. Sólo (2) __________ dónde están la biblioteca y la cafetería. Ayer (3) __________ a Luis, un estudiante de su misma clase, y le cayó bien, pero aún (*still*) no (4) __________ mucho de él. Como no lleva mucho tiempo en la escuela, aún no (5) __________ a mucha gente. Juan ya (6) __________ quiénes van a ser sus profesores pero no (7) __________ si sus clases serán muy difíciles. Ayer (8) __________ al profesor de historia y piensa que no tendrá problemas con esa clase.

2 **Alejandra en su nuevo trabajo** Completa el párrafo con la forma adecuada de **pedir, preguntar** y **preguntar por.** Presta atención a los tiempos verbales.

Alejandra Ruiz es licenciada en lenguas modernas y hoy fue su primer día de trabajo en una escuela secundaria. No conocía muy bien el camino a la oficina del director y por eso tuvo que parar para (1) __________ indicaciones sobre cómo llegar. Cuando finalmente llegó, (2) __________ el profesor Santos, el director. Alejandra le (3) __________ muchísimas cosas sobre la escuela y él le respondió amablemente. Finalmente, el profesor Santos le (4) __________ que comenzara a preparar sus clases. Después de varias horas, ella (5) __________ si podía tener un rato de descanso. Cuando salió del trabajo y su novio le (6) __________ su día, ella le respondió que le fue muy bien.

3 **Entrevista** Lee la lista y escribe tres oraciones más utilizando los verbos **saber, conocer, pedir** y **preguntar.** Luego, entrevista a tus compañeros/as de clase hasta que encuentres a ocho personas diferentes que respondan afirmativamente a tus preguntas. Comparte la información con la clase.

	Nombres
1. Sabe tocar el piano.	__________
2. Conoció a su novio/a recientemente.	__________
3. Nunca les pide favores a sus hermanos.	__________
4. Le ha preguntado al/a la profesor(a) sobre el examen final.	__________
5. Sabe cocinar tacos.	__________
6. ______________________________	__________
7. ______________________________	__________
8. ______________________________	__________

Glossary of Grammatical Terms

ADJECTIVE A word that modifies, or describes, a noun or pronoun.

muchos libros — un hombre **rico**
***many** books* — *a **rich** man*

Demonstrative adjective An adjective that specifies which noun a speaker is referring to.

esta fiesta — **ese** chico
***this** party* — ***that** boy*

aquellas flores
***those** flowers*

Possessive adjective An adjective that indicates ownership or possession.

su mejor vestido — Éste es **mi** hermano.
***her** best dress* — *This is **my** brother.*

Stressed possessive adjective A possessive adjective that emphasizes the owner or possessor.

un libro **mío** — una amiga **tuya**
*a **book of mine*** — *a friend **of yours***

ADVERB A word that modifies, or describes, a verb, adjective, or other adverb.

Pancho escribe **rápidamente**.
*Pancho writes **quickly**.*

Este cuadro es **muy** bonito.
*This picture is **very** pretty.*

ANTECEDENT The noun to which a pronoun or dependent clause refers.

El **libro** que compré es interesante.
The book that I bought is interesting.

Le prestó cinco dólares a **Diego**.
I loaned Diego five dollars.

ARTICLE A word that points out a noun in either a specific or a non-specific way.

Definite article An article that points out a noun in a specific way.

el libro — **la** maleta
***the** book* — ***the** suitcase*

los diccionarios — **las** palabras
***the** dictionaries* — ***the** words*

Indefinite article An article that points out a noun in a general, non-specific way.

un lápiz — **una** computadora
***a** pencil* — ***a** computer*

unos pájaros — **unas** escuelas
***some** birds* — ***some** schools*

CLAUSE A group of words that contains both a conjugated verb and a subject, either expressed or implied.

Main (or Independent) clause A clause that can stand alone as a complete sentence.

Pienso ir a cenar pronto.
I plan to go to dinner soon.

Subordinate (or Dependent) clause A clause that does not express a complete thought and therefore cannot stand alone as a sentence.

Trabajo en la cafetería **porque necesito dinero para la escuela.**
*I work in the cafeteria **because I need money for school.***

Adjective clause A dependent clause that functions to modify or describe the noun or direct object in the main clause. When the antecedent is uncertain or indefinite, the verb in the adjective clause is in the subjunctive.

Queremos contratar al candidato **que mandó su currículum ayer.**
*We want to hire the candidate **who sent his résumé yesterday.***

¿Conoce un buen restaurante **que esté cerca del teatro?**
*Do you know of a good restaurant **that's near the theater?***

Adverbial clause A dependent clause that functions to modify or describe a verb, an adjective, or another adverb. When the adverbial clause describes an action that has not yet happened or is uncertain, the verb in the adverbial clause is usually in the subjunctive.

Llamé a mi mamá **cuando me dieron la noticia.**
*I called my mom **when they gave me the news.***

El ejército está preparado **en caso de que haya un ataque.**
*The army is prepared **in case there is an attack.***

Noun clause A dependent clause that functions as a noun, often as the object of the main clause. When the main clause expresses will, emotion, doubt, or uncertainty, the verb in the noun clause is in the subjunctive (unless there is no change of subject).

José sabe **que mañana habrá un examen.**
*José knows **that tomorrow there will be an exam.***

Luisa dudaba **que la acompañáramos.**
*Luisa doubted **that we would go with her.***

COMPARATIVE A grammatical construction used with nouns, adjectives, verbs, or adverbs to compare people, objects, actions, or characteristics.

Tus clases son **menos interesantes** que las mías.
*Your classes are **less interesting** than mine.*

Como **más frutas** que verduras.
*I eat **more fruits** than vegetables.*

CONJUGATION A set of the forms of a verb for a specific tense or mood or the process by which these verb forms are presented.

PRETERITE CONJUGATION OF **CANTAR**:

cant**é**	cant**amos**
cant**aste**	cant**asteis**
cant**ó**	cant**aron**

CONJUNCTION A word used to connect words, clauses, or phrases.

Susana es de Cuba **y** Pedro es de España.
*Susana is from Cuba **and** Pedro is from Spain.*

No quiero estudiar, **pero** tengo que hacerlo.
*I don't want to study, **but** I have to.*

CONTRACTION The joining of two words into one. The only contractions in Spanish are **al** and **del**.

Mi hermano fue **al** concierto ayer.
*My brother went **to the** concert yesterday.*

Saqué dinero **del** banco.
*I took money **from the** bank.*

DIRECT OBJECT A noun or pronoun that directly receives the action of the verb.

Tomás lee **el libro**.	**La** pagó ayer.
*Tomás reads **the book**.*	*She paid **it** yesterday.*

GENDER The grammatical categorizing of certain kinds of words, such as nouns and pronouns, as masculine, feminine, or neuter.

MASCULINE
articles **el, un**
pronouns **él, lo, mío, éste, ése, aquél**
adjective **simpático**

FEMININE
articles **la, una**
pronouns **ella, la, mía, ésta, ésa, aquélla**
adjective **simpática**

IMPERSONAL EXPRESSION A third-person expression with no expressed or specific subject.

Es muy importante.	**Llueve** mucho.
***It's very important**.*	***It's raining** hard.*

Aquí **se habla** español.
*Spanish **is spoken** here.*

INDIRECT OBJECT A noun or pronoun that receives the action of the verb indirectly; the object, often a living being, to or for whom an action is performed.

Eduardo **le** dio un libro **a Linda**.
*Eduardo gave a book **to Linda**.*

La profesora **me** puso una C en el examen.
*The teacher gave **me** a C on the test.*

INFINITIVE The basic form of a verb. Infinitives in Spanish end in **-ar**, **-er**, or **-ir**.

hablar	**correr**	**abrir**
to speak	***to run***	***to open***

INTERROGATIVE An adjective or pronoun used to ask a question.

¿Quién habla?	**¿Cuántos** compraste?
***Who** is speaking?*	***How many** did you buy?*

¿Qué piensas hacer hoy?
***What** do you plan to do today?*

MOOD A grammatical distinction of verbs that indicates whether the verb is intended to make a statement or command, or to express doubt, emotion, or condition contrary to fact.

Imperative mood Verb forms used to make commands.

Di la verdad.	**Caminen** ustedes conmigo.
***Tell** the truth.*	***Walk** with me.*
¡Comamos ahora!	¡No lo **hagas**!
***Let's eat** now!*	***Don't do** it!*

Indicative mood Verb forms used to state facts, actions, and states considered to be real.

Sé que **tienes** el dinero.
***I know** that **you have** the money.*

Subjunctive mood Verb forms used principally in subordinate (dependent) clauses to express wishes, desires, emotions, doubts, and certain conditions, such as contrary-to-fact situations.

Prefieren que **hables** en español.
*They prefer that **you speak** in Spanish.*

NOUN A word that identifies people, animals, places, things, and ideas.

hombre	**gato**
man	***cat***
México	**casa**
Mexico	***house***
libertad	**libro**
freedom	***book***

NUMBER A grammatical term that refers to singular or plural. Nouns in Spanish and English have number. Other parts of a sentence, such as adjectives, articles, and verbs, can also have number.

SINGULAR	PLURAL
una cosa *a thing*	**unas** cosas ***some** things*
el profesor ***the** teacher*	**los** profesor**es** ***the** teacher**s***

PASSIVE VOICE A sentence construction in which the recipient of the action becomes the subject of the sentence. Passive statements emphasize the thing that was done or the person that was acted upon. They follow the pattern [*recipient*] + **ser** + [*past participle*] + **por** + [*agent*].

ACTIVE VOICE:
Juan **entregó** la tarea.
*Juan **turned in** the assignment.*

PASSIVE VOICE:
La tarea **fue entregada por** Juan.
*The assignment **was turned in by** Juan.*

PAST PARTICIPLE A past form of the verb used in compound tenses. The past participle may also be used as an adjective, but it must then agree in number and gender with the word it modifies.

Han **buscado** por todas partes.
*They have **searched** everywhere.*

Yo no había **estudiado** para el examen.
*I hadn't **studied** for the exam.*

Hay una ventana **abierta** en la sala.
*There is an **open** window in the living room.*

PERSON The form of the verb or pronoun that indicates the speaker, the one spoken to, or the one spoken about. In Spanish, as in English, there are three persons: first, second, and third.

PERSON	SINGULAR	PLURAL
1st	**yo** *I*	**nosotros/as** *we*
2nd	**tú, Ud.** *you*	**vosotros/as, Uds.** *you*
3rd	**él, ella** *he, she*	**ellos, ellas** *they*

PREPOSITION A word or words that describe(s) the relationship, most often in time or space, between two other words.

Anita es **de** California.
*Anita is **from** California.*

La chaqueta está **en** el carro.
*The jacket is **in** the car.*

PRESENT PARTICIPLE In English, a verb form that ends in *-ing*. In Spanish, the present participle ends in **-ndo**, and is often used with **estar** to form a progressive tense.

Está **hablando** por teléfono ahora mismo.
*He is **talking** on the phone right now.*

PRONOUN A word that takes the place of a noun or nouns.

Demonstrative pronoun A pronoun that takes the place of a specific noun.

Quiero **ésta**.
*I want **this one**.*

¿Vas a comprar **ése**?
*Are you going to buy **that one**?*

Juan prefirió **aquéllos**.
*Juan preferred **those** (over there).*

Object pronoun A pronoun that functions as a direct or indirect object of the verb.

Te digo la verdad.
*I'm telling **you** the truth.*

Me lo trajo Juan.
*Juan brought **it** to **me**.*

Possessive pronoun A pronoun that functions to show ownership or possession. Possessive pronouns are preceded by a definite article and agree in gender and number with the nouns they replace.

Perdí mi libro. ¿Me prestas el **tuyo**?
*I lost my book. Will you loan me **yours**?*

Las clases suyas son aburridas, pero **las nuestras** son buenísimas.
*Their classes are boring, but **ours** are great.*

Prepositional pronoun A pronoun that functions as the object of a preposition. Except for **mí, ti,** and **sí**, these pronouns are the same as subject pronouns. The adjective **mismo/a** may be added to express *myself, himself*, etc. After the preposition **con**, the forms **conmigo, contigo,** and **consigo** are used.

¿Es **para mí?**
*Is this **for me**?*

Juan habló **de ella.**
*Juan spoke **about her.***

Iré **contigo**.
*I will go **with you.***

Se lo regaló **a sí mismo.**
*He gave it **to himself.***

Reflexive pronoun A pronoun that indicates that the action of a verb is performed by the subject on itself. These pronouns are often expressed in English with *-self: myself, yourself,* etc.

Yo **me bañé**.
I took a bath.

Elena **se acostó**.
*Elena **went to bed**.*

Relative pronoun A pronoun that connects a subordinate clause to a main clause.

El edificio **en el cual** vivimos es antiguo.
*The building **that** we live in is ancient.*

La mujer **de quien** te hablé acaba de renunciar.
*The woman **(whom)** I told you about just quit.*

Subject pronoun A pronoun that replaces the name or title of a person or thing, and acts as the subject of a verb.

Tú debes estudiar más.
***You** should study more.*

Él llegó primero.
***He** arrived first.*

SUBJECT A noun or pronoun that performs the action of a verb and is often implied by the verb.

María va al supermercado.
***María** goes to the supermarket.*

(Ellos) Trabajan mucho.
***They** work hard.*

Esos libros son muy caros.
***Those books** are very expensive.*

SUPERLATIVE A grammatical construction used to describe the most or the least of a quality when comparing a group of people, places, or objects.

Tina es **la menos simpática** de las chicas.
*Tina is **the least pleasant** of the girls.*

Tu coche es **el más rápido** de todos.
*Your car is **the fastest** one of all.*

Los restaurantes en Calle Ocho son **los mejores** de todo Miami.
*The restaurants on Calle Ocho are **the best** in all of Miami.*

Absolute superlatives Adjectives or adverbs combined with forms of the suffix **ísimo/a** in order to express the idea of extremely or very.

¡Lo hice **facilísimo!**
*I did it **so easily!***

Ella es **jovencísima.**
*She is **very, very young.***

TENSE A set of verb forms that indicates the time of an action or state: past, present, or future.

Compound tense A two-word tense made up of an auxiliary verb and a present or past participle. In Spanish, there are two auxiliary verbs: **estar** and **haber**.

En este momento, **estoy estudiando**.
*At this time, **I am studying**.*

El paquete no **ha llegado** todavía.
*The package **has** not **arrived** yet.*

Simple tense A tense expressed by a single verb form.

María **estaba** mal anoche.
*María **was** ill last night.*

Juana **hablará** con su mamá mañana.
*Juana **will speak** with her mom tomorrow.*

VERB A word that expresses actions or states of being.

Auxiliary verb A verb used with a present or past participle to form a compound tense. **Haber** is the most commonly used auxiliary verb in Spanish.

Los chicos **han** visto los elefantes.
*The children **have** seen the elephants.*

Espero que **hayas** comido.
*I hope you **have** eaten.*

Reflexive verb A verb that describes an action performed by the subject on itself and is always used with a reflexive pronoun.

Me compré un carro nuevo.
***I bought myself** a new car.*

Pedro y Adela **se levantan** muy temprano.
*Pedro and Adela **get (themselves) up** very early.*

Spelling-change verb A verb that undergoes a predictable change in spelling, in order to reflect its actual pronunciation in the various conjugations.

practicar	**c→qu**	practico	practi**qu**é
dirigir	**g→j**	dirigí	diri**j**o
almorzar	**z→c**	almorzó	almor**c**é

Stem-changing verb A verb whose stem vowel undergoes one or more predictable changes in the various conjugations.

entender	**(e:ie)**	ent**ie**ndo
pedir	**(e:i)**	p**i**den
dormir	**(o:ue, u)**	d**ue**rmo, d**u**rmieron

Verb conjugation tables

Guide to the Verb List and Tables

Below you will find the infinitive of the verbs introduced as active vocabulary in **Senderos 5**, as well as other common verbs. Each verb is followed by a model verb conjugated on the same pattern. The number in parentheses indicates where in the verb tables, pages A40–A47, you can find the conjugated forms of the model verb.

abrazar (z:c) like cruzar (37)
aburrir like vivir (3)
acabar like hablar (1)
acariciar like hablar (1)
acentuar (acentúo) like graduar (40)
acercar (c:qu) like tocar (43)
aclarar like hablar (1)
acompañar like hablar (1)
aconsejar like hablar (1)
acordar (o:ue) like contar (24)
acostar (o:ue) like contar (24)
acostumbrar like hablar (1)
actualizar (z:c) like cruzar (37)
adelgazar (z:c) like cruzar (37)
adjuntar like hablar (1)
adorar like hablar (1)
afeitar like hablar (1)
agotar like hablar (1)
ahorrar like hablar (1)
aislar (aíslo) like enviar (39)
alargar (g:gu) like llegar (41)
alojar like hablar (1)
amar like hablar (1)
amenazar (z:c) like cruzar (37)
anotar like hablar (1)
apagar (g:gu) like llegar (41)
aparecer (c:zc) like conocer (35)
aplaudir like vivir (3)
apoyar like hablar (1)
apreciar like hablar (1)
apuntar like hablar (1)
arreglar like hablar (1)
arrepentir (e:ie) like sentir (33)
ascender (e:ie) like entender (27)
asustar like hablar (1)
aterrizar (z:c) like cruzar (37)
atraer like traer (21)
atrapar like hablar (1)
atrever like comer (2)
averiguar like hablar (1)
bailar like hablar (1)
bañar like hablar (1)
barrer like comer (2)
beber like comer (2)
bendecir (e:i) like decir (8)
besar like hablar (1)
borrar like hablar (1)
botar like hablar (1)
brindar like hablar (1)
burlar like hablar (1)
caber (4)
caer (y) (5)
calentar (e:ie) like pensar (30)
cancelar like hablar (1)
cazar (z:c) like cruzar (37)
celebrar like hablar (1)
cepillar like hablar (1)
clonar like hablar (1)
cobrar like hablar (1)
cocinar like hablar (1)
coger (g:j) like proteger (42)
colocar (c:qu) like tocar (43)
colonizar (z:c) like cruzar (37)
comer (2)
comerciar like hablar (1)
componer like poner (15)
comprobar (o:ue) like contar (24)
conducir (c:zc) (6)
conocer (c:zc) (35)
conquistar like hablar (1)
conseguir (e:i) like seguir (32)
conservar like hablar (1)
contagiar like hablar (1)
contaminar like hablar (1)
contar (o:ue) (24)
contentar like hablar (1)
contraer like traer (21)
contratar like hablar (1)
contribuir (y) like destruir (38)
convertir (e:ie) like sentir (33)
coquetear like hablar (1)
correr like comer (2)
crear like hablar (1)
crecer (c:zc) like conocer (35)
creer (y) (36)
criar (crío) like enviar (39)
criticar (c:qu) like tocar (43)
cruzar (z:c) (37)
cuidar like hablar (1)
cumplir like vivir (3)
curar like hablar (1)
dar (7)
deber like comer (2)
decir (e:i) (8)
delatar like hablar (1)
denunciar like hablar (1)
depositar like hablar (1)
derribar like hablar (1)
derrocar (c:qu) like tocar (43)
derrotar like hablar (1)
desafiar (desafío) like enviar (39)
desaparecer (c:zc) like conocer (35)
desarrollar like hablar (1)
descansar like hablar (1)
descargar (g:gu) like llegar (41)
descubrir like vivir (3) *except* past participle is descubierto
descuidar like hablar (1)
desear like hablar (1)
deshacer like hacer (11)
deshojar like hablar (1)
despedir (e:i) like pedir (29)
despegar (g:gu) like llegar (41)
despertar (e:ie) like pensar (30)
destruir (y) (38)
devolver (o:ue) like volver (34)
dibujar like hablar (1)
dirigir (g:j) like proteger (42) for endings only
disculpar like hablar (1)
discutir like vivir (3)
diseñar like hablar (1)
disfrutar like hablar (1)
disgustar like hablar (1)
disparar like hablar (1)
disponer like poner (15)
disputar like hablar (1)
distinguir (gu:g) like seguir (32) for endings only
distraer like traer (21)
divertir (e:ie) like sentir (33)
doler (o:ue) like volver (34) *except* past participle is regular
dormir (o:ue) (25)
duchar like hablar (1)
echar like hablar (1)
editar like hablar (1)
educar (c:qu) like tocar (43)
elegir (e:i) (g:j) like proteger (42) for endings only
embalar like hablar (1)
emigrar like hablar (1)
empatar like hablar (1)
empeorar like hablar (1)
empezar (e:ie) (z:c) (26)
enamorar like hablar (1)
encabezar (z:c) like cruzar (37)
encantar like hablar (1)
encargar (g:gu) like llegar (41)
encender (e:ie) like entender (27)
enfermar like hablar (1)
engañar like hablar (1)
engordar like hablar (1)
ensayar like hablar (1)
entender (e:ie) (27)
enterar like hablar (1)
enterrar (e:ie) like pensar (30)
entretener (e:ie) like tener (20)
enviar (envío) (39)
equivocar like tocar (43)
esclavizar (z:c) like cruzar (37)
escoger (g:j) like proteger (42)
esculpir like vivir (3)
establecer (c:zc) like conocer (35)
estar (9)

exigir (g:j) like proteger (42) for endings only
explotar like hablar (1)
exportar like hablar (1)
expulsar like hablar (1)
extinguir like destruir (38)
fabricar (c:qu) like tocar (43)
faltar like hablar (1)
fascinar like hablar (1)
festejar like hablar (1)
fijar like hablar (1)
financiar like hablar (1)
florecer (c:zc) like conocer (35)
flotar like hablar (1)
formular like hablar (1)
freír (e:i) (frío) like reír (31)
funcionar like hablar (1)
fusilar like hablar (1)
gastar like hablar (1)
gobernar (e:ie) like pensar (30)
grabar like hablar (1)
graduar (gradúo) (40)
guardar like hablar (1)
gustar like hablar (1)
haber (10)
habitar like hablar (1)
hablar (1)
hacer (11)
herir (e: ie) like sentir (33)
hervir (e:ie) like sentir (33)
hojear like hablar (1)
huir (y) like destruir (38)
humillar like hablar (1)
importar like hablar (1)
impresionar like hablar (1)
imprimir like vivir (3)
inscribir like vivir (3)
insistir like vivir (3)
instalar like hablar (1)
integrar like hablar (1)
interesar like hablar (1)
invadir like vivir (3)
inventar like hablar (1)
invertir (e:ie) like sentir (33)
investigar (g:gu) like llegar (41)
ir (12)
jubilar like hablar (1)
jugar (u:ue) (g:gu) (28)
jurar like hablar (1)
lastimar like hablar (1)
latir like vivir (3)
lavar like hablar (1)
levantar like hablar (1)
liberar like hablar (1)
lidiar like hablar (1)
limpiar like hablar (1)
llegar (g:gu) (41)
llevar like hablar (1)
llorar like hablar (1)
lograr like hablar (1)
luchar like hablar (1)
madrugar (g:gu) like llegar (41)
malgastar like hablar (1)
manipular like hablar (1)
maquillar like hablar (1)
meditar like hablar (1)
mejorar like hablar (1)
merecer (c:zc) like conocer (35)
meter like comer (2)
molar like hablar (1)
molestar like hablar (1)
morder (o:ue) like volver (34)
morir (o:ue) like dormir (25) *except* past participle is muerto
mudar like hablar (1)
narrar like hablar (1)
navegar (g:gu) like llegar (41)
necesitar like hablar (1)
obedecer (c:zc) like conocer (35)
ocultar like hablar (1)
odiar like hablar (1)
oír (y) (13)
olvidar like hablar (1)
opinar like hablar (1)
oponer like poner (15)
oprimir like vivir (3)
oscurecer (c:zc) like conocer (35)
parar like hablar (1)
parecer (c:zc) like conocer (35)
parpadear like hablar (1)
pedir (e:i) (29)
peinar like hablar (1)
pensar (e:ie) (30)
permanecer (c:zc) like conocer (35)
pertenecer (c:zc) like conocer (35)
pillar like hablar (1)
pintar like hablar (1)
poblar (o:ue) like contar (24)
poder (o:ue) (14)
poner (15)
preferir (e:ie) like sentir (33)
pregonar like hablar (1)
preocupar like hablar (1)
prestar like hablar (1)
prevenir (e:ie) like venir (22)
prever like ver (23)
probar (o:ue) like contar (24)
producir (c:sz) like conducir (6)
prohibir (prohíbo) like enviar (39) for endings only
proponer like poner (15)
proteger (g:j) (42)
protestar like hablar (1)
publicar (c:qu) like tocar (43)
quedar like hablar (1)
quejar like hablar (1)
querer (e:ie) (16)
quitar like hablar (1)
rascar like hablar (1)
recetar like hablar (1)
rechazar (z:c) like cruzar (37)
reciclar like hablar (1)
reclamar like hablar (1)
recomendar (e:ie) like pensar (30)
reconocer (c:zc) like conocer (35)
recorrer like comer (2)
recuperar like hablar (1)
reducir (c:zc) like conducir (6)
reflejar like hablar (1)
regresar like hablar (1)
rehacer like hacer (11)
reír (e:i) (31)
relajar like hablar (1)
rendir (e:i) like pedir (29)
renunciar like hablar (1)
reservar like hablar (1)
resolver (o:ue) like volver (34)
respirar like hablar (1)
retratar like hablar (1)
reunir like vivir (3)
rezar (z:c) like cruzar (37)
rociar like hablar (1)
rodar (o:ue) like contar (24)
rogar (o:ue) like contar (24) for stem changes; (g:gu) like llegar (41) for endings
romper like comer (2) except past participle is roto
saber (17)
sacrificar (c:qu) like tocar (43)
salir (18)
salvar like hablar (1)
sanar like hablar (1)
secar (c:qu) like tocar (43)
seguir (e:i) (gu:g) (32)
seleccionar like hablar (1)
sentir (e:ie) (33)
señalar like hablar (1)
sepultar like hablar (1)
ser (19)
soler (o:ue) like volver (34)
solicitar like hablar (1)
sonar (o:ue) like contar (24)
soñar (o:ue) like contar (24)
sorprender like comer (2)
suceder like comer (2)
sufrir like vivir (3)
sugerir (e:ie) like sentir (33)
superar like hablar (1)
suponer like poner (15)
suprimir like vivir (3)
suscribir like vivir (3)
tener (e:ie) (20)
tirar like hablar (1)
titular like hablar (1)
tocar (c:qu) (43)
tomar like hablar (1)
torear like hablar (1)
toser like comer (2)
traducir (c:zc) like conducir (6)
traer (21)
transcurrir like vivir (3)
transmitir like vivir (3)
trasnochar like hablar (1)
tratar like hablar (1)
unir like vivir (3)
vacunar like hablar (1)
valer like salir (18) only for endings; imperative is vale
vencer (c:z) (44)
venir (e:ie) (22)
ver (23)
vestir (e:i) like pedir (29)
vivir (3)
volar (o:ue) like contar (24)
volver (o:ue) (34)
votar like hablar (1)

Regular verbs: simple tenses

	INDICATIVE					SUBJUNCTIVE		IMPERATIVE
Infinitive	**Present**	**Imperfect**	**Preterite**	**Future**	**Conditional**	**Present**	**Past**	
1 hablar	hablo	hablaba	hablé	hablaré	hablaría	hable	hablara	
	hablas	hablabas	hablaste	hablarás	hablarías	hables	hablaras	habla tú (no hables)
Participles:	habla	hablaba	habló	hablará	hablaría	hable	hablara	hable Ud.
hablando	hablamos	hablábamos	hablamos	hablaremos	hablaríamos	hablemos	habláramos	hablemos
hablado	habláis	hablabais	hablasteis	hablaréis	hablaríais	habléis	hablarais	hablad (no habléis)
	hablan	hablaban	hablaron	hablarán	hablarían	hablen	hablaran	hablen Uds.
2 comer	como	comía	comí	comeré	comería	coma	comiera	
	comes	comías	comiste	comerás	comerías	comas	comieras	come tú (no comas)
Participles:	come	comía	comió	comerá	comerían	coma	comiera	coma Ud.
comiendo	comemos	comíamos	comimos	comeremos	comeríamos	comamos	comiéramos	comamos
comido	coméis	comíais	comisteis	comeréis	comeríais	comáis	comierais	comed (no comáis)
	comen	comían	comieron	comerán	comerían	coman	comieran	coman Uds.
3 vivir	vivo	vivía	viví	viviré	viviría	viva	viviera	
	vives	vivías	viviste	vivirás	vivirías	vivas	vivieran	vive tú (no vivas)
Participles:	vive	vivía	vivió	vivirá	viviría	viva	viviera	viva Ud.
viviendo	vivimos	vivíamos	vivimos	viviremos	viviríamos	vivamos	viviéramos	vivamos
vivido	vivís	vivíais	vivisteis	viviréis	viviríais	viváis	vivierais	vivid (no viváis)
	viven	vivían	vivieron	vivirán	vivirían	vivan	vivieran	vivan Uds.

All verbs: compound tenses

PERFECT TENSES											
INDICATIVE								SUBJUNCTIVE			
Present Perfect		**Past Perfect**		**Future Perfect**		**Conditional Perfect**		**Present Perfect**		**Past Perfect**	
he		había		habré		habría		haya		hubiera	
has	hablado	habías	hablado	habrás	hablado	habrías	hablado	hayas	hablado	hubieras	hablado
ha	comido	había	comido	habrá	comido	habría	comido	haya	comido	hubiera	comido
hemos	vivido	habíamos	vivido	habremos	vivido	habríamos	vivido	hayamos	vivido	hubiéramos	vivido
habéis		habíais		habréis		habríais		hayáis		hubierais	
han		habían		habrán		habrían		hayan		hubieran	

PROGRESSIVE TENSES											
INDICATIVE								SUBJUNCTIVE			
Present Progressive		Past Progressive		Future Progressive		Conditional Progressive		Present Progressive		Past Progressive	
estoy		estaba		estaré		estaría		esté		estuviera	
estás	hablando	estabas	hablando	estarás	hablando	estarías	hablando	estés	hablando	estuvieras	hablando
está	comiendo	estaba	comiendo	estará	comiendo	estaría	comiendo	esté	comiendo	estuviera	comiendo
estamos	viviendo	estábamos	viviendo	estaremos	viviendo	estaríamos	viviendo	estemos	viviendo	estuviéramos	viviendo
estáis		estabais		estaréis		estaríais		estéis		estuvierais	
están		estaban		estarán		estarían		estén		estuvieran	

Irregular verbs

	INDICATIVE					SUBJUNCTIVE		IMPERATIVE
Infinitive	Present	Imperfect	Preterite	Future	Conditional	Present	Past	
4 caber	**quepo**	cabía	**cupe**	**cabré**	**cabría**	**quepa**	**cupiera**	
	cabes	cabías	**cupiste**	**cabrás**	**cabrías**	**quepas**	**cupieras**	cabe tú (no **quepas**)
Participles:	cabe	cabía	**cupo**	**cabrá**	**cabría**	**quepa**	**cupiera**	**quepa** Ud.
cabiendo	cabemos	cabíamos	**cupimos**	**cabremos**	**cabríamos**	**quepamos**	**cupiéramos**	**quepamos**
cabido	cabéis	cabíais	**cupisteis**	**cabréis**	**cabríais**	**quepáis**	**cupierais**	cabed (no **quepáis**)
	caben	cabían	**cupieron**	**cabrán**	**cabrían**	**quepan**	**cupieran**	**quepan** Uds.
5 caer(se)	**caigo**	caía	caí	caeré	caería	**caiga**	**cayera**	
	caes	caías	**caíste**	caerás	caerías	**caigas**	**cayeras**	cae tú (no **caigas**)
Participles:	cae	caía	**cayó**	caerá	caería	**caiga**	**cayera**	**caiga** Ud.
cayendo	caemos	caíamos	**caímos**	caeremos	caeríamos	**caigamos**	**cayéramos**	**caigamos**
caído	caéis	caíais	**caísteis**	caeréis	caeríais	**caigáis**	**cayerais**	caed (no **caigáis**)
	caen	caían	**cayeron**	caerán	caerían	**caigan**	**cayeran**	**caigan** Uds.
6 conducir (c:zc)	**conduzco**	conducía	**conduje**	conduciré	conduciría	**conduzca**	**condujera**	
	conduces	conducías	**condujiste**	conducirás	conducirías	**conduzcas**	**condujeras**	conduce tú (no **conduzcas**)
	conduce	conducía	**condujo**	conducirá	conduciría	**conduzca**	**condujera**	**conduzca** Ud.
Participles:	conducimos	conducíamos	**condujimos**	conduciremos	conduciríamos	**conduzcamos**	**condujéramos**	**conduzcamos**
conduciendo	conducís	conducíais	**condujisteis**	conduciréis	conduciríais	**conduzcáis**	**condujerais**	conducid (no **conduzcáis**)
conducido	conducen	conducían	**condujeron**	conducirán	conducirían	**conduzcan**	**condujeran**	**conduzcan** Uds.

		INDICATIVE					SUBJUNCTIVE		IMPERATIVE
	Infinitive	**Present**	**Imperfect**	**Preterite**	**Future**	**Conditional**	**Present**	**Past**	
7	dar	**doy**	daba	**di**	daré	daría	**dé**	**diera**	
		das	dabas	**diste**	darás	darías	des	**dieras**	da tú (no des)
	Participles:	da	daba	**dio**	dará	daría	**dé**	**diera**	**dé** Ud.
	dando	damos	dábamos	**dimos**	daremos	daríamos	demos	**diéramos**	demos
	dado	**dais**	dabais	**disteis**	daréis	daríais	**deis**	**dierais**	dad (no **deis**)
		dan	daban	**dieron**	darán	darían	den	**dieran**	den Uds.
8	decir (e:i)	**digo**	decía	**dije**	**diré**	**diría**	**diga**	**dijera**	
		dices	decías	**dijiste**	**dirás**	**dirías**	**digas**	**dijeras**	**di** tú (no **digas**)
	Participles:	**dice**	decía	**dijo**	**dirá**	**diría**	**diga**	**dijera**	**diga** Ud.
	diciendo	decimos	decíamos	**dijimos**	**diremos**	**diríamos**	**digamos**	**dijéramos**	**digamos**
	dicho	decís	decíais	**dijisteis**	**diréis**	**diríais**	**digáis**	**dijerais**	decid (no **digáis**)
		dicen	decían	**dijeron**	**dirán**	**dirían**	**digan**	**dijeran**	**digan** Uds.
9	estar	**estoy**	estaba	**estuve**	estaré	estaría	**esté**	**estuviera**	
		estás	estabas	**estuviste**	estarás	estarías	**estés**	**estuvieras**	**está** tú (no **estés**)
	Participles:	**está**	estaba	**estuvo**	estará	estaria	**esté**	**estuviera**	**esté** Ud.
	estando	estamos	estábamos	**estuvimos**	estaremos	estaríamos	estemos	**estuviéramos**	estemos
	estado	estáis	estabais	**estuvisteis**	estaréis	estaríais	estéis	**estuvierais**	estad (no estéis)
		están	estaban	**estuvieron**	estarán	estarían	**estén**	**estuvieran**	**estén** Uds.
10	haber	**he**	había	**hube**	**habré**	**habría**	**haya**	**hubiera**	
		has	habías	**hubiste**	**habrás**	**habrías**	**hayas**	**hubieras**	
	Participles:	**ha**	había	**hubo**	**habrá**	**habría**	**haya**	**hubiera**	
	habiendo	**hemos**	habíamos	**hubimos**	**habremos**	**habríamos**	**hayamos**	**hubiéramos**	
	habido	habéis	habíais	**hubisteis**	**habréis**	**habríais**	**hayáis**	**hubierais**	
		han	habían	**hubieron**	**habrán**	**habrían**	**hayan**	**hubieran**	
11	hacer	**hago**	hacía	**hice**	**haré**	**haría**	**haga**	**hiciera**	
		haces	hacías	**hiciste**	**harás**	**harías**	**hagas**	**hicieras**	**haz** tú (no **hagas**)
	Participles:	hace	hacía	**hizo**	**hará**	**haría**	**haga**	**hiciera**	**haga** Ud.
	haciendo	hacemos	hacíamos	**hicimos**	**haremos**	**haríamos**	**hagamos**	**hiciéramos**	**hagamos**
	hecho	hacéis	hacíais	**hicisteis**	**haréis**	**haríais**	**hagáis**	**hicierais**	haced (no **hagáis**)
		hacen	hacían	**hicieron**	**harán**	**harían**	**hagan**	**hicieran**	**hagan** Uds.
12	ir	**voy**	**iba**	**fui**	iré	iría	**vaya**	**fuera**	
		vas	**ibas**	**fuiste**	irás	irías	**vayas**	**fueras**	**ve** tú (no **vayas**)
	Participles:	**va**	**iba**	**fue**	irá	iría	**vaya**	**fuera**	**vaya** Ud.
	yendo	**vamos**	**íbamos**	**fuimos**	iremos	iríamos	**vayamos**	**fuéramos**	**vamos** (no **vayamos**)
	ido	**vais**	**ibais**	**fuisteis**	iréis	iríais	**vayáis**	**fuerais**	id (no **vayáis**)
		van	**iban**	**fueron**	irán	irían	**vayan**	**fueran**	**vayan** Uds.
13	oír (y)	**oigo**	oía	oí	oiré	oiría	**oiga**	**oyera**	
		oyes	oías	**oíste**	oirás	oirías	**oigas**	**oyeras**	**oye** tú (no **oigas**)
	Participles:	**oye**	oía	**oyó**	oirá	oiría	**oiga**	**oyera**	**oiga** Ud.
	oyendo	**oímos**	oíamos	**oímos**	oiremos	oiríamos	**oigamos**	**oyéramos**	**oigamos**
	oído	oís	oíais	**oísteis**	oiréis	oiríais	**oigáis**	**oyerais**	**oíd** (no **oigáis**)
		oyen	oían	**oyeron**	oirán	oirían	**oigan**	**oyeran**	**oigan** Uds.

		INDICATIVE					SUBJUNCTIVE		IMPERATIVE
	Infinitive	**Present**	**Imperfect**	**Preterite**	**Future**	**Conditional**	**Present**	**Past**	
14	poder (o:ue)	**puedo**	podía	**pude**	**podré**	**podría**	**pueda**	**pudiera**	
		puedes	podías	**pudiste**	**podrás**	**podrías**	**puedas**	**pudieras**	**puede** tú (no **puedas**)
	Participles:	**puede**	podía	**pudo**	**podrá**	**podría**	**pueda**	**pudiera**	**pueda** Ud.
	pudiendo	podemos	podíamos	**pudimos**	**podremos**	**podríamos**	podamos	**pudiéramos**	podamos
	podido	podéis	podíais	**pudisteis**	**podréis**	**podríais**	podáis	**pudierais**	poded (no podáis)
		pueden	podían	**pudieron**	**podrán**	**podrían**	**puedan**	**pudieran**	**puedan** Uds.
15	poner	**pongo**	ponía	**puse**	**pondré**	**pondría**	**ponga**	**pusiera**	
		pones	ponías	**pusiste**	**pondrás**	**pondrías**	**pongas**	**pusieras**	**pon** tú (no **pongas**)
	Participles:	pone	ponía	**puso**	**pondrá**	**pondría**	**ponga**	**pusiera**	**ponga** Ud.
	poniendo	ponemos	poníamos	**pusimos**	**pondremos**	**pondríamos**	**pongamos**	**pusiéramos**	**pongamos**
	puesto	ponéis	poníais	**pusisteis**	**pondréis**	**pondríais**	**pongáis**	**pusierais**	poned (no **pongáis**)
		ponen	ponían	**pusieron**	**pondrán**	**pondrían**	**pongan**	**pusieran**	**pongan** Uds.
16	querer (e:ie)	**quiero**	quería	**quise**	**querré**	**querría**	**quiera**	**quisiera**	
		quieres	querías	**quisiste**	**querrás**	**querrías**	**quieras**	**quisieras**	**quiere** tú (no **quieras**)
	Participles:	**quiere**	quería	**quiso**	**querrá**	**querría**	**quiera**	**quisiera**	**quiera** Ud.
	queriendo	queremos	queríamos	**quisimos**	**querremos**	**querríamos**	queramos	**quisiéramos**	queramos
	querido	queréis	queríais	**quisisteis**	**querréis**	**querríais**	queráis	**quisierais**	quered (no queráis)
		quieren	querían	**quisieron**	**querrán**	**querrían**	**quieran**	**quisieran**	**quieran** Uds.
17	saber	**sé**	sabía	**supe**	**sabré**	**sabría**	**sepa**	**supiera**	
		sabes	sabías	**supiste**	**sabrás**	**sabrías**	**sepas**	**supieras**	sabe tú (no **sepas**)
	Participles:	sabe	sabía	**supo**	**sabrá**	**sabría**	**sepa**	**supiera**	**sepa** Ud.
	sabiendo	sabemos	sabíamos	**supimos**	**sabremos**	**sabríamos**	**sepamos**	**supiéramos**	**sepamos**
	sabido	sabéis	sabíais	**supisteis**	**sabréis**	**sabríais**	**sepáis**	**supierais**	sabed (no **sepáis**)
		saben	sabían	**supieron**	**sabrán**	**sabrían**	**sepan**	**supieran**	**sepan** Uds.
18	salir	**salgo**	salía	salí	**saldré**	**saldría**	**salga**	saliera	
		sales	salías	saliste	**saldrás**	**saldrías**	**salgas**	salieras	**sal** tú (no **salgas**)
	Participles:	sale	salía	salió	**saldrá**	**saldría**	**salga**	saliera	**salga** Ud.
	saliendo	salimos	salíamos	salimos	**saldremos**	**saldríamos**	**salgamos**	saliéramos	**salgamos**
	salido	salís	salíais	salisteis	**saldréis**	**saldríais**	**salgáis**	salierais	salid (no **salgáis**)
		salen	salían	salieron	**saldrán**	**saldrían**	**salgan**	salieran	**salgan** Uds.
19	ser	**soy**	**era**	**fui**	seré	sería	**sea**	**fuera**	
		eres	**eras**	**fuiste**	serás	serías	**seas**	**fueras**	**sé** tú (no **seas**)
	Participles:	**es**	**era**	**fue**	será	sería	**sea**	**fuera**	**sea** Ud.
	siendo	**somos**	**éramos**	**fuimos**	seremos	seríamos	**seamos**	**fuéramos**	**seamos**
	sido	**sois**	**erais**	**fuisteis**	seréis	seríais	**seáis**	**fuerais**	sed (no **seáis**)
		son	**eran**	**fueron**	serán	serían	**sean**	**fueran**	**sean** Uds.
20	tener	**tengo**	tenía	**tuve**	**tendré**	**tendría**	**tenga**	**tuviera**	
		tienes	tenías	**tuviste**	**tendrás**	**tendrías**	**tengas**	**tuvieras**	**ten** tú (no **tengas**)
	Participles:	**tiene**	tenía	**tuvo**	**tendrá**	**tendría**	**tenga**	**tuviera**	**tenga** Ud.
	teniendo	tenemos	teníamos	**tuvimos**	**tendremos**	**tendríamos**	**tengamos**	**tuviéramos**	**tengamos**
	tenido	tenéis	teníais	**tuvisteis**	**tendréis**	**tendríais**	**tengáis**	**tuvierais**	tened (no **tengáis**)
		tienen	tenían	**tuvieron**	**tendrán**	**tendrían**	**tengan**	**tuvieran**	**tengan** Uds.

		INDICATIVE					SUBJUNCTIVE		IMPERATIVE
	Infinitive	**Present**	**Imperfect**	**Preterite**	**Future**	**Conditional**	**Present**	**Past**	
21	traer	**traigo**	traía	**traje**	traeré	traería	**traiga**	**trajera**	
		traes	traías	**trajiste**	traerás	traerías	**traigas**	**trajeras**	trae tú (no **traigas**)
	Participles:	trae	traía	**trajo**	traerá	traería	**traiga**	**trajera**	**traiga** Ud.
	trayendo	traemos	traíamos	**trajimos**	traeremos	traeríamos	**traigamos**	**trajéramos**	**traigamos**
	traído	traéis	traíais	**trajisteis**	traeréis	traeríais	**traigáis**	**trajerais**	traed (no **traigáis**)
		traen	traían	**trajeron**	traerán	traerían	**traigan**	**trajeran**	**traigan** Uds.
22	venir	**vengo**	venía	**vine**	**vendré**	**vendría**	**venga**	**viniera**	
		vienes	venías	**viniste**	**vendrás**	**vendrías**	**vengas**	**vinieras**	**ven** tú (no **vengas**)
	Participles:	**viene**	venía	**vino**	**vendrá**	**vendría**	**venga**	**viniera**	**venga** Ud.
	viniendo	venimos	veníamos	**vinimos**	**vendremos**	**vendríamos**	**vengamos**	**viniéramos**	**vengamos**
	venido	venís	veníais	**vinisteis**	**vendréis**	**vendríais**	**vengáis**	**vinierais**	venid (no **vengáis**)
		vienen	venían	**vinieron**	**vendrán**	**vendrían**	**vengan**	**vinieran**	**vengan** Uds.
23	ver	**veo**	**veía**	**vi**	veré	vería	**vea**	viera	
		ves	**veías**	viste	verás	verías	**veas**	vieras	ve tú (no **veas**)
	Participles:	ve	**veía**	**vio**	verá	vería	**vea**	viera	**vea** Ud.
	viendo	vemos	**veíamos**	vimos	veremos	veríamos	**veamos**	viéramos	**veamos**
	visto	**veis**	**veíais**	visteis	veréis	veríais	**veáis**	vierais	ved (no **veáis**)
		ven	**veían**	vieron	verán	verían	**vean**	vieran	**vean** Uds.

Stem-changing verbs

		INDICATIVE					SUBJUNCTIVE		IMPERATIVE
	Infinitive	**Present**	**Imperfect**	**Preterite**	**Future**	**Conditional**	**Present**	**Past**	
24	contar	**cuento**	contaba	conté	contaré	contaría	**cuente**	contara	
	(o:ue)	**cuentas**	contabas	contaste	contarás	contarías	**cuentes**	contaras	**cuenta** tú (no **cuentes**)
		cuenta	contaba	contó	contará	contaría	**cuente**	contara	**cuente** Ud.
	Participles:	contamos	contábamos	contamos	contaremos	contaríamos	contemos	contáramos	contemos
	contando	contáis	contabais	contasteis	contaréis	contaríais	contéis	contarais	contad (no contéis)
	contado	**cuentan**	contaban	contaron	contarán	contarían	**cuenten**	contaran	**cuenten** Uds.
25	dormir	**duermo**	dormía	dormí	dormiré	dormiría	**duerma**	**durmiera**	
	(o:ue)	**duermes**	dormías	dormiste	dormirás	dormirías	**duermas**	**durmieras**	**duerme** tú (no **duermas**)
		duerme	dormía	**durmió**	dormirá	dormiría	**duerma**	**durmiera**	**duerma** Ud.
	Participles:	dormimos	dormíamos	dormimos	dormiremos	dormiríamos	**durmamos**	**durmiéramos**	**durmamos**
	durmiendo	dormís	dormíais	dormisteis	dormiréis	dormiríais	**durmáis**	**durmierais**	dormid (no **durmáis**)
	dormido	**duermen**	dormían	**durmieron**	dormirán	dormirían	**duerman**	**durmieran**	**duerman** Uds.
26	empezar	**empiezo**	empezaba	**empecé**	empezaré	empezaría	**empiece**	empezara	
	(e:ie) (z:c)	**empiezas**	empezabas	empezaste	empezarás	empezarías	**empieces**	empezaras	**empieza** tú (no **empieces**)
		empieza	empezaba	empezó	empezará	empezaría	**empiece**	empezara	**empiece** Ud.
	Participles:	empezamos	empezábamos	empezamos	empezaremos	empezaríamos	**empecemos**	empezáramos	**empecemos**
	empezando	empezáis	empezabais	empezasteis	empezaréis	empezaríais	**empecéis**	empezarais	empezad (no **empecéis**)
	empezado	**empiezan**	empezaban	empezarán	empezarán	empezarían	**empiecen**	empezaran	**empiecen** Uds.

		INDICATIVE					SUBJUNCTIVE		IMPERATIVE
	Infinitive	**Present**	**Imperfect**	**Preterite**	**Future**	**Conditional**	**Present**	**Past**	
27	entender	**entiendo**	entendía	entendí	entenderé	entendería	**entienda**	entendiera	
	(e:ie)	**entiendes**	entendías	entendiste	entenderás	entenderías	**entiendas**	entendieras	**entiende** tú (no **entiendas**)
		entiende	entendía	entendió	entenderá	entendería	**entienda**	entendiera	**entienda** Ud.
	Participles:	entendemos	entendíamos	entendimos	entenderemos	entenderíamos	entendamos	entendiéramos	entendamos
	entendiendo	entendéis	entendíais	entendisteis	entenderéis	entenderíais	entendáis	entendierais	entended (no entendáis)
	entendido	**entienden**	entendían	entendieron	entenderán	entenderían	**entiendan**	entendieran	**entiendan** Uds.
28	jugar (u:ue)	**juego**	jugaba	**jugué**	jugaré	jugaría	**juegue**	jugara	
	(g:gu)	**juegas**	jugabas	jugaste	jugarás	jugarías	**juegues**	jugaras	**juega** tú (no **juegues**)
		juega	jugaba	jugó	jugará	jugaría	**juegue**	jugara	**juegue** Ud
	Participles:	jugamos	jugábamos	jugamos	jugaremos	jugaríamos	**juguemos**	jugáramos	**juguemos**
	jugando	jugáis	jugabais	jugasteis	jugaréis	jugaríais	**juguéis**	jugarais	jugad (no **juguéis**)
	jugado	**juegan**	jugaban	jugaron	jugarán	jugarían	**jueguen**	jugaran	**jueguen** Uds.
29	pedir (e:i)	**pido**	pedía	pedí	pediré	pediría	**pida**	**pidiera**	
		pides	pedías	pediste	pedirás	pedirías	**pidas**	**pidieras**	**pide** tú (no **pidas**)
	Participles:	**pide**	pedía	**pidió**	pedirá	pediría	**pida**	**pidiera**	**pida** Ud.
	pidiendo	pedimos	pedíamos	pedimos	pediremos	pediríamos	**pidamos**	**pidiéramos**	**pidamos**
	pedido	pedís	pedíais	pedisteis	pediréis	pediríais	**pidáis**	**pidierais**	pedid (no **pidáis**)
		piden	pedían	**pidieron**	pedirán	pedirían	**pidan**	**pidieran**	**pidan** Uds.
30	pensar	**pienso**	pensaba	pensé	pensaré	pensaría	**piense**	pensara	
	(e:ie)	**piensas**	pensabas	pensaste	pensarás	pensarías	**pienses**	pensaras	**piensa** tú (no **pienses**)
		piensa	pensaba	pensó	pensará	pensaría	**piense**	pensara	**piense** Ud.
	Participles:	pensamos	pensábamos	pensamos	pensaremos	pensaríamos	pensemos	pensáramos	pensemos
	pensando	pensáis	pensabais	pensasteis	pensaréis	pensaríais	penséis	pensarais	pensad (no penséis)
	pensado	**piensan**	pensaban	pensaron	pensarán	pensarían	**piensen**	pensaran	**piensen** Uds.
31	reír (e:i)	**río**	reía	reí	reiré	reiría	**ría**	**riera**	
		ríes	reías	**reíste**	reirás	reirías	**rías**	**rieras**	**ríe** tú (no **rías**)
	Participles:	**ríe**	reía	**rió**	reirá	reiría	**ría**	**riera**	**ría** Ud.
	riendo	**reímos**	reíamos	**reímos**	reiremos	reiríamos	**riamos**	**riéramos**	**riamos**
	reído	reís	reíais	**reísteis**	reiréis	reiríais	**riáis**	**rierais**	**reíd** (no **riáis**)
		ríen	reían	**rieron**	reirán	reirían	**rían**	**rieran**	**rían** Uds.
32	seguir (e:i)	**sigo**	seguía	seguí	seguiré	seguiría	**siga**	**siguiera**	
	(gu:g)	**sigues**	seguías	seguiste	seguirás	seguirías	**sigas**	**siguieras**	**sigue** tú (no **sigas**)
		sigue	seguía	**siguió**	seguirá	seguiría	**siga**	**siguiera**	**siga** Ud.
	Participles:	seguimos	seguíamos	seguimos	seguiremos	seguiríamos	**sigamos**	**siguiéramos**	**sigamos**
	siguiendo	seguís	seguíais	seguisteis	seguiréis	seguiríais	**sigáis**	**siguierais**	seguid (no **sigáis**)
	seguido	**siguen**	seguían	**siguieron**	seguirán	seguirían	**sigan**	**siguieran**	**sigan** Uds.
33	sentir (e:ie)	**siento**	sentía	sentí	sentiré	sentiría	**sienta**	**sintiera**	
		sientes	sentías	sentiste	sentirás	sentirías	**sientas**	**sintieras**	**siente** tú (no **sientas**)
	Participles:	**siente**	sentía	**sintió**	sentirá	sentiría	**sienta**	**sintiera**	**sienta** Ud.
	sintiendo	sentimos	sentíamos	sentimos	sentiremos	sentiríamos	**sintamos**	**sintiéramos**	**sintamos**
	sentido	sentís	sentíais	sentisteis	sentiréis	sentiríais	**sintáis**	**sintierais**	sentid (no **sintáis**)
		sienten	sentían	**sintieron**	sentirán	sentirían	**sientan**	**sintieran**	**sientan** Uds.

	Infinitive	INDICATIVE					SUBJUNCTIVE		IMPERATIVE
		Present	**Imperfect**	**Preterite**	**Future**	**Conditional**	**Present**	**Past**	
34	volver	**vuelvo**	volvía	volví	volveré	volvería	**vuelva**	volviera	
	(o:ue)	**vuelves**	volvías	volviste	volverás	volverías	**vuelvas**	volvieras	**vuelve** tú (no **vuelvas**)
		vuelve	volvía	volvió	volverá	volvería	**vuelva**	volviera	**vuelva** Ud.
	Participles:	volvemos	volvíamos	volvimos	volveremos	volveríamos	volvamos	volviéramos	volvamos
	volviendo	volvéis	volvíais	volvisteis	volveréis	volveríais	volváis	volvierais	volved (no volváis)
	vuelto	**vuelven**	volvían	volvieron	volverán	volverían	**vuelvan**	volvieran	**vuelvan** Uds.

Verbs with spelling changes only

	Infinitive	INDICATIVE					SUBJUNCTIVE		IMPERATIVE
		Present	**Imperfect**	**Preterite**	**Future**	**Conditional**	**Present**	**Past**	
35	conocer	**conozco**	conocía	conocí	conoceré	conocería	**conozca**	conociera	
	(c:zc)	conoces	conocías	conociste	conocerás	conocerías	**conozcas**	conocieras	conoce tú (no **conozcas**)
		conoce	conocía	conoció	conocerá	conocería	**conozca**	conociera	**conozca** Ud.
	Participles:	conocemos	conocíamos	conocimos	conoceremos	conoceríamos	**conozcamos**	conociéramos	**conozcamos**
	conociendo	conocéis	conocíais	conocisteis	conoceréis	conoceríais	**conozcáis**	conocierais	conoced (no **conozcáis**)
	conocido	conocen	conocían	conocieron	conocerán	conocerían	**conozcan**	conocieran	**conozcan** Uds.
36	creer (y)	creo	creía	creí	creeré	creería	crea	**creyera**	
		crees	creías	**creíste**	creerás	creerías	creas	**creyeras**	cree tú (no creas)
	Participles:	cree	creía	**creyó**	creerá	creería	crea	**creyera**	crea Ud.
	creyendo	creemos	creíamos	**creímos**	creeremos	creeríamos	creamos	**creyéramos**	creamos
	creído	creéis	creíais	**creísteis**	creeréis	creeríais	creáis	**creyerais**	creed (no creáis)
		creen	creían	**creyeron**	creerán	creerían	crean	**creyeran**	crean Uds.
37	cruzar (z:c)	cruzo	cruzaba	**crucé**	cruzaré	cruzaría	**cruce**	cruzara	
		cruzas	cruzabas	cruzaste	cruzarás	cruzarías	**cruces**	cruzaras	cruza tú (no **cruces**)
	Participles:	cruza	cruzaba	cruzó	cruzará	cruzaría	**cruce**	cruzara	**cruce** Ud.
	cruzando	cruzamos	cruzábamos	cruzamos	cruzaremos	cruzaríamos	**crucemos**	cruzáramos	**crucemos**
	cruzado	cruzáis	cruzabais	cruzasteis	cruzaréis	cruzaríais	**crucéis**	cruzarais	cruzad (no **crucéis**)
		cruzan	cruzaban	cruzaron	cruzarán	cruzarían	**crucen**	cruzaran	**crucen** Uds.
38	destruir (y)	**destruyo**	destruía	destruí	destruiré	destruiría	**destruya**	**destruyera**	
		destruyes	destruías	destruiste	destruirás	destruirías	**destruyas**	**destruyeras**	**destruye** tú (no **destruyas**)
	Participles:	**destruye**	destruía	**destruyó**	destruirá	destruiría	**destruya**	**destruyera**	**destruya** Ud.
	destruyendo	destruimos	destruíamos	destruimos	destruiremos	destruiríamos	**destruyamos**	**destruyéramos**	**destruyamos**
	destruido	destruís	destruíais	destruisteis	destruiréis	destruiríais	**destruyáis**	**destruyerais**	destruid (no **destruyáis**)
		destruyen	destruían	**destruyeron**	destruirán	destruirían	**destruyan**	**destruyeran**	**destruyan** Uds.
39	enviar	**envío**	enviaba	envié	enviaré	enviaría	**envíe**	enviara	
	(envío)	**envías**	enviabas	enviaste	enviarás	enviarías	**envíes**	enviaras	**envía** tú (no **envíes**)
		envía	enviaba	envió	enviará	enviaría	**envíe**	enviara	**envíe** Ud.
	Participles:	enviamos	enviábamos	enviamos	enviaremos	enviaríamos	enviemos	enviáramos	enviemos
	enviando	enviáis	enviabais	enviasteis	enviaréis	enviaríais	enviéis	enviarais	enviad (no enviéis)
	enviado	**envían**	enviaban	enviaron	enviarán	enviarían	**envíen**	enviaran	**envíen** Uds.

Infinitive	INDICATIVE Present	Imperfect	Preterite	Future	Conditional	SUBJUNCTIVE Present	Past	IMPERATIVE
40 graduarse	**gradúo**	graduaba	gradué	graduaré	graduaría	**gradúe**	graduara	
(gradúo)	**gradúas**	graduabas	graduaste	graduarás	graduarías	**gradúes**	graduaras	**gradúa** tú (no **gradúes**)
	gradúa	graduaba	graduó	graduará	graduaría	**gradúe**	graduara	**gradúe** Ud.
Participles:	graduamos	graduábamos	graduamos	graduaremos	graduaríamos	graduemos	graduáramos	graduemos
graduando	graduáis	graduabais	graduasteis	graduaréis	graduaríais	graduéis	graduarais	graduad (no graduéis)
graduado	**gradúan**	graduaban	graduaron	graduarán	graduarían	**gradúen**	graduaran	**gradúen** Uds.
41 llegar (g:gu)	llego	llegaba	**llegué**	llegaré	llegaría	**llegue**	llegara	
	llegas	llegabas	llegaste	llegarás	llegarías	**llegues**	llegaras	llega tú (no **llegues**)
Participles:	llega	llegaba	llegó	llegará	llegaría	**llegue**	llegara	**llegue** Ud.
llegando	llegamos	llegábamos	llegamos	llegaremos	llegaríamos	**lleguemos**	llegáramos	**lleguemos**
llegado	llegáis	llegabais	llegasteis	llegaréis	llegaríais	**lleguéis**	llegarais	llegad (no **lleguéis**)
	llegan	llegaban	llegaron	llegarán	llegarían	**lleguen**	llegaran	**lleguen** Uds.
42 proteger	**protejo**	protegía	protegí	protegeré	protegería	**proteja**	protegiera	
(g:j)	proteges	protegías	protegiste	protegerás	protegerías	**protejas**	protegieras	protege tú (no **protejas**)
	protege	protegía	protegió	protegerá	protegería	**proteja**	protegiera	**proteja** Ud.
Participles:	protegemos	protegíamos	protegimos	protegeremos	protegeríamos	**protejamos**	protegiéramos	**protejamos**
protegiendo	protegéis	protegíais	protegisteis	protegeréis	protegeríais	**protejáis**	protegierais	proteged (no **protejáis**)
protegido	protegen	protegían	protegieron	protegerán	protegerían	**protejan**	protegieran	**protejan** Uds.
43 tocar (c:qu)	toco	tocaba	**toqué**	tocaré	tocaría	**toque**	tocara	
	tocas	tocabas	tocaste	tocarás	tocarías	**toques**	tocaras	toca tú (no **toques**)
Participles:	toca	tocaba	tocó	tocará	tocaría	**toque**	tocara	**toque** Ud.
tocando	tocamos	tocábamos	tocamos	tocaremos	tocaríamos	**toquemos**	tocáramos	**toquemos**
tocado	tocáis	tocabais	tocasteis	tocaréis	tocaríais	**toquéis**	tocarais	tocad (no **toquéis**)
	tocan	tocaban	tocaron	tocarán	tocarían	**toquen**	tocaran	**toquen** Uds.
44 vencer (c:z)	**venzo**	vencía	vencí	venceré	vencería	**venza**	venciera	
	vences	vencías	venciste	vencerás	vencerías	**venzas**	vencieras	vence tú (no **venzas**)
Participles:	vence	vencía	venció	vencerá	vencería	**venza**	venciera	**venza** Ud.
venciendo	vencemos	vencíamos	vencimos	venceremos	venceríamos	**venzamos**	venciéramos	**venzamos**
vencido	vencéis	vencíais	vencisteis	venceréis	venceríais	**venzáis**	vencierais	venced (no **venzáis**)
	vencen	vencían	vencieron	vencerán	vencerían	**venzan**	vencieran	**venzan** Uds.

Guide to Vocabulary

This glossary contains the words and expressions listed on the **Vocabulario** page found at the end of each lesson in **Senderos 4** and **Senderos 5** as well as other useful vocabulary. A numeral following an entry indicates the volume and lesson where the word or expression was introduced. Check the **Estructura** sections of each lesson for words and expressions related to those grammar topics.

Abbreviations used in this glossary

adj.	adjective	*f.*	feminine	*interj.*	interjection	*p.p.*	past participle	*sing.*	singular
adv.	adverb	*fam.*	familiar	*m.*	masculine	*prep.*	preposition	*v.*	verb
conj.	conjunction	*form.*	formal	*pl.*	plural	*pron.*	pronoun		

Note on alphabetization

For purposes of alphabetization, **ch** and **ll** are not treated as separate letters, but **ñ** follows **n.**

Español–Inglés

A

a punto de *adv.* about (to do something) **4.4**
abogado/a *m., f.* lawyer
abrazar *v.* to hug; to hold **4.1**
abrir(se) *v.* to open; **abrirse paso** to make one's way
abrocharse *v.* to fasten; **abrocharse el cinturón de seguridad** to fasten one's seatbelt
abstracto/a *adj.* abstract **5.4**
aburrir *v.* to bore **4.2**
aburrirse *v.* to get bored **4.2**
acantilado *m.* cliff
acariciar *v.* to caress **5.4**
acaso *adv.* perhaps
accidente *m.* accident; **accidente automovilístico** *m.* car accident **4.5**
acentuar *v.* to accentuate **5.4**
acercarse (a) *v.* to approach **4.2**
aclarar *v.* to clarify **5.3**
acoger *v.* to welcome; to take in; to receive
acogido/a *adj.* received; **bien acogido/a** well received **5.2**
aconsejar *v.* to advise; to suggest **4.4**
acontecimiento *m.* event **5.3**
acordar (o:ue) *v.* to agree **4.2**
acordarse (o:ue) **(de)** *v.* to remember **4.2**
acostarse (o:ue) *v.* to go to bed **4.2**
acostumbrado/a *adj.* accustomed to; **estar acostumbrado/a a** *v.* to be used to
acostumbrarse (a) *v.* to get used to; to grow accustomed (to) **4.3**
activista *m., f.* activist **5.5**
acto: en el acto immediately; on the spot **4.3**
actor *m.* actor **5.3**
actriz *f.* actress **5.3**
actual *adj.* current **5.3**
actualidad *f.* current events **5.3**
actualizado/a *adj.* up-to-date **5.3**
actualizar *v.* to update **5.1**
actualmente *adv.* currently
acuarela *f.* watercolor **5.4**
adelantado/a *adj.* advanced **5.6**
adelanto *m.* improvement **4.4**
adelgazar *v.* to lose weight **4.4**
adinerado/a *adj.* wealthy
adivinar *v.* to guess
adjuntar *v.* to attach **5.1; adjuntar un archivo** to attach a file **5.1**
administrar *v.* to manage; to run **5.2**
ADN (ácido desoxirribonucleico) *m.* DNA **5.1**
adorar *v.* to adore **4.1**
aduana *f.* customs; **agente de aduanas** customs agent **4.5**
advertencia *f.* warning **5.2**
afeitarse *v.* to shave **4.2**
aficionado/a (a) *adj.* fond of; a fan (of) **4.2; ser aficionado/a de** to be a fan of
afligirse *v.* to get upset **4.3**
afortunado/a *adj.* lucky
agenda *f.* datebook **4.3**
agente *m., f.* agent; officer; **agente de aduanas** *m., f.* customs agent **4.5**
agnóstico/a *adj.* agnostic **5.5**
agobiado/a *adj.* overwhelmed **4.1**
agotado/a *adj.* exhausted **4.4**
agotar *v.* to use up **4.6**
agradecimiento *m.* gratitude
¡Aguas! *interj.* Watch out! *(Méx.)*
aguja *f.* needle **4.4**
agujero *m.* hole; **agujero en la capa de ozono** *m.* hole in the ozone layer; **agujero negro** *m.* black hole **5.1**; **agujerito** *m.* small hole **5.1**
ahogado/a *adj.* drowned **4.5**
ahogarse *v.* to smother; to drown
ahorrar *v.* to save **5.2**
ahorrarse *v.* to save oneself **5.1**
ahorro *m.* savings **5.2**
aislado/a *adj.* isolated **4.6**
aislar *v.* to isolate **5.3**
ajedrez *m.* chess **4.2, 5.6**
ala *m.* wing
alargar *v.* to drag out **4.1**
alba *f.* dawn; daybreak
albergue *m.* hostel **4.5**
álbum *m.* album **4.2**
alcalde/alcaldesa *m., f.* mayor **5.5**
alcance *m.* reach **5.1; al alcance** within reach **5.4; al alcance de la mano** within reach
alcanzar *v.* to reach; to achieve; to succeed in
aldea *f.* village **4.4, 5.6**
alegría *f.* joy **5.5**
alimentación *f.* diet (nutrition) **4.4**
allá *adv.* there
alma (el) *f.* soul **4.1**
alojamiento *m.* lodging **4.5**
alojarse *v.* to stay **4.5**
alquilar *v.* to rent; **alquilar una película** to rent a movie **4.2**
alta definición: de alta definición *adj.* high definition **5.1**
alterar *v.* to modify; to alter
alternativas *f. pl.* options **4.3**
altiplano *m.* high plateau **5.5**
altoparlante *m.* loudspeaker
alumbrado *m.* streetlight **5.1**
alumno/a *m., f.* pupil, student **5.5**
alusión *f.* allusion **5.4**
amable *adj.* nice; kind
amado/a *m., f.* loved one; sweetheart **4.1**
amanecer *m.* sunrise; morning
amar *v.* to love **4.1**
ambiental *adj.* environmental **4.6**
ambos/as *pron., adj.* both
amenazar *v.* to threaten **4.3**
amor *m.* love; **amor (no) correspondido** (un)requited love
amueblado/a *adj.* furnished
analgésico *m.* painkiller **4.2**
anciano/a *adj.* elderly
anciano/a *m., f.* elderly gentleman/lady
andar *v.* to walk; **andar** + *pres. participle* to be (doing something)
anfitrión/anfitriona *m.* host(ess)
anillo *m.* ring
animado/a *adj.* lively **4.2**
animar *v.* to cheer up; to encourage; **¡Anímate!** Cheer up! *(sing.)* **4.2; ¡Anímense!** Cheer up! *(pl.)* **4.2**
ánimo *m.* spirit **4.1**
anotar (un gol/un punto) *v.* to score (a goal/a point) **4.2**
ansia *f.* anxiety **4.1**
ansioso/a *adj.* anxious **4.1**
antemano: de antemano *adv.* beforehand
antena *f.* antenna; **antena parabólica** satellite dish
anterior *adj.* previous **5.2**
antes que nada first and foremost
antigüedad *f.* antiquity
antiguo/a *adj.* ancient **5.6**
antipático/a *adj.* mean; unpleasant
anuncio *m.* advertisement; commercial **5.3**

añadir *v.* to add
apagado/a *adj.* turned off **5.1**
apagar *v.* to turn off **4.3; apagar las velas** to blow out the candles **5.2**
aparecer *v.* to appear **4.1**
aparcamiento *m.* parking lot **5.1**
apenas *adv.* hardly; scarcely **4.3**
aplaudir *v.* to applaud **4.2**
apogeo *m.* height; highest level **4.5**
aportación *f.* contribution **5.5**
aportar *v.* to contribute **5.4**
apostar (o:ue) *v.* to bet
apoyar *v.* to support **5.2, 5.4**
apoyarse (en) *v.* to lean (on)
apuntar *v.* to aim **5.5**
apreciado/a *adj.* appreciated
apreciar *v.* to appreciate **4.1**
aprendizaje *m.* learning **5.6**
aprobación *f.* approval **5.3**
aprobar (o:ue) *v.* to approve; to pass (*a class*); **aprobar una ley** to pass a law **5.5**
aprovechar *v.* to make good use of; to take advantage of
apuesta *f.* bet
apuro: tener apuro *v.* to be in a hurry; to be in a rush
araña *f.* spider **4.6**
árbitro/a *m., f.* referee **4.2**
árbol *m.* tree **4.6**
archivo *m.* file; **bajar un archivo** to download a file
arduo *adj.* hard
arepa *f.* cornmeal cake
argumento *m.* plot **5.4**
árido/a *adj.* arid **5.5**
aristocrático/a *adj.* aristocratic **5.6**
armada *f.* navy **5.5**
armado/a *adj.* armed
arqueología *f.* archaeology
arqueólogo/a *m., f.* archaeologist
arrancar *v.* to start (*a car*)
arrastrar *v.* to drag
arrecife *m.* reef **4.6**
arreglarse *v.* to get ready **4.3**
arrepentirse (de) (e:ie) *v.* to repent **4.2**
arriesgado/a *adj.* risky **4.5**
arriesgar *v.* to risk
arriesgarse *v.* to risk; to take a risk
arroba *f.* @ symbol **5.1**
arroyo *m.* stream **5.4**
arruga *f.* wrinkle
artefacto *m.* artifact **4.5**
artesano/a *m., f.* artisan **5.4**
asaltar *v.* to rob **5.4**
ascender (e:ie) *v.* to rise; to be promoted **5.2**
asco *m.* revulsion; **dar asco** to be disgusting
asegurar *v.* to assure; to guarantee
asegurarse *v.* to make sure
aseo *m.* cleanliness; hygiene; **aseo personal** *m.* personal care
asesor(a) *m., f.* consultant; advisor **5.2**
así *adv.* like this; so **4.3**
asiento *m.* seat **4.2**
asombrar *v.* to amaze
asombrarse *v.* to be astonished
asombro *m.* amazement; astonishment
asombroso/a *adj.* astonishing
aspecto *m.* appearance; look; **tener buen/mal aspecto** to look healthy/sick **4.4**
aspirina *f.* aspirin **4.4**
astronauta *m., f.* astronaut **5.1**
astrónomo/a *m., f.* astronomer **5.1**
asunto *m.* matter; topic
asustado/a *adj.* frightened; scared
atar *v.* to tie (up)
ataúd *m.* casket
ateísmo *m.* atheism
ateo/a *adj.* atheist **5.5**
aterrizar *v.* to land (an airplane) **4.5**
atletismo *m.* track-and-field events
atónito/a *adj.* astonished **5.3**
atracción *f.* attraction
atraer *v.* to attract **4.1**
atrapar *v.* to trap; to catch **4.6**
atrasado/a *adj.* late **4.3**
atrasar *v.* to delay
atreverse (a) *v.* to dare (to) **4.2**
atropellar *v.* to run over
audiencia *f.* audience
aumento *m.* increase; raise; **aumento de sueldo** *m.* raise in salary **5.2**
auricular *m.* telephone receiver **5.1**
ausente *adj.* absent
auténtico/a *adj.* real; genuine **4.3**
autobiografía *f.* autobiography **5.4**
autoestima *f.* self-esteem **4.4**
autoritario/a *adj.* strict; authoritarian **4.1**
autorretrato *m.* self-portrait **5.4**
auxiliar de vuelo *m., f.* flight attendant
auxilio *m.* help; aid; **primeros auxilios** *m. pl.* first aid **4.4**
avance *m.* advance; breakthrough **5.1**
avanzado/a *adj.* advanced **5.1**
avaro/a *m., f.* miser
ave *f.* bird **4.6**
aventura *f.* adventure **4.5**
aventurero/a *m., f.* adventurer **4.5**
avergonzado/a *adj.* ashamed; embarrassed
averiguar *v.* to find out **4.1**
avisar *v.* to inform; to warn
aviso *m.* notice; warning **4.5**
ayer (el) *m.* past **4.3**
ayuntamiento *m.* city hall **5.1**
azar *m.* chance **5.6**

B

bahía *f.* bay **4.5**
bailar *v.* to dance **4.1**
bailarín/bailarina *m., f.* dancer
bajar *v.* to lower
bajos recursos *m., pl.* low-income **5.2**
balcón *m.* balcony **4.3**
balón *m.* ball
bancario/a *adj.* banking
bancarrota *f.* bankruptcy **5.2**
banda sonora *f.* soundtrack **5.3**
bandera *f.* flag
bañarse *v.* to take a bath **4.2**
barato/a *adj.* cheap; inexpensive **4.3**
barrer *v.* to sweep **4.3**
barrio *m.* neighborhood
bastante *adv.* quite; enough **4.3**
batalla *f.* battle **4.4, 5.6**
bautismo *m.* baptism **5.3**
beber *v.* to drink **4.1**
bellas artes *f., pl* fine arts **5.4**
belleza *f.* beauty **5.2**
bendecir (e:i) *v.* to bless **5.5**
bendito/a *adj.* blessed **4.2**
beneficios *m. pl.* benefits
besar *v.* to kiss **4.1**
biblioteca *f.* library **5.6**
bien acogido/a *adj.* well-received **5.2**
bienestar *m.* well-being **4.4**
bienvenida *f.* welcome **4.5**
bilingüe *adj.* bilingual **5.3**
billar *m.* billiards **4.2**
biografía *f.* biography **5.4**
biólogo/a *m., f.* biologist **5.1**
bioquímico/a *adj.* biochemical **5.1**
bitácora *f.* travel log; weblog **5.1**
blog *m.* blog **5.1**
blogonovela *f.* blognovel **5.1**
blogosfera *f.* blogosphere **5.1**
bobo/a *m., f.* silly, stupid person **5.1**
bocado *m.* bite, mouthful **5.6**
boleto *m.* ticket
boliche *m.* bowling **4.2**
bolsa *f.* bag; sack; stock market; **bolsa de valores** *f.* stock market **5.2**
bombardeo *m.* bombing **4.6**
bondad *f.* goodness; **¿Tendría usted la bondad de** + *inf....* ? Could you please ...? *(form.)*
boquiabierto/a *adj.* openmouthed **5.5**
bordo: a bordo *adv.* on board **4.5**
borrar *v.* to erase **5.1**
bosque *m.* forest; **bosque lluvioso** *m.* rain forest **4.6**
bostezar *v.* to yawn
botar *v.* to throw... out
botarse *v.* to outdo oneself (*P. Rico; Cuba*)
bote *m.* boat **4.5**
brindar *v.* to make a toast **4.2**
brindis *m.* toast **4.3**
broma *f.* joke
bromear *v.* to joke
brújula *f.* compass **4.5**
buceo *m.* scuba diving **4.5**
budista *adj.* Buddhist **5.5**
bueno/a *adj.* good; **estar bueno/a** *v.* to (still) be good (i.e., *fresh*); **ser bueno/a** *v.* to be good (*by nature*); **¡Buen fin de semana!** Have a nice weekend!; **Buen provecho.** Enjoy your meal.
búfalo *m.* buffalo
burla *f.* mockery
burlar *v.* to outsmart **5.3**
burlarse (de) *v.* to make fun (of), to mock **5.4**
burocracia *f.* bureaucracy
buscador *m.* search engine **5.1**
búsqueda *f.* search
buzón *m.* mailbox

C

caber *v.* to fit **4.1; no caber duda** to be no doubt
cabo *m.* cape; end (*rope, string*); **al fin y al cabo** sooner or later, after all; **llevar a cabo** to carry out (*an activity*)
cabra *f.* goat
cacique *m.* tribal chief **5.6**
cadena *f.* network **5.3; cadena de televisión** *f.* television network
caducar *v.* to expire
caer(se) *v.* to fall **4.1; caer bien/mal** to get along well/badly with **4.2**
caja *f.* coffin **5.6**; box; **caja de herramientas** toolbox

cajero/a *m., f.* cashier; **cajero automático** *m.* ATM
calentamiento global *m.* global warming **4.6**
calentar (e:ie) *v.* to warm up **4.3**
calidad *f.* quality; **calidad de vida** *f.* quality of life **5.1**
callado/a *adj.* quiet/silent
callarse *v.* to be quiet, silent
calmante *m.* tranquilizer **4.4**
calmarse *v.* to calm down; to relax
calzoncillos *m. pl.* underwear (men's)
camarada *m., f.* pal, colleague **4.4**
camarero/a *m., f.* waiter; waitress
cambiar *v* to change
cambio *m.* change; **a cambio de** in exchange for
camerino *m.* star's dressing room **5.3**
campamento *m.* campground **4.5**
campaña *f.* campaign **5.5**
campeón/campeona *m., f.* champion **4.2**
campeonato *m.* championship
campo *m.* ball field **4.5**
campo *m.* countryside; field **4.6**; **campo laboral** *m.* labor market **5.2**
canal *m.* channel **5.3**; **canal de televisión** *m.* television channel
cancelar *v.* to cancel **4.5**
cáncer *m.* cancer
cancha *f.* field
candidato/a *m., f.* candidate **5.5**
canon literario *m.* literary canon **5.4**
cansancio *m.* exhaustion **4.3**
cansarse *v.* to become tired
cantante *m., f.* singer **4.2**
capa *f.* layer; **capa de ozono** *f.* ozone layer 4.6
capaz *adj.* competent; capable **5.2**
capilla *f.* chapel
capitán *m.* captain
capítulo *m.* chapter
caracterización *f.* characterization **5.4**
cargo *m.* position; **estar a cargo de** to be in charge of **4.1**
cariño *m.* affection **4.1**
cariñoso/a *adj.* affectionate **4.1**
carne *f.* meat; flesh
caro/a *adj.* expensive **4.3**
cartas *f. pl.* (playing) cards **4.2**
casado/a *adj.* married **4.1**
cascada *f.* cascade; waterfall **4.5**
cascarrabias *m., f.* grouch, curmudgeon **4.4**
casi *adv.* almost **4.3**
casi nunca *adv.* rarely **4.3**
castigo *m.* punishment
casualidad *f.* chance; coincidence; **por casualidad** by chance **4.3**
catástrofe *f.* catastrophe; disaster; **catástrofe natural** *f.* natural disaster
categoría *f.* category **4.5**; **de buena categoría** *adj.* high quality **4.5**
católico/a *adj.* Catholic **5.5**
cazar *v.* to hunt **4.6**
ceder *v.* give up **5.5**
ceguera *f.* blindness **4.4**
celda *f.* cell
celebrar *v.* to celebrate **4.2**
celebridad *f.* celebrity **5.3**
celos *m. pl.* jealousy; **tener celos de** to be jealous of **4.1**

celoso/a *adj.* jealous **4.1**
célula *f.* cell **5.1**
cementerio *m.* cemetery **5.6**
censura *f.* censorship **5.3**
centavo *m.* cent
centro comercial *m.* mall **4.3**
cepillarse *v.* to brush **4.2**
cerdo *m.* pig **4.6**
cerro *m.* hill
certeza *f.* certainty
certidumbre *f.* certainty **5.6**
chaval(a) *m., f.* kid, youngster **5.5**
chiripazo *m.* coincidence (*Col.*) **4.4**
chisme *m.* gossip **5.3**
chiste *m.* joke **4.1**
choque *m.* crash **4.3**
choza *f.* hut **5.6**
cicatriz *f.* scar
ciclo vital *m.* life cycle **4.4**
ciencia ficción *f.* science fiction **5.4**
científico/a *adj.* scientific
científico/a *m., f.* scientist **5.1**
cierto/a *adj.* certain, sure; **¡Cierto!** Sure!; **No es cierto.** That's not so.
cima *f.* height **4.1**
cine *m.* movie theater; cinema **4.2**
cinta *f.* tape **4.1**
cinturón *m.* belt; **cinturón de seguridad** *m.* seatbelt **4.5**; **abrocharse el cinturón de seguridad** *v.* to fasten one's seatbelt; **ponerse (el cinturón)** *v.* to fasten (the seatbelt) **4.5**; **quitarse (el cinturón)** *v.* to unfasten (the seatbelt) 4.5
circo *m.* circus **4.2**
cirugía *f.* surgery **4.4**
cirujano/a *m., f.* surgeon **4.4**
cita *f.* date; quotation; **cita a ciegas** *f.* blind date **4.1**
ciudadano/a *m., f.* citizen **5.5**
civilización *f.* civilization **5.6**
civilizado/a *adj.* civilized
claro *interj.* of course **4.3**
clásico/a *adj.* classic **5.4**
claustro *m.* cloister
clave *f.* key **5.2**
clima *m.* climate
clonar *v.* to clone **5.1**
club *m.* club; **club deportivo** *m.* sports club **4.2**
coartada *f.* alibi **5.4**
cobrar *v.* to charge; to cash **5.2**
cocinar *v.* to cook **4.3**
cocinero/a *m., f.* chef; cook
codo *m.* elbow
coger la caña *v.* to accept (*Col.*) **4.2**
cohete *m.* rocket **5.1**
cola *f.* line; tail; **hacer cola** to wait in line **4.2**
coleccionar *v.* to collect
coleccionista *m., f.* collector
colgar (o:ue) *v.* to hang (up)
colina *f.* hill
colmena *f.* beehive **5.2**
colocar *v.* to place (*an object*) **4.2**
colonia *f.* colony **5.6**
colonizar *v.* to colonize **5.6**
columnista *m., f.* columnist
combatiente *m., f.* combatant
combustible *m.* fuel **4.6**
comediante *m., f.* comedian **4.1**
comer *v.* to eat **4.1, 4.2**

comerciar *v.* to trade **5.3**
comerciante *m., f.* storekeeper; trader
comercio *m.* commerce; trade **5.2**
comerse *v.* to eat up **4.2**
comestible *adj.* edible; **planta comestible** *f.* edible plant
cometa *m.* comet **5.1**
comida *f.* food **4.6**; **comida enlatada** *f.* canned food **4.6**; **comida rápida** *f.* fast food **4.4**
cómo *adv.* how; **¿Cómo así?** How come? **4.2**; **¡Cómo no!** Of course!; **¿Cómo que son...?** What do you mean they are...?
compañía *f.* company **5.2**
completo/a *adj.* complete; filled up; **El hotel está completo.** The hotel is filled.
componer *v.* to compose **4.1**
compositor(a) *m., f.* composer
comprobar (o:ue) *v.* to prove **5.1**
compromiso *m.* commitment; responsibility **4.1**
computación *f.* computer science
computadora portátil *f.* laptop **5.1**
comunidad *f.* community **4.4**
conciencia *f.* conscience
concierto *m.* concert **4.2**
conducir *v.* to drive **4.1**
conductor(a) *m., f.* announcer
conejo *m.* rabbit **4.6**
conexión de satélite *f.* satellite connection **5.1**
conferencia *f.* conference **5.2**
confesar (e:ie) *v.* to confess
confianza *f.* trust; confidence **4.1**, **5.4**
confiar *v.* to trust **5.5**
confundido/a *adj.* confused
confundir (con) *v.* to confuse (with)
confuso/a *adj.* blurred **4.1**
congelado/a *adj.* frozen
congeniar *v.* to get along
congestionado/a *adj.* congested
congestionamiento *m.* traffic jam **4.5**
conjunto *m.* collection; **conjunto (musical)** *m.* (musical) group, band
conmovedor(a) *adj.* moving
conocer *v.* to know **4.1**
conocimiento *m.* knowledge **5.6**
conquista *f.* conquest **5.6**
conquistador(a) *m., f.* conquistador; conqueror **5.6**
conquistar *v.* to conquer **5.6**
conseguir (e:) *v.* to obtain **5.2**; **conseguir boletos/entradas** *v.* to get tickets **4.2**
conservador(a) *adj.* conservative **5.5**
conservador(a) *m., f.* curator
conservar *v.* to conserve; to preserve **4.6**
considerar *v.* to consider; **Considero que...** In my opinion, ...
consiguiente *adj.* resulting; consequent; **por consiguiente** consequently; as a result
consulado *m.* consulate
consulta *f.* doctor's appointment **4.4**
consultorio *m.* doctor's office **4.4**
consumo *m.* consumption; **consumo de energía** *m.* energy consumption
contador(a) *m., f.* accountant **5.2**
contagiarse *v.* to become infected **4.4**
contaminación *f.* pollution; contamination **4.6**

contaminar *v.* to pollute; to contaminate **4.6**
contar (o:ue) *v.* to tell; to count **4.2**; **contar con** to count on
contemporáneo/a *adj.* contemporary **5.4**
contentarse con *v.* to be contented/satisfied with **4.1**
continuación *f.* sequel
contra *prep.* against; **en contra** *prep.* against
contraer *v.* to contract **4.1**
contraseña *f.* password **5.1**
contratar *v.* to hire **5.2**
contrato *m.* contract **5.2**
contribuir (a) *v.* to contribute **4.6**
control remoto *m.* remote control; **control remoto universal** *m.* universal remote control **5.1**
controvertido/a *adj.* controversial **5.3**
convertirse (en) (e:ie) *v.* to become **4.2**
copa *f.* (drinking) glass **4.3**; **Copa del mundo** World Cup
coquetear *v.* to flirt **4.1**
coraje *m.* courage
corazón *m.* heart **4.1**
cordillera *f.* mountain range **4.6**
cordura *f.* sanity **4.4**
coro *m.* choir; chorus
corrector ortográfico *m.* spell-checker **5.1**
corresponsal *m., f.* correspondent **5.3**
corrida *f.* bullfight **4.2**
corrido (de) *adv.* non-stop **5.3**
corriente *f.* movement **5.4**
corrupción *f.* corruption
corte *m.* cut; **de corte ejecutivo** of an executive nature
corto *m.* short film
cortometraje *m.* short film
cosecha *f.* harvest
costa *f.* coast **4.6**
costoso/a *adj.* costly; expensive
costumbre *f.* custom; habit **4.3**
cotidiano/a *adj.* everyday **4.3**; **vida cotidiana** *f.* everyday life
crear *v.* to create **5.1**
creatividad *f.* creativity
crecer *v.* to grow **4.1**
crecimiento *m.* growth
creencia *f.* belief **5.5**
creer (en) *v.* to believe (in) **5.5**; **No creas.** Don't you believe it.
creyente *m., f.* believer **5.5**
criar *v.* to raise; **haber criado** to have raised **4.1**
criarse *v.* to grow up **4.1**
crisis *f.* crisis; **crisis económica** economic crisis **5.2**
cristiano/a *adj.* Christian **5.5**
criticar *v.* to critique **5.4**
crítico/a *m., f.* critic; *adj.* critical **crítico/a de cine** movie critic **5.3**
crucero *m.* cruise (ship) **4.5**
cruzar *v.* to cross
cuadro *m.* painting **4.3, 5.4**
cuarentón/cuarentona *adj.* forty-year-old; in her/his forties **5.5**
cubismo *m.* cubism **5.4**
cucaracha *f.* cockroach **4.6**
cuenta *f.* calculation, sum; bill; account; **a final de cuentas** after all; **cuenta corriente** *f.* checking account **5.2**; **cuenta de ahorros** *f.* savings account **5.2**; **tener en cuenta** to keep in mind
cuento *m.* short story
cuerpo *m.* body; **cuerpo y alma** heart and soul
cueva *f.* cave
cuidado *m.* care **4.1**; **bien cuidado/a** well-kept
cuidadoso/a *adj.* careful **4.1**
cuidar *v.* to take care of **4.1**
cuidarse *v.* to take care of oneself
culpa *f.* guilt
culpable *adj.* guilty
cultivar *v.* to grow
culto *m.* worship
culto/a *adj.* cultured; educated; refined **5.6**
cultura *f.* culture; **cultura popular** *f.* pop culture
cumbre *f.* summit; peak
curarse *v.* to be cured **4.4**
curativo/a *adj.* healing **4.4**
currículum vitae *m.* résumé **5.2**

D

dañino/a *adj.* harmful **4.6**
dar *v.* to give; **dar a** to look out upon; **dar asco** to be disgusting; **dar de comer** to feed **4.6**; **dar el primer paso** to take the first step; **dar la gana** to feel like **5.3**; **dar la vuelta (al mundo)** to go around (the world); **dar paso a** to give way to; **dar un paseo** to take a stroll/walk **4.2**; **dar una vuelta** to take a walk/stroll; **darse cuenta** to realize **4.2, 5.3**; **darse por aludido/a** to realize/assume that one is being referred to **5.3**; **darse por vencido** to give up
dardos *m. pl.* darts **4.2**
dato *m.* piece of data
de repente *adv.* suddenly **4.3**
de terror *adj.* horror (*story/novel*) **5.4**
deber *m.* duty **5.2**
deber + inf. *v.* ought + *inf.*
década *f.* decade **5.6**
decir (e:i) *v.* to say **4.1**
dedicatoria *f.* dedication
deforestación *f.* deforestation **4.6**
dejar *v.* to leave; to allow; **dejar a alguien** to leave someone **4.1**
delatar *v.* to denounce **4.3**
demás: los/las demás *pron.* others; other people
demasiado/a *adj., adv.* too; too much
democracia *f.* democracy **5.5**
demora *f.* delay **5.6**
demorar *v.* to delay
deportista *m., f.* athlete **4.2**
depositar *v.* to deposit **5.2**
depresión *f.* depression **4.4**
deprimido/a *adj.* depressed **4.1**
derecho *m.* law; right; **derechos civiles** *m.* civil rights **5.5**; **derechos humanos** *m.* human rights **5.5**
derramar *v.* to spill
derribar *v.* to bring down; to overthrow **5.6**
derrocar *v.* to overthrow **5.6**
derrota *f.* defeat
derrotado/a *adj.* defeated **5.6**
derrotar *v.* to defeat **5.6**
desafiante *adj.* challenging **4.4**
desafiar *v.* to challenge **4.2**
desafío *m.* challenge **5.1**
desanimado/a *adj.* discouraged
desanimarse *v.* to get discouraged
desánimo *m.* the state of being discouraged **4.1**
desaparecer *v.* to disappear **4.1, 4.6**
desarrollado/a *adj.* developed **5.6**
desarrollarse *v.* to take place **5.4**
desarrollo *m.* development **4.6**; **país en vías de desarrollo** *m.* developing country
desatar *v.* to untie
descansar *v.* to rest **4.4**
descanso *m.* rest **5.2**
descarado/a *adj.* rude **5.3**
descargar *v.* to download **5.1**
descendiente *m., f.* descendent **5.6**
desconocido/a *m., f.* stranger; *adj.* unknown
descubridor(a) *m., f.* discoverer
descubrimiento *m.* discovery **5.1**
descubrir *v.* discover
desear *v.* to desire; to wish **4.4**
desechable *adj.* disposable **4.6**
desempleado/a *adj.* unemployed **5.2**
desempleo *m.* unemployment **5.2**
desenlace *m.* ending
deseo *m.* desire; wish; **pedir un deseo** to make a wish
deshacer *v.* to undo **4.1**
deshecho/a *adj.* devastated
deshojar *v.* to pull out petals **4.3**
desierto *m.* desert **4.6**
desigual *adj.* unequal **5.5**
desilusión *f.* disappointment
desmayarse *v.* to faint **4.4**
desorden *m.* disorder; mess **5.1**
despacho *m.* office
despedida *f.* farewell **4.5**
despedido/a *adj.* fired
despedir (e:i) *v.* to fire **5.2**
despedirse (e:i) *v.* to say goodbye **4.3**
despegar *v.* to take off **4.5**
despertarse (e:ie) *v.* to wake up **4.2**
desplegar *v.* to deploy **5.1**
despreocupado/a *adj.* carefree **5.5**
destacado/a *adj.* prominent **5.3**
destacar *v.* to emphasize; to point out
destino *m.* destination **4.5**
destrozar *v.* to destroy
destruir *v.* to destroy **4.6**
detestar *v.* to detest
deuda *f.* debt **5.2**
devolver (o:ue) *v.* to return (*items*) **4.3**
devoto/a *adj.* pious
día *m.* day; **estar al día con las noticias** to keep up with the news
diamante *m.* diamond
diario *m.* newspaper **5.3**
diario/a *adj.* daily **4.3**
dibujar *v.* to draw **5.4**
dictador(a) *m., f.* dictator **5.6**
dictadura *f.* dictatorship
didáctico/a *adj.* educational **5.4**
dieta *f.* diet; **estar a dieta** to be on a diet **4.4**
digestión *f.* digestion
digital *adj.* digital **5.1**
digno/a *adj.* worthy **4.6**
diluvio *m.* heavy rain
dinero *m.* money; **dinero en efectivo** cash **4.3**
Dios *m.* God **5.5**
dios(a) *m., f.* god/goddess **4.5**

diputado/a *m., f.* representative **5.5**
disparar *v.* to shoot **5.5**
disputar *v.* to play **5.6**
dirección de correo electrónico *f.* e-mail address **5.1**
directo/a *adj.* direct; **en directo** *adj.* live **5.3**
director(a) *m., f.* director
dirigir *v.* to direct; to manage **4.1**
discriminación *f.* discrimination
discriminado/a *adj.* discriminated
disculpar *v.* to excuse
discurso *m.* speech; **pronunciar un discurso** to give a speech **5.5**
discutir *v.* to argue **4.1**
diseñar *v.* to design **5.4**
disfraz *m.* costume
disfrazado/a *adj.* disguised; in costume
disfrutar (de) *v.* to enjoy **4.2**
disgustado/a *adj.* upset **4.1**
disgustar *v.* to upset **4.2**
disminuir *v* to decrease
disponer (de) *v.* to have; to make use of **4.3**
disponerse a *v.* to be about to **4.6**
disponible *adj.* available
distinguido/a *adj.* honored
distinguir *v.* to distinguish **4.1**
distraer *v.* to distract **4.1**
distraído/a *adj.* distracted
disturbio *m.* riot **5.2**
diversidad *f.* diversity **4.4**
divertido/a *adj.* fun **4.2**
divertirse (e:ie) *v.* to have fun **4.2**
divorciado/a *adj.* divorced **4.1**
divorcio *m.* divorce **4.1**
doblado/a *adj.* dubbed **5.3**
doblaje *m.* dubbing (film)
doblar *v.* to dub (film); to fold; to turn (*a corner*)
doble *m., f.* double (*in movies*) **5.3**
documental *m.* documentary **5.3**
dolencia *f.* illness; condition
doler (o:ue) *v.* to hurt; to ache **4.2**
dominio *m.* rule **5.6**
dominó *m.* dominoes
dondequiera *adv.* wherever **4.4**
dormir (o:ue) *v.* to sleep **4.2**
dormirse (o:ue) *v.* to go to sleep, to fall asleep **4.2**
dramaturgo/a *m., f.* playwright **5.4**
ducharse *v.* to take a shower **4.2**
dueño/a *m., f.* owner **5.2**
duro/a *adj.* hard; difficult

E

echar *v.* to throw away; **echar una mano** *v.* to give/lend a hand **5.1**; **echar un vistazo** to take a look; **echar a correr** to take off running
ecosistema *m.* ecosystem **4.6**
ecoturismo *m.* ecotourism **4.5**
Edad Media *f.* Middle Ages
editar *v.* to publish **5.4**
educar *v.* to raise; to bring up **4.1**
efectivo *m.* cash
efectos especiales *m., pl.* special effects **5.3**
efectos secundarios *m. pl.* side effects **4.4**
eficiente *adj.* efficient
ejecutivo/a *m., f.* executive **5.2**; **de corte ejecutivo** of an executive nature **5.2**
ejército *m.* army **5.5, 5.6**
electoral *adj.* electoral
electrónico/a *adj.* electronic
elegido/a *adj.* chosen; elected
elegir (e:i) *v.* to elect; to choose **5.5**
embajada *f.* embassy
embajador(a) *m., f.* ambassador **5.5**
embalarse *v.* to go too fast **5.3**
embarcar *v.* to board
emigrar *v.* to emigrate **5.5**
emisión *f.* broadcast; **emisión en vivo/directo** *f.* live broadcast
emisora *f.* (radio) station
emocionado/a *adj.* excited **4.1**
empatar *v.* to tie (*games*) **4.2**
empate *m.* tie (*game*) **4.2**
empeorar *v.* to deteriorate; to get worse **4.4**
emperador *m* emperor **5.6**
emperatriz *f.* empress **5.6**
empezar (e:ie) *v.* to begin
empleado/a *adj.* employed **5.2**
empleado/a *m., f.* employee **5.2**
empleo *m.* employment; job **5.2**
empresa *f.* company; **empresa multinacional** *f.* multinational company **5.2**
empresario/a *m., f.* entrepreneur **5.2**
empujar *v.* to push
en línea *adj.* online **5.1**
enamorado/a (de) *adj.* in love (with) **4.1**
enamorarse (de) *v.* to fall in love (with) **4.1**
encabezar *v.* to lead **5.6**
encantar *v.* to like very much **4.2**
encargado/a *m., f.* person in charge; **estar encargado/a de** to be in charge of **4.1**
encargarse de *v.* to be in charge of **4.1**
encender (e:ie) *v.* to turn on **4.3**
encogerse *v.* shrink; **encogerse de hombros** to shrug
energía *f.* energy; **energía eólica** *f.* wind energy; wind power; **energía nuclear** *f.* nuclear energy
enérgico/a *adj.* energetic
enfermarse *v.* to get sick **4.4**
enfermedad *f.* disease; illness **4.4**
enfermero/a *m., f.* nurse **4.4**
enfrentar *v.* to confront
engañar *v.* to betray **5.3**
engordar *v.* to gain weight **4.4**
enlace *m.* link **5.1**
enojo *m.* anger
enrojecer *v.* to turn red; to blush
ensayar *v.* to rehearse **5.3**
ensayista *m., f.* essayist **5.4**
ensayo *m.* essay; rehearsal
enseguida *adv.* right away **4.3**
enseñanza *f.* teaching; lesson **5.6**
entender (e:ie) *v.* to understand
enterarse (de) *v.* to become informed (about) **5.3**
enterrado/a *adj.* buried
enterrar (e:ie) *v.* to bury **5.6**
entonces *adv.* then; **en aquel entonces** at that time **4.3**
entorno *m.* surroundings **5.4**
entrada *f.* admission ticket
entrega *f.* delivery
entrenador(a) *m., f.* coach; trainer **4.2**
entretener(se) (e:ie) *v.* to entertain, to amuse (oneself); to be held up **4.1, 4.2**
entretenido/a *adj.* entertaining **4.2**
entrevista *f.* interview; **entrevista de trabajo** *f.* job interview **5.2**
envejecimiento *m.* aging **5.2**
enviar *v.* to send
eólico/a *adj.* related to the wind; **energía eólica** *f.* wind energy; wind power
epidemia *f.* epidemic **4.4**
episodio *m.* episode **5.3**; **episodio final** *m.* final episode **5.3**
época *f.* era; epoch; historical period **5.6**
equipaje *m.* luggage
equipo *m.* team **4.2**
equivocarse *v.* to be mistaken; to make a mistake **4.2**
erosión *f.* erosion **4.6**
erudito/a *adj.* learned **5.6**
esbozar *v.* to sketch
esbozo *m.* outline; sketch
escalada *f.* climb (*mountain*)
escalador(a) *m., f.* climber
escalera *f.* staircase **4.3**
escena *f.* scene
escenario *m.* scenery; stage **4.2**
esclavitud *f.* slavery **5.6**
esclavizar *v.* enslave **5.6**
esclavo/a *m., f.* slave **5.6**
escoba *f.* broom
escoger *v.* to choose **4.1**
escritura *f.* writing **5.3**
esculpir *v.* to sculpt **5.4**
escultor(a) *m., f.* sculptor **5.4**
escultura *f.* sculpture **5.4**
esfuerzo *m.* effort
espacial *adj.* related to space; **transbordador espacial** *m.* space shuttle **5.1**
espacio *m.* space **5.1**
espacioso/a *adj.* spacious
espalda *f.* back; **a mis espaldas** behind my back **5.3**; **estar de espaldas a** to have one's back to
espantar *v.* to scare
especialista *m., f.* specialist
especializado/a *adj.* specialized **5.1**
especie *f.* species **4.6**; **especie en peligro de extinción** *f.* endangered species
espectáculo *m.* show **4.2, 5.4**
espectador(a) *m., f.* spectator **4.2**
espejo retrovisor *m.* rearview mirror
espera *f.* wait
esperanza *f.* hope **4.6**
espiritual *adj.* spiritual **5.5**
estabilidad *f.* stability **5.6**
establecer(se) *v.* to establish (oneself) **5.6**
estado de ánimo *m.* mood **4.4**
estallido *m.* explosion **5.5**
estancar *v.* to stall **5.2**
estar *v.* to be; **estar al día** to be up-to-date **5.3**; **estar bajo presión** to be under stress/pressure; **estar bueno/a** to be good (i.e., *fresh*); **estar a cargo de** to be in charge of; **estar harto/a (de)** to be fed up (with); to be sick (of) **4.1**; **estar lleno** to be full **4.5**; **estar al tanto** to be informed **5.3**; **estar a la venta** to be for sale **5.4**; **estar resfriado/a** to have a cold **4.4**
estatal *adj.* public; pertaining to the state
estereotipo *m.* stereotype **5.4**
estético/a *adj.* aesthetic **5.4**
estibador de puerto *m.* longshoreman **4.4**

estilo *m.* style; **al estilo de…** in the style of … **5.4**
estrecho/a *adj.* narrow
estrella *f.* star; **estrella fugaz** *f.* shooting star; **estrella** *f.* (movie) star [m/f]; **estrella pop** *f.* pop star [m/f] **5.3**
estreno *m.* premiere; debut **4.2**
estribor *m.* starboard **4.4**
estrofa *f.* stanza **5.4**
estudio *m.* studio; **estudio de grabación** *m.* recording studio
etapa *f.* stage; phase
eterno/a *adj.* eternal
ético/a *adj.* ethical **5.1; poco ético/a** unethical
etiqueta *f.* label; tag
excitante *adj.* exciting
excursión *f.* excursion; tour **4.5**
exigir *v.* to demand **4.1, 4.4, 5.2**
exilio político *m.* political exile **5.5**
éxito *m.* success
exitoso/a *adj.* successful **5.2**
exótico/a *adj.* exotic
experiencia *f.* experience **5.2**
experimentar *v.* to experience; to feel
experimento *m.* experiment **5.1**
exploración *f.* exploration
explorar *v.* to explore
explotación *f.* exploitation
explotar *v.* to exploit **5.6**
exportaciones *f., pl.* exports
exportar *v.* to export **5.2**
exposición *f.* exhibition
expresionismo *m.* expressionism **5.4**
expulsar *v.* to expel **5.6**
extinguir *v.* to extinguish
extinguirse *v.* to become extinct **4.6**
extrañar *v.* to miss; **extrañar a (alguien)** to miss (someone); **extrañarse de algo** to be surprised about something
extraterrestre *m., f.* alien **5.1**

F

fábrica *f.* factory
fabricar *v.* to manufacture; to make **5.1**
facciones *f.* facial features **4.3**
factor *m.* factor; **factores de riesgo** *m. pl.* risk factors
falda *f.* skirt
fallecer *v.* to die **5.6**
falso/a *adj.* insincere **4.1**
faltar *v.* to lack; to need **4.2**
fama *f.* fame **5.3; tener buena/mala fama** to have a good/bad reputation **5.3**
famoso/a *adj.* famous **5.3; hacerse famoso** *v.* to become famous **5.3**
farándula *f.* entertainment **4.1**
faro *m.* lighthouse; beacon **4.5**
fascinar *v.* to fascinate; to like very much **4.2**
fatiga *f.* fatigue; weariness **5.2**
fatigado/a *adj.* exhausted **4.3**
favor *m.* favor; **hacer el favor** to do someone the favor
favoritismo *m.* favoritism **5.5**
fe *f.* faith **5.5**
felicidad *f.* happiness; **¡Felicidades a todos!** Congratulations to all!
feliz *adj.* happy
feria *f.* fair **4.2**
festejar *v.* to celebrate **4.2**
festival *m.* festival **4.2**

fiabilidad *f.* reliability
fiebre *f.* fever **4.4**
fijarse *v.* to notice **5.3; fijarse en** to take notice of **4.2**
fijo/a *adj.* permanent; fixed **5.2**
fin *m.* end; **al fin y al cabo** sooner or later; after all
final: al final de cuentas after all
financiar *v.* to finance **5.2**
financiero/a *adj.* financial **5.2**
finanza(s) *f.* finance(s)
firma *f.* signature
firmar *v.* to sign
físico/a *m., f.* physicist **5.1**
flexible *adj.* flexible
florecer *v.* to flower **4.6**
flotar *v.* to float **4.5**
fondo *m.* bottom; **a fondo** *adv.* thoroughly
forma *f.* form; shape; **mala forma física** *f.* bad physical shape; **de todas formas** in any case **5.6; ponerse en forma** *v.* to get in shape **4.4**
formación *f.* training; preparation **5.4**
formular *v.* to formulate **5.1**
fortaleza *f.* strength **5.4**
forzado/a *adj.* forced **5.6**
fraile *m.* friar
frasco *m.* flask
freír (e:i) *v.* to fry **4.3**
frontera *f.* border **4.5**
fuente *f.* fountain; source; **fuente de energía** energy source **4.6**
fuerza *f.* force; power; **fuerza de voluntad** will power **4.4**; **fuerza laboral** labor force **5.2**; **fuerzas armadas** *f., pl.* armed forces **5.6**
fulano/a *m., f.* so-and-so **5.3**
función *f.* show (*theater/movie*) **4.2**
funcionar *v.* to work **5.1**
fusil *m.* rifle **5.5**
fusilar *v.* shoot, execute by firing squad **5.6**
futurístico/a *adj.* futuristic

G

galería *f.* gallery **5.4**
gana *f.* desire; **sentir/tener ganas de** to want to; to feel like
ganar *v.* to win; **ganarse la vida** to make a living **5.2**; **ganar bien/mal** to be well/poorly paid **5.2**; **ganar las elecciones** to win an election **5.5**; **ganar un partido** to win a game **4.2**
ganga *f.* bargain **4.3**
gastar *v.* to spend **5.2**
gen *m.* gene **5.1**
generar *v.* to produce; to generate
generoso/a *adj.* generous
genética *f.* genetics
gerente *m, f.* manager **5.2**
gesto *m.* gesture
gimnasio *m.* gymnasium
globalización *f.* globalization
gobernador(a) *m., f.* governor **5.5**
gobernante *m., f.* ruler **5.6**
gobernar (e:ie) *v.* to govern **5.5**
golpiza *f.* beating **5.6**
grabar *v.* to record **5.3**
gracioso/a *adj.* funny; pleasant **4.1**
graduarse *v.* to graduate
gravedad *f.* gravity **5.1**
gripe *f.* flu **4.4**
gritar *v.* to shout
grupo *m.* group; **grupo musical** *m.* musical group, band
guaraní *m.* Guarani **5.3**
guardar *v.* to save **5.1**
guardarse (algo) *v.* to keep (something) to yourself **4.1**
guerra *f.* war; **guerra civil** civil war; **guerra mundial** world war **5.5**
guerrero/a *m., f.* warrior **5.6**
guía turístico/a *m.,f.* tour guide **4.5**
guión *m.* screenplay; script **5.3**
guita *f.* cash; dough (*Arg.*)
gusanos *m. pl.* worms **4.4 gustar** v. to like 4.2, **4.4**; **¡No me gusta nada…!** I don't like … at all!
gusto *m.* taste **5.4 con mucho gusto** gladly; **de buen/mal gusto** in good/bad taste **5.4**

H

habilidad *f.* skill
hábilmente *adv.* skillfully
habitación *f.* room **4.5; habitación individual/doble** *f.* single/double room **4.5**
habitante *m., f.* inhabitant **5.6**
habitar *v.* to inhabit **5.6**
hablante *m., f.* speaker **5.3**
hablar *v.* to speak **4.1; Hablando de esto, …** Speaking of that, …
hacer *v.* to do; to make **4.1, 4.4**; **hacer algo a propósito** to do something on purpose; **hacer clic** to click; **hacer cola** to wait in line **4.2**; **hacerle caso a alguien** to pay attention to someone **4.1**; **hacerle daño a alguien** to hurt someone; **hacer el favor** do someone the favor; **hacerle gracia a alguien** to be funny to someone; **hacerse daño** to hurt oneself; **hacer las maletas** to pack **4.5**; **hacer mandados** to run errands **4.3**; **hacer transbordo** *v.* to change (pains, trains) **4.5**; **hacer un viaje** to take a trip **4.5**
hallazgo *m.* finding; discovery **4.4**
hambriento/a *adj.* hungry
haragán/haragana *adj.* lazy; idle **5.2**
harto/a *adj.* tired; fed up (with); **estar harto/a (de)** to be fed up (with); to be sick (of) **4.1**
harto (tiempo) *adj.* for a long time **5.6**
hasta *adv.* until; **hasta la fecha** up until now
hecho *m.* fact **4.3; de hecho** in fact **4.4**
helar (e:ie) *v.* to freeze
heredar *v.* to inherit
herencia *f.* heritage; **herencia cultural** cultural heritage **5.6**
herida *f.* wound **4.4**
herido/a *adj.* injured
herir (e:ie) *v.* to hurt **4.1**
heroico/a *adj.* heroic **5.6**
herradura *f.* horseshoe **5.6**
herramienta *f.* tool; **caja de herramientas** *f.* toolbox
hervir (e:ie) *v.* to boil **4.3**
hierba *f.* grass
higiénico/a *adj.* hygienic
hindú *adj.* Hindu **5.5**
hipoteca *f.* mortgage **5.2**
historia *f.* history **5.6**
historiador(a) *m., f.* historian **5.6**

histórico/a *adj.* historic **5.6**
histórico/a *adj.* historical **5.4**
hogar *m.* home; fireplace **4.3**
hojear *v.* to skim **5.4**
hombre de negocios *m.* businessman **5.2**
hombro *m.* shoulder; **encogerse de hombros** to shrug
hondo/a *adj.* deep **4.2**
hora *f.* hour; **horas de visita** *f., pl.* visiting hours
horario *m.* schedule **4.3**
hormiga *f.* ant **4.6**
hospedarse *v.* to stay; to lodge
huelga *f.* strike (*labor*) **5.2**
huella *f.* trace; mark
huerto *m.* orchard
huerteado *m.* produce (*Col.*) **4.2**
huir *v.* to flee; to run away **4.3**
humanidad *f.* humankind **5.6**
húmedo/a *adj.* humid; damp **4.6**
humorístico/a *adj.* humorous **5.4**
hundir *v.* to sink
huracán *m.* hurricane **4.6**

I

ideología *f.* ideology **5.5**
idioma *m.* language **5.3**
iglesia *f.* church **5.5**
igual *adj.* equal **5.5**
igualdad *f.* equality
ilusión *f.* illusion; hope
imagen *f.* image; picture **4.2, 5.1**
imaginación *f.* imagination
imparcial *adj.* unbiased **5.3**
imperio *m.* empire **5.6**
importaciones *f., pl.* imports
importado/a *adj.* imported **5.2**
importante *adj.* important **4.4**
importar *v.* to be important (to); to matter **4.2, 4.4**; to import **5.2**
impostergable *adj.* impossible to put off **5.6**
impresionar *v.* to impress **4.1**
impresionismo *m.* impressionism **5.4**
imprevisto/a *adj.* unexpected **4.3**
imprimir *v.* to print **5.3**
improviso: de improviso *adv.* unexpectedly
impuesto *m.* tax; **impuesto de ventas** *m.* sales tax **5.2**
inalámbrico/a *adj.* wireless **5.1**
incapaz *adj.* incompetent; incapable **5.2**
incendio *m.* fire **4.6**
incertidumbre *f.* uncertainty **5.6**
incluido/a *adj.* included **4.5**
inconcluso/a *adj.* unfinished **5.6**
independencia *f.* independence **5.6**
índice *m.* index; **índice de audiencia** *m.* ratings
indígena *adj.* indigenous **5.3**; *m., f.* indigenous person
industria *f.* industry
inesperado/a *adj.* unexpected **4.3**
inestabilidad *f.* instability **5.6**
infancia *f.* childhood
inflamado/a *adv.* inflamed **4.4**
inflamarse *v.* to become inflamed
inflexible *adj.* inflexible
influyente *adj.* influential **5.3**
informarse *v.* to get information
informática *f.* computer science **5.1**
informativo *m.* news bulletin
ingeniero/a *m., f.* engineer **5.1**
ingresar *v.* to enter; to enroll in; to become a member of; **ingresar datos** to enter data
injusto/a *adj.* unjust **5.5**
inmaduro/a *adj.* immature **4.1**
inmigración *f.* immigration **5.5**
inmoral *adj.* immoral **5.5**
innovador(a) *adj.* innovative **5.1**
inquietante *adj.* disturbing; unsettling **5.4**
inscribirse *v.* to register **5.5**
inseguro/a *adj.* insecure **4.1**
insensatez *f.* folly **4.4**
insistir en *v.* to insist on **4.4**
inspirado/a *adj.* inspired
instalar *v.* to install **5.1**
instituto *m.* high school **5.5**
instrucción *f.* education **5.2**
integrarse (a) *v.* to become part (of) **5.6**
inteligente *adj.* intelligent
interesar *v.* to be interesting to; to interest **4.2**
Internet *m., f.* Internet **5.1**
interrogante *m.* question; doubt
intrigante *adj.* intriguing **5.4**
inundación *f.* flood **4.6**
inundar *v.* to flood
inútil *adj.* useless **4.2**
invadir *v.* to invade **5.6**
inventar *v.* to invent **5.1**
invento *m.* invention **5.1**
inversión *f.* investment; **inversión extranjera** *f.* foreign investment **5.2**
inversor(a) *m., f.* investor
invertir (e:ie) *v.* to invest **5.2**
investigador(a) *m., f.* researcher
investigar *v.* to investigate; to research **5.1**
ir *v.* to go **4.1, 4.2**; **¡Qué va!** Of course not!; **ir de compras** to go shopping **4.3**; **irse (de)** to go away (from) **4.2**; **ir(se) de vacaciones** to take a vacation **4.5**
irresponsable *adj.* irresponsible
isla *f.* island **4.5**
itinerario *m.* itinerary **4.5**

J

jarabe *m.* syrup **4.4**
jaula *f.* cage
jornada *f.* (work) day
jubilación *f.* retirement
jubilarse *v.* to retire **5.2**
judío/a *adj.* Jewish **5.5**
juego *m.* game **4.2; juego de mesa** board game **4.2**; **juego de pelota** *m.* ball game **4.5**
juez(a) *m., f.* judge **5.5**
jugada *f.* move **5.6**
jugar (u:ue) *v.* to play
juicio *m.* trial; judgment
jurar *v.* to swear **4.5**
justicia *f.* justice **5.5**
justo/a *adj.* just **5.5**

L

laboratorio *m.* laboratory; **laboratorio espacial** *m.* space lab
ladrillo *m.* brick
ladrón/ladrona *m., f.* thief
lágrimas *f. pl.* tears
laico/a *adj.* secular, lay **5.5**
lanzar *v.* to throw; to launch
largo/a *adj.* long; **a lo largo de** along; beside; **a largo plazo** long-term
largometraje *m.* full length film
lastimar *v.* to injure
lastimarse *v.* to get hurt **4.4**
latir *v.* to beat **4.4**
lavar *v.* to wash **4.3**
lavarse *v.* to wash (oneself) **4.2**
lealtad *f.* loyalty **5.6**
lector(a) *m., f.* reader **5.3**
lejano/a *adj.* distant **4.5**
lengua *f.* language; tongue **5.3**
león *m.* lion **4.6**
lesión *f.* wound
levantar *v.* to pick up
levantarse *v.* to get up **4.2**
ley *f.* law; **aprobar una ley** to approve a law; to pass a law; **cumplir la ley** to abide by the law **5.5**; **proyecto de ley** *m.* bill **5.5**
leyenda *f.* legend **4.5**
liberal *adj.* liberal **5.5**
liberar *v.* to liberate **5.6**
libertad *f.* freedom **5.5; libertad de prensa** freedom of the press **5.3**
libre *adj.* free; **al aire libre** outdoors **4.6**
líder *m., f.* leader **5.5**
liderazgo *m.* leadership **5.5**
lidiar *v.* to fight bulls **4.2**
límite *m.* border **5.5**
limpiar *v.* to clean **4.3**
limpieza *f.* cleaning **4.3**
literatura *f.* literature **5.4; literatura infantil/juvenil** *f.* children's literature **5.4**
llamativo/a *adj.* striking **5.4**
llanto *m.* weeping; crying
llegada *f.* arrival **4.5**
llegar *v.* to arrive
llevar *v.* to carry **4.2; llevar a cabo** to carry out (*an activity*); **llevar... años de (casados)** to be (married) for... years **4.1**; **llevarse** to carry away **4.2**; **llevarse bien/mal** to get along well/poorly **4.1**
llorar *v.* to cry
loco/a: ¡Ni loco/a! *adj.* No way! **5.3**
locura *f.* madness; insanity
locutor(a) *m., f.* announcer
locutor(a) de radio *m., f.* radio announcer **5.3**
lograr *v.* to manage; to achieve **4.3**
loro *m.* parrot
lotería *f.* lottery
lucha *f.* struggle; fight
luchar *v.* to fight; to struggle **5.2, 5.5**; **luchar por** to fight (for)
lucir *v.* to wear, to display
lugar *m.* place
lujo *m.* luxury; **de lujo** luxurious
lujoso/a *adj.* luxurious **4.5**
luminoso/a *adj.* bright **5.4**
luna *f.* moon; **luna llena** *f.* full moon
luz *f.* light **4.1;** power; electricity **5.1**

M

macho *m.* male
madera *f.* wood
madre soltera *f.* single mother
madriguera *f.* burrow; den **4.3**

madrugar *v.* to wake up early **4.4**
maduro/a *adj.* mature **4.1**
magia *f.* magic
maldición *f.* curse
malestar *m.* discomfort **4.4**
maleta *f.* suitcase **4.5**; **hacer las maletas** to pack **4.5**
maletero *m.* trunk **5.3**
malgastar *v.* to waste **4.6**
malhumorado/a *adj.* ill tempered; in a bad mood
manantial *m.* spring
mancha *f.* stain
manchar *v.* to stain
mando *m.* remote control **5.1**
manejar *v.* to drive
manga *f.* sleeve
manifestación *f.* protest; demonstration **5.5**
manifestante *m., f.* protester **4.6**
manipular *v.* to manipulate
mano de obra *f.* labor
manta *f.* blanket
mantener *v.* to maintain; to keep; **mantenerse en contacto** *v.* to keep in touch **4.1**; **mantenerse en forma** to stay in shape **4.4**
manuscrito *m.* manuscript
mañana (el) *m.* future **4.3**
maquillaje *m.* make-up
maquillarse *v.* to put on makeup **4.2**
mar *m.* sea **4.6**
maratón *m.* marathon
marca *f.* brand
marcar *v.* to mark; **marcar (un gol/punto)** to score (a goal/point) **4.2**
marcharse *v.* to leave
marco *m.* frame
mareado/a *adj.* dizzy **4.4**
marido *m.* husband
marinero *m.* sailor
mariposa *f.* butterfly
marítimo/a *adj.* maritime
más *adj., adv.* more; **más allá de** beyond; **más bien** rather
masticar *v.* to chew
matador/a *m., f.* bullfighter who kills the bull **4.2**
matemático/a *m., f.* mathematician **5.1**
matiz *m.* subtlety
matrimonio *m.* marriage
mayor *m.* elder **5.6**
mayor de edad *adj.* of age
mayoría *f.* majority **5.5**
mazorca *f.* ear of corn **4.2**
mecánico/a *adj.* mechanical
mecanismo *m.* mechanism
medicina alternativa *f.* alternative medicine
medida *f.* means; measure; **medidas de seguridad** *f. pl.* security measures **4.5**
medio *m.* half; middle; means; **medio ambiente** *m.* environment **4.6**; **medios de comunicación** *m. pl.* media **5.3**
medir (e:i) *v.* to measure
meditar *v.* to meditate **5.5**
mejilla *f.* cheek **5.4**
mejor *adj.* better, best; **a lo mejor** *adv.* maybe
mejorar *v.* to improve **4.4**
mejorarse *v.* to get better **4.2**
mendigo/a *m., f.* beggar
mensaje *m.* message; **mensaje de texto** *m.* text message **5.1**
mentira *f.* lie **4.1**; **de mentiras** pretend **4.5**
mentiroso/a *adj.* lying **4.1**
menudo: a menudo *adv.* frequently; often **4.3**
mercadeo *m.* marketing **4.1**
mercado *m.* market **5.2**
mercado al aire libre *m.* open-air market
mercancía *f.* merchandise
merced (su) *f., form.* you 4.2
merecer *v.* to deserve **5.2**
mesero/a *m., f.* waiter; waitress
mestizo/a *m., f.* person of mixed ethnicity (part indigenous) **5.6**
meta *f.* finish line; goal **5.4**
meterse *v.* to break in (*to a conversation*) **4.1**
mezcla *f.* mixture
mezquita *f.* mosque **5.5**
miel *f.* honey **5.2**
milagro *m.* miracle
militar *m., f.* military **5.5**
milpa *f.* vegetable garden **5.6**
ministro/a *m., f.* minister; **ministro/a protestante** *m., f.* Protestant minister
minoría *f.* minority **5.5**
mirada *f.* gaze **4.1**
misa *f.* mass
mismo/a *adj.* same; **Lo mismo digo yo.** The same here.; **él/ella mismo/a** himself; herself
mitad *f.* half
mito *m.* myth **4.5**
moda *f.* fashion; trend; **de moda** *adj.* popular; in fashion **5.3**; **moda pasajera** *f.* fad **5.3**
modelo *m., f.* model (*fashion*)
moderno/a *adj.* modern
modificar *v.* to modify; to reform
modo *m.* means; manner
mojar *v.* to moisten
mojarse *v.* to get wet
molestar *v.* to bother; to annoy **4.2**
molestia *f.* annoyance **4.5**
momento *m.* moment; **de último momento** *adj.* up-to-the-minute **5.3**; **noticia de último momento** *f.* last-minute news
monarca *m., f.* monarch **5.6**
monja *f.* nun
mono *m.* monkey **4.6**
monolingüe *adj.* monolingual **5.3**
montaña *f.* mountain **4.6**
monte *m.* mountain **4.6**
moral *adj.* moral **5.5**
morder (o:ue) *v.* to bite **4.6**
morirse (o:ue) **de** *v.* to die of **4.2**
mosca *f.* fly **4.4, 4.6**
motosierra *f.* power saw **5.1**
móvil *m.* cell phone **5.1**
movimiento *m.* movement **5.4**
mudar *v.* to change **4.2**
mudarse *v.* to move (*change residence*) **4.2**
mueble *m.* furniture **4.3**
muelle *m.* pier **4.5**
muerte *f.* death
muestra *f.* sample; example
mujer *f.* woman; wife; **mujer de negocios** *f.* businesswoman **5.2**
mujeriego *m.* womanizer
multa *f.* fine
multinacional *f.* multinational company
multitud *f.* crowd
Mundial *m.* World Cup
muralista *m., f.* muralist **5.4**
museo *m.* museum
músico/a *m., f.* musician **4.2**
musulmán/musulmana *adj.* Muslim **5.5**

N

naipes *m. pl.* playing cards **4.2**
narrador(a) *m., f.* narrator **5.4**
narrar *v.* to narrate **5.4**
narrativa *f.* narrative work **5.4**
nativo/a *adj.* native
naturaleza muerta *f.* still life **5.4**
nave espacial *f.* spaceship
navegante *m., f.* navigator **5.1**
navegar *v.* to sail **4.5**; **navegar en Internet** to surf the web; **navegar en la red** to surf the web **5.1**
necesario *adj.* necessary **4.4**
necesidad *f.* need **4.5**; **de primerísima necesidad** of utmost necessity **4.5**
necesitar *v.* to need **4.4**
necio/a *adj.* stupid
negocio *m.* business
nervioso/a *adj.* nervous
ni... ni... *conj.* neither... nor... **ni se le ocurra** don't you dare **4.5**
nido *m.* nest
niebla *f.* fog
nítido/a *adj.* sharp
nivel *m.* level; **nivel del mar** *m.* sea level
nombrar *v.* to name
nombre artístico *m.* stage name **4.1**
nominación *f.* nomination
nominado/a *m., f.* nominee
noticia *f.* news; **noticias locales/nacionales/internacionales** *f. pl.* local/domestic/international news **5.3**
novela rosa *f.* romance novel **5.4**
novelista *m., f.* novelist **5.1, 5.4**
nuca *f.* nape **5.3**
nutritivo/a *adj.* nutritious **4.4**

O

o... o... *conj.* either... or...
obedecer *v.* to obey **4.1**
obesidad *f.* obesity **4.4**
obra *f.* work; **obra de arte** *f.* work of art **5.4**; **obra de teatro** *f.* play (*theater*) **4.2, 5.4**; **obra literaria** *f.* literay play **5.4**; **obra maestra** *f.* masterpiece **4.3**
obsequio *m.* gift **5.5**
ocio *m.* leisure
ocultarse *v.* to hide **4.3**
ocurrírsele a alguien *v.* to occur to someone
odiar *v.* to hate **4.1**
oferta *f.* offer; proposal
oficio *m.* trade **5.3**
ofrecerse (a) *v.* to offer (to)
oír *v.* to hear **4.1**
ola *f.* wave **4.5**
óleo *m.* oil painting **5.4**
Olimpiadas *f. pl.* Olympics
olvidarse (de) *v.* to forget (about) **4.2**

olvido *m.* forgetfulness; oblivion **4.1**
ombligo *m.* navel **4.4**
onda *f.* wave
operación *f.* operation **4.4**
operar *v.* to operate
opinar *v.* to think; to be of the opinion; **Opino que es fea/o.** In my opinion, it's ugly.
oponerse a *v.* to oppose **4.4**
oportunidad *f.* chance **5.2**
oprimir *v.* to oppress **5.6**
organismo público *m.* government agency
orgulloso/a *adj.* proud **4.1; estar orgulloso/a de** to be proud of
orilla *f.* shore; **a orillas de** on the shore of **4.6**
ornamentado/a *adj.* ornate
oro *m.* gold **4.4**
oscurecer *v.* to darken **4.6**
oso *m.* bear
oveja *f.* sheep **4.6**
ovni *m.* UFO **5.1**
oyente *m., f.* listener **5.3**

P

pacífico/a *adj.* peaceful **5.6**
padre soltero *m.* single father
página *f.* page; **página web** *f.* web page **5.1**
país en vías de desarrollo *m.* developing country
paisaje *m.* landscape; scenery **4.6**
pájaro *m.* bird **4.6**
palmera *f.* palm tree
panfleto *m.* pamphlet
pantalla *f.* screen **4.2; pantalla de computadora** *f.* computer screen; **pantalla de televisión** *f.* television screen **4.2**; **pantalla líquida** *f.* LCD screen **5.1**
pañuelo *m.* headscarf **5.5**
papel *m.* role **5.3; desempeñar un papel** to play a role (*in a play*); to carry out
para *prep.* for **Para mí, ...** In my opinion, ...; **para nada** not at all
parada *f.* (bus) stop **5.1**
paradoja *f.* paradox
parar el carro *v.* to hold one's horses **5.3**
parcial *adj.* biased **5.3**
parcialidad *f.* bias **5.3**
parecer *v.* to seem **4.2; A mi parecer, ...** In my opinion, ...; **Al parecer, no le gustó.** It looks like he/she didn't like it. **4.6; Me parece hermosa/o.** I think it's pretty.; **Me pareció...** I thought.. **4.1**; **¿Qué te pareció Mariela?** What did you think of Mariela? **4.1**; **Parece que está triste/contento/a.** It looks like he/she is sad/happy. **4.6**
parecerse *v.* to look like **4.2, 4.3**
pared *f.* wall **4.5**
pareja *f.* couple; partner **4.1**
parque *m.* park; **parque de atracciones** *m.* amusement park **4.2**
parroquia *f.* parish **5.6**
parte *f.* part; **de parte de** on behalf of; **Por mi parte, ...** As for me, ...
particular *adj.* private; personal; particular
partida *f.* game **5.6**
partido *m.* party (*politics*); game (*sports*); **partido político** *m.* political party **5.5**; **ganar/perder un partido** to win/lose a game **4.2**

pasado/a de moda *adj.* out-of-date; no longer popular **5.3**
pasaje (de ida y vuelta) *m.* (round-trip) ticket **4.5**
pasajero/a *adj.* fleeting; passing
pasaporte *m.* passport **4.5**
pasar *v.* to pass; to make pass (*across, through, etc.*); **pasar la aspiradora** to vacuum **4.3**; **pasarlo bien/mal** to have a good/bad/horrible time **4.1**; **Son cosas que pasan.** These things happen. **5.5**
pasarse *v.* to go too far
pasatiempo *m.* pastime **4.2**
paseo *m.* stroll
paso *m.* passage; pass; step; **abrirse paso** to make one's way
pastilla *f.* pill **4.4**
pasto *m.* grass
pata *f.* foot/leg of an animal
patada *f.* kick **4.3**
patente *f.* patent **5.1**
paz *f.* peace
pecado *m.* sin
pececillo de colores *m.* goldfish
pecho *m.* chest **5.4**
pedir (e:i) *v* to ask **4.1, 4.4**; **pedir prestado/a** to borrow **5.2**; **pedir un deseo** to make a wish **5.2**
pegar *v.* to stick
pegar *v.* to hit **5.5**
peinarse *v.* to comb (one's hair) **4.2**
pelear *v.* to fight
película *f.* film
peligro *m.* danger; **en peligro de extinción** endangered **4.6**
peligroso/a *adj.* dangerous **4.5**
pena *f.* sorrow **4.4; ¡Qué pena!** What a pity!
pensar (e:ie) *v.* to think **4.1**
pensión *f.* bed and breakfast inn
perder (e:ie) *v.* to miss; to lose; **perder un vuelo** to miss a flight **4.5**; **perder las elecciones** to lose an election **5.5**; **perder un partido** to lose a game **4.2**
pérdida *f.* loss **5.5**
perdonar *v.* to forgive; **Perdona.** (*fam.*)/ **Perdone.** (*form.*) Pardon me.; Excuse me.
perfeccionar *v.* to improve; to perfect
periódico *m.* newspaper **5.3**
periodista *m., f.* journalist
permanecer *v.* to remain; to last **4.4**
permisivo/a *adj.* permissive; easy-going **4.1**
permiso. *m.* permission; **Con permiso** Pardon me.; Excuse me.
perseguir (e:i) *v.* to pursue; to persecute
personaje *m.* character **5.4; personaje principal/secundario** *m.* main/secondary character
pertenecer (a) *v.* to belong (to) **4.3, 5.6**
pesca *f.* fishing **4.5**
pesimista *m., f.* pessimist
peso *m.* weight
petate *m.* straw mat **5.6**
pez *m.* fish (*live*) **4.6**
picadura *f.* insect bite **4.4**
picar *v.* to sting, to peck
picnic *m.* picnic
pico *m.* peak, summit
piedad *f.* mercy **5.2**
piedra *f.* stone **4.5**
pieza *f.* piece (*art*) **5.4**
pillar(se) *v.* to get (*catch*) **5.3**

piloto *m., f.* pilot
pincel *m.* paintbrush **5.4**
pincelada *f.* brush stroke **5.4**
pintar *v.* to paint **4.3**
pintor(a) *m., f.* painter **4.3, 5.4**
pintura *f.* paint; painting **5.4**
pirámide *f.* pyramid **4.5**
plancha *f.* iron
planear *v.* to plan
planeta *m.* planet **5.1**
planeta *m.* planet **5.1**
plata *f.* money (*L. Am.*) **4.2**
plaza de toros *f.* bullfighting stadium **4.2**
plazo: a corto/largo plazo short/long-term **5.2**
población *f.* population
poblador(a) *m., f.* settler; inhabitant
poblar (o:ue) *v.* to settle; to populate **5.6**
pobreza *f.* poverty **5.2**
poder (o:ue) *v.* to be able to **4.1**
poderoso/a *adj.* powerful **5.6**
poesía *f.* poetry **5.4**
poeta *m., f.* poet **5.4**
polémica *f.* controversy **5.5**
polen *m.* pollen **5.2**
policíaco/a *adj.* detective (*story/novel*) **5.4**
política *f.* politics
político/a *m., f.* politician **5.5**
polvo *m.* dust **4.3; quitar el polvo** to dust **4.3**
poner *v.* to put; to place **4.1, 4.2**; **poner a prueba** to test; to challenge; **poner cara (de hambriento/a)** to make a (hungry) face; **poner la mesa** to set the table **4.3**; **poner un disco compacto** to play a CD **4.2**; **poner una inyección** to give a shot **4.4**
ponerse *v.* to put on (*clothing*) **4.2**; **ponerse a dieta** to go on a diet **4.4**; **ponerse bien/mal** to get well/ill **4.4**; **ponerse bueno** *v.* to get better **4.4**; **ponerse de acuerdo** *v.* to agree **5.2**; **ponerse de pie** to stand up **5.6**; **ponerse el cinturón** to fasten the seatbelt **4.5**; **ponerse en forma** to get in shape **4.4**; **ponerse pesado/a** to become annoying
popa *f.* stern **4.5**
porquería *f.* garbage; poor quality **5.4**
portada *f.* front page; cover **5.3**
portarse bien *v.* to behave well
portátil *adj.* portable
posible *adj.* possible; **en todo lo posible** as much as possible
pozo *m.* well; **pozo petrolero** *m.* oil well
precioso/a *adj.* lovely **4.1**
precolombino/a *adj.* pre-Columbian
preferir (*e:ie*) *v.* to prefer **4.4**
pregonar *v.* to hawk **5.3**
preguntarse *v.* to wonder
prehistórico/a *adj.* prehistoric **5.6**
premiar *v.* to give a prize
premio *m.* prize **5.6**
prensa *f.* press **5.3; prensa sensacionalista** *f.* tabloid(s) **5.3**; **rueda de prensa** *f.* press conference **5.5**
preocupado/a (por) *adj.* worried (about) **4.1**
preocupar *v.* to worry **4.2**
preocuparse (por) *v.* to worry (about) **4.2**
presentador(a) de noticias *m., f.* news reporter
presentir (e:ie) *v.* to foresee
presionar *v.* to pressure; to stress
prestar *v.* to lend **5.2**

prestado/a *adj.* borrowed **4.2**
presupuesto *m.* budget **5.2**
prevenido/a *adj.* cautious
prevenir *v.* to prevent **4.4**
prever *v.* to foresee **4.6**
previsto/a *adj., p.p.* planned **4.3**
primer(a) ministro/a *m., f.* prime minister **5.5**
primeros auxilios *m. pl.* first aid **4.4**
prisa *f.* hurry; rush **4.6**
privilegio *m.* privilege
proa *f.* bow **4.5**
probador *m.* dressing room **4.3**
probar (o:ue) **(a)** *v.* to try **4.3**
probarse (o:ue) *v.* to try on **4.3**
procesión *f.* procession **5.6**
producir *v.* to produce **4.1**
productivo/a *adj.* productive **5.2**
profundo/a *adj.* deep
programa (de computación) *m.* software **5.1**
programador(a) *m., f.* programmer
prohibido/a *adj.* prohibited **4.5**
prohibir *v.* to prohibit **4.4**
prominente *adj.* prominent **5.5**
promover (o:ue) *v.* to promote
pronunciar *v.* to pronounce; **pronunciar un discurso** to give a speech **5.5**
propaganda *f.* advertisement
propensión *f.* tendency
propietario/a *m., f.* (property) owner
propio/a *adj.* own **4.1**
proponer *v.* to propose **4.1, 4.4**; **proponer matrimonio** to propose (marriage) **4.1**
proporcionar *v.* to provide; to supply
propósito: a propósito *adv.* on purpose **4.3**
prosa *f.* prose **5.4**
protagonista *m., f.* protagonist; main character **5.4**
proteger *v.* to protect **4.1, 4.6**
protegido/a *adj.* protected **4.5**
protestar *v.* to protest **5.5**
provecho *m.* benefit; **Buen provecho.** Enjoy your meal. **4.6**
proveniente (de) *adj.* originating (in); coming from
provenir (de) *v.* to come from; to originate from
proyecto *m.* project; **proyecto de ley** *m.* bill **5.5**
prueba *f.* proof
publicar *v.* to publish **5.3**
publicidad *f.* advertising **5.3**
público *m.* public; audience **5.3**
pueblo *m.* people
puente *m.* bridge **5.6**
puerta de embarque *f.* (airline) gate **4.5**
puerto *m.* port **4.5**
puesto *m.* position; job **5.2**
punto *m.* period **4.2**
punto de vista *m.* point of view **5.4**
pureza *f.* purity **4.6**
puro/a *adj.* pure; clean

Q

quedar *v.* to agree on **4.2;** to be left over; to fit (clothing) **4.2**
quedarse *v.* to stay **4.5; quedarse callado/a** to remain silent **4.1**; **quedarse sordo/a** to go deaf **4.4**; **quedarse viudo/a** to become widowed
quehacer *m.* chore **4.3**
queja *f.* complaint
quejarse (de) *v.* to complain (about) **4.2**
querer (e:ie) *v.* to love; to want **4.1, 4.4**
químico/a *adj.* chemical **5.1**
químico/a *m., f.* chemist **5.1**
quirúrgico/a *adj.* surgical
quitar *v.* to take away; to remove **4.2; quitar el polvo** to dust **4.3**; **quitar la mesa** to clear the table **4.3**
quitarse *v.* to take off (*clothing*) **4.2; quitarse (el cinturón)** to unfasten (the seatbelt) **4.5**

R

rabino/a *m., f.* rabbi
radiación *f.* radiation
radio *f.* radio
radioemisora *f.* radio station **5.3**
raíz *f.* root
rana *f.* frog **4.6**
raro/a *adj.* weird **5.5**
rascarse *v.* to scratch (oneself) **4.4**
rasgo *m.* trait; characteristic
rata *f.* rat
rato *m.* a while **5.5**
ratos libres *m. pl.* free time **4.2**
raya *f.* war paint; stripe **4.5**
rayo *m.* ray; lightning; **¿Qué rayos...?** What on earth...? **4.5**
raza *f.* race **5.6**
reactor *m.* reactor
realismo *m.* realism **5.4**
realista *adj.* realistic; realist **5.4**
rebeldía *f.* rebelliousness
rebuscado/a *adj.* complicated
recado *m.* message **5.6**
recepción *f.* front desk **4.5**
receta *f.* prescription **4.4**
recetar *v.* prescribe
rechazar *v.* to turn down; to reject **4.1, 5.5**
rechazo *m.* refusal; rejection
reciclable *adj.* recyclable
reciclar *v.* to recycle **4.6**
recital *m.* recital
reclamar *v.* to claim; to demand **5.5**
recomendable *adj.* recommendable; advisable **4.5; poco recomendable** not advisable; inadvisable
recomendar (e:ie) *v.* to recommend **4.4**
reconocer *v.* to recognize **4.1, 4.5**
reconocimiento *m.* recognition
recordar (o:ue) *v.* to remember
recorrer *v.* to visit; to go around **4.5**
recuerdo *m.* memory
recuperarse *v.* to recover **4.4**
recurso natural *m.* natural resource **4.6**
red *f.* network **5.2**
redactor(a) *m., f.* editor **5.3; redactor(a) jefe** *m., f.* editor-in-chief
redondo/a *adj.* round **4.2**
reducir (la velocidad) *v.* to reduce (speed) **4.5**
reembolso *m.* refund **4.3**
reflejar *v.* to reflect; to depict **5.4**
reforma *f.* reform; **reforma económica** *f.* economic reform
refugiarse *v.* to take refuge
refugio *m.* refuge **4.6**
regar (las plantas) *v.;* **riego** *m.* to water the garden; watering **5.1**
regla *f.* rule **5.5**
regocijo *m.* joy **4.4**
regresar *v.* to return **4.5**
regreso *m.* return (trip)
rehacer *v.* to re-make; to re-do **4.1**
reina *f.* queen
reino *m.* reign; kingdom **5.6**
reírse (e:i) *v.* to laugh
relacionado/a *adj.* related; **estar relacionado/a** to have good connections
relajarse *v.* to relax **4.4**
relámpago *m.* lightning **4.6**
relato *m.* story; account **5.4**
religión *f.* religion
religioso/a *adj.* religious **5.5**
reloj *m.* clock **5.6**
remitente *m.* sender
remo *m.* oar **4.5**
remordimiento *m.* remorse
rendimiento *m.* performance
rendirse (e:i) *v.* to surrender **5.6**
renovable *adj.* renewable **4.6**
renunciar *v.* to quit **5.2; renunciar a un cargo** to resign a post
repaso *m.* revision; review **5.4**
repentino/a *adj.* sudden **4.3**
repertorio *m.* repertoire
reportaje *m.* news report **5.3**
reportero/a *m., f.* reporter **5.3**
reposo *m.* rest; **estar en reposo** to be at rest
repostería *f.* pastry
represa *f.* dam
reproducirse *v.* to reproduce
reproductor de CD/DVD/MP3 *m.* CD/DVD/MP3 player **5.1**
resbaladizo/a *adj.* slippery **5.5**
resbalar *v.* to slip
rescatar *v.* to rescue
reservación *f.* reservation
reservar *v.* to reserve **4.5**
resfriado *m.* cold **4.4**
residir *v.* to reside
resolver (o:ue) *v.* to solve **4.6**
respaldo *m.* support **5.4**
respeto *m.* respect
respiración *f.* breathing **4.4**
respirar *v.* to breath **4.1**
responsable *adj.* responsible
resucitar *v.* to resuscitate, to revive **5.6**
resumidas cuentas (en) in a nutshell **4.3**
retrasado/a *adj.* delayed **4.5**
retrasar *v* to delay
retraso *m.* delay
retratar *v.* to portray **4.3**
retrato *m.* portrait **4.3**
reunión *f.* meeting **5.2**
reunirse (con) *v.* to get together (with) **4.2**
revista *f.* magazine **5.3; revista electrónica** *f.* online magazine **5.3**
revolucionario/a *adj.* revolutionary **5.1**
revolver (o:ue) *v.* to stir; to mix up
rey *m.* king **5.6**
rezar *v.* to pray **5.5**
riesgo *m.* risk
rima *f.* rhyme **5.4**
rincón *m.* corner; nook
río *m.* river
riqueza *f.* wealth **5.2**
rociar *v.* to spray **4.6**
rodar (o:ue) *v.* to film **5.3**
rodeado/a *adj.* surrounded **5.1**

rodear *v.* to surround
rogar (o:ue) *v.* to beg; to plead **4.2, 4.4**
romanticismo *m.* romanticism **5.4**
romper (con) *v.* to break up (with) **4.1**
rozar *v.* to brush against; to touch lightly
ruedo *m.* bull ring **4.2**
ruido *m.* noise
ruina *f.* ruin **4.5**
ruta maya *f.* Mayan Trail **4.5**
rutina *f.* routine **4.3**

S

saber *v.* to know; to taste like/of **4.1**; **¿Cómo sabe?** How does it taste? **4.4**; **¿Y sabe bien?** And does it taste good? **4.4**; **Sabe a ajo/menta/limón.** It tastes like garlic/mint/lemon. **4.4**
sabiduría *f.* wisdom **5.6**
sabio/a *adj.* wise
sabor *m.* taste; flavor; **¿Qué sabor tiene? ¿Chocolate?** What flavor is it? Chocolate? **4.4**; **Tiene un sabor dulce/agrio/amargo/agradable.** It has a sweet/sour/bitter/pleasant taste. **4.4**
sacar provecho *v.* to benefit from **5.4**
sacerdote *m.* priest
saciar *v.* to satisfy; to quench
sacrificar *v.* to sacrifice **4.6**
sacrificio *m.* sacrifice
sacristán *m.* sexton **5.5**
sagrado/a *adj.* sacred; holy **5.5**
sala *f.* room; hall; **sala de conciertos** *f.* concert hall; **sala de emergencias** *f.* emergency room **4.4**
salir *v.* to leave; to go out **4.1**; **salir (a comer)** to go out (to eat) **4.2**; **salir con** to go out with **4.1**
salto *m.* jump
salud *f.* health **4.4**; **¡A tu salud!** To your health!; **¡Salud!** Cheers! **5.2**
saludable *adj.* healthy; nutritious **4.4**
salvaje *adj.* wild **4.6**
salvar *v.* to save **4.6**
sanar *v.* to cure **4.4**
sangre *f.* blood **5.5**
sano/a *adj.* healthy **4.4**
¡sarta de chismosos! *n.* bunch of gossips! **5.6**
satélite *m.* satellite
sátira *f.* satire
satírico/a *adj.* satirical **5.4**; **tono satírico/a** *m.* satirical tone
secarse *v.* to dry off **4.2**
sección *f.* section **5.3**; **sección de sociedad** *f.* lifestyle section **5.3**; **sección deportiva** *f.* sports page/section **5.3**
seco/a *adj.* dry **4.6**
secuestro *m.* hijacking
seguir (i:e) *v.* to follow
seguridad *f.* safety; security **4.5**; **cinturón de seguridad** *m.* seatbelt **4.5**; **medidas de seguridad** *f. pl.* security measures **4.5**
seguro *m.* insurance **4.5**
seguro/a *adj.* sure; confident **4.1, 5.5**
seleccionar *v.* to select; to pick out **4.3**
sello *m.* seal; stamp
semana *f.* week
semanal *adj.* weekly
semilla *f.* seed
senador(a) *m., f.* senator **5.5**
sensato/a *adj.* sensible **4.1**
sensible *adj.* sensitive **4.1**
sentido *m.* sense; **en sentido figurado** figuratively; **sentido común** *m.* common sense
sentimiento *m.* feeling; emotion **4.1**
sentirse (e:ie) *v.* to feel **4.1**
señal *f.* sign
señalar *v.* to point to; to signal **4.2**
separado/a *adj.* separated **4.1**
sepultar *v.* to bury **5.6**
sequía *f.* drought **4.6**
ser *v.* to be **4.1**
serpiente *f.* snake **4.6**
servicio de habitación *m.* room service **4.5**
servicios *m., pl.* facilities
servidumbre *f.* servants; servitude **4.3**
sesión *f.* showing
¡Siga! Come on in! **4.2**
siglo *m.* century **5.6**
silbar *v.* to whistle
sillón *m.* armchair
simpático/a *adj.* nice
sin *prep.* without; **sin ti** without you (*fam.*); **sin novedad** no news **4.5**
sinagoga *f.* synagogue **5.5**
sincero/a *adj.* sincere
sindicato *m.* labor union **5.2**
sinnúmero *m.* countless **5.2**
síntoma *m.* symptom
sintonía *f.* tuning; synchronization **5.3**
sintonizar *v.* to tune into (radio or television)
sitio web *m.* website **5.1**
situado/a *adj.* situated; located; **estar situado/a en** to be set in
soberanía *f.* sovereignty **5.6**
soberano/a *m., f.* sovereign; ruler **5.6**
sobre *m.* envelope
sobredosis *f.* overdose
sobrevivencia *f.* survival
sobrevivir *v.* to survive
sociable *adj.* sociable
sociedad *f.* society
socio/a *m., f.* business partner; member **5.2**
solar *adj.* solar
soldado *m.* soldier **5.6**
soledad *f.* solitude; loneliness **4.3**
soler (o:ue) *v.* to tend to do something; to be used to **4.3**
solicitar *v.* to apply for **5.2**
solo/a *adj.* alone; lonely **4.1**
soltero/a *adj.* single **4.1**; **madre soltera** *f.* single mother; **padre soltero** *m.* single father
sonar (o:ue) *v.* to ring **5.1**
soñar (o:ue) **(con)** *v.* to dream (about) **4.1**
soplar *v.* to blow
soportar *v.* to support; **soportar a alguien** to put up with someone **4.1**
sordo/a *adj.* deaf; **quedarse sordo/a** to go deaf *v.* **4.4**
sorprender *v.* to surprise **4.2**
sorprenderse (de) *v.* to be surprised (about) **4.2**
sortija *f.* ring
sospecha *f.* suspicion
sospechar *v.* to suspect
sótano *m.* basement **4.3**
suavidad *f.* smoothness
subasta *f.* auction **5.4**
subdesarrollo *m.* underdevelopment
subida *f.* ascent
subtítulos *m., pl.* subtitles **5.3**
suburbio *m.* suburb
suceder *v.* to happen **4.1**
sucursal *f.* branch
sueldo *m.* salary; **aumento de sueldo** raise in salary *m.* **5.2**; **sueldo mínimo** *m.* minimum wage **5.2**
suelo *m.* floor
suelto/a *adj.* loose
sueños *m. pl.* dreams **4.1**
sufrimiento *m.* pain; suffering
sufrir (de) *v.* to suffer (from) **4.4**
sugerir (e:ie) *v.* to suggest **4.4**
superar *v.* to exceed, to overcome **4.1**; **superar (algo)** to get over (something) **4.4**
superficie *f.* surface
supermercado *m.* supermarket **4.3**
supervivencia *f.* survival
suponer *v.* to suppose **4.1**
suprimir *v.* to abolish; to suppress **5.6**
supuesto/a *adj.* false; so-called; supposed; **Por supuesto.** Of course.
surrealismo *m.* surrealism **5.4**
suscribirse (a) *v.* to subscribe (to) **5.3**

T

tablero *m.* chessboard **5.6**
tacaño/a *adj.* cheap; stingy **4.1**
tacón *m.* heel **5.6**; **tacón alto** high heel
tal como *conj.* just as
talento *m.* talent **4.1**
talentoso/a *adj.* talented **4.1**
taller *m.* workshop
tapa *f.* lid, cover
tapón *m.* traffic jam
taquilla *f.* box office **4.2**
tarjeta *f.* card; **tarjeta de crédito/débito** *f.* credit/debit card **4.3**; **tarjeta de embarque** *f.* boarding card **4.5**
teatro *m.* theater
tebeo *m.* comic book **4.4**
teclado *m.* keyboard
tela *f.* canvas **5.4**
teléfono celular *m.* cell phone **5.1**
telenovela *f.* soap opera **5.3**
telescopio *m.* telescope **5.1**
televidente *m., f.* television viewer **5.3**
televisión *f.* television **4.2**
televisor *m.* television set **4.2**
telón *m.* curtain **5.4**
templo *m.* temple **5.5**
temporada *f.* season **5.3** **temporada alta/baja** *f.* high/low season **4.5**
tendencia *f.* trend **5.3**; **tendencia izquierdista/derechista** *f.* left-wing/right-wing bias
tener (e:ie) *v.* to have **4.1**; **tener buen/mal aspecto** to look healthy/sick **4.4**; **tener buena/mala fama** to have a good/bad reputation **5.3**; **tener celos (de)** to be jealous (of) **4.1**; **tener fiebre** to have a fever **4.4**; **tener vergüenza (de)** to be ashamed (of) **4.1**
tensión (alta/baja) *f.* (high/low) blood pressure **4.4**
teoría *f.* theory **5.1**
terapia intensiva *f.* intensive care **4.4**
térmico/a *adj.* thermal
terremoto *m.* earthquake **4.6**
terreno *m.* land **4.6**

territorio *m.* territory **5.5**
terrorismo *m.* terrorism **5.5**
testigo *m., f.* witness **5.4**
tiburón *m.* shark **4.5**
tiempo *m.* time; **a tiempo** on time **4.3**; **tiempo libre** *m.* free time **4.2**
tierra *f.* land; earth **4.6**
tigre *m.* tiger **4.6**
timbre *m.* doorbell; tone; tone of voice **4.3**; **tocar el timbre** to ring the doorbell **4.3**
timidez *f.* shyness
tímido/a *adj.* shy **4.1**
típico/a *adj.* typical; traditional
tiple *m.* type of guitar **4.2**
tipo *m.* guy **4.2**
tira cómica *f.* comic strip **5.3**
tirar *v.* to throw
titular *m.* headline **5.3**
titularse *v.* to graduate **4.3**
tocar + me/te/le, etc. *v.* to be my/ your/ his turn; **¿A quién le toca pagar la cuenta?** Whose turn is it to pay the tab? **4.2**; **¿Todavía no me toca?** Is it my turn yet? **4.2**; **A Johnny le toca hacer el café.** It's Johnny's turn to make coffee. **4.2**; **Siempre te toca lavar los platos.** It's always your turn to wash the dishes. **4.2**; **tocar el timbre** to ring the doorbell **4.3**; **tocar (un instrumento)** to play **5.2**
tomar *v.* to take; **tomar en cuenta** *v.* to take into consideration **4.1**; **tomar en serio** to take seriously
toparse con *v.* to run into (somebody) **5.6**
torear *v.* to fight bulls in the bullring **4.2**
toreo *m.* bullfighting **4.2**
torero/a *m., f.* bullfighter **4.2**
tormenta *f.* storm; **tormenta tropical** *f.* tropical storm **4.6**
torneo *m.* tournament **4.2**
tos *f.* cough **4.4**
toser *v.* to cough **4.4**
tóxico/a *adj.* toxic **4.6**
trabajador(a) *adj.* industrious; hard-working **5.2**
trabajar duro *v.* to work hard **5.2**
tradicional *adj.* traditional **4.1**
traducir *v.* to translate **4.1**
traer *v.* to bring **4.1**
tráfico de esclavos *m.* slave trade **4.4**
tragar *v.* to swallow
trágico/a *adj.* tragic **5.4**
traición *f.* betrayal **5.6**
traidor(a) *m., f.* traitor **5.6**
traje de luces *m.* bullfighter's outfit (*lit.* costume of lights) **4.2**
trama *f.* plot **5.4**
tranquilo/a *adj.* calm **4.1**; **Tranquilo/a.** Be calm.; Relax.
transbordador espacial *m.* space shuttle **5.1**
transcurrir *v.* to take place **5.4**
tránsito *m.* traffic
transmisión *f.* transmission
transmitir *v.* to broadcast **5.3**
transplantar *v.* to transplant
transporte público *m.* public transportation
trasnochar *v.* to stay up all night **4.4**
trastorno *m.* disorder
tratado *m.* treaty
tratamiento *m.* treatment **4.4**
tratar *v.* to treat **4.4**; **tratar (sobre/acerca de)** to be about; to deal with **4.4**
tratarse de *v.* to be about; to deal with **5.4**
trayectoria *f.* path; history **4.1**
trazar *v.* to trace
tribu *f.* tribe **5.6**
tribunal *m.* court
trinchera *f.* trench **4.4**
tropical *adj.* tropical; **tormenta tropical** *f.* tropical storm **4.6**
truco *m.* trick **4.2**
trueno *m.* thunder **4.6**
trueque *m.* barter; exchange
turbio/a *adj.* murky **4.1**
turismo *m.* tourism **4.5**
turista *m., f.* tourist **4.5**
turístico/a *adj.* tourist **4.5**

U

ubicar *v.* to put in a place; to locate
ubicarse *v.* to be located
único/a *adj.* unique
unirse *v.* to join **5.5**
uña *f.* fingernail
urbano/a *adj.* urban
urgente *adj.* urgent **4.4**
usuario/a *m., f.* user **5.1**
útil *adj.* useful

V

vaca *f.* cow **4.6**
vacuna *f.* vaccine **4.4**
vacunar(se) *v.* to vaccinate/to get vaccinated **4.4**
vago/a *m., f.* slacker
vagón *m.* carriage; coach **5.1**
valer *v.* to be worth **4.1**
valiente brave **4.5**
valioso/a *adj.* valuable **4.6**
valor *m.* bravery; value
vanguardia *f.* vanguard; **a la vanguardia** at the forefront **5.1**
vedado/a *adj.* forbidden **4.3**
vela *f.* candle
velar (a un muerto) *v.* to hold a vigil/ wake **5.6**
venado *m.* deer
vencer *v.* to conquer; to defeat **4.2, 5.3**
vencido/a *adj.* expired **4.5**
venda *f.* bandage **4.4**
vendedor(a) *m., f.* salesperson **5.2**
veneno *m.* poison **4.6**
venenoso/a *adj.* poisonous **4.6**
venir (e:ie) *v.* to come **4.1**
venta *f.* sale; **estar a la venta** to be for sale
ventaja *f.* advantage
ver *v.* to see **4.1**; **Yo lo/la veo muy triste.** He/She looks very sad to me. **4.6**
vergüenza *f.* shame; embarrassment; **tener vergüenza (de)** to be ashamed (of) **4.1**
verse *v.* to look; to appear; **Se ve tan feliz.** He/She looks so happy. **4.6**; **¡Qué guapo/a te ves!** How attractive you look! (*fam.*) **4.6**; **¡Qué elegante se ve usted!** How elegant you look! (*form.*) **4.6**
verso *m.* line (*of poetry*) **5.4**
vertiginosamente *adv.* dramatically; rapidly **5.2**
vestidor *m.* fitting room
vestirse (e:i) *v.* to get dressed **4.2**
vez *f.* time; **a veces** *adv.* sometimes **4.3**; **de vez en cuando** now and then; once in a while **4.3**; **por primera/última vez** for the first/last time **4.2**; **érase una vez** once upon a time
viaje *m.* trip **4.5**; **hacer un viaje** to take a trip **4.5**
viajero/a *m., f.* traveler **4.5**
viandante *m., f.* pedestrian **5.1**
victoria *f.* victory
victorioso/a *adj.* victorious **5.6**
vida *f.* life; **vida cotidiana** *f.* everyday life
video musical *m.* music video **5.3**
videojuego *m.* video game **4.2**
vigente *adj.* valid **4.5**
vigilar *v.* to watch
virus *m.* virus **4.4**
vistazo *m.* glance; **echar un vistazo** to take a look
viudo/a *adj.* widowed **4.1**
viudo/a *m., f.* widower/widow
vivir *v.* to live **4.1**
vivo: en vivo *adj.* live **5.3**
volar (o:ue) *v.* to fly **5.2**
volver (o:ue) *v.* to come back
votar *v.* to vote **5.5**
vuelo *m.* flight
vuelta *f.* return (trip)

W

web *f.* (the) web **5.1**

Y

yeso *m.* cast **4.4**

Z

zaguán *m.* entrance hall; vestibule **4.3**
zoológico *m.* zoo **4.2**

English–Spanish

A

@ symbol arroba *f.* 5.1
abolish suprimir *v.* 5.6
about (to do something) a punto de *adv.* 4.4
absent ausente *adj.*
abstract abstracto/a *adj.* 5.4
accentuate acentuar *v.* 5.4
accept coger la caña *v.* (*Col.*) 4.2
accident accidente *m.*; **car accident** accidente automovilístico *m.* 4.5
account cuenta *f.*; **(story)** relato *m.* 5.4; **checking account** cuenta corriente *f.* 5.2; **savings account** cuenta de ahorros *f.*
accountant contador(a) *m., f.* 5.2
accustomed to acostumbrado/a *adj.*; **to grow accustomed (to)** acostumbrarse (a) *v.* 4.3
ache doler (o:ue) *v.* 4.2
achieve lograr *v.* 4.3; alcanzar *v.*
activist activista *m., f.* 5.5
actor actor *m.* 5.3
actress actriz *f.* 5.3
add añadir *v.*
admission ticket entrada *f.*
adore adorar *v.* 4.1
advance avance *m.* 5.1
advanced adelantado/a; avanzado/a *adj.* 5.1, 5.6
advantage ventaja *f.*; **to take advantage of** aprovechar *v.*
adventure aventura *f.* 4.5
adventurer aventurero/a *m., f.* 4.5
advertising publicidad *f.* 5.3
advertisement anuncio *m.*, propaganda *f.*
advisable recomendable *adj.* 4.5; **not advisable, inadvisable** poco recomendable *adj.*
advise aconsejar *v.* 4.4
advisor asesor(a) *m., f.* 5.2
aesthetic estético/a *m., f.* 5.4
affection cariño *m.* 4.1
affectionate cariñoso/a *adj.* 4.1
after all al final de cuentas; al fin y al cabo
against contra *prep.*; **against** en contra *prep.* 4.1
age: of age mayor de edad
agent agente *m., f.*; **customs agent** agente de aduanas *m., f.* 4.5
aging envejecimiento *m.* 5.2
agnostic agnóstico/a *adj.* 5.5
agree acordar (o:ue) *v.* 4.2; ponerse de acuerdo 5.2; **to agree on** quedar *v.* 4.2
aid auxilio *m.*; **first aid** primeros auxilios *m. pl.* 4.4
aim apuntar *v.* 5.5
album álbum *m.* 4.2
alibi coartada *f.* 5.4
alien extraterrestre *m., f.* 5.1
allusion alusión *f.* 5.4
almost casi *adv.* 4.3
alone solo/a *adj.* 4.1
alternative medicine medicina alternativa *f.*
amaze asombrar *v.*
amazement asombro *m.*
ambassador embajador(a) *m., f.* 5.5
amuse (oneself) entretener(se) (e:ie) *v.* 4.2
ancient antiguo/a *adj.* 5.6
anger enojo *m.*
announcer conductor(a) *m., f.*; locutor(a) *m., f.*
annoy molestar *v.* 4.2
annoyance molestia *f.* 4.5
ant hormiga *f.* 4.6
antenna antena *f.*
antiquity antigüedad *f.*
anxiety ansia *f.* 4.1
anxious ansioso/a *adj.* 4.1
appear aparecer *v.* 4.1
appearance aspecto *m.*
applaud aplaudir *v.* 4.2
apply for solicitar *v.* 5.2
appreciate apreciar *v.* 4.1
appreciated apreciado/a *adj.*
approach acercarse (a) *v.* 4.2
approval aprobación *f.* 5.3
approve aprobar (o:ue) *v.*
archaeologist arqueólogo/a *m., f.*
archaeology arqueología *f.*
argue discutir *v.* 4.1
arid árido/a *adj.* 5.5
aristocratic aristocrático/a *adj.* 5.6
armchair sillón *m.*
armed armado/a *adj.*
army ejército *m.* 5.5, 5.6
arrival llegada *f.* 4.5
arrive llegar *v.*
artifact artefacto *m.* 4.5
artisan artesano/a *m., f.* 5.4
ascent subida *f.*
ashamed avergonzado/a *adj.*; **to be ashamed (of)** tener vergüenza (de) *v.* 4.1
ask pedir (e:i) *v.* 4.1, 4.4
aspirin aspirina *f.* 4.4
assure asegurar *v.*
astonished: be astonished asombrarse *v.*; atónito/a *adj.* 5.3
astonishing asombroso/a *adj.*
astonishment asombro *m.*
astronaut astronauta *m., f.* 5.1
astronomer astrónomo/a *m., f.* 5.1
atheism ateísmo *m.*
atheist ateo/a *adj.* 5.5
athlete deportista *m., f.* 4.2
ATM cajero automático *m.*
attach adjuntar *v.* 5.1; **to attach a file** adjuntar un archivo *v.* 5.1
attract atraer *v.* 4.1
attraction atracción *f.*
auction subasta *f.* 5.4
audience audiencia *f.*
audience público *m.* 5.3
authoritarian autoritario/a *adj.* 4.1
autobiography autobiografía *f.* 5.4
available disponible *adj.*

B

back espalda *f.*; **behind my back** a mis espaldas 5.3; **to have one's back to** estar de espaldas a
bag bolsa *f.*
balcony balcón *m.* 4.3
ball balón *m.*
ball field campo *m.* 4.5
ball game juego de pelota *m.* 4.5
band conjunto (musical) *m.*
bandage venda *f.* 4.4
banking bancario/a *adj.*
bankruptcy bancarrota *f.* 5.2
baptism bautismo *m.* 5.3
bargain ganga *f.* 4.3
barter trueque *m.*
basement sótano *m.* 4.3
battle batalla *f.* 4.4, 5.6
bay bahía *f.* 4.5
be able to poder (o:ue) *v.* 4.1
be about (deal with) tratarse de *v.* 5.4 tratar (sobre/acerca de) *v.* 4.4
be about to disponerse a *v.* 4.6
be held up entretenerse *v.* 4.1
be promoted ascender (e:ie) *v.* 5.2
bear oso *m.*
beat latir *v.* 4.4
beating golpiza *f.* 5.6
beauty belleza *f.* 5.2
become convertirse (en) (e:ie) *v.* 4.1; **to become annoying** ponerse pesado/a *v.*; **to become extinct** extinguirse *v.* 4.6; **to become infected** contagiarse *v.* 4.4; **to become inflamed** inflamarse *v.*; **to become informed (about)** enterarse (de) *v.* 5.3; **to become part (of)** integrarse (a) *v.* 5.6; **to become tired** cansarse *v.*
bed and breakfast inn pensión *f.*
beehive colmena *f.* 5.2
beforehand de antemano *adv.*
beg rogar *v.* 4.2, 4.4
beggar mendigo/a *m., f.*
begin empezar (e:ie) *v.*
behalf: on behalf of de parte de
behave well portarse bien *v.*
belief creencia *f.* 5.5
believe (in) creer (en) *v.* 5.5; **Don't you believe it.** No creas.
believer creyente *m., f.* 5.5
belong (to) pertenecer (a) *v.* 4.3, 5.6
belt cinturón *m.*; **seatbelt** cinturón de seguridad *m.* 4.5
benefit from sacar provecho *v.* 5.4
benefits beneficios *m. pl.*
bet apuesta *f.*
bet apostar (o:ue) *v.*
betray engañar *v.* 5.3
betrayal traición *f.* 5.6
better mejor *adj.*; **maybe** a lo mejor *adv.* 4.1
beyond más allá de
bias parcialidad *f.* 5.3; **left-wing/right-wing bias** tendencia izquierdista/derechista *f.*
biased parcial *adj.* 5.3
bilingual bilingüe *adj.* 5.3
bill proyecto de ley *m.* 5.5
billiards billar *m.* 4.2
biochemical bioquímico/a *adj.* 5.1
biography biografía *f.* 5.4
biologist biólogo/a *m., f.* 5.1
bird ave *f.* 4.6; pájaro *m.* 4.6
bite morder (o:ue) *v.* 4.6; bocado *m.* 5.6
blanket manta *f.*
bless bendecir *v.* 5.5
blessed bendito/a *adj.* 4.2
blindness ceguera *f.* 4.4
blog blog *m.* 5.1
blognovel blogonovela *f.* 5.1
blogosphere blogosfera *f.* 5.1
blood sangre *f.* 4.4, 5.5; **(high/low) blood pressure** tensión (alta/baja) *f.* 4.4

blow soplar *v.*; **to blow out the candles** apagar las velas *v.* 5.2
blurred confuso/a *adj.* 4.1
blush enrojecer *v.*
board embarcar *v.*; **on board** a bordo *adj.* 4.5
board game juego de mesa *m.* 4.2
boat bote *m.* 4.5
body cuerpo *m.*
boil hervir (e:ie) *v.* 4.3
bombing bombardeo *m.* 4.6
border frontera *f.* 4.5
border límite *m.* 5.5
bore aburrir *v.* 4.2
borrow pedir prestado/a *v.* 5.2
borrowed prestado/a *adj.* 4.2
both ambos/as *pron., adj.*
bother molestar *v.* 4.2
bottom fondo *m.*
bow proa *f.* 4.5
bowling boliche *m.* 4.2
box caja *f.*; **toolbox** caja de herramientas *f.*
box office taquilla *f.* 4.2
branch sucursal *f.*
brand marca *f.*
brave valiente *adj.* 4.5, 5.4
bravery valor *m.*
break in (to a conversation) meterse *v.* 4.1
break up (with) romper (con) *v.* 4.1
breakthrough avance *m.* 5.1
breath respirar *v.* 4.1
breathing respiración *f.* 4.4
brick ladrillo *m.*
bridge puente *m.* 5.6
bright luminoso/a *adj.* 5.4
bring traer *v.* 4.1; **to bring down** derribar *v.*; **to bring up (raise)** educar *v.* 4.1
broadcast emisión *f.*; **live broadcast** emisión en vivo/directo *f.*
broadcast transmitir *v.* 5.3
broom escoba *f.*
brush cepillarse *v.* 4.2; **to brush against** rozar *v.*
brush stroke pincelada *f.* 5.4
Buddhist budista *adj.* 5.5
budget presupuesto *m.* 5.2
buffalo búfalo *m.*
bull ring ruedo *m.* 4.2
bullfight corrida *f.* 4.2
bullfighter torero/a *m., f.* 4.2; **bullfighter who kills the bull** matador/a *m., f.* 4.2; **bullfighter's outfit** traje de luces *m.* 4.2
bullfighting toreo *m.* 4.2; **bullfighting stadium** plaza de toros *f.* 4.2
bunch (of people) sarta *f.* *(despective)* 5.6
bureaucracy burocracia *f.*
buried enterrado/a *adj.*
burrow madriguera *f.* 4.3
bury enterrar (e:ie), sepultar *v.* 5.6
business negocio *m.*
businessman hombre de negocios *m.* 5.2
businesswoman mujer de negocios *f.* 5.2
butterfly mariposa *f.*

C

cage jaula *f.*
calculation, sum cuenta *f.*
calm tranquilo/a *adj.* 4.1
calm down calmarse *v.*; **Calm down.** Tranquilo/a.
campaign campaña *f.* 5.5
campground campamento *m.* 4.5
cancel cancelar *v.* 4.5
cancer cáncer *m.*
candidate candidato/a *m., f.* 5.5
candle vela *f.*
canon canon *m.* 5.4
canvas tela *f.* 5.4
capable capaz *adj.* 5.2
cape cabo *m.*
captain capitán *m.*
car registration permiso de circulación *m.* 4.5
card tarjeta *f.*; **boarding card** tarjeta de embarque *f.* 4.5; **credit/debit card** tarjeta de crédito/débito *f.* 4.3; **(playing) cards** cartas, *f. pl.* 4.2, naipes *m. pl.* 4.2
care cuidado *m.* 4.1; **personal care** aseo personal *m.*
carefree despreocupado/a *adj.* 5.5
careful cuidadoso/a *adj.* 4.1
caress acariciar *v.* 5.4
carriage vagón *m.* 5.1
carry llevar *v.* 4.2; **to carry away** llevarse *v.* 4.2; **to carry out (an activity)** llevar a cabo *v.*
cascade cascada *f.* 4.5
case: in any case de todas formas 5.6
cash dinero en efectivo *m.*; (*Arg.*) guita *f.*
cash cobrar *v.* 5.2
cashier cajero/a *m., f.*
casket ataúd *m.*
cast yeso *m.* 4.4
catastrophe catástrofe *f.*
catch atrapar *v.* 4.6
catch pillar *v.* 5.3
category categoría *f.* 4.5
Catholic católico/a *adj.* 5.5
cautious prevenido/a *adj.*
cave cueva *f.*
celebrate celebrar, festejar *v.* 4.2
celebrity celebridad *f.* 5.3
cell célula *f.* 5.1; celda *f.*
cell phone móvil *m.* 5.1, teléfono celular *m.* 5.1
cemetery cementerio *m.* 5.6
censorship censura *f.* 5.3
cent centavo *m.*
century siglo *m.* 5.6
certain cierto/a *adj.*
certainty certeza *f.* certidumbre *f.* 5.6
challenge desafío *m.* 5.1; desafiar *v.* 4.2; poner a prueba *v.*
challenging desafiante *adj.* 4.4
champion campeón/campeona *m., f.* 4.2
championship campeonato *m.*
chance azar, *m.* 5.6 casualidad *f.*; oportunidad *f.* 5.2; **by chance** por casualidad 4.3
change cambio *m.*; cambiar; mudar *v.* 4.2; **to change (plains, trains)** hacer transbordo *v.* 4.5
channel canal *m.* 5.3; **television channel** canal de televisión *m.*
chapel capilla *f.*
chapter capítulo *m.*
character personaje *m.* 5.4; **main/secondary character** personaje principal/secundario *m.*
characteristic (trait) rasgo *m.*
characterization caracterización *f.* 5.4
charge cobrar *v.* 5.2
charge: be in charge of encargarse de *v.* 4.1; estar a cargo de; estar encargado/a de; **person in charge** encargado/a *m., f.*
cheap (stingy) tacaño/a *adj.* 4.1; **(inexpensive)** barato/a *adj.* 4.3
cheek mejilla *f.* 5.4
cheer up animar *v.*; **Cheer up!** ¡Anímate!(*sing.*); ¡Anímense! (*pl.*) 4.2
Cheers! ¡Salud! *interj.* 5.2
chef cocinero/a *m., f.*
chemical químico/a *adj.* 5.1
chemist químico/a *m., f.* 5.1
chess ajedrez *m.* 4.2, 5.6
chessboard tablero *m.* 5.6
chest pecho *m.* 5.4
chew masticar *v.*
childhood infancia *f.*
choir coro *m.*
choose elegir (e:i) *v.*; escoger *v.* 4.1
chore quehacer *m.* 4.3
chorus coro *m.*
chosen elegido/a *adj.*
Christian cristiano/a *adj.* 5.5
church iglesia *f.* 5.5
cinema cine *m.* 4.2
circus circo *m.* 4.2
cistern cisterna *f.* 4.6
citizen ciudadano/a *m., f.* 5.5
city hall ayuntamiento *m.* 5.1
civilization civilización *f.* 5.6
civilized civilizado/a *adj.*
claim reclamar *v.* 5.5
clarify aclarar *v.* 5.3
classic clásico/a *adj.* 5.4
clean limpiar *v.* 4.3
clean (pure) puro/a *adj.*
cleanliness aseo *m.*
clear (the table) quitar (la mesa) *v.* 4.3
clearing limpieza *f.* 4.3
click hacer clic *v.*
cliff acantilado *m.*
climate clima *m.*
climb (mountain) escalada *f.*
climber escalador(a) *m., f.*
clock reloj *m.* 5.6
cloister claustro *m.*
clone clonar *v.* 5.1
club club *m.*; **sports club** club deportivo *m.* 4.2
coach (train) vagón *m.* 5.1; **coach (trainer)** entrenador(a) *m., f.* 4.2
coast costa *f.* 4.6
cockroach cucaracha *f.* 4.6
coffin caja *f.* 5.6
coincidence casualidad *f.*; **chiripazo** *m.* (*Col.*) 4.4
cold resfriado *m.* 4.4; **to have a cold** estar resfriado/a *v.* 4.4
collect coleccionar *v.*
colonize colonizar *v.* 5.6
colony colonia *f.* 5.6
columnist columnista *m., f.*
comb one's hair peinarse *v.* 4.2
combatant combatiente *m., f.*
come venir *v.* 4.1; **to come back** volver (o:ue) *v.*; **to come from** provenir (de) *v.*; **Come on in!** ¡Siga! 4.2
comedian comediante *m., f.* 4.1
comet cometa *m.* 5.1
comic book tebeo *m.* 4.4
comic strip tira cómica *f.* 5.3

commerce comercio *m.* **5.2**
commercial anuncio *m.* **5.3**
commitment compromiso *m.* **4.1**
community comunidad *f.* **4.4**
company compañía *f.*, empresa *f.* **5.2**; **multinational company** empresa multinacional *f.*, multinacional *f.* **5.2**
compass brújula *f.* **4.5**
competent capaz *adj.* **5.2**
complain (about) quejarse (de) *v.* **4.2**
complaint queja *f.*
complicated rebuscado/a *adj.*
compose componer *v.* **4.1**
composer compositor(a) *m., f.*
computer science informática *f.* **5.1**; computación *f.*
concert concierto *m.* **4.2**
condition (illness) dolencia *f.*
conference conferencia *f.* **5.2**
confess confesar (e:ie) *v.*
confidence confianza *f.* **4.1, 5.4**
confident seguro/a *adj.* **4.1**
confront enfrentar *v.*
confuse (with) confundir (con) *v.*
confused confundido/a *adj.*
congested congestionado/a *adj.*
Congratulations! ¡Felicidades!; *interj.* **Congratulations to all!** ¡Felicidades a todos!
connection conexión *f.*; **to have good connections** estar relacionado *v.*
conquer conquistar, *v.* vencer *v.* **4.2, 5.3, 5.6**
conqueror conquistador(a) *m., f.* **5.6**
conquest conquista *f.* **5.6**
conscience conciencia *f.*
consequently por consiguiente *adj.*
conservative conservador(a) *adj.* **5.5**
conserve conservar *v.* **4.6**
consider considerar *v.*
consulate consulado *m.*
consultant asesor(a) *m., f.* **5.2**
consumption consumo *m.*; **energy consumption** consumo de energía *m.*
contaminate contaminar *v.* **4.6**
contamination contaminación *f.* **4.6**
contemporary contemporáneo/a *adj.* **5.4**
contented: be contented with contentarse con *v.* **4.1**
contract contrato *m.* **5.2**; contraer *v.* **4.1**
contribute aportar, contribuir (a) *v.* **4.6, 5.4**
contribution aportación *f.* **5.5**
controversial controvertido/a *adj.* **5.3**
controversy polémica *f.* **5.5**
cook cocinero/a *m., f.*
cook cocinar *v.* **4.3**
corner rincón *m.*
cornmeal cake arepa *f.*
correspondent corresponsal *m., f.* **5.3**
corruption corrupción *f.*
costly costoso/a *adj.*
costume disfraz *m.*; **in costume** disfrazado/a *adj.*
cough tos *f.* **4.4**
cough toser *v.* **4.4**
count contar (o:ue) *v.* **4.2**; **to count on** contar con *v.*
countless sinnúmero *m.* **5.2**
countryside campo *m.* **4.6**
couple pareja *f.* **4.1**
courage coraje *m.*
course: of course claro *interj.* **4.3**; por supuesto; ¡cómo no!
court tribunal *m.*
cover portada *f.* **5.3** tapa *f.*
cow vaca *f.* **4.6**
crash choque *m.* **4.3**
create crear *v.* **5.1**
creativity creatividad *f.*
crisis crisis *f.*; **economic crisis** crisis económica *f.* **5.2**
critic crítico/a *m., f.*; **movie critic** crítico/a de cine *m., f.* **5.3**
critical crítico/a *adj.*
critique criticar *v.* **5.4**
cross cruzar *v.*
crowd multitud *f.*
cruise (ship) crucero *m.* **4.5**
cry llorar *v.*
crying llanto *m.*
cubism cubismo *m.* **5.4**
culture cultura *f.*; **pop culture** cultura popular *f.*
cultured culto/a *adj.* **5.6**
currently actualmente *adv.*
curtain telón *m.* **5.4**
curse maldición *f.*
custom costumbre *f.* **4.3**
customs aduana *f.*; **customs agent** agente de aduanas *m., f.* **4.5**
cut corte *m.*

D

daily diario/a *adj.* **4.3**
dam represa *f.*
damp húmedo/a *adj.* **4.6**
dance bailar *v.* **4.1**
dance club discoteca *f.* **4.2**
dancer bailarín/bailarina *m., f.*
danger peligro *m.*
dangerous peligroso/a *adj.* **4.5**
dare (to) atreverse (a) *v.* **4.2**
darken oscurecer *v.* **4.6**
darts dardos *m. pl.* **4.2**
data datos *m.*; **piece of data** dato *m.*
date cita *f.*; **blind date** cita a ciegas *f.* **4.1**
datebook agenda *f.* **4.3**
dawn alba *f.*
day día *m.*
daybreak alba *f.*
deaf sordo/a *adj.*; **to go deaf** quedarse sordo/a *v.* **4.4**
deal with (be about) tratarse de *v.* **5.4**
death muerte *f.*
debt deuda *f.* **5.2**
debut (premiere) estreno *m.* **4.2**
decade década *f.* **5.6**
decrease disminuir *v.*
dedication dedicatoria *f.* **5.5**
deep hondo/a *adj.* **4.2**; profundo/a *adj.*
deer venado *m.*
defeat vencer *v.* **4.2, 5.3**
defeat derrota *f.*; derrotar *v.* **5.6**
defeated derrotado/a *adj.* **5.6**
deforestation deforestación *f.* **4.6**
delay demora *f.* **5.6**; retraso *m.*; atrasar *v.*; demorar *v.*; retrasar *v.*
delayed retrasado/a *adj.* **4.5**
delivery entrega *f.*
demand reclamar *v.* **5.5**; exigir *v.* **4.1, 4.4, 5.2**
democracy democracia *f.* **5.5**
demonstration manifestación *f.* **5.5**
den madriguera *f.* **4.3**
denounce delatar *v.* **4.3**
depict reflejar *v.* **5.4**
deploy desplegar *v.* **5.1**
deposit depositar *v.* **5.2**
depressed deprimido/a *adj.* **4.1**
depression depresión *f.* **4.4**
descendent descendiente *m., f.* **5.6**
desert desierto *m.* **4.6**
deserve merecer *v.* **5.2**
design diseñar *v.* **5.4**
desire deseo *m.*; gana *f.*
desire desear *v.* **4.4**
destination destino *m.* **4.5**
destroy destruir *v.* **4.6**
detective (story/novel) policíaco/a *adj.* **5.4**
deteriorate empeorar *v.* **4.4**
detest detestar *v.*
devastated deshecho *adj.*
developed desarrollado/a *adj.* **5.6**
developing en vías de desarrollo *adj.*; **developing country** país en vías de desarrollo *m.*
development desarrollo *m.* **4.6**
diamond diamante *m.*
dictator dictador(a) *m., f.* **5.6**
dictatorship dictadura *f.*
die fallecer *v.* **5.6**; **to die of** morirse (o:ue) de *v.* **4.2**
diet (nutrition) alimentación *f.* **4.4**; dieta *f.*; **to be on a diet** estar a dieta *v.* **4.4**; **to go on a diet** ponerse a dieta *v.* **4.4**
difficult duro/a *adj.*
digestion digestión *f.*
digital digital *adj.* **5.1**
direct dirigir *v.* **4.1**
director director(a) *m., f.*
disappear desaparecer *v.* **4.1, 4.6**
disappointment desilusión *f.*
disaster catástrofe *f.*; **natural disaster** catástrofe natural *f.*
discomfort malestar *m.* **4.4**
discouraged desanimado/a *adj.* **to get discouraged** desanimarse *v.*; **the state of being discouraged** desánimo *m.* **4.1**
discover descubrir *v.*
discoverer descubridor(a) *m., f.*
discovery descubrimiento *m.* **5.1**; hallazgo *m.* **4.4**
discriminated discriminado/a *adj.*
discrimination discriminación *f.*
disease enfermedad *f.* **4.4**
disguised disfrazado/a *adj.*
disgusting: to be disgusting dar asco *v.*
disorder desorden *m.* **5.1**; **(condition)** trastorno *m.*
display lucir *v.*
disposable desechable *adj.* **4.6**
distant lejano/a *adj.* **4.5**
distinguish distinguir *v.* **4.1**
distract distraer *v.* **4.1**
distracted distraído/a *adj.*
disturbing inquietante *adj.* **5.4**
diversity diversidad *f.* **4.4**
divorce divorcio *m.* **4.1**
divorced divorciado/a *adj.* **4.1**
dizzy mareado/a *adj.* **4.4**
DNA ADN (ácido desoxirribonucleico) *m.* **5.1**

do hacer *v.* 4.1, 4.4; **to be (doing something)** andar + *pres. participle* *v.*; **to do someone the favor** hacer el favor *v.*; **to do something on purpose** hacer algo a propósito *v.*
doctor's appointment consulta *f.* 4.4
doctor's office consultorio *m.* 4.4
documentary documental *m.* 5.3
dominoes dominó *m.*
don't you dare ni se le ocurra 4.5
doorbell timbre *m.*; **to ring the doorbell** tocar el timbre *v.*
double (*in movies*) doble *m., f.* 5.3
doubt interrogante *m.*; **to be no doubt** no caber duda *v.*
download descargar *v.* 5.1
drag arrastrar *v.*; **drag out** alargar *v.* 4.1
dramatically; rapidly vertiginosamente *adv.* 5.2
draw dibujar *v.* 5.4
dream (about) soñar (o:ue) (con) *v.* 4.1
dreams sueños *m.* 4.1
dressing room probador *m.* 4.3; **(*star's*)** camerino *m.* 5.3
drink beber *v.* 4.1
drinking glass copa *f.* 4.3
drive conducir *v.* 4.1; manejar *v.*
drought sequía *f.* 4.6
drown ahogarse *v.*
drowned ahogado/a *adj.* 4.5
dry seco/a *adj.* 4.6; secar *v.*; **to dry off** secarse *v.* 4.2
dub (*film*) doblar *v.*
dubbed doblado/a *adj.* 5.3
dubbing doblaje *m.*
dust polvo *m.* 4.3; **to dust** quitar el polvo *v.* 4.3
duty deber *m.* 5.2

E

ear of corn mazorca *f.* 4.2
earn ganar *m.*;
earth tierra *f.* 4.6; **What on earth...?** ¿Qué rayos...? 4.5
earthquake terremoto *m.* 4.6
easy-going (*permissive*) permisivo/a *adj.* 4.1
eat comer *v.* 4.1, 4.2; **to eat up** comerse *v.* 4.2
ecosystem ecosistema *m.* 4.6
ecotourism ecoturismo *m.* 4.5
edible comestible *adj.*; **edible plant** planta comestible *f.*
editor redactor(a) *m., f.* 5.3
editor-in-chief redactor(a) jefe *m., f.*
educate educar *v.*
educated (*cultured*) culto/a *adj.* 5.6
education instrucción *f.* 5.2
educational didáctico/a *adj.* 5.4
efficient eficiente *adj.*
effort esfuerzo *m.*
either... or... o... o... *conj.*
elbow codo *m.*
elder mayor *m.* 5.6
elderly anciano/a *adj.*; **elderly gentleman/lady** anciano/a *m., f.*
elect elegir (e:i) *v.* 5.5
elected elegido/a *adj.*
electoral electoral *adj.*
electricity luz *f.* 5.1
electronic electrónico/a *adj.*
e-mail address dirección de correo electrónico *f.* 5.1
embarrassed avergonzado/a *adj.*
embarrassment vergüenza *f.*
embassy embajada *f.*
emigrate emigrar *v.* 5.5
emotion sentimiento *m.* 4.1
emperor emperador *m* 5.6
emphasize destacar *v.*
empire imperio *m.* 5.6
employed empleado/a *adj.* 5.2
employee empleado/a *m., f.* 5.2
employment empleo *m.* 5.2
empress emperatriz *f.* 5.6
encourage animar *v.*
end fin *m.*; **(*rope, string*)** cabo *m.*
endangered en peligro de extinción *adj.*; **endangered species** especie en peligro de extinción *f.*
ending desenlace *m.*
energetic enérgico/a *adj.*
energy energía *f.*; **nuclear energy** energía nuclear *f.*; **wind energy** energía eólica *f.*
engineer ingeniero/a *m., f.* 5.1
enjoy disfrutar (de) *v.* 4.2; **Enjoy your meal.** Buen provecho.
enough bastante *adv.* 4.3
enslave esclavizar *v.* 5.6
enter ingresar *v.*; **to enter data** ingresar datos *v.*
entertain (oneself) entretener(se) (e:ie) *v.* 4.2
entertaining entretenido/a *adj.* 4.2
entertainment farándula *f.* 4.1
entrance hall zaguán *m.* 4.3
entrepreneur empresario/a *m., f.* 5.2
envelope sobre *m.*
environment medio ambiente *m.* 4.6
environmental ambiental *adj.* 4.6
epidemic epidemia *f.* 4.4
episode episodio *m.* 5.3; **final episode** episodio final *m.* 5.3
equal igual *adj.* 5.5
equality igualdad *f.*
era época *f.* 5.6
erase borrar *v.* 5.1
erosion erosión *f.* 4.6
errands mandados *m. pl.* 4.3; **to run errands** hacer mandados *v.* 4.3
essay ensayo *m.*
essayist ensayista *m., f.* 5.4
establish (oneself) establecer(se) *v.* 5.6
eternal eterno/a *adj.*
ethical ético/a *adj.* 5.1; **unethical** poco ético/a *m., f.*
even siquiera *conj.*
event acontecimiento *m.* 5.3
everyday cotidiano/a *adj.* 4.3; **everyday life** vida cotidiana *f.*
example (*sample*) muestra *f.*
exchange: in exchange for a cambio de
excited emocionado/a *adj.* 4.1
exciting excitante *adj.*
excursion excursión *f.* 4.5
excuse disculpar *v.*; **Excuse me; Pardon me** Perdona (*fam.*)/Perdone (*form.*); Con permiso.
executive ejecutivo/a *m., f.* 5.2; **of an executive nature** de corte ejecutivo 5.2
exhausted agotado/a *adj.* 4.4; fatigado/a *adj.* 4.4
exhaustion cansancio *m.* 4.3
exhibition exposición *f.*
exile exilio *m.*; **political exile** exilio político *m.* 5.5
exotic exótico/a *adj.*
expel expulsar *v.* 5.6
expensive caro/a *adj.* 4.3; costoso/a *adj.*
experience experiencia *f.* 5.2; experimentar *v.*
experiment experimento *m.* 5.1
expire caducar *v.*
expired vencido/a *adj.* 4.5
exploit explotar *v.* 5.6
exploitation explotación *f.*
exploration exploración *f.*
explore explorar *v.*
explosion estallido *m.* 5.5
export exportar *v.* 5.2
exports exportaciones *f., pl.*
expressionism expresionismo *m.* 5.4
extinct: become extinct extinguirse *v.* 4.6
extinguish extinguir *v.*

F

facial features facciones *f., pl.* 4.3
facilities servicios *m., pl.*
fact hecho *m.* 4.3; **in fact** de hecho 4.4
factor factor *m.*; **risk factors** factores de riesgo *m. pl.*
factory fábrica *f.*
fad moda pasajera *f.* 5.3
faint desmayarse *v.* 4.4
fair feria *f.* 4.2
faith fe *f.* 5.5
fall caer *v.* 4.1; **to fall in love (with)** enamorarse (de) *v.* 4.1
fame fama *f.* 5.3
famous famoso/a *adj.* 5.3; **to become famous** hacerse famoso *v.* 5.3
fan (of) aficionado/a (a) *adj.* 4.2; **to be a fan of** ser aficionado/a de *v.*
farewell despedida *f.* 4.5
fascinate fascinar *v.* 4.2
fashion moda *f.*; **in fashion, popular** de moda *adj.* 5.3
fasten abrocharse *v.*; **to fasten one's seatbelt** abrocharse el cinturón de seguridad *v.*; **to fasten (the seatbelt)** ponerse (el cinturón de seguridad) *v.* 4.5
fatigue fatiga *f.* 5.2
favor favor *m.*; **to do someone the favor** hacer el favor *v.*
favoritism favoritismo *m.* 5.5
fed up (with) harto/a *adj.*; **to be fed up (with); to be sick (of)** estar harto/a (de) *v.* 4.1
feed dar de comer *v.* 4.6
feel sentirse (e:ie) *v.* 4.1; **(experience)** experimentar *v.*; **to feel like** dar la gana *v.* 5.3; sentir/tener ganas de *v.*
feeling sentimiento *m.* 4.1
festival festival *m.* 4.2
fever fiebre *f.* 4.4; **to have a fever** tener fiebre *v.* 4.4
field campo *m.* 4.6; cancha *f.*

fight lucha *f.*; pelear, luchar *v.* **5.2**; **to fight (for)** luchar por *v.*; **to fight bulls** lidiar *v.* **4.2**; **to fight bulls in the bullring** torear *v.* **4.2**
figuratively en sentido figurado *m.*
file archivo *m.*; **to download a file** bajar un archivo *v.*
filled up completo/a *adj.*; **The hotel is filled.** El hotel está completo.
film película *f.*; rodar (o:ue) *v.* **5.3**
finance(s) finanzas *f. pl.*; financiar *v.* **5.2**
financial financiero/a *adj.* **5.2**
find out averiguar *v.* **4.1**
finding hallazgo *m.* **4.4**
fine multa *f.*
fine arts bellas artes *f., pl.* **5.4**
fingernail uña *f.*
finish line meta *f.*
fire incendio *m.* **4.6**; despedir (e:i) *v.* **5.2**
fired despedido/a *adj.*
fireplace hogar *m.* **4.3**
first aid primeros auxilios *m., pl.* **4.4**
first and foremost antes que nada
fish pez *m.* **4.6**
fishing pesca *f.* **4.5**
fit caber *v.* **4.1**; **(clothing)** quedar *v.* **4.2**
fitting room vestidor *m.*
flag bandera *f.*
flask frasco *m.*
flavor sabor *m.*; **What flavor is it? Chocolate?** ¿Qué sabor tiene? ¿Chocolate? **4.4**
flee huir *v.* **4.3**
fleeting pasajero/a *adj.*
flexible flexible *adj.*
flight vuelo *m.*
flight attendant auxiliar de vuelo *m., f.*
flirt coquetear *v.* **4.1**
float flotar *v.* **4.5**
flood inundación *f.* **4.6**; inundar *v.*
floor suelo *m.*
flower florecer *v.* **4.6**
flu gripe *f.* **4.4**
fly mosca *f.* **4.4, 4.6**; volar (o:ue) *v.* **5.2**
fog niebla *f.*
fold doblar *v.*
follow seguir (e:i) *v.*
folly insensatez *f.* **4.4**
fond of aficionado/a (a) *adj.* **4.2**
food comida *f.* **4.6**; alimento *m.* **canned food** comida enlatada *f.* **4.6**; **fast food** comida rápida *f.* **4.4**
foot (*of an animal*) pata *f.*
for a long time harto (tiempo) *adj.* **5.6**
forbidden vedado/a *adj.* **4.3**
force fuerza *f.*; **armed forces** fuerzas armadas *f., pl.* **5.6**; **labor force** fuerza laboral *f.*
forced forzado/a *adj.* **5.6**
forefront: at the forefront a la vanguardia
foresee presentir (e:ie); prever *v.*
forest bosque *m.*
forget (about) olvidarse (de) *v.* **4.2**
forgetfulness; olvido *m.* **4.1**
forgive perdonar *v.*
form forma *f.*
formulate formular *v.* **5.1**
forty-year-old; in her/his forties cuarentón/cuarentona *adj.* **5.5**
fountain fuente *f.*
frame marco *m.*
free time tiempo libre *m.* **4.2**; ratos libres *m. pl.* **4.2**
freedom libertad *f.* **5.5**; **freedom of the press** libertad de prensa *f.* **5.3**
freeze helar (e:ie) *v.*
frequently a menudo *adv.* **4.3**
friar fraile *m.*
frightened asustado/a *adj.*
frog rana *f.* **4.6**
front desk recepción *f.* **4.5**
front page portada *f.* **5.3**
frozen congelado/a *adj.*
fry freír (e:i) *v.* **4.3**
fuel combustible *m.* **4.6**
full lleno/a *adj.*; **full-length film** largometraje *m.*
fun divertido/a *adj.* **4.2**
funny gracioso/a *adj.* **4.1**; **to be funny (to someone)** hacerle gracia (a alguien)
furnished amueblado/a *adj.*
furniture mueble *m.* **4.3**
future mañana (el) *m.* **4.3**
futuristic futurístico/a *adj.*

G

gain weight engordar *v.* **4.4**
gallery galería *f.* **5.4**
game juego *m.* **4.2**; **ball game** juego de pelota *m.* **4.5**; **board game** juego de mesa *m.* **4.2**; partida *f.* **5.6**; **(*sports*)** partido *m.*; **to win/lose a game** ganar/perder un partido *v.* **4.2**
garbage (*poor quality*) porquería *f.* **5.4**
gate: airline gate puerta de embarque *f.* **4.5**
gaze mirada *f.* **4.1**
gene gen *m.* **5.1**
generate generar *v.*
generous generoso/a *adj.*
genetics genética *f.*
genuine auténtico/a *adj.* **4.3**
gesture gesto *m.*
get obtener *v.*; **to get a movie** alquilar una película *v.* **4.2**; **to get a shot** poner(se) una inyección *v.* **4.4**; **to get along** congeniar *v.*; **to get along well/poorly** llevarse bien/mal *v.* **4.1**; **to get better** mejorarse, ponerse bueno *v.* **4.2, 4.4** **to get bored** aburrirse *v.* **4.2**; **to get discouraged** desanimarse *v.*; **to get dressed** vestirse (e:i) *v.* **4.2**; **to get hurt** lastimarse *v.* **4.4**; **to get in shape** ponerse en forma *v.* **4.4**; **to get information** informarse *v.*; **to get over (something)** superar (algo) *v.* **4.4**; **to get ready** arreglarse *v.* **4.3**; **to get sick** enfermarse *v.* **4.4**; **to get tickets** conseguir (e:i) boletos/entradas *v.* **4.2**; **to get together (with)** reunirse (con) *v.* **4.2**; **to get up** levantarse *v.* **4.2**; **to get upset** afligirse *v.* **4.3**; **to get used to** acostumbrarse (a) *v.* **4.3**; **to get vaccinated** vacunarse *v.* **4.4**; **to get well/ill** *v.* ponerse bien/mal **4.4**; **to get wet** mojarse *v.*; **to get worse** empeorar *v.* **4.4**
gift obsequio *m.* **5.5**
give dar *v.*; **to give/lend a hand** echar una mano *v.* **5.1**; **to give a prize** premiar *v.*; **to give a shot** poner una inyección *v.* **4.4**; **to give up** darse por vencido *v.* **4.6**; ceder **5.5**; **to give way to** dar paso a *v.*
gladly con mucho gusto **5.4**
glance vistazo *m.*
global warming calentamiento global *m.* **4.6**
globalization globalización *f.*
go ir *v.* **4.1, 4.2**; **to go across** recorrer *v.* **4.5**; **to go around (the world)** dar la vuelta (al mundo) *v.*; **to go away (from)** irse (de) *v.* **4.2**; **to go out** salir *v.* **4.1**; **to go out (to eat)** salir (a comer) *v.* **4.2**; **to go out with** salir con *v.* **4.1**; **to go shopping** ir de compras *v.* **4.3**; **go to bed** acostarse (o:ue) *v.* **4.2**; **go to sleep** dormirse (o:ue) *v.* **4.2**; **go too far** pasarse *v.*; **go too fast** embalarse *v.* **5.3**
goal meta *f.* **5.4**
goat cabra *f.*
God Dios *m.* **5.5**
god/goddess dios(a) *m., f.* **4.5**
gold oro *m.* **4.4**
goldfish pececillo de colores *m.*
good bueno/a *adj.* **to be good (i.e. *fresh*)** estar bueno *v.*; **to be good (*by nature*)** ser bueno *v.*
goodness bondad *f.*
gossip chisme *m.* **5.3**
govern gobernar (e:ie) *v.* **5.5**
government gobierno *m.*; **government agency** organismo público *m.*
governor gobernador(a) *m., f.* **5.5**
graduate titularse *v.* **4.3**
grass hierba *f.*; **pasto** *m.*
gratitude agradecimiento *m.*
gravity gravedad *f.* **5.1**
grouch, curmudgeon cascarrabias *m. f.* **4.4**
group grupo *m.*; **musical group** grupo musical *m.*
grow crecer *v.* **4.1**; cultivar *v.* **to grow accustomed to;** acostumbrarse (a) *v.* **4.3**; **grow up** criarse *v.* 4.1
growth crecimiento *m.*
Guarani guaraní *m.* **5.3**
guarantee asegurar *v.*
guess adivinar *v.*
guilt culpa *f.*
guilty culpable *adj.*
guitar (type of) tiple *m.* **4.2**
guy tipo *m.* **4.2**
gymnasium gimnasio *m.*

H

habit costumbre *f.* **4.3**
habit: be in the habit of soler (o:ue) *v.* **4.3**
half mitad *f.*
hall sala *f.* **concert hall** sala de conciertos *f.*
hang (up) colgar (o:ue) *v.*
happen suceder *v.* **4.1**; **These things happen.** Son cosas que pasan. **5.5**
happiness felicidad *f.*
happy feliz *adj.*
hard arduo *adj.*; duro/a *adj.*
hardly apenas *adv.* **4.3**
hard-working trabajador(a) *adj.* **5.2**
harmful dañino/a *adj.* **4.6**
harvest cosecha *f.*
hate odiar *v.* **4.1**
have tener, disponer (de) *v.* **4.1, 4.3**; **to have fun** divertirse (e:ie) *v.* **4.2**
hawk pregonar *v.* **5.3**
headline titular *m.* **5.3**
headscarf pañuelo *m.* **5.5**

heal curarse; sanar *v.* 4.4
healing curativo/a *adj.* 4.4
health salud *f.* 4.4;
To your health! ¡A tu salud!
healthy saludable, sano/a *adj.* 4.4
hear oír *v.* 4.1
heart corazón *m.* 4.1; **heart and soul** cuerpo y alma
heavy rain diluvio *m.*
heel tacón *m.* 5.6; **high heel** tacón alto *m.*
height cima *f.* 4.1; ***(highest level)*** apogeo *m.* 4.5
help (aid) auxilio *m.*
heritage herencia *f.*;
cultural heritage herencia cultural *f.* 5.6
heroic heroico/a *adj.* 5.6
hide ocultarse *v.* 4.3
high definition de alta definición *adj.* 5.1
high school instituto *m.* 5.5
highest level apogeo *m.* 4.5
hijacking *m.* secuestro 4.5
hill cerro *m.*; colina *f.*
Hindu hindú *adj.* 5.5
hire contratar *v.* 5.2
historian historiador(a) *m., f.* 5.6
historic histórico/a *adj.* 5.6
historical histórico/a *adj.* 5.4;
historical period era *f.* 5.6
history historia *f.* 5.6
hit pegar *v.* 5.5
hold (*hug*) abrazar *v.* 4.1; **hold a vigil/ wake** velar *v.* 5.6; **hold your horses** parar el carro *v.* 5.3
hole agujero *m.*; **black hole** agujero negro *m.* 5.1; **hole in the ozone layer** agujero en la capa de ozono *m.*; **small hole** agujerito *m.* 5.1
holy sagrado/a *adj.* 5.5
home hogar *m.* 4.3
honey miel *f.* 5.2
honored distinguido/a *adj.*
hope esperanza *f.* 4.6; ilusión *f.*
horror (*story/novel*) de terror *adj.* 5.4
horseshoe herradura *f.* 5.6
host(ess) anfitrión/anfitriona *m., f.*
hostel albergue *m.* 4.5
hour hora *f.*
how cómo *adv.*;
How come? ¿Cómo así? 4.2
hug abrazar *v.* 4.1
humankind humanidad *f.* 5.6
humid húmedo/a *adj.* 4.6
humorous humorístico/a *adj.* 5.4
hungry hambriento/a *adj.*
hunt cazar *v.* 4.6
hurricane huracán *m.* 4.6
hurry prisa *f.* 4.6;
to be in a hurry tener apuro *v.*
hurt herir (e: ie) *v.* 4.1; doler (o:ue) *v.* 4.2; **to get hurt** lastimarse *v.* 4.4; **to hurt oneself** hacerse daño; **to hurt someone** hacerle daño a alguien
husband marido *m.*
hut choza *f.* 5.6
hygiene aseo *m.*
hygienic higiénico/a *adj.*

I

ideology ideología *f.* 5.5
illness dolencia *f.*; enfermedad *f.*
ill-tempered malhumorado/a *adj.*
illusion ilusión *f.*
image imagen *f.* 4.2, 5.1
imagination imaginación *f.*
immature inmaduro/a *adj.* 4.1
immediately en el acto 4.3
immigration inmigración *f.* 5.5
immoral inmoral *adj.* 5.5
import importar *v.* 5.2
important importante *adj.* 4.4; **be important (to); to matter** importar *v.* 4.2, 4.4
imported importado/a 5.2
imports importaciones *f., pl.*
impossible (to put off) impostergable *adj.* 5.6
impress impresionar *v.* 4.1
impressionism impresionismo *m.* 5.4
improve mejorar *v.* 4.4; perfeccionar *v.*
improvement adelanto *m.* 4.4
in love (with) enamorado/a (de) *adj.* 4.1
inadvisable poco recomendable *adj.* 4.5
incapable incapaz *adj.* 5.2
included incluido/a *adj.* 4.5
incompetent incapaz *adj.* 5.2
increase aumento *m.*
independence independencia *f.* 5.6
index índice *m.*
indigenous indígena *adj.* 5.3
indigenous person indígena *m., f.*
industrious trabajador(a) *adj.* 5.2
industry industria *f.*
inexpensive barato/a *adj.* 4.3
infected: become infected contagiarse *v.* 4.4
inflamed inflamado/a *adv.* 4.4; **become inflamed** inflamarse *v.*
inflexible inflexible *adj.*
influential influyente *adj.* 5.3
inform avisar *v.*; **to be informed** estar al tanto *v.* 5.3; **to become informed (about)** enterarse (de) *v.* 5.3
inhabit habitar *v.* 5.6
inhabitant habitante *m., f.* 5.6; poblador(a) *m., f.*
inherit heredar *v.*
injure lastimar *v.*
injured herido/a *adj.*
innovative innovador(a) *adj.* 5.1
insanity locura *f.*
insect bite picadura *f.* 4.4
insecure inseguro/a *adj.* 4.1
insincere falso/a *adj.* 4.1
insist on insistir en *v.* 4.4
inspired inspirado/a *adj.*
instability inestabilidad *f.* 5.6
install instalar *v.* 5.1
insurance seguro *m.* 4.5
intelligent inteligente *adj.*
intensive care terapia intensiva *f.* 4.4
interest interesar *v.* 4.2
interesting interesante *adj.*; **to be interesting** interesar *v.* 4.2
Internet Internet *m., f.* 5.1
interview entrevista *f.*; entrevistar *v.*; **job interview** entrevista de trabajo *f.* 5.2
intriguing intrigante *adj.* 5.4
invade invadir *v.* 5.6
invent inventar *v.* 5.1
invention invento *m.* 5.1
invest invertir (e:ie) *v.* 5.2
investigate investigar *v.* 5.1
investment inversión *f.*; **foreign investment** inversión extranjera *f.* 5.2
investor inversor(a) *m., f.*
iron plancha *f.*
irresponsible irresponsable *adj.*
island isla *f.* 4.5
isolate aislar *v.* 5.3
isolated aislado/a *adj.* 4.6
itinerary itinerario *m.* 4.5

J

jealous celoso/a *adj.*; **to be jealous of** tener celos de *v.* 4.1
jealousy celos *m. pl.*
Jewish judío/a *adj.* 5.5
job empleo *m.* 5.2; ***(position)*** puesto *m.* 5.2; **job interview** entrevista de trabajo *f.* 5.2
join unirse *v.* 5.5
joke broma *f.* 4.1; chiste *m.* 4.1
joke bromear *v.*
journalist periodista *m., f.*
joy regocijo *m.* 4.4; alegría *f.* 5.5
judge juez(a) *m., f.* 5.5
judgment juicio *m.*
jump salto *m.*
just justo/a *adj.* 5.5
just as tal como *conj.*
justice justicia *f.* 5.5

K

keep mantener *v.*; guardar *v.*; **to keep in mind** tener en cuenta *v.*; **to keep in touch** mantenerse en contacto *v.* 4.1; **to keep (something) to yourself** guardarse (algo) *v.* 4.1; **to keep up with the news** estar al día con las noticias *v.*
key clave *f.* 5.2
keyboard teclado *m.*
kick patada *f.* 4.3
kid, youngster chaval(a) *m., f.* 5.5
kind amable *adj.*
king rey *m.* 5.6
kingdom reino *m.* 5.6
kiss besar *v.* 4.1
know conocer *v.*; saber *v.* 4.1
knowledge conocimiento *m.* 5.6

L

label etiqueta *f.*
labor mano de obra *f.*
labor market campo laboral *m.* 5.2
labor union sindicato *m.* 5.2
laboratory laboratorio *m.*; **space lab** laboratorio espacial *m.*
lack faltar *v.* 4.2
land tierra *f.* 4.6; terreno *m.* 4.6
land (*an airplane*) aterrizar *v.* 4.5
landscape paisaje *m.* 4.6
language idioma *m.* 5.3; lengua *f.* 5.3
laptop computadora portátil *f.* 5.1
late atrasado/a *adj.* 4.3
laugh reír(se) (e:i) *v.*
launch lanzar *v.*
law derecho *m.*; ley *f.*; **to abide by the law** cumplir la ley *v.* 5.5 ; **to approve a law; to pass a law** aprobar (o:ue) una ley *v.*
lawyer abogado/a *m., f.*
lay laico/a *adj.* 5.5

layer capa *f.;* **ozone layer** capa de ozono *f.* **4.6**
lazy haragán/haragana *adj.* **5.2**
lead encabezar *v.* **5.6**
leader líder *m., f.* **5.5**
leadership liderazgo *m.* **5.5**
lean (on) apoyarse (en) *v.*
learned erudito/a *adj.* **5.6**
learning aprendizaje *m.* **5.6**
leave marcharse *v.* ; dejar *v.*; **to leave someone** dejar a alguien *v.*
left over: to be left over quedar *v.* **4.2**
leg (*of an animal*) pata *f.*
legend leyenda *f.* **4.5**
leisure ocio *m.*
lend prestar *v.* **5.2**
lesson (*teaching*) enseñanza *f.* **5.6**
level nivel *m.;* **sea level** nivel del mar *m.*
liberal liberal *adj.* **5.5**
liberate liberar *v.* **5.6**
library biblioteca *f.* **5.6**
lid tapa *f.*
lie mentira *f.* **4.1**
life vida *f.;* **everyday life** vida cotidiana *f.*; **life cycle** ciclo vital *m.* **4.4**
light luz *f.* **4.1**
lighthouse faro *m.* **4.5**
lightning relámpago *m.* **4.6**
lightning rayo *m.*
like gustar *v.* **4.2, 4.4; I don't like ...at all!** ¡No me gusta nada… !; **to like very much** encantar, fascinar *v.* **4.2**
like this; so así *adv.* **4.3**
line cola *f.;* **to wait in line** hacer cola *v.* **4.2**
line (*of poetry*) verso *m.* **5.4**
link enlace *m.* **5.1**
lion león *m.* **4.6**
listener oyente *m., f.* **5.3**
literature literatura *f.* **5.4; children's literature** literatura infantil/juvenil *f.* **5.4**
live en vivo, en directo *adj.* **5.3; live broadcast** emisión en vivo/directo *f.*
live vivir *v.* **4.1**
lively animado/a *adj.* **4.2**
locate ubicar *v.*
located situado/a *adj.;* **to be located** ubicarse *v.*
lodge hospedarse *v.*
lodging alojamiento *m.* **4.5**
loneliness soledad *f.* **4.3**
lonely solo/a *adj.* **4.1**
long largo/a *adj.;* **long-term** a largo plazo
longshoreman estibador de puerto *m.* **4.4**
look aspecto *m.;* **to take a look** echar un vistazo *v.*
look verse *v.;* **to look healthy/sick** tener buen/mal aspecto *v.* **4.4; to look like** parecerse *v.* **4.2, 4.3; to look out upon** dar a *v.*; **He/She looks so happy.** Se ve tan feliz. **4.6; How attractive you look!** (*fam.*) ¡Qué guapo/a te ves! **4.6; How elegant you look!** (*form.*) ¡Qué elegante se ve usted! **4.6; It looks like he/she didn't like it.** Al parecer, no le gustó. **4.6; It looks like he/she is sad/happy.** Parece que está triste/contento/a. **4.6; He/She looks very sad to me.** Yo lo/la veo muy triste. **4.6**
loose suelto/a *adj.*
lose perder (e:ie) *v.;* **to lose an election** perder las elecciones *v.* **5.5; to lose a game** perder un partido *v.* **4.2; to lose weight** adelgazar *v.* **4.4**
loss pérdida *f.* **5.5**
lottery lotería *f.*
loudspeaker altoparlante *m.*
love amor *m.;* amar; querer (e:ie) *v.* **4.1; (un)requited love** amor (no) correspondido *m.*
lovely precioso/a *adj.* **4.1**
lower bajar *v.*
low-income bajos recursos *m., pl.* **5.2**
loyalty lealtad *f.* **5.6**
lucky afortunado/a *adj.*
luggage equipaje *m.*
luxurious lujoso/a **4.5***;* de lujo
luxury lujo *m.*
lying mentiroso/a *adj.* **4.1**

M

madness locura *f.*
magazine revista *f.* **5.3; online magazine** revista electrónica *f.* **5.3**
magic magia *f.*
mailbox buzón *m.*
majority mayoría *f.* **5.5**
make hacer *v.* **4.1, 4.4; to make a (hungry) face** poner cara (de hambriento/a) *v.*; **to make a toast** brindar *v.* **4.2; to make a living** ganarse la vida *v.* **5.2; to make a wish** pedir un deseo *v.* **5.2; to make fun of** burlarse (de) *v.*; **to make good use of** aprovechar *v.*; **to make one's way** abrirse paso *v.*; **to make sure** asegurarse *v.*; **to make use of** disponer (de) *v.* **4.3**
make-up maquillaje *f.*
male macho *m.*
mall centro comercial *m.* **4.3**
manage administrar *v.* **5.2;** dirigir *v.* **4.1;** lograr; *v.* **4.3**
manager gerente *m, f.* **5.2**
manipulate manipular *v.*
manufacture fabricar *v.* **5.1**
manuscript manuscrito *m.*
marathon maratón *m.*
maritime marítimo/a *adj.*
market mercado *m.* **5.2**
marketing mercadeo *m.* **4.1**
marriage matrimonio *m.*
married casado/a *adj.* **4.1**
mass misa *f.*
masterpiece obra maestra *f.* **4.3**
mathematician matemático/a *m., f.* **5.1**
matter asunto *m.;* importar *v.* **4.2, 4.4**
mature maduro/a *adj.* **4.1**
Mayan Trail ruta maya *f.* **4.5**
mayor alcalde/alcaldesa *m., f.* **5.5**
mean antipático/a *adj.*; tener la intención *v.*
means medio *m.;* **media** medios de comunicación *m. pl.* **5.3**
measure medida *f.;* medir (e:i) *v.;* **security measures** medidas de seguridad *f. pl.* **4.5**
mechanical mecánico/a *adj.*
mechanism mecanismo *m.*
meditate meditar *v.* **5.5**
meeting reunión *f.* **5.2**
member socio/a *m., f.* **5.2**
memory recuerdo *m.*
merchandise mercancía *f.*
mercy piedad *f.* **5.2**
mess desorden *m.* **5.1**
message mensaje, recado *m.* **5.6; text message** mensaje de texto *m.* **5.1**
middle medio *m.*
Middle Ages Edad Media *f.*
military militar *m., f.* **5.5**
minister ministro/a *m., f.;* **Protestant minister** ministro/a protestante *m., f.*
minority minoría *f.* **5.5**
minute minuto *m.;* **last-minute news** noticia de último momento *f.*; **up-to-the-minute** de último momento *adj.* **5.3**
miracle milagro *m.*
miser avaro/a *m., f.*
miss extrañar *v.;* perder (e:ie) *v.;* **to miss (someone)** extrañar a (alguien) *v.*; **to miss a flight** perder un vuelo *v.* **4.5**
mistake: to be mistaken; to make a mistake equivocarse *v.* **4.2**
mixed: person of mixed ethnicity (*part indigenous*) mestizo/a *m., f.* **5.6**
mixture mezcla *f.*
mock burlarse *v.* **5.4**
mockery burla *f.*
model (*fashion*) modelo *m., f.*
modern moderno/a *adj.*
modify modificar, alterar *v.*
moisten mojar *v.*
moment momento *m.*
monarch monarca *m., f.* **5.6**
money dinero *m.;* (*L. Am.*) plata *f.* **4.2; cash** dinero en efectivo *m.* **4.3**
monkey mono *m.* **4.6**
monolingual monolingüe *adj.* **5.3**
mood estado de ánimo *m.* **4.4; in a bad mood** malhumorado/a *adj.*
moon luna *f.;* **full moon** luna llena *f.*
moral moral *adj.* **5.5**
mortgage hipoteca *f.* **5.2**
mosque mezquita *f.* **5.5**
mountain montaña *f.* **4.6;** monte *m.*; **mountain range** cordillera *f.* **4.6**
move jugada *f.* **5.6; *(change residence)*** mudarse *v.* **4.2**
movement corriente *f.;* movimiento *m.* **5.4**
movie theater cine *m.* **4.2**
moving conmovedor(a) *adj.*
muralist muralista *m., f.* **5.4**
murky turbio/a *adj.* **4.1**
museum museo *m.*
music video video musical *m.* **5.3**
musician músico/a *m., f.* **4.2**
Muslim musulmán/musulmana *adj.* **5.5**
myth mito *m.* **4.5**

N

name nombrar *v.*
nape nuca *f.* **5.3**
narrate narrar *v.* **5.4**
narrative work narrativa *f.* **5.4**
narrator narrador(a) *m., f.* **5.4**
narrow estrecho/a *adj.*
native nativo/a *adj.*
natural resource recurso natural *m.* **4.6**
navel ombligo *m.* **4.4**
navigator navegante *m., f.* **5.1**
navy armada *f.* **5.5**
necessary necesario *adj.* **4.4**
necessity necesidad *f.* **4.5; of utmost necessity** de primerísima necesidad **4.5**
need necesidad *f.* **4.5;** necesitar *v.* **4.4**

needle aguja *f.* 4.4
neighborhood barrio *m.*
neither... nor... ni… ni… *conj.*
nervous nervioso/a *adj.*
nest nido *m.*
network red *f.* 5.2; cadena *f.* 5.3; **cadena de televisión** television network *f.*
news noticia *f.;* **local/domestic/ international news** noticias locales/ nacionales/internacionales *f. pl.* 5.3; **news bulletin** informativo *m.*; **news report** reportaje *m.* 5.3; **news reporter** presentador(a) de noticias *m., f.*
newspaper periódico *m.*; **diario** *m.* 5.3
nice simpático/a, amable *adj.*
no news sin novedad 4.5
No way! ¡Ni loco/a! 5.3
noise ruido *m.*
nomination nominación *f.*
nominee nominado/a *m., f.*
non-stop corrido (de) *adv.* 5.3
nook rincón *m.*
notice aviso *m.* 4.5; fijarse *v.* 5.3 **to take notice of** fijarse en *v.* 4.2
novelist novelista *m., f.* 5.1, 5.4
now and then de vez en cuando 4.3
nun monja *f.*
nurse enfermero/a *m., f.* 4.4
nutritious nutritivo/a *adj.* 4.4; **(*healthy*)** saludable *adj.* 4.4
nutshell (in a) resumidas cuentas (en) *adv.* 4.3

O

oar remo *m.* 4.5
obesity obesidad *f.* 4.4
obey obedecer *v.* 4.1
oblivion olvido *m.* 4.1
occur (to someone) ocurrírsele (a alguien) *v.*
offer oferta *f.*; ofrecerse (a) *v.*
office despacho *m.*
officer agente *m., f.*
often a menudo *adv.* 4.3
oil painting óleo *m.* 5.4
Olympics Olimpiadas *f. pl.*
on purpose a propósito *adv.* 4.3
once in a while de vez en cuando *adv.* 4.3
online en línea *adj.* 5.1
open abrir(se) *v.*
open-air market mercado al aire libre *m.*
openmouthed boquiabierto/a *adj.* 5.5
operate operar *v.*
operation operación *f.* 4.4
opinion opinión *f.;* **In my opinion, ...** A mi parecer, ...; Considero que..., Opino que...; **to be of the opinion** opinar *v.*
oppose oponerse a *v.* 4.4
oppress oprimir *v.* 5.6
options alternativas *f. pl.* 4.3
orchard huerto *m.*
originating (in) proveniente (de) *adj.*
ornate ornamentado/a *adj.*
others; other people los/las demás *pron.*
ought to deber + *inf. v.*
outdo oneself (*P. Rico; Cuba*) botarse *v.*
outline esbozo *m.*
out-of-date pasado/a de moda *adj.* 5.3
outsmart burlar *v.* 5.3
overcome superar *v.*
overdose sobredosis *f.*
overthrow derribar *v.;* **derrocar** *v.* 5.6
overwhelmed agobiado/a *adj.* 4.1
own propio/a *adj.* 4.1
owner dueño/a *m., f.* 5.2; propietario/a *m., f.*

P

pack hacer las maletas *v.* 4.5
page página *f.*; **web page** página web 5.1
paid pagado *adj.*
pain (*suffering*) sufrimiento *m.*
painkiller analgésico *m.* 4.4
paint pintura *f.* 5.4; pintar *v.* 4.3
paintbrush pincel *m.* 5.4
painter pintor(a) *m., f.* 4.3, 5.4
painting cuadro *m.* 4.3, 5.4; pintura *f.* 5.4
pal, colleague camarada *m., f.* 4.4
palm tree palmera *f.*
pamphlet panfleto *m.*
paradox paradoja *f.*
parish parroquia *f.* 5.6
park parque *m.;* estacionar *v.;* **amusement park** parque de atracciones *m.* 4.2
parking lot aparcamiento *m.* 5.1
parrot loro *m.*
part parte *f.;* **to become part (of)** integrarse (a) *v.* 5.6
partner (*couple*) pareja *f.* 4.1; **business partner** socio/a *m., f.* 5.2
party (*politics*) partido *m.;* **political party** partido político *m.* 5.5
pass (*a class, a law*) aprobar (o:ue) *v.;* **to pass a law** aprobar una ley *v.* 5.5
passing pasajero/a *adj.*
passport pasaporte *m.* 4.5
password contraseña *f.* 5.1
past ayer (el) *m.* 4.3
pastime pasatiempo *m.* 4.2
pastry repostería *f.*
patent patente *f.* 5.1
path (*history*) trayectoria *f.* 4.1; prestarle atención a alguien *v.*
pay pagar *v.;* **to be well/poorly paid** ganar bien/mal *v.* 5.2; **to pay attention to someone** hacerle caso a alguien *v.* 4.1; prestarle atención a alguien *v.*
peace paz *f.*
peaceful pacífico/a *adj.* 5.6
peak cumbre *f.;* pico *m.*
peck picar *v.*
pedestrian viandante *m., f.* 5.1
people pueblo *m.*
performance rendimiento *m.*
perhaps acaso *adv.*
period punto *m.* 4.2
permanent fijo/a *adj.* 5.2
permission permiso *m.*
permissive permisivo/a *adj.* 4.1
persecute perseguir (e:i) *v.*
personal (*private*) particular *adj.*
pessimist pesimista *m., f.*
phase etapa *f.*
physicist físico/a *m. f.* 5.1
pick out seleccionar *v.* 4.3
pick up levantar *v.*
picnic picnic *m.*
picture imagen *f.* 4.2, 5.1
piece (*art*) pieza *f.* 5.4
pier muelle *m.* 4.5
pig cerdo *m.* 4.6
pill pastilla *f.* 4.4
pilot piloto *m., f.*
pious devoto/a *adj.*
pity pena *f.;* **What a pity!** ¡Qué pena!
place lugar *m.*
place poner *v.* 4.1, 4.2
place (*an object*) colocar *v.* 4.2
plan planear *v.*
planet planeta *m.* 5.1
planned previsto/a *adj., p.p.* 4.3
plateau: high plateau altiplano *m.* 5.5
play jugar *v.;* **(*theater*)** obra de teatro *f.* 5.4; **(*literary*)** obra literaria *f.* 5.4; **(an instrument)** tocar (un instrumento) *v.* 5.2; **to play a CD** poner un disco compacto *v.* 4.2; disputar *v.* 5.6
player (CD/DVD/MP3) reproductor (de CD/ DVD/MP3) *m.* 5.1
playing cards cartas *f. pl.* 4.2; naipes *m. pl.* 4.2
playwright dramaturgo/a *m., f.* 5.4
plead rogar *v.* 4.2, 4.4
pleasant (*funny*) gracioso/a *adj.* 4.1
please: Could you please...? ¿Tendría usted la bondad de + inf.... ? *(form.)*
plot trama *f.* 5.4; argumento *m.* 5.4
plumbing (*piping*) tubería *f.* 4.6
poet poeta *m., f.* 5.4
poetry poesía *f.* 5.4
point (to) señalar *v.* 4.2; **to point out** destacar *v.*
point of view punto de vista *m.* 5.4
poison veneno *m.* 4.6
poisonous venenoso/a *adj.* 4.6
politician político/a *m., f.* 5.5
politics política *f.*
pollen polen *m.* 5.2
pollute contaminar *v.* 4.6
pollution contaminación *f.* 4.6
poor quality (garbage) porquería *f.* 5.4
populate poblar *v.* 5.6
population población *f.*
port puerto *m.* 4.5
portable portátil *adj.*
portrait retrato *m.* 4.3
portray retratar *v.* 4.3
position puesto *m.* 5.2; cargo *m.* 4.1
possible posible *adj.;* **as much as possible** en todo lo posible
poverty pobreza *f.* 5.2
power fuerza *f.;* **will power** fuerza de voluntad 4.4
power (electricity) luz *f.* 5.1
power saw motosierra *f.* 5.1
powerful poderoso/a *adj.* 5.6
pray rezar *v.* 5.5
pre-Columbian precolombino/a *adj.*
prefer preferir *v.* 4.4
prehistoric prehistórico/a *adj.* 5.6
premiere estreno *m.* 4.2
prescribe recetar *v.*
prescription receta *f.* 4.4
preserve conservar *v.* 4.6
press prensa *f.* 5.3; **press conference** rueda de prensa 5.5
pressure (stress) presión *f.;* presionar *v.;* **to be under stress/pressure** estar bajo presión
prevent prevenir *v.* 4.4

previous anterior *adj.* **5.2**
prime minister primer(a) ministro/a *m., f.* **5.5**
print imprimir *v.* **5.3**
private particular *adj.*
privilege privilegio *m.*
prize premio *m.* **5.6; to give a prize** premiar *v.*
procession procesión *f.* **5.6**
produce producir *v.* **4.1**; **(*generate*)** generar *v.*; huerteado *m.* (*Col.*) **4.2**
productive productivo/a *adj.* **5.2**
programmer programador(a) *m., f.*
prohibit prohibir *v.* **4.4**
prohibited prohibido/a *adj.* **4.5**
prominent destacado/a *adj.* **5.3;** prominente *adj.* **5.5**
promote promover (o:ue) *v.*
pronounce pronunciar *v.*
proof prueba *f.*
proposal oferta *f.*
propose proponer *v.* **4.1, 4.4; to propose marriage** proponer matrimonio *v.* **4.1**
prose prosa *f.* **5.4**
protagonist protagonista *m., f.* **4.1, 5.4**
protect proteger *v.* **4.1, 4.6**
protected protegido/a *adj.* **4.5**
protest manifestación *f.* **5.5;** protestar *v.* **5.5**
protester manifestante *m., f.* **4.6**
proud orgulloso/a *adj.* **4.1; to be proud of** estar orgulloso/a de
prove comprobar (o:ue) *v.* **5.1**
provide proporcionar *v.*
public público *m.* **5.3**; **(pertaining to the state)** estatal *adj.*
public transportation transporte público *m.*
publish editar *v.* **5.4**; publicar *v.* **5.3**
pull halar *v.*; **to pull out petals** deshojar *v.* **4.3**
punishment castigo *m.*
pupil alumno/a *m., f.* **5.5**
pure puro/a *adj.*
purity pureza *f.* **4.6**
pursue perseguir (e:i) *v.*
push empujar *v.*
put poner *v.* **4.1, 4.2; to put in a place** ubicar *v.*; **to put on (*clothing*)** ponerse *v.*; **to put on makeup** maquillarse *v.* **4.2**
pyramid pirámide *f.* **4.5**

Q

quality calidad *f.*; **high quality** de buena categoría *adj.* **4.5**; **quality of life** calidad de vida *f.* **5.1**
queen reina *f.*
quench saciar *v.*
question interrogante *m.*
quiet callado/a *adj.*; **be quiet** callarse *v.*
quit renunciar *v.* **5.2**
quite bastante *adv.* **4.3**
quotation cita *f.*

R

rabbi rabino/a *m., f.*
rabbit conejo *m.* **4.6**
race raza *f.* **5.6**
radiation radiación *f.*
radio radio *f.*
radio announcer locutor(a) de radio *m., f.* **5.3**
radio station (radio)emisora *f.* **5.3**
raise aumento *m.*; **raise in salary** aumento de sueldo *m.* **5.2;** criar *v.*; educar *v.* **4.1**; **to have raised** haber criado **4.1**
rarely casi nunca *adv.* **4.3**
rat rata *f.*
rather bastante *adv.*; más bien *adv.*
ratings índice de audiencia *m.*
ray rayo *m.*
reach alcance *m.* **5.1; within reach** al alcance **5.4**; al alcance de la mano; alcanzar *v.*
reactor reactor *m.*
reader lector(a) *m., f.* **5.3**
real auténtico/a *adj.* **4.3**
realism realismo *m.* **5.4**
realist realista *adj.* **5.4**
realistic realista *adj.* **5.4**
realize darse cuenta *v.* **4.2, 5.3**; **to realize/assume that one is being referred to** darse por aludido/a *v.* **5.3**
rearview mirror espejo retrovisor *m.*
rebelliousness rebeldía *f.*
received acogido/a *adj.*; **well received** bien acogido/a *adj.* **5.2**
recital recital *m.*
recognition reconocimiento *m.*
recognize reconocer *v.* **4.1, 4.5**
recommend recomendar *v.* **4.4**
recommendable recomendable *adj.* **4.5**
record grabar *v.* **5.3**
recover recuperarse *v.* **4.4**
recyclable reciclable *adj.*
recycle reciclar *v.* **4.6**
redo rehacer *v.* **4.1**
reduce (speed) reducir (velocidad) *v.* **4.5**
reef arrecife *m.* **4.6**
referee árbitro/a *m., f.* **4.2**
refined (*cultured*) culto/a *adj.* **5.6**
reflect reflejar *v.* **5.4**
reform reforma *f.*; **economic reform** reforma económica *f.*
refuge refugio *m.* **4.6**
refund reembolso *m.* **4.3**
refusal rechazo *m.*
register inscribirse *v.* **5.5**
rehearsal ensayo *m.*
rehearse ensayar *v.* **5.3**
reign reino *m.* **5.6**
reject rechazar *v.* **5.5**
rejection rechazo *m.*
relax relajarse *v.* **4.4; Relax.** Tranquilo/a.
reliability fiabilidad *f.*
religion religión *f.*
religious religioso/a *adj.* **5.5**
remain permanecer *v.* **4.4**
remake rehacer *v.* **4.1**
remember recordar (o:ue); acordarse (o:ue) (de) *v.* **4.2**
remorse remordimiento *m.*
remote control control remoto, mando *m.*; **5.1 universal remote control** control remoto universal *m.* **5.1**
renewable renovable *adj.* **4.6**
rent alquilar *v.*; **to rent a movie** alquilar una película *v.* **4.2**
repent arrepentirse (de) (e:ie) *v.* **4.2**
repertoire repertorio *m.*
report denunciar *v.* **4.5**
reporter reportero/a *m., f.* **5.3**
representative diputado/a *m., f.* **5.5**
reproduce reproducirse *v.*
reputation reputación *f.*; **to have a good/bad reputation** tener buena/mala fama *v.* **5.3**
rescue rescatar *v.*
research investigar *v.* **5.1**
researcher investigador(a) *m., f.*
reservation reservación *f.*
reserve reservar *v.* **4.5**
reside residir *v.*
respect respeto *m.*
responsible responsable *adj.*
rest descanso *m.* **5.2**; reposo *m.*; **to be at rest** estar en reposo *v.*
rest descansar *v.* **4.4**
resulting consiguiente *adj.*
résumé currículum vitae *m.* **5.2**
resuscitate, revive resucitar *v.* **5.6**
retire jubilarse *v.* **5.2**
retirement jubilación *f.*
return regresar *v.* **4.5**; **to return (items)** devolver (o:ue) *v.* **4.3**; **return (trip)** vuelta *f.*; regreso *m.*
review (revision) repaso *m.* **5.4**
revision (review) repaso *m.* **5.4**
revolutionary revolucionario/a *adj.* **5.1**
revulsion asco *m.*
rhyme rima *f.* **5.4**
rifle fusil *m.* **5.5**
right derecho *m.*; **civil rights** derechos civiles *m. pl.* **5.5; human rights** derechos humanos *m. pl.* **5.5**
right away enseguida *adv.* **4.3**
ring anillo *m.*; sortija *f.*; sonar (o:ue) *v.* **5.1; to ring the doorbell** tocar el timbre *v.* **4.3**
riot disturbio *m.* **5.2**
rise ascender (e:ie) *v.* **5.2**
risk riesgo *m.*; arriesgar *v.*; arriesgarse; **to take a risk** arriesgarse *v.*
risky arriesgado/a *adj.* **4.5**
river río *m.*
rocket cohete *m.* **5.1**
rob asaltar *v.* **5.4**
role papel *m.* **5.3; to play a role (*in a play*)** desempeñar un papel *v.*
romance novel novela rosa *f.* **5.4**
romanticism romanticismo *m.* **5.4**
room habitación *f.* **4.5; emergency room** sala de emergencias *f.* **4.4**; **single/double room** habitación individual/doble *f.* **4.5**; **room service** servicio de habitación *m.* **4.5**
root raíz *f.*
round redondo/a *adj.* **4.2**
round-trip ticket pasaje de ida y vuelta *m.* **4.5**
routine rutina *f.* **4.3**
rude descarado/a *adj.* **5.3**
ruin ruina *f.* **4.5**
rule regla *f.* **5.5;** dominio *m.* **5.6**
ruler gobernante *m., f.* **5.6; (*sovereign*)** soberano/a *m., f.* **5.6**
run correr *v.*; **to run away** huir *v.* **4.3; to run into (somebody)** toparse con *v.* **5.6; to run over** atropellar *v.*
rush prisa *f.* **4.6; to be in a rush** tener apuro

S

sacred sagrado/a *adj.* 5.5
sacrifice sacrificio *m.;* sacrificar *v.* 4.6
safety seguridad *f.* 4.5
sail navegar *v.* 4.5
sailor marinero *m.*
salary sueldo *m.;* **raise in salary** aumento de sueldo *m.* 5.2; **minimum wage** sueldo mínimo *m.* 5.2
sale venta *f.;* **to be for sale** estar a la venta *v.* 5.4
salesperson vendedor(a) *m., f.* 5.2
same mismo/a *adj.;* **The same here.** Lo mismo digo yo.
sample muestra *f.*
sanity cordura *f.* 4.4
satellite satélite *m.;* **satellite connection** conexión de satélite *f.* 5.1; **satellite dish** antena parabólica *f.*
satire sátira *f.*
satirical satírico/a *adj.* 5.4; **satirical tone** tono satírico/a *m.*
satisfied: be satisfied with contentarse con *v.* 4.1
satisfy (*quench*) saciar *v.*
save ahorrar *v.* 5.2; guardar *v.* 5.1; salvar *v.* 4.6; **save oneself** ahorrarse *v.* 5.1;
savings ahorros *m.* 5.2
say decir *v.* 4.1; **say goodbye** despedirse (e:i) *v.* 4.3
scar cicatriz *f.*
scarcely apenas *adv.* 4.3
scared asustado/a *adj.*
scene escena *f.* 4.1
scenery paisaje *m.* 4.6; escenario *m.* 4.2
schedule horario *m.* 4.3
science fiction ciencia ficción *f.* 5.4
scientific científico/a *adj.*
scientist científico/a *m., f.* 5.1
score (a goal/a point) anotar (un gol/un punto) *v.* 4.2; marcar (un gol/punto) *v.*
scratch rascar *v.;* **to scratch (oneself)** rascarse *v.* 4.4
screen pantalla *f.* 4.2; **computer screen** pantalla de computadora *f.*; **LCD screen** pantalla líquida *f.* 5.1; **television screen** pantalla de televisión *f.* 4.2
screenplay guión *m.* 5.3
script guión *m.* 5.3
scuba diving buceo *m.* 4.5
sculpt esculpir *v.* 5.4
sculptor escultor(a) *m., f.* 5.4
sculpture escultura *f.* 5.4
sea mar *m.* 4.6
seal sello *m.*
search búsqueda *f.;* **search engine** buscador *m.* 5.1
season temporada *f.* 5.3; **high/low season** temporada alta/baja *f.* 4.5
seat asiento *m.* 4.2
seatbelt cinturón de seguridad *m.* 4.5; **to fasten (the seatbelt)** abrocharse/ponerse (el cinturón de seguridad) *v.* 4.5; **to unfasten (the seatbelt)** quitarse (el cinturón de seguridad) *v.* 4.5
section sección *f.* 5.3; **lifestyle section** sección de sociedad *f.* 5.3; **sports page/section** sección deportiva *f.* 5.3
secular, lay laico/a *adj.* 5.5
security seguridad *f.* 4.5; **security measures** medidas de seguridad *f. pl.* 4.5
see ver *v.* 4.1
seed semilla *f.*
seem parecer *v.* 4.2
select seleccionar *v.* 4.3
self-esteem autoestima *f.* 4.4
self-portrait autorretrato *m.* 5.4
senator senador(a) *m., f.* 5.5
send enviar *v.;* mandar *v.*
sender remitente *m.*
sense sentido *m.;* **common sense** sentido común *m.*
sensible sensato/a *adj.* 4.1
sensitive sensible *adj.* 4.1
separated separado/a *adj.* 4.1
sequel continuación *f.*
servants servidumbre *f.* 4.3
servitude servidumbre *f.* 4.3
set (the table) poner (la mesa) *v.* 4.3
settle poblar *v.* 5.6
settler poblador(a) *m., f.*
sexton sacristán *m.* 5.5
shame vergüenza *f.*
shape forma *f.;* **bad physical shape** mala forma física *f.;* **to get in shape** *v.* ponerse en forma 4.4; **to stay in shape** mantenerse en forma *v.* 4.4
shark tiburón *m.* 4.5
sharp nítido/a *adj.*
shave afeitarse *v.* 4.2
sheep oveja *f.* 4.6
shoot disparar *v.* 5.5; fusilar *v.* 5.6
shore orilla *f.;* **on the shore of** a orillas de 4.6
short film corto, cortometraje *m.* 4.1
short story cuento *m.*
short/long-term a corto/largo plazo 5.2
shot (injection) inyección *f.;* **to give a shot** poner una inyección *v.* 4.4
shoulder hombro *m.*
shout gritar *v.*
show espectáculo *m.;* (*theater; movie*) función *f.* 4.2, 5.4
showing sesión *f.*
shrink encogerse *v.*
shrug encogerse de hombros *v.*
shy tímido/a *adj.* 4.1
shyness timidez *f.*
sick enfermo *adj.;* **to be sick (of); to be fed up (with)** estar harto/a (de) 4.1; **to get sick** enfermarse *v.* 4.4
sign señal *f.*; firmar *v.*
signal señalar *v.* 4.2
signature firma *f.*
silent callado/a *adj.* 5.1; **to be silent** callarse *v.;* **to remain silent** quedarse callado 4.1
silly person bobo/a *m., f.* 5.1
sin pecado *m.*
sincere sincero/a *adj.*
singer cantante *m., f.* 4.2
single soltero/a *adj.* 4.1; **single mother** madre soltera *f.;* **single father** padre soltero *m.*
sink hundir *v.*
situated situado/a *adj.*
sketch esbozo *m.;* esbozar *v.*
skill habilidad *f.*
skillfully hábilmente *adv.*
skim hojear *v.* 5.4
skirt falda *f.*
slacker vago/a *m., f.*
slave esclavo/a *m., f.* 5.6; **slave trade** tráfico de esclavos *m.* 4.4
slavery esclavitud *f.* 5.6
sleep dormir *v.* 4.2
sleeve manga *f.*
slip resbalar *v.*
slippery resbaladizo/a *adj.* 5.5
smoothness suavidad *f.*
snake serpiente *f.* 4.6; culebra *f.*
so-and-so fulano/a *m., f.* 5.3
soap opera telenovela *f.* 5.3
sociable sociable *adj.*
society sociedad *f.*
software programa (de computación) *m.* 5.1
solar solar *adj.*
soldier soldado *m.* 5.6
solitude soledad *f.* 4.3
solve resolver (o:ue) *v.* 4.6
sometimes a veces *adv.* 4.3
sorrow pena *f.* 4.4
soul alma *f.* 4.1
soundtrack banda sonora *f.* 5.3
source fuente *f.;* **energy source** fuente de energía *f.* 4.6
sovereign soberano/a *m., f.* 5.6
sovereignty soberanía *f.* 5.6
space espacial *adj.;* **space shuttle** transbordador espacial *m.* 5.1
space espacio *m.* 5.1
spaceship nave espacial *f.*
spacious espacioso/a *adj.*
speak hablar *v.* 4.1; **Speaking of that, ...** Hablando de eso, ...
speaker hablante *m., f.* 5.3
special effects efectos especiales *m., pl.* 5.3
specialist especialista *m., f.*
specialized especializado/a *adj.* 5.1
species especie *f.* 4.6; **endangered species** especie en peligro de extinción *f.*
spectator espectador(a) *m., f.* 4.2
speech discurso *m.;* **to give a speech** pronunciar un discurso *v.* 5.5
spell-checker corrector ortográfico *m.* 5.1
spend gastar *v.* 5.2
spider araña *f.* 4.6
spill derramar *v.*
spirit ánimo *m.* 4.1
spiritual espiritual *adj.* 5.5
spot: on the spot en el acto 4.3
spray rociar *v.* 4.6
spring manatial *m.*
stability estabilidad *f.* 5.6
stage (*theater*) escenario *m.* 4.2; **(*phase*)** etapa *f.*; **stage name** nombre artístico *m.* 4.1
stain mancha *f.;* manchar *v.*
staircase escalera *f.* 4.3
stall estancar *v.* 5.2
stamp sello *m.*
stand up ponerse de pie *v.* 5.6
stanza estrofa *f.* 5.4
star estrella *f.;* **shooting star** estrella fugaz *f;* **(movie) star** [m/f] estrella *f.;* **pop star** [m/f] estrella pop *f.* 5.3
starboard estribor *m.* 4.4
start (a car) arrancar *v.*

stay alojarse *v.* **4.5**; hospedarse; quedarse *v.* **4.5**; **stay up all night** trasnochar *v.* **4.4**
step paso *m.*; **to take the first step** dar el primer paso *v.*
stereotype estereotipo *m.* **5.4**
stern popa *f.* **4.5**
stick pegar *v.*
still life naturaleza muerta *f.* **5.4**
sting picar *v.*
stingy tacaño/a *adj.* **4.1**
stir revolver (o:ue) *v.*
stock market bolsa de valores *f.* **5.2**
stone piedra *f.* **4.5**
(bus) stop parada *f.* **5.1**
storekeeper comerciante *m., f.*
storm tormenta *f.*; **tropical storm** tormenta tropical *f.* **4.6**
story (account) relato *m.* **5.4**
stranger desconocido/a *adj.*
straw mat petate *m.* **5.6**
stream arroyo *m.* **5.4**
streetlight alumbrado *m.* **5.1**
strength fortaleza *f.* **5.4**
strict autoritario/a *adj.* **4.1**
strike (*labor*) huelga *f.* **5.2**
striking llamativo/a *adj.* **5.4**
stripe raya *f.* **4.5**
stroll paseo *m.*
struggle lucha *f.*; luchar *v.* **5.5**
studio estudio *m.*; **recording studio** estudio de grabación *f.*
student alumno/a *m., f.* **5.5**
stunned boquiabierto/a *adj.* **5.5**
stupid necio/a *adj.*
stupid person bobo/a *m., f.* **5.1**
style estilo *m.*; **in the style of ...** al estilo de... **5.4**
subscribe (to) suscribirse (a) *v.* **5.3**
subtitles subtítulos *m., pl.* **5.3**
subtlety matiz *m.*
suburb suburbio *m.*
succeed in (*reach*) alcanzar *v.*
success éxito *m.*
successful exitoso/a *adj.* **5.2**
sudden repentino/a *adj.* **4.3**
suddenly de repente *adv.* **4.3**
suffer (from) sufrir (de) *v.* **4.4**
suffering sufrimiento *m.*
suggest aconsejar; sugerir (e:ie) *v.* **4.4**
suitcase maleta *f.* **4.5**
summit cumbre *f.*
sunrise amanecer *m.*
supermarket supermercado *m.* **4.3**
supply proporcionar *v.*
support respaldo *m.* **5.4**; soportar; apoyar *v.* **5.2**, **5.4**; **to put up with someone** soportar a alguien *v.* **4.1**
suppose suponer *v.* **4.1**
suppress suprimir *v.* **5.6**
sure (*confident*) seguro/a *adj.* **4.1**, **5.5**; **(*certain*)** cierto/a *adj.*; **Sure!** ¡Cierto!
surf the web navegar en la red *v.* **5.1**; navegar en Internet
surface superficie *f.*
surgeon cirujano/a *m., f.* **4.4**
surgery cirugía *f.* **4.4**
surgical quirúrgico/a *adj.*
surprise sorprender *v.* **4.2**
surprised sorprendido *adj.* **4.2**; **be surprised (about)** sorprenderse (de) *v.* **4.2**
surrealism surrealismo *m.* **5.4**
surrender rendirse (e:i) *v.* **5.6**
surround rodear *v.*
surrounded rodeado/a *adj.* **5.1**
surroundings entorno *m.* **5.4**
survival supervivencia *f.*; sobrevivencia *f.*
survive sobrevivir *v.*
suspect sospechar *v.*
suspicion sospecha *f.*
swallow tragar *v.*
sweep barrer *v.* **4.3**
sweetheart amado/a *m., f.* **4.1**
symptom síntoma *m.*
synagogue sinagoga *f.* **5.5**
syrup jarabe *m.* **4.4**

T

tabloid(s) prensa sensacionalista *f.* **5.3**
tag etiqueta *f.*
take tomar *v.*; **to take a bath** bañarse *v.* **4.2**; **to take a look** echar un vistazo *v.*; **to take a trip** hacer un viaje *v.* **4.5**; **to take a vacation** ir(se) de vacaciones *v.* **4.5**; **to take away (remove)** quitar *v.* **4.2**; **to take care of** cuidar *v.* **4.1**; **to take care of oneself** cuidarse *v.*; **to take into consideration** tomar en cuenta *v.* **4.1**; **to take off** despegar *v.* **4.5**; **to take off (clothing)** quitarse *v.* **4.2**; **to take off running** echar a correr *v.*; **to take place** desarrollarse, transcurrir *v.* **5.4**; **to take refuge** refugiarse *v.*; **to take seriously** tomar en serio *v.*
talent talento *m.* **4.1**
talented talentoso/a *adj.* **4.1**
tape cinta *f.* **4.1**
taste gusto *m.* **5.4**; **in good/bad taste** de buen/mal gusto **5.4**; sabor *m.*; **It has a sweet/sour/bitter/pleasant taste.** Tiene un sabor dulce/agrio/amargo/agradable. **4.4** taste like/of *saber* **v.** 4.1; **How does it taste?** ¿Cómo sabe? **4.4**; **And does it taste good?** ¿Y sabe bien? **4.4**; **It tastes like garlic/mint/lemon.** Sabe a ajo/menta/limón. **4.4**
tax impuesto *m.*; **sales tax** impuesto de ventas *m.* **5.2**
teaching enseñanza *f.* **5.4**, **5.6**
team equipo *m.* **4.2**
tears lágrimas *f. pl.*
telephone receiver auricular *m.* **5.1**
telescope telescopio *m.* **5.1**
television televisión *f.* **4.2**; **television set** televisor *m.* **4.2**; **television viewer** televidente *m., f.* **4.2**
tell contar (o:ue) *v.* **4.2**
temple templo *m.* **5.5**
tend tender (e:ie) a *v.*; **to tend to do something** soler (o:ue) *v.* **4.3**
tendency propensión *f.*
territory territorio *m.* **5.5**
terrorism terrorismo *m.* **5.5**
test (*challenge*) poner a prueba *v.*
theater teatro *m.*
then entonces *adv.* **4.3**
theory teoría *f.* **5.1**
there allá *adv.*
thermal térmico/a *adj.*
thief ladrón/ladrona *m., f.*
think pensar (e:ie) *v.* **4.1**; **(*to be of the opinion*)** opinar; *v.* **I think it's pretty.** Me parece hermosa/o.; **I thought...** Me pareció... **4.1**; **What did you think of Mariela?** ¿Qué te pareció Mariela? **4.1**
thoroughly a fondo *adv.*
threaten amenazar *v.* **4.3**
throw tirar *v.*; **throw away** echar *v.*; **throw out** botar *v.*
thunder trueno *m.* **4.6**
ticket boleto *m.*
tie (game) empate *m.* **4.2**; **tie (up)** atar *v.*; **(*games*)** empatar *v.* **4.2**
tiger tigre *m.* **4.6**
time tiempo *m.*; vez *f.*; **at that time** en aquel entonces; **for the first/last time** por primera/última vez **4.2**; **on time** a tiempo **4.3**; **once upon a time** érase una vez; **to have a good/bad/horrible time** pasarlo bien/mal **4.1**
tired cansado/a *adj.*; **to become tired** cansarse *v.*
toast brindis *m.* **4.3**
tone of voice timbre *m.* **4.3**
tongue lengua *f.* **5.3**
too; too much demasiado/a *adj., adv.*
tool herramienta *f.*; **toolbox** caja de herramientas *f.* **4.2**
toolbox caja de herramientas *f.* **4.2**
topic asunto *m.*
touch lightly rozar *v.*
tour excursión *f.* **4.5**; **tour guide** guía turístico/a *m., f.* **4.5**
tourism turismo *m.* **4.5**
tourist turista *m., f.* **4.5**; turístico/a *adj.* **4.5**
tournament torneo *m.* **4.2**
toxic tóxico/a *adj.* **4.6**
trace huella *f.*; trazar *v.*
track-and-field events atletismo *m.*
trade comercio *m.* **5.2**; oficio *m.*; comerciar *v.* **5.3**
trader comerciante *m., f.*
traditional tradicional *adj.* **4.1**; **(typical)** típico/a *adj.*
traffic tránsito *m.*; **traffic jam** congestionamiento, tapón *m.*
tragic trágico/a *adj.* **5.4**
trainer entrenador(a) *m., f.* **4.2**
training; preparation formación *f.* **5.4**
trait rasgo *m.*
traitor traidor(a) *m., f.* **5.6**
tranquilizer calmante *m.* **4.4**
translate traducir *v.* **4.1**
transmission transmisión *f.*
transplant transplantar *v.*
trap atrapar *v.* **4.6**
travel log bitácora *f.* **5.1**
traveler viajero/a *m., f.* **4.5**
treat tratar *v.* **4.4**
treatment tratamiento *m.* **4.4**
treaty tratado *m.*
tree árbol *m.* **4.6**
trench trinchera *f.* **4.4**
trend moda *f.*; tendencia *f.* **5.3**
trial juicio *m.*
tribal chief cacique *m.* **5.6**
tribe tribu *f.* **5.6**
trick truco *m.* **4.2**
trip viaje *v.* **4.5**; **to take a trip** hacer un viaje *v.* **4.5**

tropical tropical *adj.;* **tropical storm** tormenta tropical *f.* 4.6
trunk maletero *m.* 5.3
trust confianza *f.* 4.1; confiar *v.* 5.5
try probar (o:ue) (a) *v.* 4.3; **try on** probarse (o:ue) *v.* 4.3
tune into (*radio or television*) sintonizar *v.*
tuning sintonía *f.* 5.3
turn: to be my/your/his turn *me/te/le, etc. + tocar v.;* **Whose turn is it to pay the tab?** ¿A quién le toca pagar la cuenta? 4.2; **Is it my turn yet?** ¿Todavía no me toca? 4.2; **It's Johnny's turn to make coffee.** A Johnny le toca hacer el café. 4.2; **It's always your turn to wash the dishes.** Siempre te toca lavar los platos. 4.2
turn (*a corner*) doblar *v.;* **to turn down** rechazar *v.* 4.1 **to turn off** apagar *v.* 4.3; **to turn on** encender (e:ie) *v.* 4.3; **to turn red** enrojecer *v.*
turned off apagado/a *adj.* 5.1

U

UFO ovni *m.* 5.1
unbiased imparcial *adj.* 5.3
uncertainty incertidumbre *f.* 5.6
underdevelopment subdesarrollo *m.*
understand entender (e:ie) *v.*
underwear (*men's*) calzoncillos *m. pl.*
undo deshacer *v.* 4.1
unemployed desempleado/a *adj.* 5.2
unemployment desempleo *m.* 5.2
unequal desigual *adj.* 5.5
unexpected imprevisto/a *adj.;* inesperado/a *adj.* 4.3
unexpectedly de improviso *adv.*
unfinished inconcluso/a *adj.* 5.6
unique único/a *adj.*
unjust injusto/a *adj.* 5.5
unpleasant antipático/a *adj.*
unsettling inquietante *adj.* 5.4
untie desatar *v.*
until hasta *adv.;* **up until now** hasta la fecha
update actualizar *v.* 5.1
upset disgustado/a *adj.* 4.1; disgustar *v.* 4.2; **to get upset** afligirse *v.* 4.3
up-to-date actualizado/a *adj.* 5.3; **to be up-to-date** estar al día *v.* 5.3
urban urbano/a *adj.*
urgent urgente *adj.* 4.4
use up agotar *v.* 4.6
used: to be used to estar acostumbrado/a a; **I used to... (*was in the habit of*)** solía; **to get used to** acostumbrarse (a) *v.* 4.3
useful útil *adj.*
useless inútil *adj.* 4.2
user usuario/a *m., f.* 5.1

V

vacation vacaciones *f. pl.;* **to take a vacation** ir(se) de vacaciones *v.* 4.5
vaccinate vacunar(se) *v.* 4.4
vaccine vacuna *f.* 4.4
vacuum pasar la aspiradora *v.* 4.3
valid vigente *adj.* 4.5
valuable valioso/a *adj.* 4.6
value valor *m.*
vegetable garden milpa *f.* 5.6
vestibule zaguán *m.* 4.3
victorious victorioso/a *adj.* 5.6
victory victoria *f.*
video game videojuego *m.* 4.2
village aldea *f.* 4.4, 5.6
virus virus *m.* 4.4
visit recorrer *v.* 4.5
visiting hours horas de visita *f., pl.*
vote votar *v.* 5.5

W

wage: minimum wage sueldo mínimo *m.* 5.2
wait espera *f.;* esperar *v.* **to wait in line** hacer cola *v.* 4.2
waiter/waitress camarero/a *m., f.;* mesero/a *m., f.*
wake up despertarse (e:ie) *v.* 4.2; **wake up early** madrugar *v.* 4.4
walk andar *v.;* **to take a stroll/walk** dar un paseo *v.* 4.2; **to take a stroll/walk** *v.* dar una vuelta
wall pared *f.* 4.5
want querer (e:ie) *v.* 4.1, 4.4
war guerra *f.;* **civil war** guerra civil *f.* 5.5; **world war** guerra mundial *f.* 5.5
warm up calentar (e:ie) *v.* 4.3
warn avisar *v.*
warning advertencia *f.* 5.2; aviso *m.* 4.5
warrior guerrero/a *m., f.* 5.6
wash lavar *v.* 4.3; **wash oneself** lavarse *v.* 4.2
waste malgastar *v.* 4.6
watch vigilar *v.*
Watch out! ¡Aguas! (Mex.) *interj.*
water regar *v.* 5.1; **water the garden** regar las plantas *v.* 5.6
watercolor acuarela *f.* 5.4
waterfall cascada *f.* 4.5
watering riego *m.* 5.1
wave ola *f.* 4.5; onda *f.*
wealth riqueza *f.* 5.2
wealthy adinerado/a *adj.*
wear llevar; lucir *v.*
weariness fatiga *f.* 5.2
web (the) web *f.* 5.1; red *f.*
weblog bitácora *f.* 5.1
website sitio web *m.* 5.1
week semana *f.*
weekend fin de semana; **Have a nice weekend!** ¡Buen fin de semana!
weekly semanal *adj.*
weeping llanto *m.*
weight peso *m.*
weird raro/a *adj.* 5.5
welcome bienvenida *f.* 4.5
welcome (*take in; receive*) acoger *v.*
well pozo *m.;* **oil well** pozo petrolero *m.*
well-being bienestar *m.* 4.4
well-received bien acogido/a *adj.* 5.2
wherever dondequiera *adv.* 4.4
while (*a moment*) rato *m.* 5.5
whistle silbar *v.*
widowed viudo/a *adj.* 4.1; **to become widowed** quedarse viudo/a *v.*
widower/widow viudo/a *m., f.*
wild salvaje *adj.* 4.6; silvestre *adj.*
win ganar *v.;* **to win an election** ganar las elecciones *v.* 5.5; **to win a game** ganar un partido *v.* 4.2
wind power energía eólica *f.*
wine vino *m.*
wing ala *m.*
wireless inalámbrico/a *adj.* 5.1
wisdom sabiduría *f.* 5.6
wise sabio/a *adj.*
wish deseo *m.;* desear *v.* 4.4; **to make a wish** pedir un deseo *v.* 5.2
without sin *prep.;* **without you** sin ti (*fam.*)
witness testigo *m., f.* 5.4
woman mujer *f.;* **businesswoman** mujer de negocios *f.* 5.2
womanizer mujeriego *m.*
wonder preguntarse *v.*
wood madera *f.*
work obra *f.;* **work of art** obra de arte *f.* 5.4; funcionar *v.* 5.1; trabajar; **to work hard** trabajar duro *v.* 5.2
work day jornada *f.*
workforce fuerza laboral *f.* 5.2
workshop taller *m.*
World Cup Copa del Mundo *f.,* Mundial *m.*
worms gusanos *m. pl.* 4.4
worried (about) preocupado/a (por) *adj.* 4.1
worry preocupar *v.* 4.2; **to worry (about)** preocuparse (por) *v.* 4.2
worship culto *m.*
worth: be worth valer *v.* 4.1
worthy digno/a *adj.* 4.6
wound herida *f.* 4.4
wrinkle arruga *f.*
writing escritura *f.* 5.3

Y

yawn bostezar *v.*
you merced (su) *f., form.* 4.2
youngster chaval(a) *m., f.* 5.5

Z

zoo zoológico *m.* 4.2

Every effort has been made to trace the copyright holders of the works published herein. If proper copyright acknowledgment has not been made, please contact the publisher and we will correct the information in future printings.

Text Credits

3 Courtesy of Revista Volar.
42 © Arturo Pérez-Reverte, XLSemanal, febrero 2000.
120 Isabel Allende "Dos Palabras", Cuentos de Eva Luna © 1989 Isabel Allende.
154 Julio Cortázar "Continuidad de los parques", Final del juego © 1956, Sucesión Julio Cortázar.
193 Courtesy Elena Poniatowska, winner of the Cervantes Prize in 2013.
234 "El Milagro Secreto" from Obras Completas by Jorge Luis Borges. Copyright © 1989, 1995 Maria Kodama, used by permission of The Wylie Agency LLC.

Film Credits

115 Courtesy of Moriarti Produkzioak.
149 Courtesy of ContentLine/FeelSales.
187 © Xavi Sala.
229 Courtesy of Instituto Mexicano de Cinematografia (IMCINE).

Television Credits

37 Courtesy of RTVE.
77 Courtesy of Univisión.

Photography and Art Credits

All images © Vista Higher Learning unless otherwise noted.

Cover: (t) Courtesy of Christopher Michel; (b) Ari Espay and Liza Politi/Getty Images.

Front Matter (SE): xiv: (l) Bettmann/Corbis Historical/Getty Images; (r) Florian Biamm/123RF; **xv:** (l) Lawrence Manning/Corbis; (r) Design Pics Inc/Alamy; **xvi:** Jose Blanco; **xvii:** (l) Digital Vision/Getty Images; (r) Andres/Big Stock Photo; **xviii:** Fotolia IV/Fotolia; **xix:** (l) Goodshoot/Corbis; (r) Tyler Olson/Shutterstock; **xx:** Shelly Wall/Shutterstock; **xxi:** (t) Colorblind/Corbis; (b) Moodboard/Fotolia; **xxii:** (t) Digital Vision/Getty Images; (b) Purestock/Getty Images.

Front Matter (TE): T4: Teodor Cucu/500px; **T14:** Asiseeit/iStockphoto; **T47:** Braun S/iStockphoto.

Preliminary Lesson: 1: Thomas Fricke/Media Bakery; **6:** *Saint George and the Dragon* (c. 1432/1435), Rogier van der Weyden. Oil on panel, painted surface: 14.3 x 10.5 cm (5 5/8 x 4 1/8 in.). Ailsa Mellon Bruce Fund/National Gallery of Art; **7:** Pedro Salinas Papers, circa 1912-1975 (MS Span 100). Houghton Library, Harvard University; **12:** Skynesher/iStockphoto.

Lesson 1: 13: Hero Images/Media Bakery; **14:** (tl) SCPhotog/Big Stock Photo; (tr) Masterfile; (b) Annie Pickert Fuller; **15:** (t) Suravid/Shutterstock; (b) Comstock/Fotosearch; **21:** (t) Esteban Andrés Corbo; (m) Monkey Business Images/Shutterstock; (b) Holger Leue/Lonely Planet Images/Getty Images; **22:** (t) Cortesía Producciones García Ferré S.A.; (b) Juan Pablo Zaramella; **23:** (t) Ministerio de Ciencia, Tecnología e Innovación Productiva, Argentina; (m) NASA; (b) Jim Craigmyle/Corbis; **29:** Blinkstock/Alamy; **37:** Harald Biebel/123RF; **40:** *Composición constructiva* (1943), Joaquín Torres-García. Oil on canvas, 26 x 30 in. Gift of Nelson Rockefeller. OAS AMA/Art Museum of the Americas Collection; **41:** Pierre-Philippe Marcou/AFP/Getty Images; **42:** (l) Patrik Giardino/Corbis/Getty Images; (m) Pinto/Corbis/Getty Images; (r) Patrik Giardino/Getty Images; **45:** StockLite/Shutterstock; **46:** Selections from *Weblog de una mujer gorda.* © Bernardo Erlich; **47:** (t) Selections from *Weblog de una mujer gorda.* © Bernardo Erlich; (b) Courtesy of Hernán Casciari; **49:** Jens Wolf/EPA/Newscom.

Lesson 2: 51: Liliana Bobadilla; **52:** (tl) Martín Bernetti; (tr) Chabruken/Getty Images; (b) Ana Maria Otero/AP Images; **53:** George Doyle & Ciaran Griffin/Getty Images; **59:** (t) Martín Bernetti; (m) Jorge Silva/Reuters/Newscom; (b) Courtesy of *Caretas*, Editora Novolexis SAC; **60:** Sun/Newscom; **61:** (t) S. Bukley/Shutterstock; (b) Jorge Saenz/AP Images; **62:** Rebvt/Shutterstock; **65:** Janne Hämäläinen/Shutterstock; **77:** (poster background) Ornitozavr/Fotolia; (map) Ymgerman/123RF; (woman with apron) Wavebreak Media Ltd/123RF; (construction worker) Biker3/Fotolia; (businesswoman) Phase4Photography/Fotolia; (businessman) Gino Santa Maria/123RF; **80:** *Mercado de flores* (1949), Diego Rivera. Óleo/tela 180 × 150 cm. Colección Museo Español de Arte Contemporáneo. Madrid, España/©2017 Banco de México Diego Rivera Frida Kahlo Museums Trust, Mexico, D.F./Artists Rights Society (ARS), New York; **82:** Selections from *La abeja haragana* (2002), Alfredo Benavides Bedoya/Courtesy of the Artist; **85:** Selections from *La abeja haragana* (2002), Alfredo Benavides Bedoya/Courtesy of the Artist; **87:** JE1 WENN Photos/Newscom; **88:** Jeff J. Mitchell/Corbis.

Lesson 3: 93: Zero Creatives/Media Bakery; **94:** (tl) Kristy-Anne Glubish/Design Pics/Corbis; (tr) James W. Porter/Corbis/Getty Images; (bl) Phil Hunt/Getty Images; (br) Moodboard/Fotolia; **95:** (t) Ali Burafi; (b) Blend Images/Alamy; **101:** (t, all) Martín Bernetti; (mt) Michele Eve/Splash News/Newscom; (mb) Jim Ruymen/UPI/Newscom; (b) Roger Ressmeyer/Corbis/Getty Images; **102:** (t) Dave G. Houser/Corbis Documentary/Getty Images; (b) Emilio Ereza/Alamy; **103:** (t) Andres Stapff/Reuters; (m) Jeffrey Blackler/Alamy; (b) Lindsay Hebberd/Corbis/Getty Images; **104:** Krzysztof Dydynski/Lonely Planet Images/Getty Images; **113:** Stewart Cohen/Blend Images/Getty Images; **115:** Courtesy of Moriarti Produkzioak; **118:** *Automóviles vestidos* (1941), Salvador Dalí. Oil and collage on cardboard. 49.9 x 39.4 cm (19.65" x 15.51"). ©2017 Salvador Dalí, Fundació Gala-Salvador Dalí, Artists Rights Society (ARS), New York 2017; 119: AFP/Getty Images; **120:** Joana Kruse/Alamy; **123:** Google and the Google logo are registered trademarks of Google Inc., used with permission; **124:** Photos 12/Alamy; **125:** Comstock/Getty Images; **127:** (l) José Blanco; (r) Rossy Llano.

Lesson 4: 129: JGI/Tom Grill/Media Bakery; **130:** (tl) Martín Bernetti; (tr) Ocean/Corbis; (bl) Mediaphotos/iStockphoto; (bm) Leslie Harris/Index Stock Imagery; (br) Andrew Paradise; **133:** (l) *Pop Monalisa* (2009), Margarita María Vélez Cuervo. Técnica: Óleo sobre tela. Margarita María Vélez Cuervo; (m) *Rostros* (2002), Juan Manríque. Collage sobre papel, 70 x 50 cm. Ana Lucía Mejía Piedrahita; (r) Erich Lessing/Art Resource, New York; **137:** (t) Bettmann/Getty Images; (m) *El trofeo* (2005), Gonzalo Cienfuegos. Courtesy of the artist; (b) Yadid Levy/Alamy; **138:** (l) Macduff Everton/Corbis Documentary/Getty Images; (tr, mr) ©2016 Fundación Pablo Neruda. Fernando Márquez de la Plata 0192, Santiago de Chile; (br) Lauren Krolick; **139:** (t, br) Claudia Gacitúa; (bl) Nito500/123RF; **140:** Vadim Kozlovsky/Shutterstock; **149:** Courtesy of ContentLine/FeelSales; **152:** *Dos mujeres leyendo* (1934), Pablo Picasso. Oil on canvas. Private Collection/Bridgeman Images/©2017 Estate of Pablo Picasso/Artists Rights Society (ARS), New York; 153: AFP/Getty Images; **154:** Juana Zuñiga/Illustration Source; **157:** Piero Pomponi/Liaison/Getty Images; **158:** (foreground) Fridmar Damm/Corbis/Getty Images; (background) Frans Lanting/National Geographic Creative; **159:** Luis Magon/El Pais, SL/Newscom.

Lesson 5: 163: Andrea Comas/Reuters; **164:** (tl) Jenkedco/Shutterstock; (tm) Ocean/Corbis; (tr) Masterfile; (m) Hamish Barrie/iStockphoto; (b) Steve Raymer/Corbis Documentary/Getty Images; **165:** Bryan Smith/ZUMA Press/Newscom; **171:** (t) Roberto Candia/AP Images; (b) Art Directors & TRIP/Alamy; **172:** (t) Gonzalo Espinoza/AFP/Getty Images; (b) Danita Delimont/Gallo Images/Getty Images; **173:** (t) Freddy Zarco/Courtesy of Bolivian Presidency/Reuters/Newscom; (bl) Patricio Murphy/ZUMA Press/Newscom; (br) David von Blohn/NurPhoto/Zuma Press/Alamy; **174:** David Pou/Shutterstock; **190:** *San Antonio de Oriente* (1957), José Antonio Velásquez. OAS AMA/Art Museum of the Americas; **191:** Andrea Comas/Reuters; **192:** (l) Roibu/Alamy; (m) Eduardo Verdugo/AP Images; (r) AFP/Getty Images; **195:** (t) Sara Winter/Fotolia; (b) Bruno Xavier/Shutterstock; **196:** Frame Zero/Alamy; (inset) David Rumsey Map Collection; **197:** Carlos Cazalis/Corbis/Getty Images.

Lesson 6: 201: Alex Robinson/AWL Images/Getty Images; **202:** (tl) David Myers Photography/Alamy; (tr) Martín Bernetti; (b) Iofoto/Shutterstock; **203:** (t) Santiago Hernández. Lithograph print from *El Libro Rojo*, Publisher by Francisco Días de León y White. 1870. CONACULTA. INAH-SINAFO-FN-Mexico; (b) Dagli Orti/REX/Shutterstock; **208:** VHL; **209:** (t, m) AFP/Getty Images; (b) National Public Radio; **210:** Imagebroker/Alamy; **211:** (t) Mick Roessler/Corbis; (m) Philippe Eranian/Sygma/Corbis/Getty Images; (b) Dagli Orti/REX/Shutterstock; **212:** Gary Yim/Shutterstock; **216:** María Eugenia Corbo; **225:** Paula Díez; **229:** Courtesy of Instituto Mexicano de Cinematografia (IMCINE); **232:** *El indio alcalde de Chincheros: Varayoc* (1925), José Sabogal. Óleo sobre lienzo. Municipalidad Metropolitana de Lima. Pinacoteca Ignacio Merino, Lima, Perú y herederos; **233:** Bettmann/Getty Images; **234:** Rook76/Shutterstock; **235:** Bluestocking/iStockphoto; **239:** Outsider/Shutterstock; **241:** Bpk Berlin/Bildarchiv Preussischer Kulturbesitz/Dietrich Graf/Art Resource, NY; **242:** (l) James Sparshatt/Corbis/Getty Images (r) Robert Harding Picture Library Ltd/Alamy; (inset) Cortesía del Ayuntamiento de Montilla y de la Sucesión González Gamarra/Casa Inca Garcilaso de la Vega en Montilla; **243:** Inca Garcilaso de la Vega, "Comentarios reales," edición de Enrique Pupo-Walker, Madrid, Cátedra, colección Letras Hispánicas. Por cortesía de Ediciones Cátedra. **245:** *Still Life with Letter to Mr. Lask* (1879), William Michael Harnett. Christie's Images/Corbis/Getty Images.

Manual de Gramática: A21: Martín Bernetti.

Index

S

T